SV

Dirk Koppelberg

Die Aufhebung der analytischen Philosophie

Quine als Synthese von Carnap und Neurath

Suhrkamp Verlag

Erste Auflage 1987

Druck: Hieronymus Mühlberger, Augsburg
Printed in Germany

CIP-Kurztitelaufnahme der Deutschen Bibliothek
Koppelberg, Dirk:
Die Aufhebung der analytischen Philosophie :
Quine als Synthese von Carnap u. Neurath /
Dirk Koppelberg. – 1. Aufl. – Frankfurt am Main :
Suhrkamp, 1987.
ISBN 3-518-57839-1

Inhalt

Teil II
Systematische Entwicklungen und Analysen

Meinen Eltern

Vorwort

Der Logische Empirismus des Wiener Kreises stellt den wichtigsten Integrationsversuch der beiden Traditionen des Empirismus und der analytischen Philosophie in der ersten Hälfte dieses Jahrhunderts dar. In der zweiten Hälfte dieses Jahrhunderts wird dieser Integrationsversuch durch die Philosophie W. V. Quines fortgesetzt. Quines spezifische Art dieser Fortsetzung kann erst dann richtig verstanden werden, wenn Quines Stellung zum Wiener Kreis in einem neuen Licht gesehen wird. Gegenüber dem in der analytischen Tradition verbreiteten Standpunkt, die Philosophie Quines als scharfsinnigste Kritik des Wiener Kreises zu betrachten, versuche ich in der vorliegenden Arbeit die These zu begründen, daß Quines Philosophie als ein Syntheseversuch der unterschiedlichen theoretischen Ausrichtungen von Rudolf Carnap und Otto Neurath zu rekonstruieren ist. Dieser Syntheseversuch kann deshalb als ›Aufhebung‹ der analytischen Philosophie aufgefaßt werden, weil Quines Philosophie sowohl über die traditionellen Doktrinen des Empirismus und der analytischen Philosophie hinausgeht, als auch zugleich an einigen ihrer zentralen Überzeugungen festhält und sie zu verteidigen versucht.

Das vorliegende Buch ist aus einer achtjährigen Beschäftigung mit der Philosophie Quines hervorgegangen. Mein besonderer Dank gilt dabei meinen beiden Lehrern, den Professoren Elmar Holenstein und Gert König, die das Projekt von Anfang an nachdrücklich unterstützt haben. Elmar Holenstein hat das gesamte Manuskript detailliert mit mir diskutiert und zahlreiche konstruktive Vorschläge zu seiner Verbesserung gemacht. Während seiner Forschungsaufenthalte in Stanford und Tokyo hat er die Arbeit durch ausführliche schriftliche Kommentare gefördert. Für verbliebene Irrtümer bin ich natürlich allein verantwortlich. In Gesprächen und Diskussionen mit Gert König habe ich von ihm die Bedeutung einer historischen Perspektive gerade auch für die Lösung systematischer Fragen und Probleme gelernt. Zudem war er immer und in sehr großzügiger Weise bereit, mir einen möglichst großen Freiraum für eine konzentrierte Arbeit an dem vorliegenden Buch zu schaffen.

Rainer Hegselmann hat mir den von ihm zusammen mit Henk Mulder und Marie Neurath im Suhrkamp Verlag herauszugebenden Briefwechsel zwischen Rudolf Carnap und Otto Neurath bereits zu einem so frühen Zeitpunkt zugänglich gemacht, daß ich aus ihm wertvolle Anregungen zur Stützung und zum Beleg meiner zentralen These entnehmen konnte; dafür danke ich ihm.
Der Studienstiftung des deutschen Volkes danke ich für ein langjähriges Stipendium, das eine gute Grundlage für die Beschäftigung mit der Philosophie Quines schuf.
Ganz besonders danke ich Professor W. V. Quine, der durch briefliche Kommentare und persönliche Gespräche die Arbeit entscheidend gefördert und ihre zentrale Rekonstruktionsthese ausdrücklich begrüßt hat.

Essen, Sommer 1986 D. K.

0. Einleitung

»Jeder große Geist ist immer eine Synthese; aber er weiß es nicht, er betont das Analytische.«

Ludwig Hohl

Die nachpositivistische Ära der analytischen Philosophie hat mit den Arbeiten W. V. Quines begonnen. Ihr Einfluß und ihre Wirkung stehen heute außer Zweifel. Umstritten sind demgegenüber ihre philosophische Bedeutung und Reichweite. Versucht man einen Überblick über die kaum noch überschaubare Literatur zur Philosophie Quines zu gewinnen, entsteht der Eindruck, daß Quine zwar viel Kritik, aber wenig Verständnis erfahren hat. Wie ist dieser Zustand zu erklären?

Quine ist ein systematischer Philosoph. Die Entwicklung seiner systematischen Philosophie und ihre Ergebnisse sind ohne die Kenntnis der philosophischen Traditionen, mit denen Quine sich kritisch auseinandersetzt, kaum verständlich.

Quine ist ein analytischer Philosoph. Die bis in die jüngste Gegenwart andauernde ahistorische Ausrichtung der meisten analytischen Philosophen hat maßgeblich dazu beigetragen, das Verständnis eines ihrer wichtigsten Vertreter zu erschweren.

Die Berücksichtigung der historischen Perspektive hat mich dazu geführt, die Philosophie Quines sowohl im Kontext der analytischen Philosophie wie im Kontext des Empirismus zu betrachten. Zu beiden Traditionen bekennt sich Quine nachdrücklich. Quines Zugehörigkeit zum Empirismus wird durch die zentrale Frage seines Werks charakterisiert: Wie gelangen wir zu unserer Theorie über die Welt, wenn uns zu Beginn allein das Zeugnis unserer Sinne zur Verfügung steht? Quines Zugehörigkeit zur analytischen Tradition zeigt sich in der spezifischen Art seines Versuchs, Theorie und Sprache systematisch miteinander zu verbinden und die prinzipielle Trennung von Philosophie und Wissenschaft aufzuheben. Diese Aufhebung ist die Voraussetzung für das Programm einer naturalisierten Erkenntnistheorie, von deren Durchführung sich

Quine die Beantwortung seiner empiristischen Grundfrage verspricht.

Das wichtigste Argument Quines gegen die strikte Trennung von Theorie und Sprache ist seine berühmte und vieldiskutierte These der Übersetzungsunbestimmtheit, deren Analyse den Schwerpunkt meiner Arbeit bildet. Bei der Untersuchung der Unbestimmtheitsthese gehe ich von zwei komplementären Annahmen aus.

Einerseits ist eine philosophische These nur unter Berücksichtigung des Systems, in dem sie entwickelt worden ist, adäquat zu verstehen. Jay F. Rosenberg macht diesen Standpunkt besonders deutlich: »In philosophy, as in science, there are no crucial experiments. A thesis which is refutable in isolation by counterexample is a thesis not worth bothering about.« (Rosenberg 1980: xiv) Andererseits hängt die Konsistenz eines philosophischen Systems von der Beschaffenheit seiner zentralen These ab. Um diese zu prüfen, ist es nützlich, den Weg zu verfolgen, den Quine zurückgelegt hat, um zu seiner Unbestimmtheitsthese der Übersetzung zu gelangen.

Aus den beiden Annahmen wird ersichtlich, daß meine Arbeit im Gegensatz zu den bislang erschienenen Monographien zur Philosophie Quines einen systematischen mit einem historischen Anspruch zu verbinden sucht.[1] Von Quine ist das Bonmot überliefert,[2] daß es zwei Gründe gebe, sich mit Philosophie zu befassen – entweder man sei an der Geschichte der Philosophie interessiert oder an der Philosophie selbst. Wird diese Einstellung zu einem dogmatischen Gegensatz verfestigt, hat dies in beiden Bereichen bedenkliche Konsequenzen. Fruchtbar scheint mir demgegenüber eine Einstellung, die zu einer wechselseitigen Ergänzung von Philosophie und Geschichte der Philosophie führt. Aus diesem Grund unternehme ich den Versuch einer historisch-systematischen Rekonstruktion der Philosophie Quines.

Quines Philosophie historisch zu rekonstruieren heißt für mich zweierlei: Erstens versuche ich, seine Philosophie auf dem Hintergrund der philosophischen Traditionen, zu denen er sich bekennt, verständlich zu machen. Zweitens versuche ich, die historische Entwicklung seiner Philosophie darzustellen. Beide Bereiche sollen zu einem besseren systematischen *und* historischen Verständnis führen und zugleich eine systematisch *und* historisch gerechtfertigte Würdigung und Kritik Quines ermöglichen. Wenn dieses Projekt gelingt, wäre damit auch ein Beitrag zu der bis heute erst in Bruchstücken geschriebenen Geschichte der analytischen Philosophie geleistet worden.

Die Arbeit gliedert sich in zwei Teile, die aus je zwei Kapiteln bestehen. Der erste Teil behandelt die historischen Voraussetzungen und Hintergründe der Philosophie Quines. Der zweite Teil beinhaltet die systematischen Entwicklungen und Analysen seiner Philosophie. In den Schlußbemerkungen werden diese beiden Teile systematisch zueinander in Beziehung gesetzt.

Gegenstand des 1. Kapitels ist die Entwicklung des wissenschaftlichen Empirismus. Im ersten Teil dieses Kapitels wird die zentrale These der Arbeit vorgestellt, die darin besteht, Quines Empirismus als Integrationsversuch der unterschiedlichen philosophischen Auffassungen von Carnap und Neurath zu rekonstruieren. Zur Begründung dieser These wird im zweiten Teil des Kapitels die Protokollsatzdebatte im Wiener Kreis dargestellt und analysiert. Im dritten Teil wird die historische Entwicklung des Wiener Kreises so weit skizziert, daß die unterschiedlichen philosophischen Schwerpunkte Carnaps und Neuraths deutlich werden, die Quine miteinander in Einklang zu bringen versucht.

Gegenstand des 2. Kapitels sind die Auffassungen von Frege, Russell, Wittgenstein, Carnap und Popper zum Stellenwert von Sprache und Theorie sowie von Wissenschaft und Philosophie in der Tradition der analytischen Philosophie. In fünf Teilen des Kapitels werden ihre jeweiligen Positionen vorgestellt und zueinander in Beziehung gesetzt. Im sechsten Teil wird die Frage beantwortet, welche analytischen Philosophen als Wegbereiter Quines betrachtet werden können und wer von ihnen Wege eingeschlagen hat, die Quine als Sackgassen bezeichnet.

Gegenstand des 3. Kapitels ist die Entwicklung von Quines holistischem Empirismus durch seine Kritik an den sogenannten Dogmen des Logischen Empirismus. Ausgangspunkt ist im ersten Teil die Darstellung des systematischen Zusammenhangs von Analytizität und der linguistischen Doktrin der logischen Wahrheit. Im zweiten Teil wird Quines Kritik der linguistischen Doktrin der logischen Wahrheit behandelt. Der dritte Teil beschäftigt sich mit dem systematischen Zusammenhang von Analytizität und Bedeutung, der vierte Teil mit Analytizität und logischer Wahrheit, der fünfte Teil mit Analytizität und Definition, der sechste Teil mit Analytizität und Synonymie. Im siebten Teil wird der systematische Zusammenhang von Analytizität, semantischen Regeln und Bedeutungspostulaten erörtert. Im achten Teil wird schließlich der systematische Zusammenhang von Analytizität, Verifikationstheorie der Bedeutung, Holismus und Ontologie analysiert. Der neunte Teil stellt eine Zusammenfassung und Überleitung zum 4. Kapitel dar.

Gegenstand des 4. Kapitels ist der zentrale Knotenpunkt in Quines Philosophie, die vieldiskutierte These der Übersetzungsunbestimmtheit. Im ersten Teil des Kapitels wird Carnaps Vorschlag zu einer empirischen Analyse von Bedeutung, Synonymie und Analytizität vorgestellt. Der zweite Teil behandelt Quines Antwort auf Carnaps Vorschlag: Das Gedankenexperiment der Erstübersetzung und seine theoretischen Konsequenzen werden entwickelt und detailliert untersucht. Im dritten Teil wird der methodologische Stellenwert der analytischen Hypothesen analysiert, auf dem die Übersetzungsunbestimmtheit beruht. Im vierten Teil werden schließlich die Argumente für und gegen die These der Übersetzungsunbestimmtheit erörtert. Die Zusammenfassung des Kapitels führt zu der Frage, was Quine mit Carnap und Neurath verbindet und in welchen Punkten er sich von ihnen unterscheidet.

In den Schlußbemerkungen wird diese Frage beantwortet. Im Gegensatz zu der weit verbreiteten Auffassung innerhalb der analytischen Tradition stellt die Philosophie Quines weniger eine destruktive Kritik des Wiener Kreises als vielmehr einen Integrationsversuch seiner unterschiedlichen theoretischen Schwerpunkte und eine Weiterentwicklung seiner wichtigsten Ziele dar.

Teil I
Historische Voraussetzungen und Hintergründe

1. Kapitel
Die Entwicklung des wissenschaftlichen Empirismus

> »Wer nur eine Ansicht oder eine Form einer Ansicht kennt, glaubt nicht, daß je eine andere dagewesen, glaubt nicht, daß je eine andere kommen wird, der zweifelt nicht, der prüft nicht... Wir glauben..., daß es nicht schaden kann, wenn wir... uns gelegentlich auf einen andern, als den uns anerzogenen Standpunkt versetzen... Lassen wir die leitende Hand der Geschichte nicht los.«
>
> *Ernst Mach*

Quine ist Empirist und Kritiker des Empirismus. Er kritisiert den Empirismus nicht von außen, etwa von einer rationalistischen Position, sondern von innen auf der Basis empiristischer Annahmen. Quine argumentiert also nicht gegen den Empirismus, um ihn zu schwächen; vielmehr setzt er sich mit dessen traditionellen Versionen auseinander, um deren Fehler zu vermeiden und eine zeitgemäße Form des Empirismus zu entwickeln, die nicht nur mit der gegenwärtigen Wissenschaft vereinbar ist, sondern diese auch erklären kann. »Given only the evidence of our senses, how do we arrive at our theory of the world?« (Quine 1974a: 1) Das ist die zentrale Frage der Quineschen Philosophie. Um sie zu beantworten, entwirft Quine das Programm einer naturalisierten Erkenntnistheorie. Wie kommt er dazu?

Die Frage ist zweideutig. Wird nach historischen oder nach systematischen Gründen gefragt? Im folgenden versuche ich zu zeigen, daß die historische Rekonstruktion des Logischen Empirismus als Grundlage zur systematischen Beantwortung der Frage dienen kann, warum Quine sich für die Ausarbeitung einer naturalisierten Erkenntnistheorie einsetzt.

1.1 Quines Empirismus als Versuch einer Synthese von Carnap und Neurath

Historisch betrachtet beginnt Quines Weg zum holistischen Empirismus 1935 mit »Truth by Convention«.[1] Dort findet sich Quines erste Kritik an Carnaps Version des Empirismus. Die daran anknüpfende Diskussion erreicht 1951 mit der Veröffentlichung von »Two Dogmas of Empiricism« einen ersten Höhepunkt. Der klassische Aufsatz begründet Quines Ruf als einen der bedeutendsten und subtilsten Kritiker des Wiener Kreises.[2] Demgegenüber ist meine These: Quine kritisiert eine Karikatur des Logischen Empirismus. Die Doktrinen, die er als Dogmen bezeichnet, standen im Wiener Kreis selbst zur Diskussion.[3] In der analytischen Philosophie hat sich ein Bild vom Logischen Empirismus des Wiener Kreises entwickelt und festgesetzt, das einer historischen Überprüfung nicht standhält. Wie ist dieses Bild entstanden?

Eine historisch-systematische Geschichte des Wiener Kreises steht bis heute noch aus; innerhalb der analytischen Philosophie sind vor allem die Darstellungen von Ayer, Feigl und Kraft für seine Rezeption einflußreich geworden. 1931 stellen Herbert Feigl und Albert E. Blumberg die neue Philosophie mit ihrem Artikel »Logical Positivism – A New Movement in European Philosophy« in den USA vor. England wird mit ihr 1936 durch Alfred Ayers *Language, Truth and Logic* bekannt gemacht.[4] Im deutschsprachigen Bereich erscheint erst 1950 eine einflußreiche Monographie: *Der Wiener Kreis* von Victor Kraft. Ayer, Feigl und Kraft setzen in diesen und weiteren Arbeiten[5] unterschiedliche Akzente in der Darstellung und Analyse des Wiener Kreises. Ayer betont den Zusammenhang der Lehren Russells, Wittgensteins und Carnaps mit dem englischen Empirismus. Feigl hebt neben Carnap insbesondere die Verdienste seines Lehrers Schlick hervor. Für Kraft ist vor allem die Philosophie Carnaps von zentraler Wichtigkeit. Über alle Differenzen hinweg besteht zwischen Ayer, Feigl und Kraft weitgehende Einigkeit über die herausragende Bedeutung Carnaps für die Entwicklung des Logischen Empirismus. Seine unterschiedliche Stellung in England und den USA darf dabei allerdings nicht übersehen werden:

»The enemy was, ... Carnap: he it was who was seen in Ryle's Oxford as the embodiment of philosophical error, above all, as the exponent of a false philosophical methodology ... Nothing can more vividly illustrate the contrast between the philosophical atmosphere in which my British contemporaries grew up and that in which American philosophers of the same generation developed: for in the United States Carnap was accepted as the leader of the analytical school, and the most influential American practioners of analytical philosophy, from Quine down, are people whose philosophical formation was Carnapian, and whose thought can be understood only as the outcome of a painful effort to scrutinize and correct certain of Carnap's fundamental doctrines.« (Dummett 1975a: 437)

Quine selbst bestätigt diese Auffassung Dummetts, indem er schreibt:

»The significance of the Vienna Circle, as a concerted movement, can be overestimated. We are told of the evolving doctrine of the Circle when what is really concerned is the doctrine of an individual, usually Carnap ... I, like many, have been influenced more by him than by any other philosopher.« (Quine 1984: 325 und 333)

Was bei Dummett offen bleibt und auch bei Quine nicht geklärt wird, ist die Frage, *wie* Quine durch die kritische Auseinandersetzung mit Carnap zu seiner Form des Empirismus gelangt. Um eine Antwort zu bekommen, müssen wir unser Augenmerk auf einen Philosophen richten, der nie einer sein wollte. Seine Verdienste für den Aufbau des Wiener Kreises und sein Einfluß auf gegenwärtige Strömungen in der Erkenntnis- und Wissenschaftstheorie finden erst in letzter Zeit verstärkte Beachtung: Otto Neurath.

Wie ist das Verhältnis der philosophischen Positionen von Carnap, Neurath und Quine zu bestimmen? Ich möchte dazu die folgende These aufstellen und verteidigen: Unter historisch-systematischen Gesichtspunkten ist Quines Philosophie als der Versuch einer Synthese von grundlegenden und – in manchen Fällen – konfligierenden Auffassungen Neuraths und Carnaps zu verstehen. Gegen die durch eine einseitige Rezeption geprägte Karikatur des Logischen Empirismus in »Two Dogmas of Empiricism« richtet Quine holistische Argumente, die sich schon sehr früh bei Neurath finden und später von Quine aufgegriffen und präzisiert werden. Quines holistischer Empirismus stellt somit weniger eine Kritik als vielmehr eine Weiterführung und Vollendung des historisch richtig verstandenen Empirismus des Wiener Kreises dar. Unter Rückgriff auf Neurathsche Positionen kritisiert Quine mit Hilfe seiner Unbestimmtheitsthese der Übersetzung die analytisch-synthetisch-Dichotomie. Ist eine strikte Unterscheidung zwischen analytischen und synthetischen Sätzen nicht möglich, kann eine eindeutige Grenze zwischen Begriffsanalyse und empirischer Wissenschaft nicht länger aufrecht erhalten werden,[6] und der Weg wird frei für eine naturalisierte Erkenntnistheorie. Diese Form der Erkenntnistheorie ist der wichtigste Bestandteil von Quines holistischem Empirismus. In dessen Rahmen entwickelt Quine seinen Lösungsversuch der in der Protokollsatzdebatte des Wiener Kreises aufgetretenen Probleme.[7] Dieser Debatte wende ich mich nun zu, weil in ihr erste systematische Ansätze zur Begründung meiner These zu finden sind, daß Quines Philosophie als Aufnahme und Weiterführung Neurathscher Gedanken zu rekonstruieren ist.

1.2 Die Protokollsatzdebatte im Wiener Kreis

In der Protokollsatzdebatte des Wiener Kreises, die zwischen 1931 und 1935 stattfand, geht es um die Basis der empirischen Wissenschaft und um eine wissenschaftlich haltbare Form des Empirismus. Die beiden Themen hängen eng miteinander zusammen. Wie man die Basis der empirischen Wissenschaft auszeichnet, ist abhängig vom jeweils eingenommenen erkenntnistheoretischen Standpunkt. In der Diskussion des Wiener Kreises stehen sich in erster Linie die Positionen von Neurath und Schlick gegenüber. Neurath vertritt einen kohärenztheoretischen,[8] Schlick einen korrespondenztheoretischen Empirismus. Weitere ergänzende und klärende Beiträge kommen von Carnap, Hempel und Popper.

Die Debatte beginnt mit Neuraths 1931 erschienenem Aufsatz »Soziologie im Physikalismus«. Seine ›philosophische‹ Grundhaltung bestimmt Neurath mit den Worten:

»*Alle* Vertreter dieses Kreises [gemeint ist der Wiener Kreis] sind sich darüber einig, daß es *neben* den Wissenschaften keine ›Philosophie‹ als Disziplin mit *besonderen Sätzen* gibt; alle sinnvollen Aussagen sind in den *Wissenschaften* enthalten.« (Neurath 1931c: 393)

Eine erkenntnistheoretische Rechtfertigung der Wissenschaft ist nach Neurath nicht nötig: »Die Möglichkeit der Wissenschaft zeigt sich an ihr selbst.« (Neurath 1931c: 397) Sie ist zudem auch nicht möglich: »Wir können nicht als Aussagende gewissermaßen eine Position außerhalb des Aussagens einnehmen und nun gleichzeitig Ankläger, Angeklagter und Richter sein.« (Neurath 1931c: 397) Einen archimedischen Punkt der Erkenntnis gibt es nicht. Wie später für Quine, so ist auch für Neurath die Alltagssprache physikalistisch geprägt: »Die Sprache des Physikalismus ist sozusagen nichts Neues; sie ist die Sprache, die gewissen ›naiven‹ Kindern und Völkern vertraut ist.« (Neurath 1931c: 403) Um Wissenschaft treiben zu können, muß die Alltagssprache in vielen Fällen verfeinert und präzisiert werden, doch ist auch die Wissenschaftssprache von Ungenauigkeiten und »Ballungen« (Neurath 1932/33: 206) nicht frei. Der Übergang ist dabei fließend. »Science is self-conscious common sense.« (Quine 1960: 3) Grundlegend für Neurath wie für Quine ist die Überzeugung, daß Wissenschaft und Sprache untrennbar zusammengehören. Die Wissenschaft wird bei beiden als ein System von Sätzen charakterisiert. Neuraths Position, die einerseits die Protokollsatzdebatte auslöst, andererseits den Grundgedanken des Quineschen Holismus vorwegnimmt, soll hier in seinen eigenen Worten ausführlich wiedergegeben werden:

»Die Wissenschaft als ein System von Aussagen steht jeweils zur Diskussion. *Aussagen werden mit Aussagen* verglichen, nicht mit ›Erlebnissen‹, nicht mit einer ›Welt‹ noch mit sonst was. Alle diese sinnleeren *Verdopplungen* gehören einer mehr oder minder verfeinerten Metaphysik an und sind deshalb abzulehnen. Jede neue Aussage wird mit der Gesamtheit der vorhandenen, bereits miteinander in Einklang gebrachten, Aussagen konfrontiert. *Richtig heißt eine Aussage dann, wenn man sie eingliedern kann.* Was man nicht eingliedern kann, wird als unrichtig abgelehnt. Statt die neue Aussage abzulehnen, kann man auch, wozu man sich im allgemeinen schwer entschließt, das ganze Aussagensystem abändern, bis sich die neue Aussage eingliedern läßt. *Innerhalb* der Einheitswissenschaft gibt es bedeutsame Aufgaben der Umformung. Die hier aufgestellte Definition von ›richtig‹ und ›unrichtig‹ entfernt sich von der im ›Wiener Kreis‹ üblichen, die auf ›Bedeutung‹ und ›Verifikation‹ rekurriert. In der hier gegebenen Darstellung bleibt man immer im Bereich des Sprechdenkens. Es werden Aussagensysteme umgeformt.« (Neurath 1931c: 403)

Es dürfte deutlich geworden sein, daß es Neurath nicht um eine Kohärenztheorie der Wahrheit, sondern um eine adäquate Theorie über die Annahme und Verwerfung wissenschaftlicher Sätze zu tun ist. Sein kohärenztheoretischer Empirismus ist die Grundlage für seinen Holismus, mit dessen Hilfe er die Beziehung von Theorie und Erfahrung zu klären versucht. Seine Lösung wird uns am Schluß von Quines »Two Dogmas of Empiricism« wiederbegegnen.

Zweitens wird klar, wie stark bei Neurath eine pragmatische Sicht der Wissenschaft ausgeprägt ist. In seiner kohärenztheoretischen Definition bezieht er sich nicht auf die semantischen Begriffe der Wahrheit und Bedeutung. Er zieht ihnen den pragmatischen Begriff der Richtigkeit vor.

Drittens wird durch den Begriff ›Sprechdenken‹ Neuraths behaviorale Grundeinstellung betont, zu der er sich ausdrücklich bekennt[9] und die Quine wieder aufgreifen wird. Im Rahmen eines allgemeinen Physikalismus ist nicht von einer phänomenalen Erlebnissprache, sondern vom Sprachverhalten auszugehen: »Unsere Vorschläge führen ... zu einer Betonung der sozialen Implikationen von Sprache. Das ist speziell mit den Leitideen von C. S. Peirce, G. H. Mead, John Dewey und anderen in Übereinstimmung ...« (Neurath 1941a: 918). Auch Quine bezieht sich auf Dewey, wenn er schreibt: »Language is a social art which we all acquire on the evidence solely of other people's overt behavior under publicly recognizable circumstances.« (Quine 1968a: 26)[10]

Schließlich antizipiert Neurath auch Quines Programm einer naturalisierten Erkenntnistheorie:

»Es wird aus all dem klar, daß es innerhalb eines folgerichtigen Physikalismus keine ›Erkenntnistheorie‹ geben kann, mindestens nicht in der überlieferten Form ... Manche Probleme werden sich vielleicht so in empirische Fragen umformen lassen, daß sie in der Einheitswissenschaft unterkommen.« (Neurath 1931c: 404)

Und fünf Jahre später heißt es bei Neurath:

»Ein *radikaler Physikalismus* – damit soll die Gesamtauffassung, nicht nur eine spezielle These bezeichnet werden – führt nicht zu einem eigenen Gebiet der Erkenntnistheorie ... Verwenden wir z. B. innerhalb des Physikalismus den Terminus ›Geltung‹, so nehmen wir ihm jede ›absolute‹ Bedeutung ... Wir gehen am besten von dem Wissenschaftsbetrieb aus und betrachten sein Verfahren.« (Neurath 1936c: 750)

Genau in dieser These, daß wir die tatsächliche Begründungspraxis der Wissenschaften untersuchen müssen, wenn wir die wichtigsten Fragen nach der menschlichen Erkenntnis beantworten wollen, besteht auch Quines Naturalismus.

Die von Neurath in »Soziologie im Physikalismus« vorgenommene Kritik an dem Vergleich zwischen Sätzen und der Wirklichkeit ist der Anlaß für Carnaps Aufsatz »Die physikalische Sprache als Universalsprache der Wissenschaft« (1932), dessen Titel bereits sein Ziel angibt.[11] Carnap teilt Neuraths Auffassung von der Wissenschaft als ein System von Sätzen, das sich an der Erfahrung zu bewähren habe.[12] Die empirische Überprüfung geschieht mit Hilfe sogenannter Protokollsätze. Protokollsätze sind Sätze, die das ursprüngliche Protokoll eines Wissenschaftlers enthalten. Zu ihnen kommen wir, wenn wir die von einem Wissenschaftler in einem Laboratoriumsprotokoll verwendeten, indirekt gewonnenen Sätze auf die Wahrnehmungen, Erlebnisse und Gedanken dieses Wissenschaftlers zurückführen. Wenngleich eine explizite Formulierung dieser ursprünglichen Protokolle praktisch kaum durchführbar sein dürfte, fordert Carnap, daß jede Rechtfertigung eines wissenschaftlichen Satzes durch den Rekurs auf die ursprünglichen Protokollsätze zu erfolgen habe. »Unter ›Protokollsätzen‹ wollen wir ... immer die Sätze ursprünglicher Protokolle verstehen. Die Sprache, der diese Sätze angehören, wollen wir die

›Protokollsprache‹ nennen. (Sie wird auch als ›Erlebnissprache‹ oder ›phänomenale Sprache‹ bezeichnet ...)« (Carnap 1932: 438). Etwas genauer kann diese Sprache durch die Berücksichtigung von Carnaps Unterscheidung zwischen der formalen und der inhaltlichen Redeweise gekennzeichnet werden:

Formale Redeweise:	*Inhaltliche Redeweise:*
»Die einfachsten Sätze der *Protokollsprache* sind die Protokollsätze, d. h. die Sätze, die selbst nicht einer Bewährung bedürfen, sondern als Grundlage für alle übrigen Sätze der Wissenschaft dienen.	Die einfachsten Sätze der *Protokollsprache* beziehen sich auf das Gegebene; sie beschreiben die unmittelbaren Erlebnisinhalte oder Phänome, also die einfachsten erkennbaren Sachverhalte.«

(Carnap 1932: 438)

Eine detailliertere Charakterisierung der Protokollsprache ist nach Carnap beim gegenwärtigen Stand der Forschung nicht möglich, sie sei für seine zentralen Anliegen allerdings auch nicht nötig.[13] Für die empirische Überprüfung wissenschaftlicher Theorien ist nun das Verhältnis der Protokollsätze zu den Sätzen der Theorie näher zu bestimmen.[14] Unterscheidet man in der Theorie die singulären Sätze, die sich auf eine bestimmte Raum-Zeit-Stelle beziehen, von den generellen Sätzen, den Naturgesetzen, so kann man aus einer genügend großen Menge singulärer Sätze unter Berücksichtigung der Naturgesetze Protokollsätze ableiten und dann überprüfen, ob diese tatsächlich im Protokoll enthalten sind.

Wenn wir Carnap zugestehen, daß seine physikalistische Sprache sowohl eine intersubjektive wie eine universale Sprache ist,[15] bleibt die Frage zu klären, ob die Protokollsprache als eine Teilsprache der physikalistischen Sprache aufgefaßt werden kann. Zugunsten dieser Möglichkeit führt Carnap im wesentlichen drei Argumente an.[16]

In einem ersten Schritt bemerkt Carnap, daß die These der Nichtübersetzbarkeit der phänomenalen Protokollsprache in die physikalistische Sprache nur aufgrund der Verwendung der inhaltlichen Redeweise plausibel erscheint. Benutzen wir hingegen die formale Redeweise, taucht die Frage nach dem Zusammenhang von unmittelbaren Erlebnisinhalten und physikalischen Sachverhalten gar nicht auf. Es ist bezeichnend für Carnaps Vorgehen, daß er die ontologischen Probleme, die bei der Verwendung der inhaltlichen Redeweise klar zu Tage treten, durch eine Vorgehensweise zu umgehen versucht, die Quine später als semantischen Aufstieg *(semantic ascent)* bezeichnen wird.

Da er aber anscheinend selbst der Überzeugung ist, daß dieses Verfahren seine Gegner kaum überzeugen kann, läßt er sich in einem zweiten Schritt auf die inhaltliche Redeweise ein. Hält man an diesem Standpunkt konsequent fest, kommt man zu dem Ergebnis, daß jeder Satz der Protokollsprache ausschließlich für den jeweiligen Benutzer sinnvoll ist, für jeden anderen dagegen prinzipiell nicht verstehbar bleibt. »*Jede Protokollsprache kann daher nur monologisch verwendet werden; es gibt keine intersubjektive Protokollsprache. Zu diesem Ergebnis führt die konsequente Verfolgung der (von uns abgelehnten) üblichen Auffassung* ...« (Carnap 1932: 454 f.)

Nach dieser von Carnap als *reductio ad absurdum* aufgefaßten Argumentation bemüht er sich in einem dritten konstruktiven Schritt um den Nachweis, daß prinzipiell alle Sätze der Protokollsprache in physikalistische Sätze zu übersetzen sind.[17] Übersetzbarkeit ist hier durch den metalogischen Terminus der Gehaltgleichheit zu präzisieren, der seinerseits durch gegenseitige Ableitbarkeit definiert wird.[18] Der gegen die Gehaltgleichheit von physikalistischer Sprache und Protokollsprache vorgebrachte Einwand, daß die Bedeutung der in den beiden Sprachen vorkommenden Ausdrücke verschieden sei, beruht nach Carnap auf einer Vermengung von logischem Gehalt und Vorstellungsgehalt.[19]

> Die »Verschiedenartigkeit des Vorstellungsgehaltes ... besagt nichts gegen die These der Gehaltgleichheit. Denn der Gehalt eines Satzes besteht in der Möglichkeit, andere Sätze aus ihm abzuleiten; sind aus zwei Sätzen dieselben anderen ableitbar, so haben die beiden Sätze denselben Gehalt, unabhängig davon, was für Vorstellungen wir mit ihnen zu verknüpfen pflegen.« (Carnap 1932: 460)

Carnaps Ergebnis kann somit als Versuch einer Rechtfertigung und Präzisierung des von Neurath vertretenen Physikalismus angesehen werden.[20]

»... *alle Sätze, sowohl die der Protokolle wie die des wissenschaftlichen Systems, das in Gestalt eines Hypothesensystems in Anknüpfung an die Protokolle aufgebaut wird, sind in die physikalische Sprache übersetzbar ...*« (Carnap 1932: 461)

Wenngleich sich Carnap in vielen wesentlichen Fragen Neurath anschließt, weicht er doch in einem Punkt von ihm ab. Aufgrund seines methodischen Solipsismus besteht er auf der Sicht, daß die Basis für den Aufbau der Wissenschaft in den eigenen, ursprünglichen Protokollen zu finden ist.

Mit seinem Artikel »Protokollsätze« (1932/33) nimmt Neurath die Diskussion wieder auf. Drei systematischen Bereichen gilt dabei seine besondere Aufmerksamkeit; der erste betrifft den Zusammenhang von Alltagssprache und Wissenschaftssprache unter besonderer Berücksichtigung der Protokollsätze, der zweite behandelt die Beziehung der Protokollsätze zu dem Wandel der Wissenschaften, und der dritte thematisiert Carnaps methodischen Solipsismus im Hinblick auf die Protokollsätze.

In Anlehnung an den in »Soziologie im Physikalismus« vertretenen Standpunkt hebt Neurath noch einmal den fließenden Übergang von der Alltagssprache zur Wissenschaftssprache hervor. Da die Sätze der Wissenschaftssprache letztlich auf die nicht präzisierbaren Protokollsätze zurückgeführt werden müssen, ist ein gewisses Maß von Ungenauigkeit auch aus der Wissenschaftssprache nicht zu vertreiben.[21]

»*Es gibt kein Mittel, um endgültig gesicherte saubere Protokollsätze zum Ausgangspunkt der Wissenschaften zu machen.* Es gibt keine tabula rasa. Wie Schiffer sind wir, die ihr Schiff auf offener See umbauen müssen, ohne es jemals in einem Dock zerlegen und aus besten Bestandteilen neu errichten zu können ... Die unpräzisen ›Ballungen‹ sind immer irgendwie Bestandteil des Schiffes.« (Neurath 1932/33: 206)

Neurath gewinnt also an dieser Stelle – wie später auch Quine, der die Metapher von den Schiffern auf hoher See zum Motto seiner Philosophie erhebt – seine holistische Auffassung aus einer Betrachtung der Sprache. In ihr gibt es keine ausgezeichneten Sätze, auch die Protokollsätze haben in der Wissenschaft keinen besonderen epistemischen Status. Sie sind von anderen wissenschaftlichen Sätzen allein durch ihre syntaktische Form und das Vorkommen eines Personennamens zu unterscheiden. Neurath gibt dazu folgendes Beispiel:

> »Ottos Protokoll um 3 Uhr 17 Minuten: [Ottos Sprechdenken war um 3 Uhr 16 Minuten: (Im Zimmer war um 3 Uhr 15 Minuten ein von Otto wahrgenommener Tisch)].«
> (Neurath 1932/33: 207)

Geht Neuraths Ablehnung von Carnaps Protokollsätzen auf seine holistische Sicht der Sprache zurück, so werden die weiteren für die Protokollsätze charakteristischen Merkmale durch eine holistische Sicht der Wissenschaften gewonnen.

> »Der Wandlungsprozeß der Wissenschaften besteht darin, daß Sätze, die in einem bestimmten Zeitalter verwendet werden, in einem späteren wegfallen, wobei sie oft durch andere ersetzt werden. Manchmal bleibt auch der Wortlaut bestehen, aber die Definitionen werden geändert. *Jedes Gesetz und jeder physikalistische Satz der Einheitswissenschaft oder einer ihrer Realwissenschaften kann solche Abänderung erfahren. Auch jeder Protokollsatz.*« (Neurath 1932/33: 208)

Neuraths Holismus ist also nicht allein von seiner *systematischen* Sicht der Beziehung von Theorie und Erfahrung geprägt, die in »Soziologie im Physikalismus« im Vordergrund stand; er ist darüber hinaus von seiner *historischen* Sicht der Theoriendynamik bestimmt. Die später von Feyerabend und Kuhn vertretene Inkommensurabilitätsthese ist hier bei Neurath schon *in nuce* anzutreffen. Das von ihm entwickelte Adaptionsprinzip der Veränderung wissenschaftlicher Theorien hat Haller das ›Neurath-Prinzip‹ genannt:

> »Wenn es sowohl beim Wandel einer und derselben Theorie, wie auch beim Vergleich verschiedener Theorien über denselben Bereich zu einer Unverträglichkeit eines Satzes mit dem wissenschaftlichen System, d. h. letztlich mit dem Gesamtgebäude der Wissenschaft kommt, dann gibt es immer zwei Möglichkeiten ... eine Übereinstimmung zwischen Satz und System herzustellen: entweder man ändert den entsprechenden Satz, *oder* man ändert das System.« (Haller 1978: 305)

Aus diesem Prinzip folgt, daß – im Gegensatz zu Carnaps Auffassung – jeder Protokollsatz der Bewährung bedarf; aus ihm folgt auch, daß einzelne Protokollsätze gestrichen werden können, wenn man im Konfliktfall zwischen ihnen und der Theorie der Aufrechterhaltung des theoretischen Systems den Vorzug gibt.
Aus dieser Bestimmung der Protokollsätze wird ersichtlich, daß Neurath Carnaps methodischen Solipsismus deshalb ablehnt, weil dieser durch die Annahme ursprünglicher Protokollsätze, die keiner Bewährung bedürfen, charakterisiert ist.[22] Wenn man sich eine »wissenschaftliche Säuberungsmaschine« zur Prüfung aller Protokollsätze vorstellt, ist es für diese nach Neurath unerheblich, von wem die Protokollsätze in die Maschine geworfen werden. Der Solipsismus wird nicht dadurch besser, daß man ihm den Begriff ›methodisch‹ voranstellt.[23] *»Es hat daher keinen Sinn, von monologisierenden Sprachen zu reden . . .«* (Neurath 1932/33: 211) Wittgenstein wird diesen Gedanken in seinem Privatsprachenargument im Detail ausführen. ». . . *jede* Sprache ist *als solche* ›intersubjektiv‹ . . .« (Neurath 1932/33: 211) Diese Intersubjektivität betont später auch Quine, indem er *Word and Object* mit dem Satz beginnt: »Language is a social art.« (Quine 1960: ix)
Carnap erwidert Neuraths Darstellung der Protokollsätze mit seiner Arbeit »Über Protokollsätze« (1932/33c). Hier treffen wir zum ersten Mal auf die für Carnaps Philosophie charakteristische Unterscheidung zwischen theoretischen Fragen und praktischen Festsetzungen, die vor allem nach ihrer Präzisierung in »Empiricism, Semantics, and Ontology« (1950b) einen der wichtigsten Streitpunkte in der Auseinandersetzung mit Quine abgeben wird. In dem Vergleich seiner Position mit derjenigen Neuraths sieht Carnap keine theoretischen Differenzen, sondern lediglich *»zwei verschiedene Methoden zum Aufbau der Wissenschaftssprache, die beide möglich und berechtigt sind.«* (Carnap 1932/33c: 215) Die beiden Vorgehensweisen unterscheiden sich dadurch, daß bei Carnap die Protokollsätze außerhalb, bei Neurath hingegen innerhalb der Wissenschaftssprache zu finden sind. Beide Verfahren weisen bestimmte Vorteile auf: das erste verspricht größere Freiheit; das zweite ermöglicht eine größere Einheitlichkeit der Wissenschaftsspra-

che.[24] Sowohl die Frage nach der Stellung der Protokollsätze innerhalb oder außerhalb der Wissenschaftssprache wie auch das Problem ihrer genaueren Bestimmung sind nach Carnap durch Zweckmäßigkeitserwägungen zu klären. Im folgenden möchte ich die beiden Sprachformen kurz vorstellen und die von Carnap aus ihnen gezogenen Konsequenzen diskutieren.

Zuerst zu den Protokollsätzen außerhalb der Wissenschaftssprache. Wie bereits in »Die physikalische Sprache als Universalsprache der Wissenschaft« unterscheidet Carnap die singulären Sätze von den Naturgesetzen.[25] Die ursprünglichen Protokollsätze können prinzipiell mit Hilfe streng behavioristischer Methoden in die intersubjektive Wissenschaftssprache übersetzt werden.[26] Aus diesen, zusammen mit den singulären Sätzen und den Naturgesetzen, werden weitere singuläre Sätze abgeleitet, deren empirische Überprüfung im Vergleich mit den Sätzen besteht, die wir durch die Übersetzung der ursprünglichen Protokolle erhalten haben. Diese Sätze werden entweder bestätigt oder widerlegt. Eine Bestätigung ergibt sich durch die Übereinstimmung mit den Protokollsätzen. Stoßen wir hingegen auf einen Widerspruch, so sind entweder die Sätze innerhalb der Theorie zu ändern oder aber die Übersetzung der ursprünglichen Protokolle zu überprüfen und gegebenenfalls zu modifizieren.

Im zweiten Fall ist davon auszugehen, daß sich die Sprachbenutzer der intersubjektiven Wissenschaftssprache bedienen.[27] Können im ersten Fall sehr verschiedene spontane sprachliche Äußerungen als Protokollsätze angenommen werden, ist hier innerhalb der Wissenschaftssprache eine Klasse von Sätzen als Protokollsätze auszuzeichnen, hinter die bei der empirischen Überprüfung von wissenschaftlichen Sätzen nicht mehr zurückgegangen werden kann. Wie sind diese Sätze näher zu charakterisieren? Die Entscheidung ist nach Carnap wiederum durch eine Festsetzung zu treffen. Zwei Möglichkeiten bieten sich dazu an. Entweder können wir den vorgesehenen Sätzen eine Beschränkung auferlegen, oder wir können davon absehen. Den ersten Weg hat Neurath eingeschlagen,[28] indem er das Vorkommen eines Eigennamens und eines Wahrnehmungsprädikats fordert; für den zweiten Weg hat sich Popper entschieden, der die Auszeichnung zu einer Sache des Entschlusses macht.

Bezüglich der zweiten Sprachform kommt Carnap insgesamt zu dem Ergebnis: »*Jeder konkrete Satz der physikalistischen Systemsprache kann unter Umständen als Protokollsatz dienen . . . es gibt keine absoluten Anfangssätze für den Aufbau der Wissenschaft.*« (Carnap 1932/33c: 224)

In einem abschließenden Vergleich der beiden Sprachformen betont Carnap Neuraths Verdienste um eine fallibilistische Erkenntnistheorie:

> »In allen bisherigen Erkenntnistheorien steckt ein bestimmter *Absolutismus:* . . . in dem logischen Positivismus unseres Kreises – in den bisher veröffentlichten wissenschaftslogischen (erkenntnistheoretischen) Schriften von Wittgenstein, Schlick, Carnap – nimmt er die verfeinerte Form eines Absolutismus der Ursätze (›Elementarsätze‹, ›Atomsätze‹) an. Gegen diesen Absolutismus hat *Neurath* als erster sich mit Entschiedenheit gewendet, indem er die Unwiderruflichkeit der Protokollsätze ablehnt.« (Carnap 1932/33c) 228)

Trotz dieser Würdigung Neuraths hält Carnap den Vorschlag Poppers für eine weitere Verbesserung und schließt sich diesem an. Popper selbst kritisiert Neurath in seiner *Logik der Forschung*,[29] weil dieser kein Verfahren angegeben habe, mit dessen Hilfe über Annahme und Verwerfung der Protokollsätze entschieden werden könne:

> »Neurath . . . wirft damit, ohne es zu wollen, den Empirismus über Bord: Empirische Sätze sind gegenüber beliebigen Satzsystemen nicht mehr ausgezeichnet; *jedes* System kann vertreten werden . . .« (Popper 1934: 63)

Der gleiche Vorwurf taucht bei Schlick wieder auf. Bevor ich seine Berechtigung untersuche, sei hier kurz gefragt, ob die von Carnap favorisierten und von Popper so genannten Basissätze das Problem der empirischen Grundlage der Wissenschaft zu lösen vermögen. Poppers Basissätze sind singuläre Es-gibt-Sätze, die sich auf beobachtbare Vorgänge beziehen und durch einen Beschluß festgesetzt werden. Da sich aber bei Popper außer einigen sehr allgemein gehaltenen methodologischen Regeln keine Kriterien für diese Beschlußfassung finden lassen, kommt er über Neuraths Protokollsätze nicht hinaus. Im Gegenzug zu Poppers Kritik an Neurath hat Neurath seinerseits in einem Brief an Carnap Popper die Preisgabe des empiristischen Standpunktes vorgeworfen:

»Du entwickelst Poppers Standpunkt, daß beliebige Sätze Protokollsätze sein können, als Deinen eigenen ... Ich würde das für Verlassen des Empirismus halten. Daß *logisch* dieser Carnap-Poppersche Standpunkt geht – darüber keine Debatte.« (Neurath an Carnap, Den Haag, 30. April 1934)

Neuraths Empirismus ist pluralistisch geprägt;[30] das unterscheidet ihn von Carnap und Hempel und verbindet ihn mit Feyerabend und Goodman. Insbesondere seine Auffassung der Protokollsätze ist von diesem Pluralismus bestimmt, der später von Quine in seiner These der Unterbestimmtheit empirischer Theorien aufgenommen und präzisiert wird.[31] Deutlich wird Neuraths Haltung in einem weiteren Brief an Carnap:

»I see the scientific enterprise in comparing protocol statements and their derivates, and in discovering some ways how to fit them together, as far as possible, whereby we have to select already arbitrarily certain formulations. Any protocol-statement is a pluralist one, and therefore any selection brings with it the other possibilities, too.«

(Neurath an Carnap, Oxford, 18. April 1944)

Natürlich stellt auch diese Bemerkung Neuraths keine Lösung des Problems dar. Erst durch den Quineschen Begriff des Beobachtungssatzes wird ein weiterer wichtiger Fortschritt erzielt werden.[32]

Die entscheidende letzte Runde in der Protokollsatzdebatte des Wiener Kreises wird mit dem Erscheinen von Schlicks Aufsatz »Das Fundament der Erkenntnis« (1934) eingeleitet. Neurath erwidert darauf mit seiner Arbeit »Radikaler Physikalismus und ›Wirkliche Welt‹« (1934). Daran anschließend bemühen sich Hempel und Schlick um eine weitere Klärung.[33]

Ich fasse den Diskussionsverlauf in vier Punkten systematisch zusammen, die ich einzeln diskutiere. Bei dem ersten Punkt geht es um die unterschiedlichen erkenntnistheoretischen Positionen von Neurath und Schlick, aus denen sich die drei folgenden Punkte als Konsequenzen ergeben. Punkt 2 behandelt den Gegensatz von Kohärenz- und Korrespondenztheorie, Punkt 3 betrifft den umstrittenen Vergleich von Sätzen mit Tatsachen und in dem vierten Punkt stehen Schlicks ›Konstatierungen‹ als Alternative zu den Protokollsätzen Neuraths zur Diskussion.

1) In Schlick und Neurath stehen sich ein später Nachkomme der cartesianischen und ein Vorläufer der naturalisierten Erkenntnistheorie gegenüber. Das zentrale Anliegen einer cartesianischen Erkenntnistheorie ist die Erarbeitung eines absolut sicheren Fundaments unserer Erkenntnis. Zu diesem Standpunkt bekennt sich Schlick explizit mit dem ersten Satz seiner Arbeit: »Alle großen Versuche der Begründung einer Theorie des Erkennens entspringen aus der Frage nach der Sicherheit menschlichen Wissens, und diese Frage wiederum entspringt aus dem Wunsche nach absoluter Gewißheit der Erkenntnis.« (Schlick 1934: 79) Die Forderung nach absoluter Gewißheit der Erkenntnis können die hypothetischen Protokollsätze Neuraths nicht erfüllen; sie sind somit nach Schlick für die Lösung des Problems »der letzten Grundlegung der Erkenntnis« (Schlick 1934: 82) ungeeignet.[34]
Im Gegensatz zu Schlick geht Neurath nicht von dem erkenntnistheoretischen Ideal der Gewißheit, sondern von einer historischen und systematischen Analyse der Wissenschaften aus, deren Ergebnis das holistische ›Neurath-Prinzip‹ ist.[35] In seinem Rahmen erweist sich die Forderung nach absoluter Sicherheit unserer Erkenntnis als eine epistemologische Illusion, die nicht einmal durch die Sätze der Logik und Mathematik Unterstützung findet: »›Sicher‹ sind auch die Sätze der Logik und Mathematik nicht, und wenn Schlick meint, daß ich einen Satz erst dann verstanden habe, wenn ich weiß, ob er analytisch oder synthetisch ist..., so könnte es doch vorkommen, daß ich einen Satz heute für analytisch erklärte und morgen zu einer anderen Meinung käme...« (Neurath 1934: 350f.) Genau dieser konsequente Fallibilismus Neuraths gibt den wichtigsten Grund Quines für seine Kritik an der analytisch-synthetisch-Dichotomie an, die ihrerseits zur Konzeption einer naturalisierten Erkenntnistheorie führt.

2) Für Schlicks cartesianische Erkenntnistheorie »versteht es sich von selbst, daß das Problem des Fundamentes aller Erkenntnis nichts andres ist als die Frage nach dem Kriterium der Wahrheit.« (Schlick 1934: 84) Neuraths Auffassung charakterisiert er als eine Variante der Kohärenztheorie, nach der die Wahrheit von Sätzen in ihrer wechselseitigen Übereinstimmung bestehen soll. Was aber ist mit der Übereinstimmung oder der

Kohärenz von Sätzen gemeint?[36] Schlick vertritt die These, daß es sich dabei nur um die Widerspruchsfreiheit bzw. die Konsistenz der Sätze handeln könne. Diese genüge aber nicht, um die materiale Wahrheit von Sätzen sicherzustellen; vielmehr müsse dazu ihre »Übereinstimmung mit der Wirklichkeit« (Schlick 1934: 86) berücksichtigt werden. Mit dem Kriterium der Kohärenz allein ist es nicht möglich, zwischen den wahren Sätzen der Wissenschaft und beliebig erdichteten Märchen zu unterscheiden.[37] Der kohärenztheoretische Standpunkt Neuraths erweise sich dadurch als unsinnig.

Im Gegensatz zu Schlicks Forderung nach einem eindeutigen Kriterium der Wahrheit betont Neurath die Vieldeutigkeit der Wissenschaft auf jeder Stufe.[38] Selbst nachdem wir die widersprüchlichen Sätze aus unserem wissenschaftlichen System eliminiert haben, besteht – in Quines späterer Ausdrucksweise – prinzipiell die Möglichkeit von mehreren empirisch äquivalenten, aber logisch inkompatiblen wissenschaftlichen Systemen unserer Welt.[39] Neurath faßt seinen Standpunkt wie folgt zusammen: ». . . wir können in sich widerspruchsfreie Gesamtheiten von Realsätzen formulieren; unter diesen durch von uns anerkannte Protokollsätze kontrollierten Gesamtheiten wählen wir bestimmte auf Grund *außerlogischer* Momente aus. Wo steckt der von Schlick behauptete ›Unsinn‹?«
(Neurath 1934: 353)

3) Nach Schlick ist das sichere Fundament der Wissenschaft durch den Vergleich ihrer Sätze mit der Wirklichkeit bzw. mit den Tatsachen zu erstellen. Er gibt dazu folgendes Beispiel:

> »I found . . . in my Baedeker the statement: ›This cathedral has two spires‹, I was able to compare it with ›reality‹ by looking at the cathedral, and this comparison convinced me that Baedeker's assertion was true.« (Schlick 1934/35: 66)

Hempel hat dieses Beispiel Schlicks einer detaillierten Analyse unterzogen.[40] Dabei weist er zunächst auf eine Doppeldeutigkeit in Schlicks Ausdrucksweise hin. Nimmt man Schlick beim Wort, so ist zu erwarten, daß die Überprüfung des von ihm gewählten Beispielsatzes dadurch geschieht, daß das aus gedruckten Symbolen bestehende physische Objekt ›This cathedral has two spires‹ mit einem anderen physischen Objekt, nämlich der ›wirklichen‹ Kathedrale, verglichen wird. Solch ein

Vergleich kann natürlich vorgenommen werden. Was aber ist mit ihm gewonnen? Er würde zu einer Aussage führen, daß der Beispielsatz mehr Teile, die ›Wörter‹ genannt werden, enthält als die Kathedrale Türme hat. Eine Überprüfung des Satzes ist damit nicht gegeben, weil gar keine spezifische Übereinstimmung zwischen den beiden physischen Objekten vorliegt. Schlick präzisiert deshalb seine Interpretation des Vergleichs, indem er sagt:

»... it is done by looking at the cathedral and at the sentence in the book and by stating that the symbol ›two‹ is used in connection with the symbol ›spires‹, and that I arrive at the same symbol when I apply the rules of counting to the tower of the cathedral.« (Schlick 1934/35: 67)

Hempel stellt nun mit Recht fest, daß hier offenkundig der Satz aus Schlicks *Baedeker* mit dem *Ergebnis* und nicht mit der Handlung des Türmezählens verglichen wird. Dieses Ergebnis ist aber in jedem Fall ein zweiter Satz, der nun auch das Wort ›zwei‹ enthält, wodurch die Möglichkeit eines sinnvollen Vergleichs zwischen den beiden Sätzen geschaffen ist.

»... Schlick's example reveals that speaking of a ›comparison between a proposition and 'facts'‹ is nothing but an abbreviated and convenient method of describing a comparison between certain propositions ...« (Hempel 1934/35b: 94)

Schlicks Alternative zu Neurath hat sich in diesem Punkt lediglich als eine in der Umgangssprache übliche und leicht mißverständliche Darstellungsweise für den Vergleich zwischen Sätzen herausgestellt.

4) Ein unbezweifelbares Fundament der Wissenschaft versucht Schlick dadurch sicherzustellen, daß er eine bestimmte Klasse von Sätzen auszeichnet, die er sowohl ›Fundamentalsätze‹ wie auch ›Beobachtungssätze‹, am häufigsten jedoch ›Konstatierungen‹ nennt. Sie haben die Form: »Hier jetzt so und so«, z. B. »Hier fallen zwei schwarze Punkte zusammen« oder »Hier grenzt jetzt grün an gelb«.[41] In Schlicks Konstatierungen sind also immer hinweisende Worte vorhanden, die mit einer entsprechenden Geste zu verbinden sind. Man muß mit ihnen »irgendwie auf die Wirklichkeit hindeuten« (Schlick 1934: 97); aufschreiben lassen sie sich nicht, weil sie dann ihren spezifischen Sinn als Aussagen über »gegenwärtig Wahrgenommenes«

(Schlick 1934: 92) verlieren. »Sie sind nicht identisch mit dem Aufgeschriebenen oder Erinnerten, also mit dem, was rechtmäßig ›Protokollsätze‹ heißen könnte, sondern sie sind der *Anlaß* zu ihrer Bildung.« (Schlick 1934: 92) Obwohl es »zweifelhaft ist, ob sie in den Protokollen der Wissenschaft überhaupt vorkommen« (Schlick 1934: 87), kann man die Konstatierungen aufgrund ihrer kausalen Rolle mit »einem gewissen Rechte ... als letzten Ursprung alles Wissens ansehen ...« (Schlick 1934: 92) Sie sind jedoch nicht nur Ursprung aller Erkenntnis, sondern auch das Ende jeder wissenschaftlichen Überprüfung einer Hypothese. Wenn aus einer Hypothese (und entsprechenden Randbedingungen) eine Voraussage abgeleitet worden ist, stellt sich die Frage, ob diese auch tatsächlich eintrifft.

> »Die Frage, die sich hinter dem Problem des absolut sicheren Erkenntnisfundaments verbirgt, ist die Frage gleichsam nach der Berechtigung der Befriedigung, mit welcher die Verifikation uns erfüllt. Sind unsere Voraussagen auch wirklich eingetroffen? In jedem einzelnen Falle der Verifikation oder Falsifikation antwortet eine ›Konstatierung‹ eindeutig mit ja oder nein, mit Erfüllungsfreude oder Enttäuschung. Die Konstatierungen sind endgültig.« (Schlick 1934: 94)

Wie aber verträgt sich dieser von Schlick als »endgültig« bezeichnete Charakter der Konstatierungen mit der von ihm geteilten Auffassung, daß alle Sätze der Wissenschaft nichts anderes als Hypothesen sind?[42] Und wie können die Konstatierungen das Fundament der Erkenntnis sichern? Schlick gibt darauf folgende Antwort:

> »Richtet man das Augenmerk auf den Zusammenhang der Wissenschaft mit der Wirklichkeit, ... so wird sich das Problem des ›Fundamentes‹ von selbst in das Problem der unerschütterlichen Berührungspunkte von Erkenntnis und Wirklichkeit verwandeln. Diese absolut festen Berührungspunkte, die Konstatierungen ... sind die einzigen synthetischen Sätze, die *keine Hypothesen sind.*« (Schlick 1934: 98)

Sind Konstatierungen wirklich keine Hypothesen? Als erste haben Neurath und Hempel Zweifel angemeldet.[43] Ihre Bemerkungen machen erstens deutlich, daß die Konstatierungen der Kluft zwischen den Wahrnehmungsvorgängen und den sprachlichen Berichten über diese Wahrnehmungsvorgänge, die stets ein hypothetisches Element enthalten, keine Rechnung tragen. Zweitens weist insbesondere Hempel darauf hin, daß ein Vergleich wissenschaftlicher Sätze mit Konstatierungen nicht durchführbar sei, wenn diese nur im Moment ihrer Aufstellung Gültigkeit besäßen. Dieser Vergleich ist aber nötig, wenn man wie Schlick alle empirischen Sätze durch Konstatierungen überprüfen will. Drittens kann mit Lauener grundsätzlich gefragt werden, was die Wahrheit eines Beobachtungssatzes mit den für Schlicks Konstatierungen charakteristischen Hinweisen auf die ›Wirklichkeit‹ zu tun hat. »The transition from the objects indicated by pointing to the objective states of affairs which should guarantee the truth of a statement remains questionable in any case ...« (Lauener 1982b: 137)

Zusammenfassend kann also festgehalten werden, daß es Schlick nicht gelingt, den erkenntnistheoretischen Status seiner Konstatierungen so weit zu klären, daß diese Satzform als zweifelsfrei und gewiß ausgezeichnet werden kann. Ein sicheres Fundament der Erkenntnis ist durch die Konstatierungen nicht geschaffen worden. Erneut werden wir auf die hypothetischen Protokollsätze Neuraths verwiesen:

> »So reduziert sich für uns das Streben nach Wirklichkeitserkenntnis auf das Streben, die Sätze der Wissenschaft in Übereinstimmung zu bringen mit möglichst vielen Protokollaussagen. Das ist aber *sehr viel*: hierin ist der *Empirismus* begründet.« (Neurath 1934: 356f.)

Wir hatten bereits gesehen, daß Popper im Gegensatz zu Neurath diesen Standpunkt als eine Preisgabe des Empirismus auffaßt.[44] Schlick argumentierte in ähnlicher Weise, wenn er Neurath vorwarf, aufgrund seiner kohärenztheoretischen Position die konsistenten Sätze der Wissenschaft nicht von den ebenso konsistenten Sätzen eines Märchens unterscheiden zu können.[45] Und Stegmüller ergänzt lakonisch: »... der Bemerkung Russells können wir völlig zustimmen, daß die Theorie Neuraths, die später von Hempel ausgebaut wurde, einen gänzlichen Verzicht auf den Empirismus darstelle ...«
(Stegmüller 1954: 354)[46]

Sind diese Kritiken von Popper, Russell, Schlick und Stegmüller berechtigt? Ich glaube nicht. Mit rein logischen Gründen kann man zwar nicht zwischen wissenschaftlichen und fiktiven

Systemen unterscheiden, und mit ihrer Hilfe kann man auch nicht über Annahme und Verwerfung bestimmter Protokollsätze entscheiden. Das besagt aber nicht, daß es in beiden Fällen überhaupt keine Gründe zur Entscheidung gibt. Es gibt Gründe, diese sind jedoch nicht logischer, sondern empirischer Natur. Wie nach Neurath, Hempel und auch Carnap[47] vor allem Feyerabend und Kuhn hervorgehoben haben, ist hier die Wissenschaftsgeschichte zur Begründung heranzuziehen. »Die Frage, welche Widersprüche man noch hinnimmt, welche nicht, wie man überhaupt bei der Entwicklung der Gesamtwissenschaft sich verhält, ist eine Frage der ... Wissenschaftsgeschichte ...« (Neurath 1936d: 758) Haller hat gegenüber dieser Äußerung darauf bestanden, daß sich das Begründungsproblem so nicht lösen läßt, sondern lediglich um eine Ebene verschoben wird.[48] Ist dies aber richtig? Kann es sich bei Neurath in bezug auf die Auszeichnung bestimmter Protokollsätze überhaupt noch um eine klassische geltungstheoretische Begründung handeln? Heiner Rutte vermutet, daß Neurath beabsichtigte, das gesamte Begründungsproblem umzuformulieren.[49] Was könnte damit gemeint sein? In diesem Zusammenhang müssen wir uns Neuraths Ablehnung jeder Form von erkenntnistheoretischem Absolutismus und sein Votum für einen konsequenten fallibilistischen Holismus in Erinnerung rufen. Auf diesem Hintergrund wird dann klar, daß für Neurath die epistemischen Bedingungen für die Annahme und Verwerfung eines Protokollsatzes ebenso fallibel und veränderlich sind wie unser gesamtes wissenschaftliches Wissen und zudem vom jeweiligen Stand dieses Wissens abhängig sind. Die historische Begründung der Protokollsätze verlangt als Ergänzung eine Beschreibung und Erklärung der Umstände, die kausal zu ihrer Aufstellung und Annahme führen. Hempel hat die sich daraus ergebenden Konsequenzen für Neuraths Theorie folgendermaßen zusammengefaßt:

> »Um dem empirischen Charakter von Neuraths Protokollsätzen Rechnung zu tragen, wird man die Idee direkt aufgestellter Protokollsätze durch eine empirische Theorie der menschlichen Beobachtung und Begriffsbildung unterbauen und verfeinern müssen. Untersuchungen in dieser Richtung werden schon seit einer Reihe von Jahren durchgeführt.

Neurath hätte diese neueren Bemühungen um eine ›naturalisierte Epistemologie‹ zweifellos warm begrüßt.«
(Hempel 1982: 17f.)

Es bleibt Quine vorbehalten, dieses Programm genauer zu skizzieren und die ersten Schritte zu seiner Realisierung zu tun. Die entscheidende Vorarbeit hat Neurath mit seinen Beiträgen zur Protokollsatzdebatte des Wiener Kreises geleistet.

Überblickt man zum Schluß noch einmal den Verlauf der Protokollsatzdebatte, so stellt man fest, daß sich alle wesentlichen Positionen Neuraths, denen Carnap sich weitgehend anschloß, durchgesetzt haben. Diese Positionen verweisen auf Quines Philosophie und enthalten bereits deren wichtigste Grundgedanken. Um diese besser zu verstehen, empfiehlt es sich, die Geschichte des Wiener Kreises genauer zu untersuchen. Dabei werden die philosophischen Voraussetzungen des Wiener Kreises deutlich werden, die über diesen hinaus auch die Philosophie Quines entscheidend prägen. Zudem wird sich zeigen, daß bezüglich der Form des Empirismus zwischen Carnap und Neurath größere Differenzen bestehen, als bisher klar geworden sind. Später wird Quine Neuraths Argumente gegen Carnap wieder aufgreifen und sie systematisch weiterentwickeln. Diese Vorgehensweise führt Quine zu seinem holistischen Empirismus.

1.3 Die Entwicklung des Wiener Kreises

Die historisch-systematische Rekonstruktion der Protokollsatzdebatte hat ergeben, daß innerhalb des Wiener Kreises hinsichtlich der empirischen Basis der Wissenschaft und einer wissenschaftlich akzeptablen Form des Empirismus zwei verschiedene Auffassungen vorliegen, deren Hauptvertreter Neurath und Schlick sind. Auf der Seite Neuraths stehen in dieser Auseinandersetzung Carnap und Hempel, auf der Seite Schlicks stehen Juhos[50] und – in späteren Debatten – auch seine Schüler Feigl und Waismann. Wenngleich diese Zweiteilung des Wiener Kreises durch unterschiedliche politische Haltungen seiner Mitglieder noch vertieft wurde,[51] erscheint sie spätestens dann fragwürdig, wenn man die systematischen Unterschiede in ihrer historischen Entwicklung betrachtet.

Gegen das noch heute weit verbreitete Vorurteil, daß der Wiener Kreis durch sein Bekenntnis zu einer ausschließlich logischen Analyse der Wissenschaft zu charakterisieren ist, muß hervorgehoben werden, daß sich zumindest Philipp Frank und Otto Neurath sowohl für eine historische Analyse der Wissenschaft wie auch für ein historisch begründetes Votum zugunsten des Empirismus eingesetzt haben. Für Feigl ist diese Tatsache bereits 1954/55 so wichtig, daß er anstelle einer Zweiteilung des Logischen Empirismus eine Gliederung in drei verschiedene Richtungen vorschlägt. An erster Stelle steht dabei eine fast vergessene empiristische Tradition, die von Frank, von Mises, Neurath und Zilsel verfolgt wurde und heute hauptsächlich von Feyerabend weitergeführt wird.[52]

> »There is first the trend exemplified most typically by the work of Philipp Frank (and to some extent also by the earlier work of Neurath and von Mises), which combines informal *logical* analyses of the sciences with a vivid awareness of *psychological* and *social-cultural* factors operating in the selection of problems and in the acceptance or rejection of hypotheses and which contribute to the shaping of certain styles of scientific theorizing. In a sense, this is a genuine sequel to the work of Ernst Mach.« (Feigl 1954/55: 4f.)

Frank hat sich nicht allein darum bemüht, die Wissenschaften und den Empirismus historisch zu verstehen; er hat auch die bis heute aufschlußreichsten Bemerkungen zu einer Geschichte des Wiener Kreises hinterlassen. Besonders informativ sind seine Hinweise zu dem von Haller so genannten ersten Wiener Kreis,[53] der für die weitere Entwicklung des Empirismus bis hin zu Quine eine bedeutende Rolle spielt.

Friedrich Stadler hat die Geschichte des Wiener Kreises in vier Phasen unterteilt:[54] 1. Von 1907 bis zum ersten Weltkrieg finden sich Philipp Frank, Hans Hahn, Otto Neurath und zuweilen auch Richard von Mises zu einer philosophisch und wissenschaftlich interessierten Diskussionsrunde zusammen; dies ist der erste Wiener Kreis. 2. Nach dem ersten Weltkrieg bis zum Donnerstagabendtreffen um Moritz Schlick im Jahre 1924 werden neue philosophische Ideen vor allem im Umkreis von Hans Hahn diskutiert. 3. Von 1924 bis 1928 dauert die nichtöffentliche Phase des Wiener Kreises, in die auch vereinzelte Treffen mit Wittgenstein fallen. 4. Mit der Gründung des »Verein Ernst Mach« Ende 1928 und der von Carnap, Hahn und Neurath verfaßten Programmschrift »Wissenschaftliche Weltauffassung – Der Wiener Kreis« (1929) beginnt die Öffentlichkeitsphase des Wiener Kreises, die 1936 durch die Ermordung Schlicks einen unersetzlichen Verlust erfährt. 1938 werden die letzten Reste des weitgehend von Waismann geführten Kreises aufgelöst.

Im folgenden werde ich insbesondere die Einflüsse auf den ersten Wiener Kreis genauer unter die Lupe nehmen. Die drei übrigen Phasen werde ich nur kurz skizzieren und schließlich auf die Meinungsverschiedenheiten über den Wiener Kreis zwischen Carnap und Neurath eingehen. Diese Meinungsverschiedenheiten betreffen in erster Linie die Form des Empirismus. Quine wird sich später um eine Synthese der beiden Positionen bemühen.

Im Jahre 1907 entsteht in Wien um Hahn, Frank und Neurath ein kleiner Kreis von Studenten, der an der Diskussion aktueller Probleme der Wissenschaften und der Philosophie interessiert ist.[55] Als eine wichtige Textgrundlage dient ihnen das im gleichen Jahr erschienene Buch von Abel Rey *La Théorie de physique chez les physiciens contemporains*. Rey geht darin von zwei Beobachtungen aus: 1. Die Krise der mechanistischen Physik seit der Mitte des 19. Jahrhunderts hat zu der verbreiteten Ansicht geführt, daß die Wissenschaft generell gescheitert sei. 2. Um dieser Ansicht entgegenzutreten, ist eine genaue Analyse der Wissenschaft zu erstellen, die nur durch eine interdisziplinäre Zusammenarbeit der seit dem 18. Jahrhundert getrennten Philosophie und Wissenschaft erfolgen kann.[56] Da es die Physik war, die die Wissenschaftskrise ausgelöst hat, ist es folgerichtig, daß die Physik nun der Gegenstand einer nicht nur logischen, sondern vor allem historischen Analyse wird. »Der Logiker bedarf der Aufsuchung des Allgemeinen durch die historische Wissenschaftslehre.« (Rey 1907: 14)

Diese Aufgabe ist von einem Wissenschaftler in Angriff genommen worden, der von Frank als »the real master of the Vienna Circle«[57] bezeichnet wird: Ernst Mach. Seine Ansichten sind bis heute vielfachen Mißverständnissen ausgesetzt, und sein Einfluß auf den Wiener Kreis wird zumeist nur auf seine radikal empiristische und antimetaphysische Haltung zurückgeführt.[58] Fragt man nach den Gründen für Machs Ablehnung der Metaphysik, ist es ratsam, sich mit seinen erkenntnistheoretischen und methodologischen Voraussetzungen zu beschäftigen, die nicht allein für das Verständnis des Wiener Kreises, sondern auch für die Philosophie Quines von großer Bedeutung sind.[59]

Mach hat sich nicht als Philosoph verstanden.[60] In einer Zeit, in der die Forschungen von Philosophie und (Natur-)Wissenschaften in verschiedene Richtungen auseinanderlaufen, bekennt er sich grundsätzlich zum Standpunkt des Wissenschaftlers. Ähnlich wie sein Nachfolger auf dem ›Lehrstuhl für Philosophie, insbesondere Geschichte und Theorie der induktiven Wissenschaften‹, Ludwig Boltzmann, lehnt er jedoch philosophische Fragestellungen nicht generell ab, sondern lediglich eine bestimmte philosophische Methode. So schreibt Mach im Vorwort zu seiner *Mechanik*: »Die Achtung vor dem echt philosophischen Streben, alles Wissen in einem Strom zusammenzuleiten, wird man in meiner Schrift überhaupt nicht vermissen, wenngleich dieselbe gegen Übergriffe der *speculativen* Methode entschiedene Opposition macht.« (Mach 1883a: VI f.). Boltzmann schreibt:

> »Eine der ersten Regeln der Naturforschung ist es ..., niemals blindlings dem Instrumente, mit dem man arbeitet, zu trauen; sondern es nach allen Seiten zu prüfen. Wie sollten wir da den uns angeborenen oder historisch entwickelten Begriffen und Meinungen blindlings vertrauen, um so mehr, als schon Beispiele genug vorliegen, wo sie uns in die Irre führten? Wenn wir aber einmal die einfachen Elemente prüfen, wo wäre da die Grenze zwischen Naturforschung und Philosophie, an der wir Halt machen sollten?«
> (Boltzmann 1904: 212)

Der hier zutage tretende kontinuierliche Übergang zwischen Wissenschaft und Philosophie ist für Mach wie für Quine gleichermaßen charakteristisch. Wie Mach zu dieser Position gelangt, ist bei Boltzmann angedeutet: Die Basis ist seine Kritik der mechanistischen Physik aufgrund einer detaillierten Analyse zentraler physikalischer und philosophischer Begriffe. Kandidaten sind u. a. ›Atom‹, ›Bewegung‹, ›Energie‹, ›Kausalität‹, ›Kraft‹, ›Masse‹, ›Materie‹, ›Raum‹, ›Substanz‹, ›Trägheit‹,

›Wärmemenge‹ und ›Zeit‹. Durch ausführliche historisch-systematische Analysen versucht Mach in jedem einzelnen Fall zuerst die empirischen Grundlagen dieser Begriffe aufzuzeigen; sodann weist er auf die vielfältigen Probleme hin, die entstehen, wenn man eine relationale oder funktionale Deutung dieser Begriffe durch ihre ontologische Verabsolutierung ersetzt.

> »So würde es ... der Naturwissenschaft nicht ziemen, in ihren selbstgeschaffenen veränderlichen ökonomischen Mitteln, den Molekülen und Atomen, *Realitäten* hinter den Erscheinungen zu sehen, vergessend der jüngst erworbenen weisen Besonnenheit ihrer kühneren Schwester, der Philosophie, eine *mechanische Mythologie* zu setzen an die Stelle der animistischen oder metaphysischen, und damit *vermeintliche* Probleme zu schaffen.« (Mach 1882: 299)

Machs Kritik gilt also einer ontologischen Deutung von Theorien, wie sie weitgehend im traditionellen Mechanismus zu finden ist. »Der traditionelle Mechanismus stellte ..., über die Ergebnisse der Erfahrung hinaus, die wahrhafte Erkenntnis des physischen Alls dar. Das war nicht ein hypothetischer Ausdruck der Erfahrung, das war ein Dogma.« (Rey 1907: 16). Dogmen aber, gleich ob sie wissenschaftlicher oder philosophischer Natur sind, können nach Mach nur Hindernisse für eine weitere fruchtbare Forschung sein. Machs eigene Forschungspraxis hat Feyerabend treffend zusammengefaßt:

> Mach »kritisierte ... wissenschaftliche Ideen nicht durch einen Vergleich mit Maßstäben und Kriterien, die von außen an die Wissenschaften herangebracht wurden (Sinnkriterium; Abgrenzungskriterien und ähnliche Scherze), sondern indem er zeigte, wie *die Forschung selbst* eine Veränderung vorschlug ... Ein ... interessanter Zug der Machschen ›Philosophie‹ ist ihre Mißachtung von Unterscheidungen zwischen Forschungsgebieten. Jede Methode, jede Art von Erkenntnis konnte zur Diskussion eines bestimmten Problems beitragen ... Machs Auffassung von der Natur der Forschung war weiter als die Auffassung seiner Zeitgenossen sowie fast aller seiner philosophischen Nachfolger. ...«
> (Feyerabend 1981b: 52f.)

Diese interdisziplinäre Ausrichtung von Mach[61] verfolgte ein Ziel, das die Vertreter des Wiener Kreises und dort insbesondere Neurath zu ihrem wichtigsten Programmpunkt erhoben – die Einheitswissenschaft.[62] So schreibt Frank: »The great importance of Mach's activity lies in the fact that he ... proclaimed ... *the unification of science by means of the elimination of metaphysics.*« (Frank 1938: 89)

Eine genauere Betrachtung der Vereinheitlichung der Wissenschaft läßt allerdings einen wichtigen Unterschied zwischen Mach und dem Wiener Kreis erkennen. Den frühen Logischen Empiristen geht es um eine Reduktion aller wissenschaftlichen Begriffe auf eine physikalistische Grundsprache; Mach hingegen geht es um die Entwicklung eines Standpunktes, von dem aus die größtmögliche Durchlässigkeit zwischen verschiedenen Disziplinen und ihre systematische Verbindung zu erreichen ist.[63] Sein Hauptinteresse ist dabei auf eine wechselseitige Ergänzung von physikalischer und psychologischer Betrachtungsweise gerichtet.[64] Um hier einen Brückenschlag zu ermöglichen, entwirft Mach seine Elementenlehre:

> »Wer aber an den Zusammenschluß der Wissenschaften zu einem Ganzen denkt, muß nach einer Vorstellung suchen, die er auf allen Gebieten festhalten kann. Wenn wir nun die ganze *materielle* Welt in *Elemente* auflösen, welche *zugleich* auch Elemente der *psychischen* Welt sind, die als solche letztere gewöhnlich Empfindungen heißen, wenn wir ferner die Erforschung der Verbindung, des Zusammenhanges, der gegenseitigen Abhängigkeit dieser *gleichartigen* Elemente *aller* Gebiete als die einzige Aufgabe der Wissenschaft ansehen; so können wir mit Grund erwarten, auf dieser Vorstellung einen einheitlichen, *monistischen* Bau aufzuführen und den leidigen verwirrenden Dualismus los zu werden. Indem man die *Materie* als das absolut Beständige und Unveränderliche ansieht, zerstört man ja in der Tat den Zusammenhang zwischen Physik und Psychologie.« (Mach 1886: 255)

Um möglichen Mißverständnissen frühzeitig vorzubeugen, erläutert Mach explizit den Charakter der Elemente:

> »Man nennt diese Elemente *gewöhnlich Empfindungen*. Da aber in diesem *Namen* schon eine *einseitige Theorie* liegt, so ziehen wir vor, kurzweg von Elementen zu sprechen ... Alle Forschung geht auf die Ermittlung der Verknüpfung dieser Elemente aus. Sollte man mit *einer* Art dieser Elemente

durchaus nicht das Auskommen finden, so werden eben mehrere statuiert werden ...« (Mach 1886: 17f.)

Hier wird klar, wie voreilig und fragwürdig die Etikettierung Machs als reiner Phänomenalist und Positivist ist.[65] Weder sind seine Elemente mit sensualistischen Empfindungen zu identifizieren, noch sind sie ohne weiteres als ›gegeben‹ zu bezeichnen. Sie sind keine metaphysische Voraussetzung der Forschung, sondern lediglich hypothetische Entitäten, die verändert oder verworfen werden können. »Unsere Elemente sind ... *vorläufige* ...« (Mach 1905: 12)[66] Als Konsequenz ergibt sich für Mach:

> »Eine Reihe von störenden Scheinproblemen fällt hiermit weg. Kein System der Philosophie, keine umfassende Weltansicht soll hier geboten werden. Nur die Folgen dieses *einen Schrittes*, dem beliebige andere sich anschließen mögen, werden hier erwogen. Nicht eine Lösung aller Fragen, sondern eine *erkenntnistheoretische Wendung* wird hier versucht, welche das Zusammenwirken weit voneinander abliegender Spezialforschungen bei Lösung wichtiger Einzelprobleme *vorbereiten* soll.« (Mach 1886: IX)

In nuce sind die programmatischen Ziele des Wiener Kreises an dieser Stelle genannt. 1928 wird Carnap die *Scheinprobleme in der Philosophie* detaillierter erörtern. 1930 kündigt Schlick die »Wende in der Philosophie« an. Daß sie mit Mach begann und wie viel er zu ihr beitrug, ist heute weitgehend in Vergessenheit geraten. So schreibt Quine: »Ernst Mach had represented a somewhat congenial point of view in the Vienna of the preceding generation, so he was seen as the forerunner, though a foreigner, Russell, was historically more to the point. Vienna's role was rather incidental.« (Quine 1984: 325) Diese Sicht ist zumindest radikal einseitig. Sie dokumentiert die in der analytischen Philosophie verbreitete Rezeption des Wiener Kreises, die historisch betrachtet unhaltbar ist.[67]

Bevor ich die Darstellung Machs abschließe, möchte ich noch auf den Stellenwert der Beschreibung und des Ökonomieprinzips eingehen, weil diese bis heute vielfach mißverstanden werden und zudem systematisch zusammenhängen. Mach fragt: »Leistet die Beschreibung alles, was der Forscher verlangen kann? Ich glaube ja!« (Mach 1894: 275) Ist die Wissenschaft demnach eine *bloße* Beschreibung, die im Gegensatz zur Erklärung steht? Hier kommt es darauf an, wie man die Begriffe der Beschreibung und Erklärung auffaßt. Duhem, der sich in diesem Zusammenhang ausdrücklich auf Mach bezieht,[68] hat deutlicher als dieser hervorgehoben, daß ein metaphysischer Erklärungsbegriff, der das ›Wesen‹ der Dinge hinter den Erscheinungen aufzudecken versucht, in der modernen Physik keinen Platz finden kann. Zudem ist für Mach der cartesianische Erklärungsbegriff mit all den Ungereimtheiten belastet, die Hume seiner Auffassung nach zurecht am Begriff der Kausalität kritisiert hat.[69] Als Konsequenz ergibt sich für ihn: »Wo wir eine Ursache angeben, drücken wir nur ein Verknüpfungsverhältniss, einen Thatbestand aus, d. h. wir *beschreiben.*« (Mach 1896: 435) Machs »Verdienst besteht ... in der Entdeckung, daß das Erklären oder Erkennen in der Wissenschaft nichts weiter *ist* als eine besondere Art des Beschreibens.« (Schlick 1918: 114)[70] Daß diese Art der Beschreibung eine kreative Leistung der Wissenschaftler verlangt, bringt Mach klar zum Ausdruck:

> »Um angeben zu können, *daß* ein Element von einem oder mehreren andern abhängt, und *wie* diese Elemente voneinander abhängen, *welche* funktionale Abhängigkeit hier besteht, muß der Forscher aus Eigenem, außer der unmittelbaren Beobachtung Gelegenem hinzufügen. Man darf nicht glauben, dies durch die Bezeichnung als Beschreibung *herabsetzen* zu können.« (Mach 1905: 316)

Um Machs Beschreibungsbegriff nicht mißzuverstehen, ist es unumgänglich, sich seiner allgemeinen Bestimmung der Wissenschaft zuzuwenden: »Alle Wissenschaft hat Erfahrungen zu ersetzen oder zu *ersparen* durch Nachbildung und Vorbildung von Tatsachen in Gedanken, welche Nachbildungen leichter zur Hand sind als die Erfahrung selbst und diese in mancher Beziehung vertreten können.« (Mach 1883a: 457) Dies ist eine Version des bekannten und umstrittenen Ökonomieprinzips.[71] Es wird von Mach systematisch mit seinem Beschreibungsbegriff verbunden:

> »Wollte man kurz und allgemein zutreffend das Streben des Naturforschers, seine Tätigkeit in jedem einzelnen Fall, das Ziel, dessen Erreichung ihn befriedigt, bezeichnen, so müßte man sagen: Er will seine Gedanken mit den Tatsachen und

> erstere untereinander in möglichst gute Übereinstimmung bringen. Die ›vollständigste und einfachste Beschreibung‹ (Kirchhoff 1874), ›die ökonomische Darstellung des Tatsächlichen‹ (Mach 1872), ... geben mit geringen Variationen demselben Gedanken Ausdruck.« (Mach 1905: 287)

Weiter expliziert Mach:

> »Die Anpassung der *Gedanken* an die *Tatsachen* ... bezeichnen wir als Beobachtung, die Anpassung der *Gedanken aneinander* aber als Theorie. Auch Beobachtung und Theorie sind nicht scharf zu trennen, denn fast jede Beobachtung ist schon durch die Theorie beeinflußt und äußert bei genügender Wichtigkeit andererseits ihre Rückwirkung auf die Theorie.« (Mach 1905: 164 f.)

Hier liegt bereits eine Wissenschaftsauffassung vor, die erst fünfzig Jahre später durch die Arbeiten von Feyerabend, Hanson und Quine größere Verbreitung und weitgehende Annahme findet. Geht man noch einen Schritt weiter und untersucht, wodurch Quine seine Form des Empirismus auszeichnet, wird man erneut auf Mach verwiesen. Am Ende von *The Roots of Reference* fragt Quine nach den Grundsätzen zur Entwicklung wissenschaftlicher Theorien. Es sind für ihn Einfachheit und ›relativer Empirismus‹.[72] Desiderat ist eine logisch möglichst einfache Theorie, die sich so eng wie möglich an unsere Erfahrungsdaten anschließt. Der Grundsatz des relativen Empirismus ist für Machs Kritik der mechanistischen Physik leitend und fruchtbar gewesen; den Grundsatz der Einfachheit hat er durch sein Ökonomieprinzip deutlich zu machen versucht. Das Verhältnis dieser beiden Grundsätze ist nicht einfach zu bestimmen; eine wechselseitige Vermittlung und ein theoretisch befriedigender Ausgleich müssen in jedem einzelnen Fall aufs neue angestrebt werden. Die dazu prinzipiell möglichen Alternativen hat Neurath, der historisch betrachtet zwischen Mach und Quine steht, in dem später nach ihm benannten ›Neurath-Prinzip‹ erstmalig klar und deutlich formuliert. Seine dazu wichtigste Quelle waren die historisch-systematischen Arbeiten Machs. Es ist deshalb nur folgerichtig, wenn er über den Ursprung des Wiener Kreises an Carnap schreibt: »Ich sehe unseren eigentlichen Vorläufer in Mach, *Die Mechanik*.« (Neurath an Carnap, Den Haag, 21. Juli 1937) Und im gleichen Jahr

heißt es bei ihm: »Machs Arbeit ist ein Meilenstein der Entwicklung der modernen Wissenschaftsanalyse, die von Poincaré, Duhem, Boltzmann, Bertrand Russell und anderen weiterentwickelt wurde.« (Neurath 1937: 780)[73]
Wenngleich Neurath den nachhaltigen Einfluß Machs auf den Logischen Empirismus und insbesondere auf sein eigenes Denken betont, hebt Frank demgegenüber hervor, daß die Mitglieder des ersten Wiener Kreises in Machs Philosophie keine befriedigende Lösung ihrer Probleme fanden, weil dort die wichtige Rolle der Mathematik und Logik nicht klar genug bestimmt worden sei.[74] Zudem scheint ihnen durch das Ökonomieprinzip Machs das kreative und begriffsbildende Element wissenschaftlicher Forschung nicht adäquat erfaßt zu werden.[75] Kants *Prolegomena zu einer jeden künftigen Metaphysik, die als Wissenschaft wird auftreten können* zeigen ihnen eine andere Perspektive auf, die ihnen zumindest als Anregung willkommen ist. Ein orthodoxer Kantischer Standpunkt kommt für die frühen Logischen Empiristen schon deshalb nicht in Frage, weil sie als begeisterte Anhänger der neuen wissenschaftlichen Ergebnisse in Mathematik und Physik weder die Euklidische Geometrie noch die Newtonsche Mechanik als ›Bedingungen der Möglichkeit‹ wissenschaftlicher Erkenntnis ansehen. Die Möglichkeiten der wissenschaftlichen Erkenntnis sind für sie nicht durch die Struktur der menschlichen Erfahrung determiniert. Wie aber kann die Lücke zwischen Erfahrung und Wissenschaft geschlossen werden?

> »We admitted that the gap between the description of facts and the general principles of science was not fully bridged by Mach, but we could not agree with Kant, who built this bridge by forms or patterns of experience that could not change with the advance of science ... In our opinion, the man who bridged the gap successfully was the French mathematician and philosopher Henri Poincaré.«
> (Frank 1950a: 8)

Henri Poincaré gilt als Begründer des Konventionalismus.[76] Er entwickelte diese wissenschaftstheoretische Position in seinen Untersuchungen über die Grundlagen der Geometrie.[77] Nach Kant waren die Axiome der Euklidischen Geometrie unmittelbar anschaulich, ›evident‹ und wahr. Eine alternative Geometrie war für Kant somit nicht vorstellbar. Nach der Entwicklung Nicht-Euklidischer Geometrien durch Bolyai/Lobatschewsky und Riemann ist der epistemologische Sonderstatus der Euklidischen Geometrie jedoch nicht mehr aufrechtzuerhalten. Schließlich legt Hilbert einen axiomatischen Aufbau der Geometrie vor, der ohne jeden Rekurs auf Anschauungsformen auskommt. Grundbegriffe wie ›Punkt‹, ›Gerade‹, ›Ebene‹ usw. werden innerhalb des Axiomensystems dadurch definiert, daß die von ihnen handelnden Axiome gültig sind. Es werden also Festsetzungen getroffen; diese hat Schlick später als ›implizite Definitionen‹[78] bezeichnet. Ähnlich wie für Hilbert sind auch für Poincaré die Axiome nichts anderes als Konventionen über den Gebrauch geometrischer Begriffe.[79] Anders als Hilbert ist Poincaré jedoch nicht allein an der formalen Struktur geometrischer Axiome interessiert; ihm geht es vor allem um deren Beziehung zur Erfahrung. Zusammenfassend stellt er dazu fest:

> »*Die geometrischen Axiome sind ... weder synthetische Urteile a priori noch experimentelle Tatsachen.*
>
> *Es sind auf Übereinkommen beruhende Festsetzungen;* unter allen möglichen Festsetzungen wird unsere Wahl von experimentellen Tatsachen *geleitet;* aber sie bleibt *frei* und ist nur durch die Notwendigkeit begrenzt, jeden Widerspruch zu vermeiden ...
>
> Mit anderen Worten: *die geometrischen Axiome ...* sind *nur verkleidete Definitionen.*« (Poincaré 1902: 51 f.)

Diederich hat diese Position Poincarés treffend als definitorischen Konventionalismus bezeichnet.[80] Frank weist explizit darauf hin, wie dieser Standpunkt mit den Auffassungen Machs zu vereinbaren ist.

> »The axiomatic system, the set of relations between symbols, is a product of our free imagination; it is arbitrary. But if the concepts occuring in it are interpreted or identified with some observational conceptions, our axiomatic system, if well chosen, becomes an economical description of observational facts.« (Frank 1950b: 14)

Eine weitere Integrationsmöglichkeit von Mach und Poincaré sieht Frank durch die wissenschaftstheoretische Position Pierre Duhems gegeben.[81] Wir haben bereits gesehen, daß zwischen Mach und Duhem bezüglich der Struktur und dem Ziel wissenschaftlicher Theorien weitgehende Übereinstimmung herrscht.[82] Über Mach hinaus geht Duhem durch seine explizite Formulierung einer holistischen Wissenschaftsauffassung.[83] Als Ergebnis seiner historisch-systematischen Beschäftigung mit Theorie und Experiment in der Physik kommt Duhem zu dem Schluß, daß eine einzelne Hypothese nicht aus ihrem theoretischen Zusammenhang herausgelöst und isoliert einem experimentellen Test unterzogen werden kann.[84] Wenn dies aber stimmt, kann man mit Hilfe eines *experimentum crucis* nicht eindeutig über die Annahme oder Verwerfung einer wissenschaftlichen Hypothese entscheiden.[85] »Das *experimentum crucis* ist in der Physik unmöglich« (Duhem 1906b: 249), wenn die Duhem-These des Holismus verteidigt werden kann.

Das Verhältnis von Duhem zu Poincaré ist alles andere als eindeutig und kann hier nicht in seinen verschiedenen Verzweigungen diskutiert werden.[86] Ich möchte nur kurz auf einen wesentlichen Unterschied hinweisen, der für das Verständnis von Quine wichtig ist. Bei der Diskussion des Status von wissenschaftlichen Tatsachen kommt Poincaré zu einem Resultat, das er in zwei Thesen zusammenfaßt: 1. *»Die wissenschaftliche Tatsache ist nur die rohe Tatsache in eine bequeme Sprache übersetzt.«* (Poincaré 1905: 174) 2. *». . . alles was der Gelehrte an einer Tatsache erschafft, ist die Sprache, in der er sie ausdrückt.«* (Poincaré 1905: 176) Duhem greift diese beiden Thesen auf und weist sie zurück.[87] Aufgrund seines Holismus haben Tatsachen für ihn keine von Theorien unabhängige Bedeutung. »Die Aufgabe des Gelehrten hat sich . . . nicht darauf beschränkt, eine klare und bündige Sprache zu schaffen, um die konkreten Tatsachen auszudrücken, vielmehr setzte das Entstehen dieser Sprache die Ausbildung einer . . . Theorie voraus.« (Duhem 1906b: 198). Da eine Theorie stets eine Interpretation von Tatsachen einschließt, die über eine bloße Beschreibung hinausgeht,[88] ergibt sich bei Duhem als Konsequenz: *»Derselben theoretischen Tatsache können eine Unzahl praktischer Tatsachen entsprechen . . . Derselben praktischen Tatsache können eine Unzahl theoretischer Tatsachen entsprechen, die logisch mit einander nicht vereinbar sind.«* (Duhem 1906b: 199) Das ist eine frühe Rohfassung von Quines Ansicht über die empirische Äquivalenz und logische Inkompatibilität wissen-

schaftlicher Theorien, die er zur Begründung seiner Unbestimmtheitsthese der Übersetzung heranziehen wird.
Innerhalb des ersten Wiener Kreises sind die Überlegungen von Mach, Poincaré und Duhem insbesondere von Neurath aufgegriffen worden.[89] Neben dem durchgängigen Empirismus Machs ist für ihn der Holismus Duhems von grundlegender Bedeutung; er ergänzt ihn durch eine konsequent fallibilistische Komponente,[90] die im ›Neurath-Prinzip‹ ihren Ausdruck findet. Wie bereits deutlich geworden ist, war dieses Prinzip für die Protokollsatzdebatte entscheidend; wie noch zu zeigen sein wird, ist es auch für Quines Philosophie ein ebenso zentrales wie unverzichtbares Element.
Faßt man das Anliegen des ersten Wiener Kreises zusammen, so gilt sein Hauptinteresse einer philosophischen Analyse der Wissenschaften, zu der in erster Linie die Arbeiten von Mach, Poincaré und Duhem herangezogen werden. Durch den Integrationsversuch dieser drei Philosophen entsteht ein konventionalistischer Empirismus, dessen wichtigste Bestandteile in seinen holistischen und fallibilistischen Tendenzen auszumachen sind. Diese Entwicklung wird von Quine systematisch und kritisch weitergeführt. Vorerst aber nimmt die Geschichte des Wiener Kreises einen anderen Verlauf.
Die folgenden Stadien des Wiener Kreises möchte ich an dieser Stelle nur ganz knapp skizzieren, weil es hier nicht um eine historische Darstellung des Wiener Kreises geht, sondern diese nur insofern Berücksichtigung findet, wie sie zum Verständnis und zur Kritik von Quines Philosophie beiträgt. Zudem werden die Auffassungen von Wittgenstein und Carnap im 2. Kapitel ausführlicher zur Sprache kommen. Im Mittelpunkt der zweiten Phase des Wiener Kreises, die etwa von 1918-1924 angesetzt werden kann, steht der Wiener Mathematiker Hans Hahn, der einen Kreis von Wissenschaftlern und Studenten um sich sammelt, um mit ihnen Grundlagenprobleme der Mathematik und Logik zu diskutieren.[91] Der Schwerpunkt des theoretischen Interesses innerhalb des Wiener Kreises verlagert sich von der historischen und empirischen Analyse der Wissenschaften auf die Behandlung axiomatischer und logischer Probleme. Mit dem Erscheinen von Wittgensteins *Tractatus Logico-Philosophicus* (1921) deutet sich für die Logischen Empiristen ein

neues philosophisches Paradigma an,[92] in dessen Zentrum die von Frege und Russell entwickelte formale Logik steht. 1922 setzt sich Hahn für die Berufung des Planck-Schülers Moritz Schlick auf den Lehrstuhl für Philosophie der induktiven Wissenschaften ein, und noch im gleichen Jahr veranstaltet er ein Seminar über Wittgensteins *Tractatus,* an dem auch Schlick »tief ... beeindruckt«[93] teilnimmt. Die Konversion von einem kritischen Realismus, den Schlick in seiner *Allgemeinen Erkenntnislehre* (1918) vertreten hatte, zu einem Anhänger Wittgensteins dürfte hier ihren Ursprung haben.

Die dritte Phase des Wiener Kreises kann von 1924 bis 1928 datiert werden. Auf Vorschlag seiner Studenten Herbert Feigl und Friedrich Waismann ruft Schlick 1924 einen Diskussionskreis ins Leben, dessen Donnerstagabend-Kolloquien eine Vielzahl von philosophisch interessierten Wissenschaftlern anziehen.[94] Ab 1924 bemüht sich Schlick auch darum, in persönlichen Kontakt mit Wittgenstein zu treten, aber erst seit 1927 finden in unregelmäßigen Abständen einzelne Treffen statt, von denen die Gespräche zwischen 1929 und 1932 durch Friedrich Waismann in *Ludwig Wittgenstein und der Wiener Kreis* protokolliert worden sind. Schon 1926 kommt Rudolf Carnap durch die Initiative Hahns und Schlicks nach Wien. Von 1910 bis 1914 hatte er u. a. Logik bei Frege in Jena studiert, 1919 beschäftigte er sich intensiv mit Russells und Whiteheads *Principia Mathematica,* und im Winter 1921 las er Russells *Our Knowledge of the External World.*[95] Dies sind die Grundlagen und Voraussetzungen für seinen groß angelegten Versuch in *Der logische Aufbau der Welt* (1928a), aus Sinneswahrnehmungen mit Hilfe logischer Konstruktionen ein wissenschaftliches Weltbild aufzubauen. Frank bemerkt dazu: »In this book the integration of Mach and Poincaré was actually performed in a coherent system of conspicuous logical simplicity. Our Viennese group saw in Carnap's work the synthesis that we had advocated for many years.« (Frank 1950b: 33)

Im November 1928 beginnt die offizielle Institutionalisierung des Wiener Kreises mit der Gründung des »Verein Ernst Mach«. 1929 erscheint das von Carnap, Hahn und Neurath verfaßte Manifest »Wissenschaftliche Weltauffassung – Der Wiener Kreis«, in dem Geschichte, Programm und Ziel einer neuen wissenschaftlichen Philosophie einer breiten Öffentlichkeit vorgelegt werden. 1930 trägt Schlick auf dem 7. Internationalen Philosophie-Kongreß in Oxford »Die Wende der Philosophie« vor. Im Gegensatz zum ersten Wiener Kreis und dessen Vorbilder steht nun nicht mehr die historische und empirische Analyse der Wissenschaften, sondern die formale Logik im Zentrum der neuen Philosophie. Die Wissenschaft wird als ein System von Sätzen aufgefaßt, das mit Hilfe der Logik analysiert werden soll. »Durch die Philosophie werden Sätze geklärt, durch die Wissenschaften verifiziert.« (Schlick 1930/31: 8) Der Preis für die Wissenschaftlichkeit der neuen Philosophie besteht in ihrer strikten Trennung von den Wissenschaften. Ihre Aufgabe wird in dem letzten Satz des Artikels zusammengefaßt, mit dem Albert E. Blumberg und Herbert Feigl die neue philosophische Bewegung in den USA vorstellen: »The purpose of philosophy is the clarification of the meaning of propositions ...« (Blumberg/Feigl 1931: 296) Damit ist ein Programm formuliert, dessen Ziel darin besteht, die Philosophie in formale semantische Analyse zu verwandeln.

Die Stellung und Bedeutung der formalen Semantik war im empiristischen Lager aber nicht unumstritten. Im bislang unveröffentlichten Briefwechsel zwischen Neurath und Carnap zeigt sich klar, daß ihre Debatte über die Semantik in erster Linie eine Diskussion um die Form des Empirismus ist.[96] Der Dissens in dieser Diskussion beruht auf Carnaps und Neuraths unterschiedlicher Einschätzung des Wiener Kreises und seiner Ziele. Wie wir bereits gesehen haben, ist für Neurath der Einfluß von Duhem, Mach und Poincaré entscheidend; Carnap hingegen hebt die Wichtigkeit von Frege, Russell und Wittgenstein hervor. Wie ist diese unterschiedliche Beurteilung zu erklären? Eine erste Antwort kann auf die Tatsache verweisen, daß sowohl Carnap wie Neurath jeweils von denjenigen Philosophen und Wissenschaftlern beeinflußt wurden, welche sie als Vorläufer des Wiener Kreises proklamieren. Diese Antwort muß jedoch durch den Hinweis ergänzt werden, daß mit den genannten Vorläufern verschiedene programmatische Schwerpunkte verbunden sind, die in Carnap und Neurath ihre deutliche Ausprägung finden. So schreibt Carnap an Neurath:

»Du legst das Hauptgewicht auf den Empirismus der Hahn-Neurath-Frank-Gruppe; ich würde es mehr auf die logischen Probleme legen, die im Anschluß an Russell und Wittgenstein diskutiert wurden. Empiristische Leute gab und gibt es viele; für den Wiener Kreis ist die logische Analyse hauptsächlich charakteristisch.« (Carnap an Neurath, Prag, 15. Mai 1935)

Demgegenüber schreibt Neurath in drei verschiedenen Briefen an Carnap:

»Ich sehe im Wiener Kreis vor allem eine Richtung des wissenschaftlichen Empirismus ...« (Neurath an Carnap, Den Haag, 30. März 1935)

»Der ernsthafte Empirismus ist nicht so stark, wie man ihn wünschen wollte. Die rein logistischen Fragestellungen verschleiern oft eine Haltung, die wenig mit Empirismus zu tun hat ...« (Neurath an Carnap, Den Haag, 1. Juli 1936)

»Ein trefflicher logischer Ausschnitt ist Dir so wertvoll, daß Du hundert Sünden gegen den Empirismus zu verzeihen bereit bist.« (Neurath an Carnap, Den Haag, 14. März 1935)

Ersichtlich steht für Carnap die neue formale Logik im Mittelpunkt seiner philosophischen Bemühungen, wohingegen bei Neurath das Ziel eines konsequenten Empirismus im Vordergrund steht.[97] Seine Form des Empirismus bezeichnet Neurath als (radikalen) Physikalismus. Befindet er sich mit dieser Position in einem Gegensatz zu Carnap? Hier kommt es darauf an, was unter ›Physikalismus‹ verstanden wird. Ich möchte deshalb zwischen einer spezifisch physikalistischen These und einer allgemeinen Auffassung des Physikalismus unterscheiden. Die physikalistische These besagt, daß sich jeder Satz einer Wissenschaft in eine physikalistische Sprache übersetzen läßt. Diese These wird bekanntlich vom frühen Carnap vertreten, und Neurath stimmt ihr in vielen seiner Publikationen ausdrücklich zu. Neuraths »Gesamtauffassung«[98] des Physikalismus geht jedoch zumindest in zwei entscheidenden Punkten über diese spezielle These hinaus. 1. Wie wir anläßlich der Protokollsatzdebatte bei der Diskussion von Neuraths »Radikaler Physikalismus und ›Wirkliche Welt‹« feststellen konnten,[99] ist sein sprachlicher und wissenschaftlicher Holismus ein grundlegender Bestandteil seines Physikalismus. 2. Der andere grundlegende Bestandteil ist »... the thesis of *naturalism* ... according to which the explanatory constructs of all sciences will not need to go beyond the spatio-temporal-causal frame.« (Feigl 1939: 382) Neurath bezieht diesen naturalistischen Standpunkt explizit in seinen Physikalismus ein: »Wichtig ist, daß alle Aussagen Bestimmungen in bezug auf räumlich-zeitliche Ordnung enthalten, die Ordnung, welche wir aus der Physik kennen. Dieser Standpunkt soll ... der Standpunkt des ›Physikalismus‹ heißen.« (Neurath 1931b: 419)

Neuraths Physikalismus und insbesondere der in ihm enthaltene Naturalismus sind die Basis für seinen Angriff auf Carnaps Semantik. Infolge seiner konsequent holistischen Wissenschaftsauffassung ist Neurath nicht gewillt, der Semantik eine Ausnahmestellung im Aufbau eines wissenschaftlichen Empirismus einzuräumen. Seine einzelnen Argumente gegen Carnap bleiben dabei leider recht unklar.[100] Die Position Quines kann als ein Syntheseversuch der unterschiedlichen Auffassungen von Carnap und Neurath im Streit um die Semantik rekonstruiert werden. Auf der einen Seite greift Quine Neuraths holistische und naturalistische Gedankengänge auf; auf der anderen Seite ist er wie Carnap von der theoretischen Fruchtbarkeit logischer und semantischer Analysen überzeugt. Sowohl für Quine wie für Neurath besteht das Ziel in einer naturalistischen und das heißt für sie behavioristischen Semantik,[101] die ihrerseits über die Unbestimmtheitsthese der Übersetzung zu einem holistischen Empirismus führt, der die strikte Trennung von Sprache und Theorie wie auch von Wissenschaft und Philosophie aufhebt.

2. Kapitel
Sprache und Theorie, Wissenschaft und Philosophie in der Tradition der analytischen Philosophie

> »The term ›analytical philosophy‹ denotes, not a school, but a cluster of schools, showing certain basic presuppositions, but differing among themselves in every other possible way.«
>
> *Michael Dummett*

Quines holistischer Empirismus führt zu einer Aufhebung der strikten Trennung sowohl von Sprache und Theorie wie auch von Wissenschaft und Philosophie. Bevor Quines Argumente zugunsten dieser Position im einzelnen vorgestellt und diskutiert werden, soll auf die Behandlung von Sprache und Theorie, Wissenschaft und Philosophie in der analytischen Tradition eingegangen werden, weil dadurch deutlich wird, in welchen Punkten Quine dieser Tradition folgt und wo er über sie hinausgeht.

Was ist analytische Philosophie? Auf diese metaphilosophische Frage findet man beinahe ebensoviele Antworten, wie es analytische Philosophen gibt. Man gelangt zu einer Eingrenzung dieser Antworten, wenn man die Fragestellung verändert: Wann beginnt die analytische Philosophie? Hier gibt es im wesentlichen drei Antworten. 1. Die analytische Philosophie beginnt mit Frege als Begründer der formalen Logik und der modernen Sprachphilosophie. Das ist der Standpunkt von Michael Dummett und Hans Sluga.[1] 2. Die analytische Philosophie beginnt mit Russell, der durch seine Forderung nach logischer Analyse, die er selbst in seiner Theorie definiter Beschreibungen erstmalig einlöst, ein neues Paradigma philosophischer Forschung schafft. Das ist der Inhalt von Ramseys bekanntem Dictum, welches das Selbstverständnis vieler analytischer Philosophen in der ersten Hälfte dieses Jahrhunderts zum Ausdruck bringt. 3. Die analytische Philosophie beginnt mit dem Wiener Kreis, der mit Hilfe logischer und sprachlicher Analysen eine dezidiert wissenschaftliche Weltauffassung zu entwickeln versucht. Das ist das Ergebnis neuerer Einschätzungen von Putnam und Rorty.[2]

Frege und Russell sind genannt; wird der dritte Punkt mit einem Namen verbunden, taucht hier in der Regel Carnap auf. Nicht nur, weil diese Philosophen zu den Gründern der analytischen Tradition zählen, sondern auch, weil sie direkt oder – wie im Falle Freges – indirekt bedeutenden Einfluß auf die Philosophie Quines ausgeübt haben, soll ihre Sicht von Sprache und Theorie, Wissenschaft und Philosophie in diesem Kapitel skizziert werden. Als Ergänzung werden die Positionen Wittgensteins und Poppers hinzugezogen, die in der gegenwärtigen analytischen Philosophie häufig als Antipoden gegenübergestellt werden[3] und dadurch für eine genauere Bestimmung des philosophischen Standpunktes von Quine hilfreich sind. Ihr Beitrag zur Standortbestimmung Quines in der analytischen Tradition ist im übrigen das Kriterium für die Auswahl dieser fünf Philosophen, deren jeweilige Probleme und Resultate ich nur insoweit aufgreife, wie sie einem besseren Verständnis von Quines Philosophie zugutekommen. Zumindest das zentrale Anliegen der einzelnen Philosophen wie auch ihre Beziehungen zueinander sollten dabei deutlich werden.

2.1 *Sprache und Theorie, Wissenschaft und Philosophie bei Frege*

Die gegenwärtige Beschäftigung und intensive Auseinandersetzung mit Frege ist vor allem durch die Arbeiten von Dummett und Sluga angeregt und gefördert worden. Trotz großer Differenzen hinsichtlich der systematischen und historischen Beurteilung von Freges Philosophie sind sie sich zumindest in einem Punkt einig: ». . . analytical philosophy is post-Fregean philosophy.« (Dummett 1975a: 441) »Gottlob Frege can be considered the first analytic philosopher.« (Sluga 1980: 2) In der Begründung dieser These unterscheiden sich die Auffassungen von Dummett und Sluga beträchtlich. Ihr Vergleich soll im folgenden Licht auf Freges Haltung gegenüber Sprache und Theorie sowie Wissenschaft und Philosophie werfen.

Zum Zusammenhang von Freges Philosophie mit der analytischen Tradition schreibt Dummett: ». . . we may characterise analytical philosophy as that which follows Frege in accepting that the philosophy of language is the foundation of the rest of the subject.« (Dummett 1975a: 441) Sechs Jahre später ist Dummett einerseits vorsichtiger, andererseits bestimmter geworden.: »Whether or not Frege ist to be regarded as an analytical philosopher, he was without question a philosopher of language; construing him otherwise will make nonsense of his doctrines.« (Dummett 1981a: 55) Indem Dummett Frege in erster Linie als Sprachphilosoph charakterisiert, behandelt er ihn wie einen gegenwärtigen analytischen Philosophen. Auf dem Hintergrund seiner eigenen Position unterstellt Dummett Frege die Behandlung ähnlicher Probleme und die Verfolgung verwandter Ziele. Im Zentrum von Dummetts Interesse steht die Entwicklung einer Bedeutungstheorie, die uns ein grundlegendes Modell des Sprachverstehens an die Hand geben soll. ». . . the theory of meaning, which is the search for such a model, is the foundation of all philosophy, and not epistemology as Descartes misled us into believing.« (Dummett 1973: 669) Mit Bezug auf Frege heißt es dann weiter:

> ». . . he starts from meaning by taking the theory of meaning as the only part of philosophy whose results do not depend upon those of any other part, but which underlies all the rest. By doing this, he effected a revolution in philosophy as great as the similar revolution previously effected by Descartes; . . . We can, therefore, date a whole epoch in philosophy as beginning with the work of Frege, just as we can do with Descartes.« (Dummett 1973: 669)

Damit wird Frege nicht allein zum Vorläufer und Schirmherr des bedeutungstheoretischen Programms von Dummett, sondern darüber hinaus zu einem Wendepunkt in der Geschichte der modernen Philosophie.

Der historischen Deutung und systematischen Vereinnahmung Freges durch Dummett hat Sluga in verschiedenen Publikationen entschieden widersprochen.[4] Wie der analytischen Tradition im allgemeinen, so hält er Dummett im besonderen eine unhistorische Methodologie vor,[5] die zu einem tiefgreifenden Mißverständnis von Freges Anliegen führt und seinen philosophischen Positionen nicht gerecht wird. Für Sluga markiert

Frege keinen Paradigmawechsel von der Erkenntnistheorie zur Bedeutungstheorie als Grundlagendisziplin der Philosophie. Im Gegenteil: Sluga insistiert darauf, daß Freges Fragestellungen eindeutig erkenntnistheoretischer Art sind, die nur in der Tradition von Leibniz und Kant verständlich werden. Und auch bezüglich Freges ›Profession‹ ist Slugas Auffassung gegen Dummetts Charakterisierung gerichtet: »Frege ... was not primarily a philosopher of language, but a mathematician.«
(Sluga 1975: 474)

Es wird deutlich, daß sich Dummetts und Slugas Interpretationen von Freges philosophischem Programm in wesentlichen Punkten unversöhnlich gegenüberstehen. Sind sie aber tatsächlich unvereinbar oder läßt sich ein Weg finden, wie ihre wichtigsten Einsichten miteinander in Einklang zu bringen sind und dadurch zu einem verbesserten Verständnis von Frege beitragen? Für die zweite Möglichkeit möchte ich hier kurz argumentieren.

In den »Aufzeichnungen für Ludwig Darmstaedter« hat Frege seine Entwicklung prägnant zusammengefaßt:

> »Von der Mathematik ging ich aus. In dieser Wissenschaft schien mir die dringlichste Aufgabe in einer besseren Grundlegung zu bestehen ...
> Bei solchen Untersuchungen war die logische Unvollkommenheit der Sprache hinderlich. Ich suchte Abhilfe in meiner Begriffsschrift. So kam ich von der Mathematik zur Logik.«
> (Frege 1919: 273)

Im Anschluß an diese knappe Selbstdarstellung ergibt sich folgende Interpretationsmöglichkeit: Frege beginnt als Mathematiker. Er betreibt mathematische Grundlagenforschung. Diese Grundlagenforschung ist erkenntnistheoretisch motiviert. Zur Erreichung seiner erkenntnistheoretischen Ziele setzt sich Frege mit sprachphilosophischen Problemen auseinander und entwikkelt dabei für die analytische Tradition wegweisende Antworten.

1873 legt Frege seine mathematische Dissertation vor, in der er betont, »daß die ganze Geometrie zuletzt auf Axiomen beruht, welche ihre Gültigkeit aus der Natur unseres Anschauungsvermögens herleiten ...« (Frege 1873: 1). In der ein Jahr später erfolgten Habilitation wird der Unterschied in Freges Auffassung über die Grundlagen der Geometrie und Arithmetik klar zum Ausdruck gebracht:

> »Es besteht ... zwischen Geometrie und Arithmetik ein bemerkenswerter Unterschied in der Art, wie sie ihre Grundsätze begründen. Die Elemente aller geometrischen Konstruktionen sind Anschauungen, und auf Anschauungen verweist die Geometrie als Quelle ihrer Axiome. Da das Objekt der Arithmetik keine Anschaulichkeit hat, so können auch ihre Grundsätze aus der Anschauung nicht stammen.« (Frege 1874: 50)

Woher aber stammen sie dann? Das ist die Frage, die Frege mit seinem logizistischen Programm zu beantworten versucht. Weder die in den *Grundgesetzen der Arithmetik* ausgeführten Details noch die berühmte Kritik durch die Russellsche Antinomie sollen hier weiter verfolgt werden. Stattdessen ist zu fragen, warum der angestrebte Nachweis des analytischen Charakters von arithmetischen Sätzen für Frege so wichtig ist. Die Antwort fällt nicht schwer: Er sieht in ihm eine Waffe gegen die zu seiner Zeit einflußreichen Strömungen des Psychologismus und Formalismus, die gemäß seiner Auffassung eine unhaltbare Relativierung der wissenschaftlichen Erkenntnis nach sich ziehen. Beide Doktrinen tauchen im Gefolge des für Frege philosophisch unbefriedigenden Naturalismus auf. In Freges spätem Aufsatz »Der Gedanke« hat es in diesem Zusammenhang den Anschein, als ob ein extrem phänomenalistisch gedeuteter Mach zur Zielscheibe seiner Kritik auserwählt wird.[6] Es sei hier nur angedeutet, daß für die analytische Tradition im Empirismus und Naturalismus Machs auf der einen Seite und im Apriorismus und Logizismus Freges auf der anderen Seite die Ursprünge von zwei antagonistischen Tendenzen auszumachen sind, die ihre gesamte Entwicklung maßgeblich geprägt haben. Am Anfang der analytischen Tradition steht Freges Apriorismus, an ihrem Ende wird sich Quines Naturalismus finden.

Freges Ablehnung des Naturalismus und sein Votum zugunsten des Apriorismus werden dann verständlich, wenn man – wie Sluga dies tut – sein logizistisches Programm als eine Aufnahme und modifizierte Fortführung der Kantischen Erkenntnistheorie betrachtet:

> »What motivated Frege was his hope of completing and correcting the Kantian enterprise: to reveal once and for all the truth of Kantian apriorism, to show that Kant's conception of the nature and limits of human understanding is essentially correct and that truth is objective, not just a subjective-psychological illusion.« (Sluga 1980: 43 f.)

Freges mathematische Grundlagenforschung ist von der erkenntnistheoretischen Absicht geleitet, zumindest auf diesem Gebiet eine Bestätigung des Ideals objektiver und sicherer wissenschaftlicher Erkenntnis zu erreichen.[7] Im Gegensatz zu Kant bspielt für Frege bei diesem Unterfangen die Sprache eine bedeutende Rolle. Und dies in zweifacher Hinsicht: zum einen verhindert der Zustand der natürlichen Sprache die Einlösung seiner erkenntnistheoretischen Ziele; als Konsequenz scheint dann zum andern die Entwicklung einer geeigneten formalen Sprache eine unerläßliche Voraussetzung zum Gelingen des Programms zu sein. Die Hindernisse, die durch die natürliche Sprache gegeben sind, hat Frege immer wieder klar zum Ausdruck gebracht:

> »Die Sprache ist... nicht nach dem logischen Lineal gemacht.« (Frege 1924/25: 288)
>
> »So besteht... ein großer Teil der Arbeit des Philosophen – oder sollte wenigstens bestehen – in einem Kampfe mit der Sprache.« (Frege 1924/25: 289)
>
> »In den abstrakteren Teilen der Wissenschaft macht sich immer aufs Neue der Mangel eines Mittels fühlbar, Mißverständnisse bei anderen und zugleich Fehler im eigenen Denken zu vermeiden. Beide haben ihre Ursache in der Unvollkommenheit der Sprache.« (Frege 1882: 91)

Warum stellt sich für Frege die natürliche Sprache als unvollkommen dar? Der Grund liegt in seinem erkenntnistheoretischen Programm. Traditionell unterscheidet er alle Sätze in solche, die rein logisch, und in solche, die durch Erfahrung begründet werden.[8] Zu welcher Klasse von Sätzen gehören die der Arithmetik? Um dies herauszufinden, muß sich Frege zunächst darum bemühen, jeden – auch impliziten – Rekurs auf Anschauliches zu vermeiden. Es gilt zu klären, wie weit er allein durch die Verwendung logischer Schlüsse gelangt. Frege erläutert:

> »Indem ich diese Forderung auf das strengste zu erfüllen trachtete, fand ich ein Hindernis in der Unzulänglichkeit der Sprache, die bei aller entstehenden Schwerfälligkeit des Ausdrucks doch, je verwickelter die Beziehungen werden, desto weniger die Genauigkeit erreichen liess, welche meine Ziele verlangte. Aus diesem Bedürfnis ging der Gedanke der ... Begriffsschrift hervor.« (Frege 1879: X)

Mit dieser Begriffsschrift, einer »Formelsprache des reinen Denkens«,[9] hat Frege ein leistungsfähiges formalsprachliches Werkzeug geschaffen, das es ihm ermöglicht, sein logizistisches Programm mit der von ihm geforderten Strenge in Angriff zu nehmen. In die Geschichte der Philosophie geht dieses Werk als erster präzise formulierter Logikkalkül im modernen Sinne ein, dessen Durchsichtigkeit und Universalität aufgrund der Ersetzung der grammatischen Kategorien von Subjekt und Prädikat durch die mathematischen Begriffe der Funktion und des Arguments beträchtlich erhöht wird. Hinzuzufügen bleibt, daß neben dieser folgenreichen formalsprachlichen Leistung auch die beiden anderen zukunftsweisenden sprachphilosophischen Ergebnisse Freges ihren Ursprung im Gebiet der Philosophie der Mathematik haben; gemeint sind sein Kontextprinzip und seine Theorie über Sinn und Bedeutung.

Das Kontextprinzip wird von Frege in seinen *Grundlagen der Arithmetik* an mehreren Stellen formuliert:

> ». . . nach der Bedeutung der Wörter muss im Satzzusammenhange, nicht in ihrer Vereinzelung gefragt werden . . .« (Frege 1884: X)
>
> »Man muss aber immer einen vollständigen Satz ins Auge fassen. Nur in ihm haben die Wörter eigentlich eine Bedeutung.« (Frege 1884: 71)
>
> »Wir stellen ... den Grundsatz auf, dass die Bedeutung eines Wortes nicht vereinzelt, sondern im Zusammenhange eines Satzes zu erklären sei ...« (Frege 1884: 116)

Diese Erkenntnis der semantischen Priorität des Satzes vor dem Wort wird für Quines Philosophie so entscheidend, daß er sie zu einem bedeutenden Schritt in der Verbesserung des Empirismus erklärt;[10] in ihr liegt eine wichtige Voraussetzung zur Entwicklung seines semantischen Holismus. Sluga hat Freges Kontextprinzip bis zu seiner Dissertation zurückverfolgt:

»What is interesting here is, perhaps, not so much Frege's belief that geometry is based on intuition and that all geometrical statements need to be explicated in terms of intuitive contents, but his more general assumption that mathematical concepts (and, perhaps, all concepts) can be explicated only by considering their function in the theory as a whole. It is this insight that Frege later tries to capture in the principle that words have meaning only in the context of a sentence.« (Sluga 1976: 32)

Einen ähnlichen Stellenwert wie Freges Kontextprinzip für Quines Semantik einnimmt, dürfte Freges Theorie über Sinn und Bedeutung für Carnaps Semantik spielen.[11] Für Sluga ist auch sie nicht mehr als ein Appendix zu Freges Philosophie der Mathematik.[12] »What motivates it is ... the question whether informative identity-statements can ever be regarded as logically true (or analytic). The denial of this was one of the mainstays of Kant's belief in the synthetic apriori character of arithmetical truths.« (Sluga 1975: 474). Während Sluga bestrebt ist, Freges sprachphilosophische Ergebnisse als Nebenprodukte seiner erkenntnistheoretischen Arbeiten über die Grundlagen der Mathematik zu betrachten, nimmt Dummett in dieser Sache einen beinahe entgegengesetzten Standpunkt ein:

»It was indeed a concern with the foundations of mathematics that motivated Frege's researches into logic and the theory of meaning in the first place: but it is also clear, ..., that these researches took on for him an interest of their own, and that he believed himself to have constructed a system of doctrine of quite general application.« (Dummett 1976c: 467)

Diese allgemeine Doktrin Freges besteht in seiner Logik. Darin sind sich auch Dummett und Sluga einig.[13] Unter ›Logik‹ versteht Frege dabei jedoch nicht ›formale Logik‹. Wie insbesondere in seinen späten logischen Untersuchungen klar wird, weist er der Logik die Aufgabe zu, die »Gesetze des Wahrseins«[14] zu erforschen. Was damit gemeint ist, hat Wolfgang Carl nach Abwägung der Standpunkte von Dummett und Sluga wie folgt zusammengefaßt:

»Freges ›Logik‹ ist weder als eine allgemeine Sprachphilosophie, als eine ›theory of meaning‹ im Sinne Dummetts, noch als ein Appendix zu einer bestimmten erkenntnistheoretischen Auffassung der Mathematik anzusehen, sondern sie dient dazu, seine Auffassung wissenschaftlicher Erkenntnis auf eine geeignete sprachphilosophische Grundlage zu stellen.« (Carl 1982: 19)

Überblicken wir zum Abschluß Freges philosophisches Programm im Hinblick auf seine Stellung zu Sprache und Theorie, Wissenschaft und Philosophie, so läßt sich ein Ergebnis in drei Punkten festhalten:

1. Eine kritische Auseinandersetzung mit der natürlichen Sprache führt Frege zur Entwicklung einer formalen Sprache. Eine philosophische Sprachreflexion ist die Basis zur Theorienbildung, insbesondere für die Theorie der wissenschaftlichen Erkenntnis selbst.
2. Daraus ergibt sich, daß Sprachphilosophie und Erkenntnistheorie nicht strikt getrennt sind, sondern sich bei der Ausarbeitung einer Konzeption wissenschaftlicher Erkenntnis wechselseitig ergänzen.
3. Auch eine strikte Trennung von Wissenschaft und Philosophie findet bei Frege nicht statt. Einerseits werden Freges Probleme mit den Grundlagen der Wissenschaft durch erkenntnistheoretische Ziele bestimmt; andererseits versucht Frege, seine erkenntnistheoretischen Probleme durch Untersuchungen der Grundlagen der Wissenschaft zu lösen.

2.2 Sprache und Theorie, Wissenschaft und Philosophie bei Russell

Es gibt kaum einen Bereich der Philosophie, mit dem sich Russell nicht auseinandergesetzt hat, und es gibt kaum eine philosophische Doktrin von ihm, die er im Lichte neuer Erkenntnisse nicht entweder verbessert oder verworfen hat. »Bertrand Russell is a philosopher without a philosophy. The same point might be made by saying that he is a philosopher of all the philosophies.« (Wood 1959: 260) All seine Philosophien können hier natürlich nicht vorgestellt werden, doch liegt ihnen eine Sicht der Philosophie zugrunde, die dargelegt werden soll, weil sich ihr Quine in wichtigen Punkten anschließt.

Russells Philosophiekonzeption kann in einem ersten Schritt

durch ihre Gemeinsamkeiten mit Freges Auffassung gekennzeichnet werden.

1. Wie bei Frege, so ist auch für Russell die Mathematik Ausgangspunkt und Basis seiner philosophischen Entwicklung.

> »Ever since I had begun Euclid at the age of eleven, I had been troubled about the foundations of mathematics ...« (Russell 1943: 12)

> »I came to philosophy through mathematics, or rather through the wish to find some reason to believe in the truth of mathematics.« (Russell 1924: 323)

2. Diese Stellen belegen, daß auch die Motive für die Beschäftigung mit der Mathematik bei Frege und Russell von verwandter Natur sind: Beiden geht es um ein erkenntnistheoretisch tragfähiges Fundament der Erkenntnis und beide hoffen sie, dies – wenn überhaupt – in der Mathematik zu finden. Dabei ist für Russell in vielleicht noch größerem Maße als für Frege das erkenntnistheoretische Ideal der Sicherheit von ausschlaggebender Bedeutung:

> »There is only one constant preoccupation: I have throughout been anxious to discover how much we can be said to know and with what degree of certainty or doubtfulness.« (Russell 1959: 11)

> »I wanted certainty in the kind of way in which people want religious faith. I thought that certainty is more likely to be found in mathematics than elsewhere.« (Russell 1952: 53)

3. Sowohl Frege wie auch Russell (zusammen mit Whitehead in den *Principia Mathematica*) verfolgen zur Einlösung ihrer erkenntnistheoretischen Ansprüche das Programm des Logizismus. Auch wenn das Programm der Reduktion von Mathematik auf Logik in seiner ursprünglichen Fassung weder von Frege noch von Russell zufriedenstellend durchgeführt werden kann,[15] wird die Leistungsfähigkeit und der Anwendungsbereich der Logik durch ihre Arbeiten entscheidend vergrößert. Die Erkenntnis, wie wichtig und weitreichend dieses präzise Instrumentarium für die Belange der Philosophie ist, bleibt für Russell das entscheidende intellektuelle Erlebnis seines Lebens.[16]

1914 faßt Russell seine Ansicht über die bisherige Geschichte der Philosophie in einem Satz zusammen: »Philosophy, from the earliest time, has made greater claims, and achieved fewer results, than any other branch of learning.« (Russell 1914a: 13) Dieser Zustand ist für Russell untragbar, und er sieht den Zeitpunkt gekommen, um ihn zu beenden. Die Philosophie muß endlich zu einer Wissenschaft werden.[17] Nach Russell kann dies nicht dadurch gelingen, daß die Philosophie neue Ergebnisse verschiedener Wissenschaften kritiklos übernimmt.[18] Wissenschaftlich erfolgreich wird sie vielmehr erst dann werden, wenn sie eine wissenschaftliche Methode entwickelt.

Schon Frege hatte in dem Vorwort zu seiner *Begriffsschrift* geschrieben: ». . . haben doch alle grossen wissenschaftlichen Fortschritte der neueren Zeit ihren Ursprung in einer Verbesserung der Methode gehabt.« (Frege 1879: XI) Diese Ansicht teilt Russell; doch dezidierter und vielleicht auch überzeugter als Frege[19] gibt er explizit an, worin die wissenschaftliche Methode der Philosophie besteht: in der neuen Logik.

> ». . . the study of logic becomes the central study in philosophy: it gives the method of research in philosophy, just as mathematics gives the method in physics. And as physics, which, from Plato to the Renaissance, was as unprogressive, dim, and superstitious as philosophy, became a science through Galileo's fresh observation of facts and subsequent mathematical manipulation, so philosophy, in our own day, is becoming scientific through the simultaneous acquisition of new facts and logical methods.« (Russell 1914a: 243)

Hier wird klar, wie sehr sich Russell darum bemüht, die neue Logik[20] als allgemeinverbindliche Methode der Philosophie einzuführen. Diese Methode ist für ihn Garant einer wissenschaftlichen Philosophie. Philosophie und Wissenschaft sind nicht länger strikt zu trennende Bereiche; vielmehr gilt: ». . . the results obtained by philosophy are not radically different from those obtained from science.« (Russell 1912: 87) Diesen Gradualismus zwischen Wissenschaft und Philosophie haben wir bereits bei Mach angetroffen,[21] bei Quine wird er uns erneut begegnen.

Um die Gemeinsamkeiten, aber auch die Differenzen zwischen Russell und Quine in ihrer Einschätzung des Verhältnisses von Philosophie und Wissenschaft deutlich zu machen, ist zu fragen, wodurch sich die Philosophie von den Wissenschaften bei

Russell unterscheidet. In Anlehnung an Baker und Hacker möchte ich dazu drei Punkte angeben:[22] 1. Allgemeinheit. Philosophie ist die Wissenschaft vom Allgemeinen, die z. B. solche Fragen zu beantworten sucht wie ›Was ist eine Zahl?‹ 2. Apriorität. Alle philosophischen Sätze gelten *a priori.* 3. Abstraktion. Philosophie ist hauptsächlich mit formalen Fragen befaßt. Da sie größtmögliche Allgemeinheit anstrebt, abstrahiert sie von den qualitativen Eigenschaften ihrer Untersuchungsgegenstände. Punkt 1 und 3 werden auch weitgehend zu einem Bestandteil der Quineschen Sicht der Philosophie. Punkt 2 hingegen kann Quine nicht akzeptieren, da es nach seiner Auffassung keine apriorischen Sätze gibt. Sind sich somit Russell und Quine in der Charakterisierung der Philosophie als einer Wissenschaft von hohem Allgemeinheits- und Abstraktionsniveau einig, so gibt es zumindest in einem entscheidenden Punkt einen grundlegenden Unterschied zwischen ihnen, auf den noch zurückzukommen sein wird.
Anzumerken bleibt allerdings, daß Russells Sicht des Verhältnisses von Philosophie und Wissenschaft nicht so eindeutig ist, wie es bisher erschienen sein mag. In einer Version heißt es dazu: »Philosophy is a study apart from the other sciences: its results cannot be established by the other sciences, and conversely must not be such as some other science might conceivably contradict.« (Russell 1914a: 240) Im Gegensatz zu dieser Betonung des Unterschieds setzt Russell mit den letzten Sätzen seiner intellektuellen Autobiographie andere Akzente:

> ». . . philosophy cannot be fruitful if divorced from empirical science. And by this I do not mean only that the philosopher should ›get up‹ some science as a holiday task. I mean something much more intimate: that his imagination should be impregnated with the scientific outlook and that he should feel that science has presented us with a new world, new concepts and new methods, not known in earlier times, but proved by experience to be fruitful where the older concepts and methods proved barren.« (Russell 1959: 254)

Kann man diese Aussagen noch so interpretieren, als wolle Russell die intensive Beschäftigung mit den Wissenschaften als heuristisch fruchtbares Anregungsmittel für die Philosophie empfehlen, so wird der kontinuierliche Übergang der beiden Disziplinen durch die folgende Bemerkung klar herausgestellt:

»... I believe the only difference between science and philosophy is, that science is what you more or less know and philosophy is what you do not know. Philosophy is that part of science which at present people choose to have opinions about, but which they have no knowledge about. Therefore every advance in knowledge robs philosophy of some problems which formerly it had, and if there is any truth, if there is any value in the kind of procedure of mathematical logic, it will follow that a number of problems which had belonged to philosophy will have ceased to belong to philosophy and will belong to science.« (Russell 1918: 281)

Die Spannung zwischen diesen drei Aussagen über das Verhältnis von Philosophie und Wissenschaft ist nicht zu übersehen. Woher kommt sie? Der Grund liegt darin, daß Russell auf der einen Seite den fließenden Übergang zwischen Philosophie und empirischer Wissenschaft betont, auf der anderen Seite an dem apriorischen Charakter der Philosophie festhält.[23] Ist die Kompatibilität dieser beiden Positionen überhaupt möglich? Quine verneint diese Frage und verwirft deshalb den apriorischen Status der Philosophie. Russell mag sich zu einer solch radikalen Lösung nicht durchringen. Stattdessen unternimmt er erste Schritte zur Einnahme einer Metaebene, wohin ihm Carnap folgen wird. »Philosophy ... aims primarily at knowledge. The knowledge it aims at is the kind of knowledge which gives unity and system to the body of the sciences ...« (Russell 1912: 90) Die Richtung ist eingeschlagen, um aus einer wissenschaftlichen Philosophie eine Philosophie der Wissenschaften zu entwickeln.

Im Gegensatz zu vielen seiner Schüler bleibt jedoch für Russell auch die kritische Untersuchung des Alltagsverstandes ein Aufgabenbereich der Philosophie: »The essential characteristic of philosophy, which makes it a study distinct from science, is *criticism*. It examines critically the principles employed in science and in daily life ...« (Russell 1912: 87) Fragt man nun, mit Hilfe welcher Verfahren dieses Programm durchgeführt werden soll, so bekommt man von Russell eine Antwort, die nicht allein für seine Philosophie, sondern zudem für die gesamte an ihn anschließende analytische Tradition kennzeichnend ist: »The business of philosophy, as I conceive it, is essentially that of logical analysis, ...« (Russell 1924: 341)[24]

Was versteht Russell unter logischer Analyse? Genau hat er das nie gesagt. Um es herauszubekommen, möchte ich zwei Fragen stellen: 1. Was bedeutet für Russell philosophische Analyse? 2. Worin besteht bei diesem Programm der Beitrag der Logik? Zum ersten Punkt hat sich Russell wie folgt geäußert:

> »The process of sound philosophizing, to my mind, consists mainly in passing from these obvious, vague, ambiguous things, that we feel quite sure of, to something precise, clear, definite, which by reflection and analysis we find is involved in the vague thing that we start from, and is, so to speak, the real truth of which that vague thing is a sort of shadow.« (Russell 1918: 179f.)

Fragen wir, wie die von Russell angestrebte Klarheit und Präzision zu erreichen ist, werden wir auf sein methodologisches Grundprinzip verwiesen. Dies ist eine Version des Ockhamschen Rasiermessers,[25] die zugleich Antwort auf die Frage nach dem Stellenwert der Logik innerhalb der von Russell propagierten logischen Analyse gibt:

> »I always wish to get on in philosophy with the smallest possible apparatus, partly because it diminishes the risk of error, because it is not necessary to deny the entities you do not assert, and therefore you run less risk of error the fewer entities you assume. The other reason – perhaps a somewhat frivolous one – is that every diminution in the number of entities increases the amount of work for mathematical logic to do in building up things that look like the entities you used to assume.« (Russell 1918: 221f.)

Noch konziser heißt es sechs Jahre später: »The principle may be stated in the form: ›Whenever possible, substitute constructions out of known entities for inferences to unknown entities.‹« (Russell 1924: 326) Der klassische Anwendungsfall ist Russells Theorie definiter Beschreibungen,[26] die später von Quine auf Eigennamen ausgedehnt wird, um dadurch eine kanonische Notation zu schaffen, in der die ontischen Annahmen explizit und transparent gemacht werden können. Durch die Verwendung des modernen logischen Instrumentariums soll Russells Forderung an die Philosophie erfüllt werden, von vagen und mehrdeutigen Aussagen zu klaren und präzisen Feststellungen unserer Erkenntnis zu gelangen.

Die Grundlage für die Bestimmung der Philosophie als logische Analyse ist eine Einsicht, die Russell bereits 1900 zum Ausdruck gebracht hat: »That all sound philosophy should begin with an analysis of propositions, is a truth too evident, perhaps, to demand a proof.« (Russell 1900: 8) Was aber sind für Russell Propositionen? 1918 heißt es dazu bei ihm: »A proposition ... is a sentence in the indicative, a sentence asserting something, not questioning or commanding or wishing.« (Russell 1918: 185) An dieser Stelle scheint die Proposition mit dem Aussagesatz selbst identifiziert zu werden. Später unterscheidet Russell deutlich zwischen dem Begriff des Satzes und dem Begriff der Proposition:

»... it is necessary to distinguish propositions from sentences, but ... propositions need not be indefinable. They are to be defined as psychological occurences of certain sorts – complex images, expectations, etc. Such occurences are ›expressed‹ by sentences, but the sentences ›assert‹ something else. When two sentences have the same meaning, it is because they express the same proposition. Words are not essential to propositions.« (Russell 1940: 189)

Bei einer solchen Sicht der Dinge ist es nicht verwunderlich, daß die Sprache als eigener philosophischer Gegenstand erst spät in Russells Blickfeld gerät: »... I had thought of language as transparent – that is to say, as a medium which could be employed without paying attention to it.« (Russell 1959: 14) Daß diese Einstellung einer radikalen Korrektur bedarf, erkennt Russell durch das Auftauchen neuer Fragen sowohl im Bereich der Syntax als auch in dem von ihm so genannten Bereich des Vokabulars.

»As regards syntax, the inadequacy of this view was forced upon me by the contradictions arising in mathematical logic. As regards vocabulary, linguistic problems arose for me in investigating the extent to which a behaviouristic account of knowledge is possible. For these two reasons, I was led to place much more emphasis than I had previously done on the linguistic aspects of epistemology.« (Russell 1959: 14)

Nicht um ihrer selbst willen, sondern aufgrund ihrer Wichtigkeit für eine befriedigende Erkenntnistheorie beschäftigt sich Russell also mit der Sprache.[27] In einem kritischen Beitrag zu

Quines *Word and Object* schreibt Stenius: »This tendency to mix up epistemological ideas with semantics, typical of the outlook in ... Russell's version of logical atomism, is found, so it seems to me, at several ... points in Quine's book.« (Stenius 1969: 31) Stenius hat recht, wenn er Russell und Quine eine verwandte Haltung gegenüber dem Zusammenhang von Erkenntnistheorie und Sprachphilosophie zuschreibt; er irrt, wenn er in dieser Haltung eine unzulässige Vermengung von zwei Disziplinen sieht. Was Russell mit Quine verbindet, ist die nach ihrer gemeinsamen Einschätzung grundlegende Einsicht in die systematische Verknüpfung von Erkenntnistheorie und Sprachphilosophie. Zu seiner scharfen Kritik am späten Wittgenstein kommt Russell hingegen durch die Annahme, daß bei jenem gerade diese Einsicht verloren gegangen sei und die Sprache als vollkommen unabhängiger Bereich behandelt würde.[28]

> »The later Wittgenstein ... seems to have grown tired of serious thinking and to have invented a doctrine which would make such an activity unnecessary. I do not for one moment believe that the doctrine which has these lazy consequences is true. I realize, however, that I have an overpoweringly strong bias against it, for, if it is true, philosophy is, at best, a slight help to lexicographers and at worst, an idle tea-table amusement.« (Russell 1959: 216f.)

Russells eigene Sprachphilosophie ist alles andere als einheitlich und klar, was darauf zurückzuführen ist, daß der zentrale Begriff *meaning* ambig verwendet wird.[29] In vielen Fällen muß er durch den Begriff der Referenz ersetzt werden, insbesondere auch dort, wo Russell das ihm wesentlich erscheinende Merkmal der Sprache erläutert: »The essential thing about language is that it has meaning – i.e. that it is related to something other than itself, which is, in general, non-linguistic.« (Russell 1959: 14) Wie bei Quine, so steht schon für Russell der referentielle Aspekt der Sprache im Vordergrund des Interesses. Dies ist deshalb nicht verwunderlich, weil bei beiden Philosophen Ergebnisse der Sprachphilosophie zur Beantwortung der erkenntnistheoretischen Frage nach unserem Wissen bzw. unseren Theorien über die Welt herangezogen werden. Dazu aber müssen die ›Wurzeln der Referenz‹ freigelegt werden. Wie kann das geschehen? Selbst in ihrer sprachphilosophischen Methodologie sind sich Russell und Quine in den Grundzügen einig. So schreibt Russell: »In seeking the definition of ›meaning‹, I pursued, as elsewhere, the plan of proceeding as far as possible on behaviorist principles ...« (Russell 1959: 146) Weit ist er damit nicht gekommen. Quine greift die behavioristische Grundeinstellung vor allem in seinem Hauptwerk *Word and Object* wieder auf und gelangt dadurch schließlich zu einer naturalisierten Erkenntnistheorie und einer Auffassung von Philosophie, die Russell zwar in vielen Punkten verpflichtet ist, aber dennoch entscheidend über ihn hinausgeht.

Zum Abschluß kann Russells Sicht der Philosophie in drei Punkten zusammengefaßt werden:

1. Die neue formale Logik stellt die Methode dar, mit deren Hilfe die Philosophie in eine Wissenschaft verwandelt werden kann. Philosophie und Wissenschaft sind nicht länger prinzipiell verschieden. Philosophie ist selbst wissenschaftliche Theorienbildung auf höchstem Allgemeinheits- und Abstraktionsniveau.
2. Aus einer solchen Bestimmung der Philosophie ergibt sich, daß bei Russell die Erkenntnistheorie im Mittelpunkt seines Interesses steht.
3. Unter erkenntnistheoretischen Fragestellungen erfolgt bei Russell die Beschäftigung mit der Sprache, vor allem mit ihrem referentiellen Aspekt. Zur Beantwortung der Frage, wie wir zu unserer Erkenntnis über die Welt kommen, müssen wir klären, wie wir uns mit Sprache auf die Welt beziehen. Sprachphilosophie und Erkenntnistheorie dürfen deshalb nicht strikt voneinander getrennt werden.

2.3 Sprache und Theorie, Wissenschaft und Philosophie bei Wittgenstein

Wenn Wood über Russell sagt, er sei ein Philosoph, der sich mit allen Philosophien beschäftigt habe,[30] so ist dies bildlich zu verstehen. Wenn Stegmüller hingegen von Russells Schüler Wittgenstein behauptet, er habe zwei voneinander unabhängige Philosophien entwickelt, »von denen die zweite nicht als eine Fortsetzung der ersten aufgefaßt werden kann«,[31] so ist dies wörtlich gemeint. Die Auffassung von zwei vollkommen verschiedenen Philosophien des frühen und späten Wittgenstein hat seine Rezeption ebenso geprägt wie erschwert. Träfe sie zu, wäre eine einheitliche Darstellung seiner Sicht von Sprache und Theorie, Wissenschaft und Philosophie nicht möglich. Insbesondere durch die posthume Veröffentlichung von Wittgensteins *Philosophischen Bemerkungen*, seiner *Philosophischen Grammatik*, aber auch durch *Das Blaue Buch* und *Das Braune Buch* ist die Kontinuität seines Denkens deutlich geworden. Lange bevor die aus dem Nachlaß herausgegebenen Manuskripte zu einem neuen Wittgenstein-Bild führten, hatte Feyerabend bereits 1952[32] die Einheit seiner Philosophie betont. Nach Feyerabends Auffassung deutet einiges darauf hin,

> ».. . daß die *Philosophischen Untersuchungen* (abgesehen davon, daß die eine Sprache des *Tractatus* durch die Sprachspiele ersetzt wird) gar nicht so verschieden vom *Tractatus* sind, wie es auf den ersten Blick scheinen mag. Ich bin sogar geneigt zu sagen . . ., daß die *Philosophischen Untersuchungen* im Grunde eine Anwendung der Hauptgedanken des *Tractatus* auf verschiedene konkrete Probleme enthalten, nur daß sie mit Sprachspielen arbeiten anstelle der Sprache der Naturwissenschaften, die den theoretischen Hintergrund des *Tractatus* bildete.« (Feyerabend 1952: 322)

Selbst wenn Feyerabend hier die Ähnlichkeiten zwischen dem *Tractatus* und den *Philosophischen Untersuchungen* übertreibt, so kommt ihm das Verdienst zu, sehr früh auf die Einheit von Wittgensteins Denken hingewiesen zu haben. Eine erste Korrektur der verbreiteten Wittgenstein-Rezeption wird dadurch möglich.

Eine zweite Korrektur der Wittgenstein-Rezeption betrifft beinahe die gesamte analytische Philosophie, in der es bis heute üblich ist, Wittgenstein durch einen kritischen Vergleich mit Frege und Russell zu charakterisieren. Dieses Vorgehen ist nicht falsch, aber radikal einseitig und daher irreführend. Wie viel Wittgenstein Frege und Russell verdankt, wird nicht nur beim Studium des *Tractatus* deutlich; es wird von ihm selbst in dessen Einleitung ausdrücklich hervorgehoben. Von Frege war Wittgenstein geraten worden, bei Russell zu studieren, nachdem sich sein Interesse von der Technik auf die mit ihr verbundenen mathematischen Probleme und von dort auf Grundlagenprobleme der Mathematik und Logik verlagert hatte.[33] Bevor er nach England ging, hatte er von 1906 bis 1908 Ingenieurwissenschaften an der TH Berlin studiert. Spätestens dort war er mit der Physik seiner Zeit, insbesondere mit den Lehren von Hertz und Boltzmann in Berührung gekommen. Bei Boltzmann hatte Wittgenstein 1906 nach seinem Abitur Physik studieren wollen; durch dessen Selbstmord zerschlug sich der Plan. Boltzmanns *Populäre Schriften* hat Wittgenstein nachweislich gelesen[34], und bei den Denkern, die ihn beeinflußt haben, nennt er Boltzmann an erster Stelle.[35] Dies dürfte kein Zufall sein. In Boltzmanns Vortrag »Über statistische Mechanik« (1904),[36] der in den *Populären Schriften* abgedruckt ist, findet sich die Grundlage für Wittgensteins Philosophieauffassung, die er zeit seines Lebens kaum verändert hat:

> ». . . ich halte es für eine Hauptaufgabe der Philosophie, die Unzweckmäßigkeit dieses über das Ziel Hinausschießens unserer Denkgewohnheiten klar darzustellen . . . Würde es daher der Philosophie gelingen, ein System zu schaffen, wo in allen . . . Fällen die Nichtberechtigung der Fragestellung klar hervorträte und dadurch der angewohnte Trieb danach allmählich erstürbe, so wären mit einem Schlage die dunkelsten Rätsel gelöst, und die Philosophie des Namens einer Königin der Wissenschaften würdig.« (Boltzmann 1904: 217)

Boltz- / Anabl.

Es ist genau dieses von Boltzmann formulierte Programm, das sowohl dem *Tractatus* wie auch den *Philosophischen Untersuchungen* zugrunde liegt. Im folgenden sollen seine Einzelheiten näher bestimmt werden. Dabei kommt es mir mehr auf die Gemeinsamkeiten als auf die Unterschiede zwischen dem frühen und späten Wittgenstein an. Als Ausgangspunkt der Analyse dient ein Auszug aus Wittgensteins Vorbemerkung zu seinen »Aufzeichnungen über Logik« (1913), die zu seinen frühesten philosophischen Manuskripten gehören.

> »In der Philosophie gibt es keine Deduktionen; sie ist rein deskriptiv. Das Wort ›Philosophie‹ sollte stets etwas bedeuten, das über oder unter, aber nicht neben den Naturwissenschaften steht. Philosophie liefert keine Bilder der Wirklichkeit; sie kann wissenschaftliche Untersuchungen weder bestätigen noch widerlegen.« (Wittgenstein 1913: 186)

Ähnlich wie Kenny[37] werde ich jeden einzelnen Satz zu erläutern versuchen, wobei ich nach Möglichkeit sowohl Wittgensteins frühere wie seine spätere Philosophie berücksichtige. Seine Auffassung von Wissenschaft und Philosophie, Sprache und Theorie soll dadurch deutlich werden.

1. »Das Wort ›Philosophie‹ sollte stets etwas bedeuten, das über oder unter, aber nicht neben den Naturwissenschaften steht.« (Wittgenstein 1913: 186)

Wie wir gesehen haben, beklagte Russell bei seinem historischen Streifzug durch die Geschichte der Philosophie ihren fehlenden Fortschritt. Nach seiner Auffassung stellt erst die Entwicklung der formalen Logik eine Möglichkeit dar, die Philosophie endlich in den Stand einer Wissenschaft zu versetzen. Dadurch kann die trennende Grenze zwischen Philosophie und Wissenschaft abgebaut werden. Die Philosophie besteht aus Theorien, die sich von den Theorien der (Natur-)Wissenschaften nur hinsichtlich ihrer höheren Abstraktion und größeren Allgemeinheit unterscheiden.
Es ist diese Position Russells, von der sich Wittgenstein dezidiert absetzt. »Die Philosophie ist keine der Naturwissenschaften.« (Wittgenstein 1921: 4.111) Und noch bestimmter als in den »Aufzeichnungen« fährt Wittgenstein fort: »Das Wort ›Philosophie‹ muß etwas bedeuten, was über oder unter, aber nicht neben den Naturwissenschaften steht.« (Wittgenstein 1921: 4.111) Im Gegensatz zu Quines naturalistischem Standpunkt gibt es keine (Natur-)Wissenschaft, die für die Philosophie eine besondere Bedeutung hätte: »Die Psychologie ist der Philosophie nicht verwandter als irgendeine andere Naturwissenschaft.« (Wittgenstein 1921: 4.1121) »Die Darwinsche Theorie hat mit der Philosophie nicht mehr zu schaffen als irgendeine andere Hypothese der Naturwissenschaft.« (Wittgenstein 1921: 4.1122) Philosophie ist keine Wissenschaft. Diese Auffassung wird von Wittgenstein stets beibehalten. Noch in den *Philosophischen Untersuchungen* schreibt er mit Blick auf seinen *Tractatus:* »Richtig war, daß unsere Betrachtungen nicht wissenschaftliche Betrachtungen sein durften.« (Wittgenstein 1947–49: 109)
Was ist für Wittgenstein das Ziel wissenschaftlicher Betrachtun-

gen? Wahre Sätze über die Welt zu gewinnen. »Die Gesamtheit der wahren Sätze ist die gesamte Naturwissenschaft (oder die Gesamtheit der Naturwissenschaften).« (Wittgenstein 1921: 4.11) Wird dies akzeptiert und zugleich behauptet, daß die Philosophie keine Wissenschaft ist, so folgt, daß es keine wahren philosophischen Sätze geben kann. Auch hier gelangt Wittgenstein somit zu einer Position, die sich mit Russells Charakterisierung der philosophischen Sätze als *a priori* unvereinbar erweist. »Das Resultat der Philosophie sind nicht ›philosophische Sätze‹, sondern das Klarwerden von Sätzen.« (Wittgenstein 1921: 4.112) Diese Bemerkung markiert den Übergang von der Beschreibung, was Philosophie nicht ist, zu der Forderung, was Philosophie leisten kann und soll. »Die Philosophie begrenzt das bestreitbare Gebiet der Naturwissenschaft. Sie soll das Denkbare abgrenzen und damit das Undenkbare. Sie soll das Undenkbare durch das Denkbare begrenzen.« (Wittgenstein 1921: 4.113, 4.114) Ausführlicher hat Wittgenstein die Aufgabe der Philosophie im Vorwort zum *Tractatus* beschrieben:

> »Das Buch will ... dem Denken eine Grenze ziehen, oder vielmehr – nicht dem Denken, sondern dem Ausdruck der Gedanken: Denn um dem Denken eine Grenze zu ziehen, müßten wir beide Seiten dieser Grenze denken können (wir müßten also denken können, was sich nicht denken läßt). Die Grenze wird also nur in der Sprache gezogen werden können und was jenseits der Grenze liegt, wird einfach Unsinn sein.« (Wittgenstein 1921: Vorwort)[38]

Seine Auffassung, daß die Grenze nur in der Sprache bestimmt werden kann und jeder Versuch ihrer Überschreitung zu Unsinn führt, hält Wittgenstein auch in seiner Spätphilosophie aufrecht: »Die Ergebnisse der Philosophie sind die Entdeckung irgend eines schlichten Unsinns und Beulen, die sich der Verstand beim Anrennen an die Grenze der Sprache geholt hat.« (Wittgenstein 1947–49: 119) In der Analyse der Sprache besteht deshalb sowohl für den frühen wie für den späten Wittgenstein die wichtigste Aufgabe der Philosophie.

2. »Philosophie liefert keine Bilder der Wirklichkeit; sie kann wissenschaftliche Untersuchungen weder bestätigen noch widerlegen.« (Wittgenstein 1913: 186)

Dieser Satz ist ein Korollar des vorherigen. Wenn die Philosophie keine Wissenschaft ist, so kann sie auch keine Bilder, d. h. im Sinne von Hertz Modelle der Wirklichkeit, erstellen, denn gerade dies ist die Aufgabe der Wissenschaften. Wenn der Bereich der Philosophie ein prinzipiell anderer als jener der Wissenschaften ist, so ist weder eine Übereinstimmung noch ein Widerspruch zwischen ihren Ergebnissen möglich. Der Unterschied zwischen Wissenschaft und Philosophie wird von Wittgenstein sowohl im *Tractatus* wie in den *Philosophischen Untersuchungen* in seiner Charakterisierung der Philosophie hervorgehoben: »Die Philosophie ist keine Lehre, sondern eine Tätigkeit. Ein philosophisches Werk besteht wesentlich aus Erläuterungen.« (Wittgenstein 1921: 4.112) Noch klarer wird die Abgrenzung von den Wissenschaften in den *Philosophischen Untersuchungen:* » . . . wir dürfen keinerlei Theorie aufstellen. Es darf nichts Hypothetisches in unseren Betrachtungen sein.« (Wittgenstein 1947–49: 109) Die Darstellung und Erörterung des nächsten Satzes wird den von Wittgenstein betonten Unterschied zwischen Philosophie und Wissenschaften durch die Angabe seiner Gründe für die strikte Trennung verständlich machen.

3. »In der Philosophie gibt es keine Deduktionen; sie ist rein deskriptiv.« (Wittgenstein 1913: 186)

Kenny hat die Zurückweisung von Deduktionen in der Philosophie dadurch zu erläutern versucht, daß Wittgenstein allen Formen von Beweisen über die Existenz Gottes und die Unsterblichkeit der Seele sowie Voraussagen über den zukünftigen Gang der Geschichte ablehnend und feindlich gegenüberstand.[39] Wenn diese Bemerkung richtig ist, so liegt der Grund für diese Haltung in Wittgensteins Auffassung, daß solche Versuche das in der Wissenschaft berechtigte Streben nach einer möglichst allgemeinen Erklärung unberechtigterweise auf die Philosophie übertragen; dort wird es zum Anlaß für metaphysische Begriffsverwirrungen. Während Russell, Carnap und Quine die naturwissenschaftliche Methode als vorbildlich für die Philosophie erachten, kommt Wittgenstein zu einer völlig anderen Bewertung:

»Philosophen haben ständig die naturwissenschaftliche Methode vor Augen und sind in unwiderstehlicher Versuchung, Fragen nach der Art der Naturwissenschaften zu stellen und zu beantworten. Diese Tendenz ist die eigentliche Quelle der Metaphysik und führt den Philosophen in vollständiges Dunkel. Ich möchte hier sagen, daß es niemals unser Anliegen sein kann, irgendetwas auf irgendetwas zurückzuführen oder irgendetwas zu erklären. Philosophie ist wirklich ›rein deskriptiv‹.« (Wittgenstein 1933-35: 39)

In den *Philosophischen Untersuchungen* wird dieser Gedanke wieder aufgenommen, wenn es dort heißt: *»Alle Erklärung* muß fort, und nur Beschreibung an ihre Stelle treten. Und diese Beschreibung empfängt ihr Licht, d. i. ihren Zweck, von den philosophischen Problemen.« (Wittgenstein 1947-49: 109) Wenn aber, wie schon im *Tractatus* ausgeführt,[40] der Zweck der Philosophie in der logischen Klärung der Gedanken besteht, dann können die philosophischen Probleme nicht durch neue empirische Erkenntnisse, sondern nur durch die klare Darstellung »des längst Bekannten« (Wittgenstein 1947-49: 109) gelöst werden. Die Schwierigkeit dieser Aufgabe macht die Schwierigkeit der Philosophie aus.

»Die Philosophie löst die Knoten in unserem Denken auf, die wir unsinnigerweise hineingemacht haben; dazu muß sie aber ebenso komplizierte Bewegungen machen, wie diese Knoten sind. Obwohl also das *Resultat* der Philosophie einfach ist, kann es nicht ihre Methode sein, dazu zu gelangen.« (Wittgenstein 1929/30: 52)

Diese Schwierigkeit der Philosophie beleuchtet ihre Natur, die von der der Wissenschaften vollkommen verschieden ist. Dabei erscheint die Frage des Fortschritts in ganz anderem Licht als bei Russell:

»Die Philosophie hat keinen Fortschritt gemacht? – Wenn einer kratzt, wo es ihn juckt, muß ein Fortschritt zu sehen sein? Ist es sonst kein echtes Kratzen, oder kein echtes Jukken? Und kann nicht diese Reaktion auf die Reizung lange Zeit so weitergehen, ehe ein Mittel gegen das Jucken gefunden wird.« (Wittgenstein 1950 in: Wittgenstein 1977: 163 f.)[41]

Vom philosophischen Fortschritt unterscheidet Wittgenstein den wissenschaftlichen Fortschritt. Seine Einstellung zu letzterem charakterisiert die Eigentümlichkeit seiner Philosophie innerhalb der analytischen Tradition besonders gut und markiert Wittgensteins Distanz zur gegenwärtigen Wissenschaft. Nicht nur weil der Auszug aus einer früheren Fassung des Vorworts zu den *Philosophischen Bemerkungen* Wittgensteins Sicht des Verhältnisses von Philosophie und Wissenschaft sehr klar zum Ausdruck bringt, sondern auch, weil diese Sicht in fundamentalem Gegensatz zu Quines Philosophieverständnis steht und somit die Position darstellt, von der Quine sich absetzt, soll diese ausführliche Selbstcharakterisierung hier angeführt werden:

> »Ob ich von dem typischen westlichen Wissenschaftler verstanden oder geschätzt werde, ist mir gleichgültig, weil der den Geist, in dem ich schreibe, doch nicht versteht. Unsere Zivilisation ist durch das Wort ›Fortschritt‹ charakterisiert. Der Fortschritt ist ihre Form, nicht eine ihrer Eigenschaften, daß sie fortschreitet. Sie ist typisch aufbauend. Ihre Tätigkeit ist es, ein immer komplizierteres Gebilde zu konstruieren. Und auch die Klarheit dient doch nur wieder diesem Zweck und ist nicht Selbstzweck. Mir dagegen ist die Klarheit, die Durchsichtigkeit, Selbstzweck.
>
> Es interessiert mich nicht, ein Gebäude aufzuführen, sondern die Grundlagen der möglichen Gebäude vor mir zu haben. Mein Ziel ist also ein anderes als das der Wissenschaftler, und meine Denkbewegung von der ihrigen verschieden.« (Wittgenstein 1930 in: Wittgenstein 1977: 21 f.)

Diese Stelle liefert die Grundlage zum Verständnis der manchmal als unvereinbar empfundenen Bestimmungen der Philosophie sowohl als Therapie[42] wie auch als übersichtliche Darstellung.[43] »Friede in den Gedanken. Das ist das ersehnte Ziel dessen, der philosophiert.« (Wittgenstein 1944 in: Wittgenstein 1977: 87) Um es zu erreichen, wird als Therapie die Sprachkritik verschrieben.[44] Im *Tractatus* ist das Mittel die Abbildtheorie, in den *Philosophischen Untersuchungen* sind es die Sprachspiele. Das Ziel ist in beiden Fällen die vollkommene Klarheit, die Übersicht über die logische Grammatik unserer Sprache. ». . . die Klarheit, die wir anstreben, ist allerdings eine *vollkom-*

mene. Aber das heißt nur, daß die philosophischen Probleme *vollkommen* verschwinden sollen.«
(Wittgenstein 1947-49: 133)

Überblicken wir die Analyse und Erläuterung der drei Sätze aus Wittgensteins frühen »Aufzeichnungen über Logik«, so stellen wir fest, daß der Versuch zur Verwirklichung von Boltzmanns Programm die gesamte Wittgensteinsche Philosophie durchzieht. »Was sich überhaupt sagen läßt, läßt sich klar sagen; und wovon man nicht reden kann, darüber muß man schweigen.« (Wittgenstein 1921: Vorwort) Dennoch hat das ›Unaussprechliche‹ Wittgenstein nicht losgelassen[45] und ihn tiefer gefesselt, als die analytische Tradition im allgemeinen zugesteht. Noch zehn Jahre nach der Veröffentlichung des *Tractatus* notiert Wittgenstein: »Das Unaussprechbare (das, was mir geheimnisvoll erscheint und ich nicht auszusprechen vermag) gibt vielleicht den Hintergrund, auf dem das, was ich aussprechen konnte Bedeutung bekommt.« (Wittgenstein 1931 in: Wittgenstein 1977: 38) Obwohl er für Heideggers Anliegen Verständnis zeigt,[46] hat sich Wittgenstein anscheinend nie gefragt, ob die Begrenztheit dessen, was er aussprechen kann, von seiner Bestimmung der Philosophie abhängt. Daß er dennoch zumindest eine Ahnung von den Folgen eines solchen Schrittes gehabt hat und ihn auch gerne getan hätte, wenn er dazu in der Lage gewesen wäre, zeigt eine Bemerkung aus dem Nachlaß:

> »Ich glaube meine Stellung zur Philosophie dadurch zusammengefaßt zu haben, indem ich sagte: Philosophie dürfte man eigentlich nur *dichten.* Daraus muß sich, scheint mir, ergeben, wie weit mein Denken der Gegenwart, Zukunft oder der Vergangenheit angehört. Denn ich habe mich damit auch als einer bekannt, der nicht ganz kann, was er zu können wünscht.« (Wittgenstein 1933/34 in: Wittgenstein 1977: 53)

Wie Freges und Russells Position soll auch Wittgensteins Auffassung zum Abschluß in drei Thesen zusammengefaßt werden:

1. Philosophie und Wissenschaft sind strikt zu trennen. Die Übernahme naturwissenschaftlicher Methoden in die Philosophie führt zu metaphysischer Begriffsverwirrung und ist deshalb zu vermeiden.
2. Wissenschaft besteht in der Aufstellung von Theorien, die unsere Erkenntnis über die Welt vergrößern; sie liefert Erklä-

rungen; Philosophie besteht in der Ausführung von Tätigkeiten, die uns zur Klarheit in unseren Gedanken führen; sie ist rein deskriptiv.
3. Klarheit in unseren Gedanken bedeutet Klarheit in unserer Sprache. Die Analyse der Sprache bzw. der mannigfaltigen Sprachspiele ist somit die Hauptaufgabe der Philosophie. Sprachphilosophie tritt das Erbe der Erkenntnistheorie an.

2.4 Sprache und Theorie, Wissenschaft und Philosophie bei Carnap

Von keinem Philosophen ist Quine nach eigener Aussage so sehr geprägt worden wie von Carnap.[47] Was Carnap selbst angeht, so hebt dieser in seiner intellektuellen Autobiographie vor allem den bedeutenden Einfluß von Frege, Russell und Wittgenstein auf seine philosophische Entwicklung hervor.[48] Carnaps Haltung zu Sprache und Theorie, Wissenschaft und Philosophie soll deshalb durch einen Vergleich mit den Auffassungen dieser drei Philosophen verdeutlicht werden.
Von 1910-1914 studierte Carnap Mathematik, Physik und Philosophie in Jena und Freiburg i. B.[49] Von nachhaltiger Wirkung sollte sich dabei insbesondere sein Besuch von Freges Veranstaltungen über die *Begriffsschrift* und »Logik in der Mathematik« herausstellen. Zwar berichtet Carnap, daß ihm die philosophische Bedeutung und Tragweite von Freges Arbeiten erst später bei einer erneuten Lektüre bewußt geworden sind, doch eine erste Möglichkeit zur Beschäftigung mit der neuen Logik war für Carnap bereits im Alter von neunzehn Jahren gegeben. Und nicht nur das. In Freges Kurs über die »Logik in der Mathematik« wird u. a. die Natur der Definitionen ausführlich behandelt. Dabei stellt sich die Frage, wie einem bislang gebrauchten einfachen Zeichen bzw. Ausdruck Sinn gegeben werden kann:

> »Wenn wir eine eigentliche Definition aufstellen wollen, dürfen wir nicht das Zeichen *A*, das schon einen Sinn hat, sondern müssen ein ganz neues Zeichen, etwa *B*, wählen, dem wir nun erst durch die Definition den Sinn jenes zusammengesetzten Ausdrucks geben. Nun ist die Frage, ob *A* und *B*

denselben Sinn haben. Aber die Beantwortung dieser Frage können wir ganz umgehen, indem wir den Aufbau des Systems von Grund aus neu machen und dabei das Zeichen *A* gar nicht mehr gebrauchen, sondern nur *B*. Wir haben für jenen zusammengesetzten Ausdruck das Zeichen *B* willkürlich eingeführt und diesem damit einen Sinn gegeben. Das ist eine Definition im eigentlichen Sinn, nämlich eine aufbauende Definition.« (Frege 1914: 227f.)

Mit dieser Erläuterung zur »aufbauenden Definition« hat Frege die für Carnap charakteristische Vorgehensweise in der Philosophie vorweggenommen; Carnaps Methode der Explikation wird hier in ihren Grundzügen zum ersten Mal vorgeführt. Ebenso wichtig dürfte für Carnap Freges Kritik an der Haltung einer Vielzahl von Mathematikern gegenüber den Grundlagenproblemen ihrer Wissenschaft geworden sein: »He deplored the fact that mathematicians did not seem to aim at the contribution of a unified, wellfounded *system* of mathematics, and therefore showed a lack of interest in foundations.« (Carnap 1963a: 6) Was Frege hier in einem speziellen Fall beklagt und – wie wir gesehen haben – den Anlaß für seine erkenntnistheoretisch motivierte Grundlagenforschung darstellt, prägt Carnaps Zugang zur Philosophie nachhaltig. Die Erforschung der logischen Grundlagen der Mathematik und der empirischen Wissenschaften wird für ihn fortan zur Hauptaufgabe. Dazu aber muß sich Carnap allererst ein geeignetes und leistungsfähiges Analyseinstrument erarbeiten. Wie viel und was er Frege in dieser Hinsicht verdankt, bringt er klar zum Ausdruck:

»From Frege I learned the requirement to formulate the rules of inference of logic without any reference to meaning, but also the great significance of meaning analysis. I believe that here are the roots of my philosophical interest – on the one hand in logical syntax, and on the other hand in that part of semantics which may be regarded as a theory of meaning.« (Carnap 1963a: 13)

Es ist Freges Theorie über Sinn und Bedeutung, die Carnap mit Hilfe seiner Methode der Extensionen und Intensionen zu jener Form von Bedeutungstheorie entwickelt, die Quines Intensionsskepsis auslösen und einschneidende sprachphilosophische und erkenntnistheoretische Kontroversen zwischen Carnap und Quine zur Folge haben wird.

Mindestens ebenso einflußreich wie Frege ist Russell für Carnaps Entwicklung gewesen. »Whereas Frege had the strongest influence on me in the fields of logic and semantics, in my philosophical thinking in general I learned most from Bertrand Russell.« (Carnap 1963a: 13) Ein Jahr nachdem er sich mit Freges *Grundgesetzen der Arithmetik* auseinandergesetzt hatte, las er im Winter 1921 Russells *Our Knowledge of the External World*. Zumindest in dreifacher Hinsicht wird dieses Buch für Carnap von ausschlaggebender Bedeutung. Erstens findet er in ihm eine ausführliche Würdigung der neuen Logik als *die* Methode für eine wissenschaftliche Philosophie, wie er sie selbst anstrebt. Zweitens erweist sich der letzte Satz des Buches im Hinblick auf die geeignete Organisationsform für die neue wissenschaftliche Philosophie als prophetisch:

> »The one and only condition, I believe, which is necessary in order to secure for philosophy in the near future an achievement surpassing all that has hitherto been accomplished by philosophers, is the creation of a school or men with scientific training and philosophical interests, unhampered by the traditions of the past, and not misled by the literary methods of those who copy the ancients in all except their merits.« (Russell 1914a: 246)

Daß die von Russell gestellte Bedingung vom Wiener Kreis erfüllt werden wird, muß an dieser Stelle wohl kaum noch eigens hervorgehoben werden. Doch schon bevor der Wiener Kreis in die Öffentlichkeit tritt – und das ist der dritte und wichtigste Punkt – zieht Carnap philosophische Konsequenzen aus der Lektüre von Russells Buch, die Quine in einem Satz zusammenfaßt: »The dazzling sequel to *Our Knowledge of the External World* was … Carnap's *Der logische Aufbau der Welt*.« (Quine 1966d: 84)

Im Vorwort seines Buches führt Russell aus, daß das zentrale Problem, an dem er die Leistungsfähigkeit der neuen logisch-analytischen Methode veranschaulichen will, in der Verbindung von bloßen Sinnesdaten auf der einen Seite mit Raum, Zeit und Materie der mathematischen Physik auf der anderen Seite bestehe.[50] Eine beispielhafte Veranschaulichung dieses Programms gelingt Russell, doch von einer expliziten Durchführung ist er noch weit entfernt. Für Carnap stellt diese Aufgabe eine Herausforderung dar, die er annimmt. Bei ihrer Verwirklichung werden Logik und Erkenntnistheorie eng miteinander verbunden. Was die Logik angeht, wählt Carnap Russells Maxime für seine Arbeit als Leitfaden und Motto: »The supreme maxim in scientific philosophising is this: Wherever possible, logical constructions are to be substituted for inferred entities.«[51] Dieses Vorgehen soll zum Beleg der in der Geschichte der Philosophie immer wieder aufgestellten erkenntnistheoretischen These des Empirismus dienlich sein, nach der unsere gesamte Erkenntnis der Welt auf die Erfahrungen unserer Sinne zurückführbar ist.[52] Im Gegensatz zu Wittgenstein, der die Auffassung vertritt, daß es niemals die Aufgabe der Philosophie sein kann, »irgendetwas auf irgendetwas zurückzuführen«,[53] steht für Carnap die erkenntnistheoretische »Frage der Zurückführung der Erkenntnisse auf einander« (Carnap 1928a: XVIII) im Mittelpunkt seines Interesses. Bevor sie beantwortet werden kann, ist die Art der Zurückführung und die dazu geeignete Methode genauer zu charakterisieren:

> »Das Hauptproblem betrifft die Möglichkeit der rationalen Nachkonstruktion von Begriffen aller Erkenntnisgebiete auf der Grundlage von Begriffen, die sich auf das unmittelbar Gegebene beziehen. Unter rationaler Nachkonstruktion ist hier das Aufsuchen neuer Bestimmungen für alte Begriffe verstanden. Die alten Begriffe sind gewöhnlich nicht durch überlegte Formung, sondern durch spontane Entwicklung mehr oder weniger unbewußt entstanden. Die neuen Bestimmungen sollen den alten in Klarheit und Exaktheit überlegen sein und sich vor allem in ein systematisches Begriffsgebäude einfügen. Eine solche Begriffserklärung, heute oft ›Explikation‹ genannt, scheint mir ... eine der wichtigsten Aufgaben der Philosophie zu sein ...« (Carnap 1928a: X)

Diese Stelle wirft Licht auf die wichtigsten Bestandteile von Carnaps Philosophieverständnis: die grundlegende Methode der Explikation entwickelt er aus Freges »aufbauender Definition«, die Auffassung von Philosophie als begriffsklärende Tätigkeit teilt er mit Wittgenstein,[54] und die Forderung nach Wissenschaftlichkeit in Form eines systematischen Begriffsgebäudes verbindet ihn mit Russell. Wenn die Philosophie kein allein ihr vorbehaltenes Erkenntnisgebiet beanspruchen kann und sich dennoch um Wissenschaftlichkeit bemüht, so ist die Eigenart ihrer Erkenntnis nach Russell[55] dadurch zu bestimmen, daß ihr Ziel in dem Aufbau eines einheitlichen Begriffssystems der verschiedenen Wissenschaften besteht. Zur Erreichung dieses Zieles sollen in Carnaps *Der logische Aufbau der Welt* alle Begriffe auf unmittelbar Gegebenes in Form von sogenannten Elementarerlebnissen zurückgeführt werden.[56] Eine phänomenalistische Sprache wird insbesondere deshalb zur Durchführung der Analyse gewählt, weil Carnap mit Russell darin übereinstimmt, daß auf diese Weise das erkenntnistheoretische Ideal der Sicherheit am ehesten zu verwirklichen ist.[57] Das Ideal der Sicherheit steht bei beiden Philosophen hoch im Kurs, da es ihnen in ihren Arbeiten hauptsächlich um die Grundlagen der Wissenschaften zu tun ist; diese aber durften nach ihrer gemeinsamen Auffassung nicht schwanken. Erst Neurath konnte Carnap von der Richtigkeit einer fallibilistischen Position im Hinblick auf die Basis der Wissenschaften überzeugen. Da sich das Ideal der Sicherheit als illusorisch erweist, entfällt somit ein wichtiges Motiv zugunsten der phänomenalistischen Sprache vom unmittelbar Gegebenen, und wiederum ist es Neurath, der Carnap zur Übernahme seiner physikalistischen Sprache veranlaßt. Quine wird diese Position später detaillierter ausarbeiten.

Die Wissenschaftlichkeit der neuen Philosophie kommt für Carnap nicht nur in ihrem Erkenntnisziel, sondern auch in der Art ihres Erkenntnisgewinns klar zum Ausdruck:

> »Die neue Art des Philosophierens ist entstanden in enger Berührung mit der Arbeit in den Fachwissenschaften, besonders in Mathematik und Physik. Das hat zur Folge, daß die strenge und verantwortungsbewußte Grundhaltung des wissenschaftlichen Forschers auch als Grundhaltung des philosophisch Arbeitenden erstrebt wird, während die Haltung des Philosophen alter Art mehr der eines Dichtenden gleicht.« (Carnap 1928a: XIX)

Im Unterschied zu Carnap hat Wittgenstein letztere Haltung, auch wenn er ihr selbst nicht gefolgt ist, ausdrücklich für gut befunden[58] und den Szientismus zunehmend als Feind der Philosophie betrachtet: »Die Menschen heute glauben, die Wissenschaften seien da, sie zu belehren, die Dichter und Musiker etc.

sie zu erfreuen. *Daß diese sie etwas zu lehren haben*; kommt ihnen nicht in den Sinn.« (Wittgenstein 1939-40 in: Wittgenstein 1977: 75) Hiernach könnte es so scheinen, als ob das Philosophieverständnis von Carnap und Wittgenstein allein durch ihre Gegensätze bestimmt ist. Daß dies nicht der Fall ist, macht Carnap selbst hinreichend klar: »For me personally, Wittgenstein was perhaps the philosopher who, besides Russell and Frege, had the greatest influence on my thinking.« (Carnap 1963a: 25) Anders als Neurath, der Wittgenstein von Anfang an ablehnend gegenüberstand, räumt Carnap ihm zudem einen bedeutenden Einfluß auf den Wiener Kreis ein:

> »Ich würde ... sagen, daß der Wiener Kreis zwar nicht von Wittgenstein ausgeht, aber doch in seiner frühen Phase ihm nicht nur Anregungen verdankte, sondern zum wesentlichen Teil auf Wittgensteins Anschauungen beruhte. Bei einer Darstellung der heutigen Lage würde ich das natürlich nicht sehr betonen, da unsere Entwicklung ja doch sehr von ihm weggeführt hat.« (Carnap an Neurath, Prag, 26. März 1935)

Worin besteht der Einfluß Wittgensteins auf Carnap und den Logischen Empirismus? Erstens in seiner Konzeption der logischen Wahrheit und zweitens in seinem Verifikationsprinzip.[59] Auf die beiden Doktrinen gehe ich hier nicht nur deshalb ein, weil sie zentrale Bestandteile der Philosophie Carnaps sind, sondern weil sich an ihnen auch die Kritik Quines entzünden wird,[60] die schließlich zur Entwicklung seines holistischen Empirismus führt.

Zum ersten Punkt heißt es im *Tractatus* lapidar: »Die Sätze der Logik sind Tautologien. Die Sätze der Logik sagen also Nichts. (Sie sind analytische Sätze.)« (Wittgenstein 1921: 6.1 und 6.11) In Carnaps Interpretation[61] bedeutet dies, daß die Wahrheit der logischen Sätze allein von ihrer Struktur und der Bedeutung ihrer Terme abhängt. Da logische Sätze in allen möglichen Welten wahr sind, ist ihre Wahrheit von den kontingenten Tatsachen einer bestimmten Welt unabhängig. Daraus folgt natürlich auf der anderen Seite, daß sie nichts über die Welt sagen und somit keinen Informationsgehalt haben. Die logischen Sätze sind analytisch. Wittgenstein hat diese These anhand der elementaren Logik entwickelt. Theoreme der Arithmetik und Algebra zählt er nicht zu den Tautologien. Da aber Carnap und auch die anderen Mitglieder des Wiener Kreises keinen prinzipiellen Unterschied zwischen der elementaren Logik und höherstufigen Logiken einschließlich der gesamten Mathematik sahen, machten sie sich die Auffassung zu eigen, daß alle gültigen Sätze der Mathematik analytisch seien.[62] Für die Mitglieder des Wiener Kreises war diese Konzeption deshalb von so großer Bedeutung, weil sie in ihr erstmals eine für Empiristen zufriedenstellende Erklärung logischer und mathematischer Wahrheiten erblickten.[63] Daß diese Erklärung gerade nicht überzeugend ist, versucht später Quine gegen Carnap geltend zu machen.[64]

Der zweite Punkt, in dem Carnap nach eigener Aussage[65] von Wittgenstein beeinflußt worden ist, betrifft das Verifikationsprinzip, dessen explizite Formulierung zum ersten Mal in den Gesprächen mit Schlick und Waismann auftaucht. Am 2. Januar 1930 sagt Wittgenstein: »Der Sinn eines Satzes ist die Methode seiner Verifikation.« (Wittgenstein 1930 in: Waismann 1929-32: 79) Und schon am 22. Dezember 1929 hatte es geheißen: »... wenn ich den Sinn des Satzes nie vollständig verifizieren kann, dann kann ich mit dem Satz auch nichts gemeint haben. Dann heißt der Satz auch gar nichts.« (Wittgenstein 1929 in: Waismann 1929-32: 47)[66] Wie Carnap bemerkt,[67] liegen diesen beiden Äußerungen unterschiedliche Zielsetzungen zugrunde, die systematisch auseinandergehalten werden sollten. Wittgensteins erste Formulierung steckt den Rahmen für eine Verifikationstheorie der Bedeutung ab, an der sowohl die meisten Logischen Empiristen wie auch Quine stets festgehalten haben. Wittgensteins zweite Formulierung ist die Grundlage für das bekannte empiristische Sinnkriterium, mit dessen Hilfe streng zwischen kognitiv sinnvollen und kognitiv sinnlosen Aussagen unterschieden werden sollte, was für die Logischen Empiristen auf eine strikte Unterscheidung von Wissenschaft und Metaphysik hinauslief. Die Metaphysikkritik des Wiener Kreises, deren historischer Ursprung in den Arbeiten Machs anzusiedeln ist, erfährt somit durch Wittgensteins Verifikationsprinzip eine sprachphilosophische Radikalisierung: »Die richtige Methode der Philosophie wäre eigentlich die: Nichts zu sagen, als was sich sagen läßt, also Sätze der Naturwissenschaft – also etwas, was mit Philosophie nichts zu tun hat –, und dann immer, wenn ein anderer etwas Metaphysisches sagen wollte, ihm nachweisen, daß er gewissen Zeichen in seinen Sätzen keine Bedeutung gegeben hat.« (Wittgenstein 1921: 6.53) Genau dieses Programm hat Carnap mit der »Überwindung der Metaphysik durch logische Analyse der Sprache« (Carnap 1931) auszuführen versucht.

Wenngleich Carnap durch Wittgensteins Gedanken stark beeinflußt worden ist, dürfen die wichtigen Unterschiede, die ihre Metaphysikkritik und deren Folgen betreffen, nicht übersehen werden. Für Carnap sind die (Schein-)Sätze der Metaphysik bestenfalls der Ausdruck eines Lebensgefühls.[68] »Metaphysiker sind Musiker ohne musikalische Fähigkeit.« (Carnap 1931: 240) Für Wittgenstein hingegen markieren die eigenen metaphysischen Sätze des *Tractatus* die Grenzen der theoretischen Vernunft und vermögen uns somit wichtige Einsichten zu vermitteln. Darüberhinaus gilt: »Es gibt allerdings Unaussprechliches. Dies *zeigt* sich, es ist das Mystische.« (Wittgenstein 1921: 6.522) Und weiter: »Was gezeigt werden *kann*, *kann* nicht gesagt werden.« (Wittgenstein 1921: 4.1212) Vor allem kann die Beziehung zwischen Sprache und Welt und insbesondere die logische Form der Sätze nicht dargestellt werden, weil wir uns nach Wittgenstein dazu außerhalb der Welt stellen müßten.[69]

Es war Neurath, der demgegenüber von Anfang an darauf verwiesen hat, daß Sprachphänomene Ereignisse innerhalb der Welt sind und sich nicht von außen auf die Welt beziehen.[70] Mehr und mehr kam auch Carnap zu der Überzeugung, daß man auf sinnvolle Weise über die Beziehung zwischen einem Satz und der von ihm beschriebenen Tatsache reden könne und die Sprache selbst zum Gegenstand einer philosophischen Analyse gemacht werden müsse. »On the basis of this conception, I developed the idea of the logical syntax of a language as the purely analytic theory of the structure of its expressions.« (Carnap 1963a: 53) Was war Carnaps Motiv für diese Arbeit?[71] Innerhalb der Diskussionen des Wiener Kreises war eines stets deutlicher geworden: Bei dem Versuch, diejenigen Probleme, an denen die Logischen Empiristen interessiert waren, genauer zu formulieren, kamen sie stets auf Probleme der logischen Analyse der Sprache und vor allem der Wissenschaftssprache. Da die philosophischen Probleme somit die Sprache und nicht die Welt betreffen, schien es Carnap notwendig, sie nicht in einer Objektsprache, sondern in einer Metasprache zu formulieren. Diese Metasprache galt es präzise aufzubauen.

Da sich die Arbeiten von Frege, Hilbert und der polnischen Logiker hauptsächlich mit dem syntaktischen Aspekt der Sprache befaßten, glaubte Carnap zuerst mit einer logischen Syntax für sein Projekt auszukommen. In *Logische Syntax der Sprache* heißt es kurz und knapp »Logik ist Syntax«. (Carnap 1934: 202) Eine Charakterisierung der Philosophie wird demnach von Carnap durch zwei Teilthesen vorgenommen:[72]

a) (Theoretische) Philosophie ist Wissenschaftslogik, b) Wissenschaftslogik ist die Syntax der Wissenschaftssprache. Bereits in *Introduction to Semantics* bemerkt Carnap, daß die These b) in dieser Form nicht aufrechterhalten werden kann: »Thesis (b), however, needs modification by adding semantics to syntax. Thus *the whole thesis is changed to the following: the task of philosophy is semiotical analysis;* the problems of philosophy concern – not the ultimate nature of being but – the semiotical structure of the language of science ...« (Carnap 1942: 250) Und spätestens in »On Some Concepts of Pragmatics« nimmt er eine erneute Ergänzung vor: »There ist an urgent need for a system of theoretical pragmatics ... Since pure semantics is sufficiently developed, the time seems ripe for attempts at constructing tentative outlines of pragmatical systems.« (Carnap 1955b: 250) Wie sehr sich Carnaps Auffassung bezüglich der Wissenschaftssprache auch ändert und erweitert, so hält er doch unvermindert an seiner Konzeption von Philosophie als Metatheorie fest. Sie kann als Syntheseversuch wichtiger Bestandteile von Freges, Russells und Wittgensteins Philosophieverständnis betrachtet werden: Von Frege und Russell übernimmt Carnap die Forderung nach Wissenschaftlichkeit der Philosophie, die sie alle drei durch den Gebrauch der modernen Logik zu erfüllen trachten. Von Wittgenstein übernimmt Carnap die Charakterisierung der Philosophie als begriffsklärende Tätigkeit, die bei ihm allerdings in der an Frege anknüpfenden Form der Explikation durch logische Rekonstruktion in künstlichen Sprachen durchgeführt wird. Nimmt man diese Bestimmungen zusammen, so führen die in ihnen enthaltenen Überzeugungen zu dem Ergebnis, daß die Philosophie in einer Metatheorie der Wissenschaften aufgeht.

In drei Thesen zusammengefaßt, läßt sich Carnaps Sicht von Philosophie und Wissenschaft, Sprache und Theorie folgendermaßen darstellen:

1. Die Erkenntnistheorie steht im Mittelpunkt der Philosophie Carnaps. Erkenntnisse werden in den Wissenschaften gewonnen, deren Aussagen insgesamt die Wissenschaftssprache ausmachen. Die Wissenschaftssprache ist der Untersuchungsgegenstand der Erkenntnistheorie.
2. Mit Hilfe der formalen Logik wird der Sinn bzw. die Bedeutung wissenschaftlicher Aussagen untersucht und präzisiert. Da Carnaps Methode der rationalen Rekonstruktion mehr am logisch möglichen als empirisch tatsächlichen Vorgehen der Wissenschaft orientiert ist, enthalten seine Arbeiten eine normative, erkenntniskritische Komponente.
3. Erkenntnistheorie geht in Wissenschaftstheorie auf. Indem sie die Sprache der Wissenschaft analysiert, wird sie zur Metatheorie der Wissenschaften und ist von deren Objekttheorien strikt zu trennen.

2.5 Sprache und Theorie, Wissenschaft und Philosophie bei Popper

Zu Beginn des 1. Kapitels ist die zentrale These dieser Arbeit formuliert worden: Die Philosophie Quines kann als Weiterentwicklung und Vollendung des historisch richtig verstandenen Logischen Empirismus charakterisiert werden. Demgegenüber behauptet Popper:

> »Everybody knows nowadays that logical positivism is dead. But nobody seems to suspect that there may be a question to be asked here – the question ›Who is responsible‹ or, rather, the question ›Who has done it?‹ ... I fear that I must admit responsibility.« (Popper 1974a: 69)

Wenn Poppers Behauptung richtig ist, daß der Logische Empirismus tot sei, ist kaum vorstellbar, wie Quine ihn weiterführen kann. Es liegt deshalb der Verdacht nahe, daß es sich um einen Scheintod handelt bzw. daß Poppers Kritik des Wiener Kreises nur ein Bild von ihm trifft, das bei seinen Gegnern zwar heute allgemein akzeptiert ist, nichtsdestoweniger aber auf Mißverständnissen beruht. Im folgenden soll die Aufklärung zumindest eines zentralen Mißverständnisses dazu führen, Poppers Stellung zu Sprache und Theorie sowie Wissenschaft und Philosophie verständlich zu machen.

Popper faßt die Philosophie des frühen Wittgenstein und des Wiener Kreises unter dem Begriff des ›Positivismus‹ zusammen. Seine eigene Philosophie bestimmt er als antipositivistisch:

> »Ich war nie ein Mitglied des ›Wiener Kreises‹ der logischen Positivisten, ... obwohl Otto Neurath mich die ›offizielle Opposition‹ nannte. Ich wurde nie zu einem Treffen des Kreises eingeladen, vielleicht wegen meiner wohlbekannten Opposition gegen den Positivismus ... Unter dem Einfluß von Ludwig Wittgensteins ›Tractatus Logico-Philosophicus‹ war der ›Wiener Kreis‹ nicht nur antimetaphysisch, sondern antiphilosophisch geworden ... Wittgenstein und der ›Wiener Kreis‹ leugneten die Existenz ernsthafter philosophischer Probleme.« (Popper 1977: 14)

Gegenüber Poppers strikter Abgrenzung zum Wiener Kreis hat Carnap die Gemeinsamkeiten mit Popper betont: »His basic philosophical attitude was quite similar to that of the Circle. However, he had a tendency to overemphasize our differences.« (Carnap 1963a: 31)[73] Diese unterschiedlichen Einschätzungen von Carnap und Popper versucht Ian Hacking auf folgende Weise zu versöhnen:

> »They disagreed about much, but only because they agreed on basics. They thought that the natural sciences are terrific and that physics is the best. It exemplifies human rationality. It would be nice to have a criterion to distinguish such good science from bad nonsense or ill-formed speculation.« (Hacking 1983: 3)

Hackings Bemerkungen erwecken den Eindruck, als ob beide Philosophen von einer gemeinsamen Voraussetzung ausgehen und dann zu den gleichen Problemen kommen. Dies soll nun im einzelnen untersucht werden.

So viel ist sicherlich richtig: Die (Natur-)Wissenschaften stehen sowohl für Popper wie für Carnap im Mittelpunkt ihres philosophischen Interesses. Aber in welchem Sinne? Durch ihre Beschäftigung mit den Wissenschaften waren Russell und Carnap zu der Überzeugung gelangt, daß deren Fortschritt in großem Maße von ihren Methoden abhänge. Für die Philosophie sehen sie in der logischen Analyse *die* wissenschaftliche Methode. Demgegenüber vertritt Popper die These: »*Es gibt keine Methode, die für die Philosophie charakteristisch oder wesentlich ist.*« (Popper 1934: XIV) Er ergänzt: »... ich behaupte nicht, daß die Methoden der ›logischen Analyse‹ oder der ›Sprachanalyse‹ notwendigerweise unbrauchbar sind. Meine These ist vielmehr, daß diese Methoden bei weitem nicht die einzigen sind, die ein Philosoph verwenden kann, und daß sie in keiner Weise für die Philosophie wesentlich sind.« (Popper 1934: XV) Der Stellenwert der Wissenschaft für Popper wird durch sein zentrales Problem bestimmt, »das Problem des Wachstums oder des Fortschritts unseres Wissens. *Und um das Wachstum unseres Wissens zu studieren, studiert man am besten das Wachstum der Wissenschaft.*« (Popper 1934: XIV f.) Wie aber charakterisiert Popper die Wissenschaft? »Wir kennzeichnen... die empirische Wissenschaft durch die *Methode* ... anders ausgedrückt: Wir wollen die Regeln, oder, wenn man will, die Normen, aufstellen, nach denen sich der Forscher richtet, *wenn er Wissenschaft treibt, wie wir es uns denken.*« (Popper 1934: 23; zweite Hervorhebung hinzugefügt.) An dieser Stelle wird ganz klar, wie bei Popper ein normatives Anliegen als Problem in den Vordergrund tritt. Um es zu lösen, sucht er ein Kriterium, mit dessen Hilfe er zwischen objektiver Wissenschaft und Pseudowissenschaft unterscheiden kann: »I wished to distinguish between science and pseudo-science...« (Popper 1953/57: 33) Dieses Problem nennt Popper das Abgrenzungsproblem. Zusammen mit dem Induktionsproblem, der Frage, »ob und wann induktive Schlüsse berechtigt sind« (Popper 1934: 3) macht es nach Popper eines der *beiden Grundprobleme der Erkenntnistheorie* aus – so der Titel seines ersten, erst kürzlich veröffentlichten Buches. Da es mir hier lediglich um Poppers Haltung zu Sprache und Theorie, Wissenschaft und Philosophie zu tun ist, gehe ich nur auf das Abgrenzungsproblem ein, das nach Poppers eigener Einschätzung das wichtigere der beiden ist:

> »Das größere Interesse verdient das Abgrenzungsproblem: Es ist keineswegs nur von theoretisch-philosophischer Bedeutung, sondern für die Einzelwissenschaft, insbesondere

für die Forschungspraxis der wenig hoch entwickelten Wissenschaften, von größter Aktualität. Aber auch vom philosophisch-erkenntnistheoretischen Standpunkt betrachtet, erweist es sich als das zentrale Problem, auf das wohl alle anderen Fragen der Erkenntnistheorie, auch das Induktionsproblem, zurückgeführt werden können.«
(Popper 1930-33: 4)

Die Idee zur Lösung des Problems findet er bei Einstein, der in seinem Vortrag über »Geometrie und Erfahrung« sagt: »Insofern sich die Sätze der Mathematik auf die Wirklichkeit beziehen, sind sie nicht sicher, und insofern sie sicher sind, beziehen sie sich nicht auf die Wirklichkeit.« (Einstein 1921: 119 f.) Diese Erkenntnis Einsteins verallgemeinert Popper, indem er die Mathematik durch die Wissenschaft im allgemeinen ersetzt: »*Insofern sich die Sätze einer Wissenschaft auf die Wirklichkeit beziehen, müssen sie falsifizierbar sein,* und insofern sie nicht falsifizierbar sind, beziehen sie sich nicht auf die Wirklichkeit.« (Popper 1934: 256) Mit seinem Kriterium der Falsifizierbarkeit, der bekannten Forderung, daß wissenschaftliche Sätze prinzipiell an der Erfahrung scheitern können müssen, glaubt Popper das Abgrenzungsproblem gelöst zu haben.[74] Da die Lösung einerseits so formuliert wird, daß mit ihr ein Kriterium zur Unterscheidung von Wissenschaft und Pseudowissenschaft gegeben ist, andererseits, daß mit ihr zwischen Wissenschaft und Metaphysik unterschieden werden kann, liegt es nahe, daß hier der Grund zu finden ist, warum das Anliegen des Wiener Kreises bei Popper zu einem Mißverständnis führt.

Im Anschluß an Wittgenstein, dessen Verifikationsprinzip das Sinnkriterium der Logischen Empiristen in seiner frühen strengen Form entscheidend prägte, hatten die Mitglieder des Wiener Kreises die Losung ausgegeben, daß alle Sätze der Metaphysik sinnlos seien. Demgegenüber behauptet Popper, daß die Metaphysik, selbst wenn sie keine Wissenschaft darstellt, durchaus nicht sinnlos ist.[75] Carnap habe unrecht, wenn er aufgrund des Sinnkriteriums die Unterscheidung von sinnvollen und sinnlosen Aussagen mit der Unterscheidung von Wissenschaft und Metaphysik gleichsetze. Nach Popper ist das Sinnkriterium überhaupt ungeeignet, um in akzeptabler Weise zwischen Wissenschaft und Metaphysik zu unterscheiden; dies könne nur unter Rückgriff auf sein Abgrenzungskriterium zufriedenstellend gelingen.

Wird diese Sicht dem Anliegen des Wiener Kreises gerecht? Zur Beantwortung dieser Frage sei auf eine Skizze Carnaps zurückgegriffen, mit deren Hilfe die unterschiedliche Problemsituation bei Popper und den Logischen Empiristen veranschaulicht werden kann.[76]

I. *Wissenschaftliche Aussagen*	
	Grenze A (Popper)
II. *Pseudowissenschaftliche Aussagen* Astrologie, magische Überzeugungen, Mythen etc.	
	Grenze B (Wiener Kreis)
III. *Pseudoaussagen* Aussagesätze ohne kognitive Bedeutung	

Poppers Abgrenzungskriterium soll zur Explikation der Grenze *A* zwischen wissenschaftlichen und pseudowissenschaftlichen Aussagen dienlich sein. Das Sinnkriterium des Wiener Kreises hingegen soll zur Explikation der Grenze *B* tauglich sein. Diese Grenze verläuft zwischen im weitesten Sinne empirischen Aussagen, die sowohl wissenschaftliche wie pseudowissenschaftliche Aussagen umfassen, und Pseudoaussagen, die ohne jeden kognitiven Gehalt sind. (Beispiele: »Primzahlen sind immer blau«, »das Nichts nichtet« usw.) Der zentrale Begriff der ›Metaphysik‹ wird bei Popper mit den Aussagen des zweiten Bereichs, bei den Logischen Empiristen dagegen mit Aussagen des dritten Bereichs in Verbindung gebracht. Bei Popper wird deshalb die für die Wissenschaft anregende, bei den logischen Empiristen die für die Wissenschaft schädliche Rolle der Metaphysik betont. Diese Einschätzung kommt zustande, weil beide Richtungen Verschiedenes unter ›Metaphysik‹ verstehen, wobei die Grenzen ihrer Positionen zudem noch fließend sind. Nur aufgrund des undifferenzierten Gebrauchs des Begriffs der ›Metaphysik‹, vor allem bei den Mitgliedern des Wiener Kreises, kommt Popper zu der Überzeugung, daß die Güte ihres Sinnkriteriums dadurch bestimmt werden kann, inwieweit es zur Bewältigung des Problems beiträgt, das er mit seinem Abgrenzungskriterium lösen will. Demgegenüber erklärt Popper das Problem, das die Logischen Empiristen ursprünglich lösen wollten, kurzerhand zu einem Pseudoproblem:

> »I personally was never interested in the so-called problem of meaning; on the contrary, it appeared to me a verbal problem, a typical pseudo-problem. I was interested only in the problem of demarcation, i.e. in finding a criterion of the scientific character of theories. It was just this interest which made me see at once that Wittgenstein's verifiability criterion of meaning was intended to play the part of a criterion of demarcation as well; and which made me see that, as such, it was totally inadequate ...« (Popper 1953/57: 40)

Auf der einen Seite kann man Popper zustimmen, daß mit Hilfe eines bedeutungstheoretischen Kriteriums allein das Problem nicht lösbar ist, das *er* lösen möchte; auf der anderen Seite sollte man Popper fragen, warum er das Problem, das die Logischen Empiristen mit Hilfe ihres Kriteriums lösen wollten, überhaupt nicht zur Kenntnis nimmt und es rundweg als Scheinproblem klassifiziert. Die Antwort wirft Licht auf Poppers Konzeption von Erkenntnistheorie: Das Bedeutungsproblem gehört in den Bereich der Sprachphilosophie, und sprachphilosophische Erwägungen tragen nach Popper nichts zur Lösung der wichtigsten erkenntnistheoretischen Fragen bei.

Um diese These zu begründen, kritisiert Popper die sprachanalytische Philosophie im engeren Sinne wie auch die Richtung der analytischen Philosophie, die mit der Konstruktion von künstlichen Modellsprachen befaßt ist. Zwar gibt Popper zu, daß es ein Fortschritt war, Lockes ›Methode der Ideen‹ durch die ›Methode der Wörter‹, der Analyse der Sprache, zu ersetzen, doch verfehle man das eigentliche Ziel der Erkenntnistheorie, wenn man sich auf sie beschränke.[77] Die Probleme der Erkenntnistheorie können von zwei unterschiedlichen Seiten angegangen werden; sie können zum einen als Probleme der alltäglichen Erkenntnis, zum andern als Probleme der wissenschaftlichen Erkenntnis betrachtet werden. Nach Popper ist die wissenschaftliche Erkenntnis zwar eine Weiterentwicklung unserer Alltagserkenntnis, doch tauchen die interessantesten erkenntnistheoretischen Probleme, die mit der Verbesserung unserer Theorien über die Welt zusammenhängen, nur in der Wissenschaft auf. Die Analyse unserer Alltagssprache ist nichts anderes als die Untersuchung unseres kodifizierten Alltagsverstandes; dem Problem des Erkenntnisfortschritts kann diese Analyse nicht gerecht werden.

Die Überzeugung, daß die Analyse der Alltagssprache nicht das Ziel der Erkenntnistheorie darstellt, sondern vielmehr die Wissenschaft ihren Untersuchungsgegenstand abgibt, teilt Popper mit den Philosophen, die mit Hilfe formalisierter Sprachen die Sprache der Wissenschaft studieren wollen.[78] Dennoch grenzt er sich auch gegenüber ihnen deutlich ab. Er behauptet, daß es *die* Sprache der Wissenschaft gar nicht gibt. Aus diesem Grunde muß sie allererst konstruiert werden. Verschiedene Versuche sind dazu gemacht worden, doch gilt nach Popper: »... die Kompliziertheit dieser Modellsprachen steht in keinem Verhältnis zu ihrer Brauchbarkeit, da sich ja kaum eine wissenschaftliche Theorie von Bedeutung in diesen komplizierten Spielereisystemen formulieren läßt.« (Popper 1934: XX) Zur Lösung der interessantesten erkenntnistheoretischen Probleme der Wissenschaften, die sich aus dem Fortschritt unserer Erkenntnis ergeben, tragen die Untersuchungen der Wissenschaftssprache nichts bei.

Seine Haltung zum Stellenwert der Sprache in der Philosophie faßt Popper folgendermaßen zusammen:

> »Ich halte die Philosophie nicht für einen Versuch zur Klärung, Analyse oder ›Explikation‹ von Begriffen, von Worten oder von Sprachen.
>
> Begriffe oder Worte sind bloß Werkzeuge zur Formulierung von Aussagen, Annahmen oder Theorien. Begriffe oder Worte als solche können weder wahr noch falsch sein. Sie dienen nur der beschreibenden und begründenden menschlichen Sprache. Es sollte nicht unser Ziel sein, *Bedeutungen* zu analysieren, sondern nach interessanten und *bedeutsamen Wahrheiten* zu suchen, das heißt, nach *wahren Theorien*.« (Popper 1977: 15)

Wenn Popper hier klar zum Ausdruck bringt, welch untergeordneten Rang er der Sprache innerhalb der Erkenntnistheorie zuweist, darf dabei nicht übersehen werden, daß diese Zuweisung nur auf Basis eines bestimmten sprachphilosophischen

Standpunktes möglich ist. Für seine Sicht setzt Popper eine strikte Trennung von Bedeutung und Information, Sprache und Theorie voraus. Es ist gerade diese Voraussetzung, die Quine mit Hilfe seiner Unbestimmtheitsthese der Übersetzung in Frage stellt.

Es hat sich bisher gezeigt, daß sich Popper sowohl vom frühen Wittgenstein wie von Carnap deutlich abzugrenzen versucht. Seine Ablehnung der sprachanalytischen Philosophie, die zumindest wesentliche Anregungen dem späteren Wittgenstein zu verdanken hat, läßt erwarten, daß Popper auch zu diesem in Opposition steht. Dies ist tatsächlich der Fall. Popper sieht die Philosophie nicht als eine Tätigkeit, die durch das Auflösen sprachlicher Mißverständnisse zu einer intellektuellen Therapie wird, »durch die man die Leute aus ihren philosophischen Verwirrungen befreit. Meiner Ansicht nach hat Wittgenstein – in seinem späteren Werk – nicht der Fliege den Weg aus der Flasche gezeigt (wie er sagte). Eher halte ich die Fliege, die nicht aus der Flasche kann, für ein treffendes Selbstporträt Wittgensteins ...« (Popper 1977: 15) In der Geringschätzung des späteren Wittgenstein stimmt Popper mit Russell weitgehend überein. Die Frage, inwieweit dieses Urteil vom jeweils eigenen sprachphilosophischen Standpunkt Poppers und Russells einerseits und von ihrem Unverständnis der Wittgensteinschen Sprachphilosophie andererseits geprägt ist, wäre eine eigene Untersuchung wert.

Trotz der angeführten Unterschiede zu vielen analytischen Philosophen im Hinblick auf die Einschätzung von Sprache und Sprachphilosophie ist sich Popper mit den meisten von ihnen in der Auszeichnung der Erkenntnistheorie als wichtigster Disziplin der Philosophie einig.[79] Mit Carnap teilt er zudem die Auffassung, daß die wichtigsten erkenntnistheoretischen Probleme wissenschaftstheoretischer Natur sind. Aber was ist genau damit gemeint? Die Carnapsche Bestimmung der Erkenntnistheorie als Metatheorie der Wissenschaftssprache ist von Popper kritisiert worden, weil er weder an die Möglichkeit einer präzise aufgebauten Wissenschaftssprache glaubt, noch in der Methode der Explikation das Herzstück der Wissenschaftstheorie sieht. Die Poppersche Bestimmung der Erkenntnistheorie als Metatheorie bezieht sich deshalb auf die Methoden der Wissenschaft: »Die traditionellen *erkenntnistheoretischen Probleme* werden auf die allgemein-methodologischen Probleme der Naturwissenschaften zurückgeführt.« (Popper 1930-31: 111) In der *Logik der Forschung* heißt es lapidar: »Nach unserem Vorschlag ist die Erkenntnistheorie ... *Methodenlehre.*« (Popper 1934: 22) Wie schon angedeutet,[80] ist damit nicht eine deskriptive Untersuchung einzelwissenschaftlicher Methoden gemeint. In Anlehnung an Kants Unterscheidung von Tatsachen- und Geltungsfragen *(quid factis, quid iuris?)* sieht Popper das Ziel seiner Wissenschaftstheorie in der normativen Auszeichnung von Verfahren, mit deren Hilfe eine Methodenkritik der Wissenschaften möglich ist. Diese Methodenkritik soll dann ihrerseits zum Fortschritt der Wissenschaften beitragen.

> »... die *Methoden* der Einzelwissenschaften werden durch die Erkenntnistheorie nicht gerechtfertigt, wohl aber können sie in bestimmter Weise erkenntnistheoretisch *kritisiert* werden. So könnte vielleicht der *Mißerfolg* mancher Wissenschaften durch *Methodenkritik* erklärt werden ...«
> (Popper 1930-33: 111)

Poppers normatives Programm richtet sich vor allem gegen jede Art von naturalistischer Erkenntnistheorie,[81] zu der sich Quine nachdrücklich bekennt. Ist das Ziel von Quines Philosophie, nämlich die Entwicklung und detaillierte Ausarbeitung einer naturalisierten Erkenntnistheorie, somit von Anfang an durch Poppers Konzeption der Erkenntnistheorie radikal in Frage gestellt? Verliert Quines naturalisierte Erkenntnistheorie das Problem des Normativen aus dem Blick?[82] Dies sind zentrale Fragen, die am Schluß der Arbeit wieder aufgegriffen und beantwortet werden müssen.[83] Die Poppersche Herausforderung an Quine bleibt vorerst bestehen.

Auch Poppers Stellung zu Sprache und Theorie, Philosophie und Wissenschaft wird in drei Punkten zusammengefaßt:

1. Nach Popper gibt es keine für die Philosophie ausgezeichnete Methode, auch nicht die der logischen Analyse. Alle Methoden, die zur Lösung philosophischer Probleme beitragen, können berücksichtigt werden.
2. Das zentrale Problem Poppers ist das des Erkenntnisfortschritts. Die philosophische Analyse der Sprache spielt dabei kaum eine Rolle. Von der Sprache wird die Theorie strikt

getrennt. Sie ist der Hauptuntersuchungsgegenstand der Philosophie Poppers.

3. Die Erkenntnistheorie steht im Mittelpunkt der Philosophie Poppers. Zum überwiegenden Teil besteht sie aus Wissenschaftstheorie. Wissenschaftstheorie ist eine normative Methodenlehre, die durch Methodenkritik indirekt zum Fortschritt der Wissenschaft beitragen soll.

2.6 Zusammenfassung und Ausblick

Ich habe die Haltung von Frege, Russell, Wittgenstein, Carnap und Popper zu Sprache und Theorie, Wissenschaft und Philosophie kurz und knapp darzustellen versucht, um dadurch deutlich zu machen, welchen Platz Quine in der Tradition der analytischen Philosophie einnimmt. Zum Schluß soll nun noch einmal zusammenfassend gefragt werden, welche Philosophen als Wegbereiter Quines betrachtet werden können und wer von ihnen Wege eingeschlagen hat, auf denen Quine nicht folgen wird.

Trotz der zwischen ihnen bestehenden Unterschiede begründen Frege, Russell und Carnap eine philosophische Tradition, der auch Quine in hohem Maße verpflichtet ist. Was sind ihre wesentlichen Merkmale? Zumindest zwei sind zu nennen. Erstens sind sich diese Philosophen darin einig, daß nur eine enge Verbindung von Philosophie und (Natur-)Wissenschaften einen Fortschritt in der Philosophie ermöglicht. Quine schreibt dazu: »Now philosophy, where it is continuous with science, progressed too.« (Quine 1979c: 191) Zweitens stimmen sie in der Beurteilung der Voraussetzungen für diesen Fortschritt überein; zum einen ist es die Methode der logischen Analyse, zum andern die intensive Beschäftigung mit der Natur der Sprache:

> »Formal logic completed its renaissance and became a serious science just a hundred years ago at the hands of Gottlob Frege. A striking trait of scientific philosophy in subsequent years has been the use, increasingly, of the powerful new logic ... Another striking trait of scientific philosophy ... has been an increasing concern with the nature of language.« (Quine 1979c: 191 f.)

Diese Aussage Quines macht deutlich, daß es ihm in Übereinstimmung mit Frege, Russell und Carnap um eine wissenschaftliche Philosophie zu tun ist. Wenn nicht ausschließlich, so ist diese in erster Linie eine Philosophie der Wissenschaften. Insbesondere mit Carnap ist sich Quine darin einig, daß die Philosophie der Wissenschaften in einem wissenschaftlichen Empirismus bestehen soll. Carnaps spezifische Konzeption eines solchen Empirismus ist nach Quines Auffassung jedoch unhaltbar. Seine detaillierte Kritik an Carnap, die an Überlegungen Neuraths anschließt, führt ihn zur Aufhebung der strikten Grenze zwischen Sprache und Theorie.

Es ist gerade diese Grenze, die in komplementärer Akzentuierung von Wittgenstein und Popper beibehalten und betont wird. Wie wir gesehen haben, stehen bei Popper wissenschaftliche Theorien im Vordergrund seines philosophischen Interesses, wohingegen die philosophische Beschäftigung mit der Sprache fast keine Rolle spielt. Bei Wittgenstein ist es genau umgekehrt; er konzentriert sich ausschließlich auf eine philosophische Analyse der Sprache, die er strikt von wissenschaftlicher Theoriebildung abgrenzt. Bei Popper und Wittgenstein finden wir somit einen wechselseitigen Ausschluß von Wissenschaftstheorie und Sprachphilosophie.

Quine kommt zum entgegengesetzten Ergebnis; er betont die enge systematische Verknüpfung dieser beiden Disziplinen. Ohne den Aufbau einer detaillierten Sprachphilosophie kommen wir nach seiner Meinung nicht zu einer befriedigenden Erkenntnis- und Wissenschaftstheorie, und ohne Bezug auf erkenntnis- und wissenschaftstheoretische Untersuchungen kommen wir nicht zu einer befriedigenden Sprachphilosophie.[84] Auf welche Weise Quine diesen Standpunkt des holistischen Empirismus erreicht, soll im nächsten Kapitel durch die historisch-systematische Rekonstruktion seiner philosophischen Auseinandersetzungen mit Carnap gezeigt werden.

Teil II
Systematische Entwicklungen und Analysen

3. Kapitel
Die sogenannten Dogmen des Logischen Empirismus

> »Carnap was my greatest teacher... even where we disagreed he was still setting the theme; the line of my thought was largely determined by problems that I felt his position presented.«
>
> *W. V. Quine*

Von einem historisch-systematischen Standpunkt aus habe ich mich in den beiden ersten Kapiteln um die Darstellung und Klärung der Voraussetzungen bemüht, die zum Verständnis der Philosophie Quines wichtig sind. Im ersten Kapitel ist die Entwicklung des wissenschaftlichen Empirismus im Wiener Kreis verfolgt worden, um deutlich zu machen, daß Quines philosophische Position als Syntheseversuch grundlegender Gedanken von Carnap und Neurath zu rekonstruieren ist. Dieser Syntheseversuch Quines erfolgt durch eine in der analytischen Philosophie neuartige Bestimmung des Verhältnisses von Theorie und Sprache sowie von Wissenschaft und Philosophie. Um Quines Standpunkt innerhalb seiner Tradition richtig einschätzen zu können, wurden im zweiten Kapitel die Haltungen von Frege, Russell, Wittgenstein, Carnap und Popper zu diesem Problemkreis vergleichend dargestellt. Damit sollte das Fundament gelegt werden, das man nicht außer acht lassen darf, wenn man das Gebäude der Quineschen Philosophie angemessen beurteilen will.

Der Aufbau des Gebäudes ist der Gegenstand dieses Kapitels. Im Gegensatz zu meinem bisherigen Vorgehen entwickelt Quine seine Philosophie von einem logischen Standpunkt aus[1] – und das in zweierlei Hinsicht: Logische Probleme bilden den Ausgangspunkt für seine Philosophie, und mit Hilfe der Logik versucht Quine seine philosophischen Probleme zu lösen.[2] Im folgenden will ich versuchen, Quines eigene Vorgehens- und Argumentationsweise zur Lösung seiner philosophischen Probleme ebenso zu berücksichtigen wie die chronologische Entwicklung seiner Philosophie. Da diese beiden Stränge nicht immer miteinander in Einklang zu bringen sind, wird im Konfliktfall der systematischen Rekonstruktion der Vorzug gegeben; dabei wird aber durchgängig eine wechselseitige Ergänzung der beiden Bereiche angestrebt.

Der Keim für die Entwicklung von Quines Form des Empirismus liegt in dem Problem, das der Wiener Kreis und dort insbesondere Carnap gelöst zu haben glaubte – die erkenntnistheoretische Bestimmung der logischen und mathematischen Wahrheiten, welche in der philosophischen Tradition überwiegend als *a priori* gültig betrachtet werden und daher eine Herausforderung für jeden konsequenten Empirismus darstellen. Wie schon ausgeführt, knüpften die Logischen Empiristen bei ihrem Lösungsversuch explizit an die Arbeiten Freges und Wittgensteins an:

> »Frege had asserted that arithmetic is analytic, i. e. deducible from definitions and general laws of logic. Wittgenstein contended that the laws of logic are degenerate by-products of our notation. The Vienna Circle combined these two doctrines, saying that all mathematical truth is a consequence of facts about language, in short, is true by convention.«
> (Hacking 1975: 177 f.)

Nachdem Quine von seinen Studienaufenthalten in Wien, Prag und Warschau nach Harvard zurückgekehrt ist, hält er dort 1934 seine ersten drei Vorlesungen. Sie sind eine kongeniale Darstellung der Ideen Carnaps, wobei vor allem dessen linguistische Doktrin der Wahrheit behandelt wird:[3]

> »The three lectures were uncritical. ›Truth by convention‹, which I wrote shortly afterward for the Whitehead *Festschrift,* drew upon the lectures but showed already the beginnings of my misgivings over analyticity: the seeds of my apostasy. («Quine ca. 1978: 26 f.)

Die Unzufriedenheit mit dem Begriff der Analytizität, die in »Truth by Convention« erstmalig geäußert wird, führt Quine schließlich zu seiner These der Übersetzungungsbestimmtheit,[4] die der Untersuchungsgegenstand des nächsten Kapitels sein wird. Vorher aber soll geklärt werden, welche in der kritischen Auseinandersetzung mit Carnap entstehenden Probleme Quine zur Aufnahme und Weiterentwicklung Neurathscher Gedanken führen, die ihrerseits die Grundlage zur Aufstellung und Verteidigung der Unbestimmtheitsthese abgeben.

3.1 Der systematische Zusammenhang von Analytizität und der linguistischen Doktrin der logischen Wahrheit

»Truth by Convention« markiert den Beginn von Quines Kritik der analytisch-synthetisch-Unterscheidung, die er später als ein Dogma des Empirismus bezeichnen wird. Gerade in dieser frühen Arbeit ist der Grund für Quines Angriff auf die Dichotomie klar erkennbar. Es ist deshalb bedauerlich, daß sich alle bisherigen Monographien zur Philosophie Quines kaum oder nur sehr knapp mit diesem Aufsatz beschäftigen.[5] Im folgenden soll sein Argumentationsverlauf rekonstruiert und sein Ergebnis mit Quines späterer Arbeit »Carnap and Logical Truth« in Verbindung gesetzt werden. Dadurch wird der Nachweis geliefert, wie Quine seine Analytizitätskritik, die zu Beginn auf eine bestimmte erkenntnistheoretische Deutung der Sätze der Logik und Mathematik beschränkt bleibt, später auch auf andere Formen der Analytizität ausdehnt. Der Höhepunkt dieser Entwicklung, der sich in »Two Dogmas of Empiricism« findet, kann zugleich als Geburtsstunde von Quines holistischem Empirismus betrachtet werden.
»Truth by Convention« beginnt mit einer allgemeinen Betrachtung Quines über die Rolle von Definitionen in der Wissenschaft.[6] Je weniger eine Wissenschaft fortgeschritten ist, desto mehr basiert ihre Terminologie auf der unkritischen Annahme wechselseitiger Verständlichkeit, doch in dem Maße, wie sich eine Wissenschaft weiterentwickelt, wird diese intuitive Voraussetzung durch die Einführung von Definitionen ersetzt. Die Wechselbeziehungen, die durch diese Definitionen zum Ausdruck gebracht werden, gewinnen den Status von analytischen Prinzipien. Was einst als eine Theorie über die Welt betrachtet wurde, wird jetzt als eine sprachliche Konvention gedeutet. Dieser Übergang vom Theoretischen zum Konventionellen wird im allgemeinen als ein Kennzeichen des Fortschritts in der logischen Grundlegung einer Wissenschaft angesehen. Allerdings besteht hier nach Ansicht der Logischen Empiristen ein

wichtiger erkenntnistheoretischer Unterschied zwischen den Naturwissenschaften, insbesondere der Physik, auf der einen Seite und der Mathematik und Logik auf der anderen Seite:

> »... whereas the physical sciences are generally recognized as capable only of incomplete evolution in this direction, and as destined to retain always a non-conventional kernel of doctrine, developments of the past few decades have led to a widespread conviction that logic and mathematics are purely analytic or conventional.« (Quine 1935: 77)

Angesichts dieser von den Logischen Empiristen akzeptierten Dichotomie formuliert Quine das Ziel seiner Arbeit kurz und knapp: »It is less the purpose of the present inquiry to question the validity of the contrast than to question its sense.« (Quine 1935: 77) Dazu kann seine Argumentationsstrategie durch drei Schritte verdeutlicht werden. In einem ersten Schritt fragt Quine, ob die Mathematik wahr kraft Konvention ist. In einem zweiten Schritt untersucht er, ob die Logik wahr kraft Konvention ist. Und in einem dritten Schritt erörtert er die zentrale These, ob eine Auszeichnung der Mathematik und Logik als wahr kraft Konvention deren erkenntnistheoretische Sonderstellung gegenüber den empirischen Wissenschaften begründen kann. Im folgenden werde ich auf den ersten Schritt nur kurz eingehen, die Schritte zwei und drei versuche ich zu verbinden.

Was kann es heißen, daß die Mathematik wahr kraft Konvention ist? Zur Beantwortung dieser Frage wendet sich Quine einer Bestimmung der Definition zu. Im strikten Sinn ist eine Definition für ihn nichts anderes als eine Konvention zur Notationsabkürzung.[7] Eine Definition kann somit keine einzige Wahrheit eines Satzes stiften oder begründen, sondern nur eine bereits unabhängig von ihr bestehende Wahrheit von Sätzen zum Ausdruck bringen:

> »In each case the statement inferred through the definition is true only because it is shorthand for another statement which was true independently of the definition ... a definition is incapable of grounding the most trivial statement ... What is loosely called a logical consequence of definitions is therefore more exactly describable as a logical truth definitionally abbreviated ...« (Quine 1935: 79)

Behauptet man nun, mathematische Wahrheiten seien in dem Sinne konventionell, daß sie aus Definitionen logisch folgen, erhebt man damit den Anspruch, die Mathematik als einen Teil der Logik auszuweisen. Wie ist dieser Anspruch zu rechtfertigen? Es ist nachzuweisen, daß jede mathematische Wahrheit entweder eine Wahrheit darstellt, in der nur mathematische und logische Ausdrücke wesentlich vorkommen oder eine definitorische Abkürzung solch einer Wahrheit ist.[8] Vorausgesetzt, es liegen Definitionen aller mathematischen Ausdrücke in logischer Form vor, ergibt sich, daß alle mathematischen Wahrheiten zu definitorischen Abkürzungen logischer Wahrheiten und dadurch selbst zu logischen Wahrheiten werden. Zur Verteidigung der These, daß die Mathematik nichts anderes als Logik ist, scheint es somit notwendig und hinreichend zu sein, alle mathematischen Ausdrücke allein auf der Basis logischer Ausdrücke definieren zu können.[9] Die Schwierigkeit dieser Aufgabe sollte nicht unterschätzt werden: »... the definition of mathematical notions in terms of logic becomes a task whose completion, if theoretical possible at all, calls for mathematical genius of a high order.« (Quine 1935: 68) Russell und Whitehead haben dieses Projekt in den *Principia Mathematica* im Detail durchzuführen versucht; ob sie es zufriedenstellend gelöst haben, ist für die weitere Argumentation Quines nicht von ausschlaggebender Bedeutung. Denn selbst wenn wir zugestehen, daß die Mathematik mit Hilfe von Definitionen aus der Logik hergeleitet werden kann, ist sie dadurch nur in einem relativen Sinn kraft Konvention wahr: die mathematischen Wahrheiten werden zu konventionellen Transkriptionen logischer Wahrheiten.[10] In vollem Sinn ist die Mathematik erst dann kraft Konvention wahr, wenn die Logik, auf die die Mathematik reduziert werden soll, ihrerseits als wahr kraft Konvention ausgewiesen werden kann. Wollen wir aber die Logik selbst als wahr kraft Konvention auszeichnen, sind uns Definitionen keine Hilfe, da sie, wie schon oben festgestellt, Wahrheiten zwar umformen, nicht aber begründen können. Eine andere methodische Vorgehensweise muß gefunden werden.

Diese neue Vorgehensweise sieht Quine in dem Gebrauch von Postulaten als Konventionen gegeben.[11] Wird ›Wahrheit kraft Konvention‹ mit ihrer Hilfe rekonstruiert, ergibt sich jedoch, daß nicht nur die Wahrheiten der Mathematik und Logik, sondern jede Wahrheit als konventionell wahr gedeutet werden kann. Diesen Nachweis führt Quine in seinem zweiten und dritten Argumentationsschritt.[12]

Nehmen wir ›*p*‹ als einen schematischen Buchstaben für Sätze der Objektsprache *O* und wählen ›.‹ und ›−‹ als Symbole von *O*, deren intendierte Interpretation Konjunktion und Verneinung ist. Das Gesetz vom ausgeschlossenen Widerspruch stellt sich in diesen Termen wie folgt dar: jeder Fall von ›−(*p*.−*p*)‹ ist wahr. Wie verläuft nun Quines Erläuterung der These, daß ›−(*p*.−*p*)‹ (und analog auch die übrigen logischen Gesetze) aufgrund der Bedeutungskonventionen, welche die logischen Partikel bestimmen, wahr sind? Stellen wir uns dazu eine unendliche Menge von Sätzen aus *O* vor, von denen einige den Ausdruck ›−‹ enthalten, den wir zum gegenwärtigen Zeitpunkt als bedeutungslos betrachten. Indem wir nun willkürlich jedem Satz von *O* einen Wahrheitswert zuordnen, ordnen wir zugleich ›−‹ auf konventionelle Weise eine Bedeutung zu. Quine faßt zusammen: »To whatever extent we carry this process, we to that extent determine meaning for the initially meaningless marks ... ›−‹, and the rest. Such contexts as we render true are true by convention.« (Quine 1935: 90) Ist auf diese Weise jeder Fall von ›−(*p*.−*p*)‹ als wahr ausgezeichnet worden, ist ›−(*p*.−*p*)‹ kraft Konvention wahr.

Diese Vorgehensweise sichert der Logik jedoch keinen erkenntnistheoretischen Sonderstatus. Dasselbe konventionelle Verfahren kann im Prinzip auf die Geometrie und sogar auf die empirischen Wissenschaften übertragen werden. Setzen wir dazu voraus, daß die geometrischen Terme ›Kugel‹ und ›schließt ein‹ auf der Basis logischer Ausdrücke nicht definiert sind und nehmen wir mit Huntington an, daß alle weiteren geometrischen Ausdrücke auf der Basis von ›Kugel‹, ›schließt ein‹ und den logischen Ausdrücken definiert werden können.[13] Nehmen wir weiterhin an, daß Huntingtons Axiome für die (euklidische) Geometrie und alle ihre Theoreme durch eine vollständige Ersetzung der Definienda durch die Definientia so vor uns liegen, daß sie nur logische Ausdrücke sowie die Terme ›Kugel‹ und ›schließt ein‹ enthalten. Die Konjunktion der auf diese Weise festgelegten Axiome sei als ›Hunt(Kugel, schließt ein)‹

bezeichnet. ›Hunt(Kugel, schließt ein)‹ kann nun als wahr kraft Konvention bestimmt werden, wenn die Bedeutung von ›Kugel‹ und ›schließt ein‹ mit Hilfe der gleichen konventionellen Methode festgelegt wird, die im Fall der Logik zur Anwendung gekommen ist. Wenn ›$\bar{\Phi}$ (Kugel, schließt ein)‹ irgendein Theorem der Geometrie ist, ergibt sich der Satz ›Wenn Hunt(Kugel, schließt ein), dann $\bar{\Phi}$ (Kugel, schließt ein)‹ als eine Wahrheit der Logik. »The theorems of geometry then emerge not as truths of logic, but in parallel fashion to the truths of logic.« (Quine 1935: 99)

Nicht nur die Sätze der Geometrie, selbst Sätze der empirischen Wissenschaften können nach Quine als wahr kraft Konvention bestimmt werden:

> »... the method can even be carried beyond mathematics, into the so-called empirical sciences. Having framed a maximum of definitions in the latter realm, we can circumscribe as many of our ›empirical‹ primitives as we like by adding further conventions to the set adopted for logic and mathematics; a corresponding portion of ›empirical‹ science then becomes conventionally true in precisely the manner observed above for geometry.« (Quine 1935: 100)

Was wird erreicht, wenn man die Sätze der Mathematik und Logik als analytisch und insbesondere als wahr kraft Konvention auszeichnet? Quine gibt zusammenfassend drei Antworten:[14] Meint man mit der Auszeichnung von Mathematik und Logik als wahr kraft Konvention lediglich, daß es möglich ist, ihre Grundbegriffe konventionell so zu umschreiben, daß aus ihnen genau die allgemein akzeptierten Wahrheiten der Logik und Mathematik folgen, so ist diese Charakterisierung leer; möglich ist dieses Verfahren auch in allen anderen Wissenschaften. Meint man hingegen, daß das konventionelle Verfahren nur in der Logik und Mathematik, hingegen nicht in anderen Bereichen verwendet wird, ist die Charakterisierung uninteressant. Glaubt man drittens, die konventionelle Vorgehensweise sei nur in der Logik und Mathematik eine gut verankerte Praxis, ist dies sogar falsch.

Gibt es nicht dennoch einen wichtigen Gegensatz zwischen den logisch-mathematischen und allen anderen Wahrheiten? Sind nicht die ersten *a priori* und die anderen *a posteriori* wahr?[15]

Wenn dies so wäre, läge es dann nicht nahe, die Wahrheiten der Logik und Mathematik im Gegensatz zu denen der anderen Wissenschaften durch konventionelle Postulate auszuzeichnen und somit eine Charakterisierung vorzunehmen, die vielleicht weder leer noch uninteressant und auch nicht falsch ist?[16] Daß Quine diese Möglichkeit definitiv verwirft, beruht auf einer Überlegung, die deutlich macht, warum es prinzipiell unmöglich ist, selbst den elementarsten Teil der Logik allein mit Hilfe von Konventionen zu bestimmen. Die unendlich vielen logischen Wahrheiten können nicht einzeln, sondern nur durch allgemeine Konventionen festgelegt werden. Wir gebrauchen dann aber die Logik bereits in der Metatheorie, um die allgemeinen Konventionen auf einzelne Fälle anwenden zu können. »In a word, the difficulty is that if logic is to proceed *mediately* from conventions, logic is needed for inferring logic from the conventions.« (Quine 1935: 104) Ein vitiöser Regreß liegt vor. Um ihn zu vermeiden, ist die Möglichkeit zu erwägen, ob wir nicht Konventionen folgen können, ohne sie genau überlegt und explizit formuliert zu haben. Tatsächlich ist dies oft der Fall, doch ist es nach Quine nicht klar, worin die Annahme einer Konvention vor ihrer Formulierung überhaupt besteht: »In dropping the attributes of deliberateness and explicitness from the notion of linguistic convention we risk depriving the latter of any explanatory force and reducing it to an idle label.« (Quine 1935: 106)

Überblickt man abschließend noch einmal die Schritte, die Quine unternommen hat, um die These zu untersuchen, ob Logik und Mathematik analytisch im Sinne von wahr kraft Konvention sind, kann man das vorläufige Ergebnis folgendermaßen zusammenfassen: »The more restricted thesis ... that mathematics is a conventional transcription of logic, is far from trivial ...« (Quine 1935: 106) Diese These stellt eine große technische Herausforderung dar, deren philosophische Relevanz darin liegt, einen wichtigen Beitrag zur Vereinfachung und Integration der Struktur unserer Theorien zu liefern. »But as to the larger thesis that mathematics and logic proceed wholly from linguistic conventions, only further clarification can assure us that this asserts anything at all.« (Quine 1935: 106) Die Forderung nach einer genaueren Untersuchung der linguistischen

Doktrin der logischen Wahrheit wird von Quine selbst in »Carnap and Logical Truth« erfüllt. Seine erkenntnistheoretisch motivierte Attacke auf den Begriff der Analytizität wird dort weitergeführt.

3.2 Quines Kritik der linguistischen Doktrin der logischen Wahrheit

In »Carnap and Logical Truth« analysiert Quine die linguistische Doktrin der logischen Wahrheit anhand der Geometrie, der Mengenlehre und der Logik. Dabei werden unterschiedliche Verfahren zur konventionellen Auszeichnung der Wahrheit vorgestellt und auf ihre Tragfähigkeit überprüft. Bevor diese Untersuchungen Quines detaillierter betrachtet werden, ist es ratsam, seine Auffassung zum Verhältnis von Logik und Mengenlehre zu skizzieren.[17]

Der Begriff der Logik wird von Quine in einem engen Sinn gebraucht. Logik ist elementare Logik, d. h. Prädikatenlogik erster Stufe. Sie umfaßt die Aussagen- und Quantorenlogik sowie die Identitätstheorie. Von höherstufigen Logiken zu reden, hält Quine deshalb für irreführend, weil diese die Mengenlehre voraussetzen und miteinbeziehen. Im Gegensatz zur elementaren Logik ist aber die Mengenlehre alles andere als intuitiv einleuchtend. Bekanntlich stellte sich schon bald heraus, daß sie von Antinomien durchsetzt ist. An die Stelle der sogenannten intuitiven Mengenlehre traten verschiedene axiomatische Aufbauten. Auch Gödels Nachweis, daß die elementare Logik im Gegensatz zur Mengenlehre vollständig ist, spricht für eine strikte Trennung der beiden Bereiche. Folgt man dieser Option, so verliert das mengentheoretische Grundzeichen ›∈‹ seinen Status als logischen Ausdruck. Freges angestrebte Herleitung der Arithmetik kann dann z. B. nicht länger als eine Ableitung aus der Logik angesehen werden, da er von der Mengenlehre Gebrauch macht.[18] Auf jeden Fall könnte es nach Quine durchaus möglich sein, daß die linguistische Doktrin der Wahrheit für die elementare Logik gültig ist, jedoch nicht für die Mengenlehre, oder auch *vice versa*. Bevor diese Überlegung näher erörtert wird, soll gefragt werden, wie es um

die Methode konventioneller Wahrheitsauszeichnung im Bereich der Geometrie bestellt ist, da durch die Entwicklung nicht-euklidischer Geometrien der Konventionalismus in der Philosophie der Mathematik eine starke Stützung erfuhr.[19]
Die Wahrheiten der euklidischen Geometrie beruhen nicht auf Konvention. Historisch betrachtet, wurden sie von Postulaten und Axiomen abgeleitet.[20] Axiome haben in jedem wissenschaftlichen System eine grundlegende Funktion, weil sie dazu benötigt werden, alle anderen Sätze (Theoreme) zu beweisen. Die Auswahl dieser Axiome aus dem Gesamtbereich der Wahrheiten der euklidischen Geometrie ist nun hauptsächlich eine Frage der Konvention. Daraus ist aber nicht zu schließen, daß deshalb Wahrheit kraft Konvention vorliegt. Die konventionelle Komponente betrifft nur den Akt der Auszeichnung; dieser besteht in der Trennung der Wahrheiten in solche, die als Ausgangspunkt für den Aufbau der euklidischen Geometrie genommen werden, und in solche, die dann aus ersteren abzuleiten sind. Die Wahrheit der als Axiome auszuzeichnenden Sätze muß dann bereits vorher auf eine nicht-konventionelle Art und Weise gegeben sein. Es stellt eine begriffliche Verwirrung dar, wenn man den Grund für die Wahrheit mit dem Akt der Wahrheitsauszeichnung identifiziert.
Die nicht-euklidischen Geometrien entstanden durch Abänderungen der euklidischen Postulate, ohne daß man zu Beginn Möglichkeiten ihrer Interpretation in Betracht zog. Der konventionelle Anteil ist hier besonders groß: Waren schon Euklids Postulate eine konventionelle Auswahl aus den geometrischen Wahrheiten, so kommt nun bei den nicht-euklidischen Varianten ein neuerliches Moment von Konventionalität ins Spiel. Quine legt jedoch dar, daß es sich auch hier nicht um Wahrheit kraft Konvention handeln kann, weil gar keine Wahrheit vorliegt. Was ist damit gemeint? Wenn wir nicht-euklidische Geometrien nur als uninterpretierte und formalisierte Systeme betrachten, gibt es keinen Sinn, den Wahrheitsbegriff auf sie anzuwenden; ohne daß eine Interpretation vorgenommen worden ist, kann nicht nach der Wahrheit eines Systems gefragt werden. Interpretationen sind bekanntlich auch im Fall nicht-euklidischer Geometrien nachträglich gegeben worden. Dazu wird die konventionell ausgewählte und formalisierte Symbol-

folge mit nicht-konventionellen genuinen Wahrheiten identifiziert. Was die Auszeichnung der Wahrheit kraft Konvention betrifft, gilt dann jedoch: »The status of an interpreted non-Euclidean geometry differs in no basic way from the original status of Euclidean geometry ...« (Quine 1954a: 393) Am Beispiel der Geometrie wird somit deutlich, daß weder das Verfahren der Axiomatisierung noch die Methode der Formalisierung für eine Bestimmung der Wahrheit kraft Konvention tauglich ist; der gegenteilige Eindruck beruht in beiden Fällen auf der Vermengung unterschiedlicher Problembereiche.

Im weiteren Verlauf seiner Argumentation[21] sieht Quine von diesen begrifflichen Verwirrungen ab und untersucht stattdessen, ob in der Mengenlehre Verfahren aufzufinden sind, die zu Wahrheiten kraft Konvention führen. In der Tat scheint bei ihrem axiomatischen Aufbau, der zur Vermeidung von Antinomien nötig ist, ein gewisses Maß von Konventionalität vorhanden zu sein, da die Auswahl ihrer Postulate allein aufgrund von Eleganz und Angemessenheit erfolgt. Unter erkenntnistheoretischen Gesichtspunkten betrachtet, interessieren die uninterpretierten Postulate an dieser Stelle nicht. Die interpretierten Postulate können in diskursive und legislative unterschieden werden. Diskursive Postulierung bedeutet nichts anderes als eine Auswahl aus einem bereits vorhandenen Korpus von Wahrheiten. Diese Vorgehensweise haben wir bereits bei der Diskussion der Axiomatisierung innerhalb der euklidischen Geometrie kennengelernt, so daß hier nicht noch einmal auf sie eingegangen werden muß. Legislative Postulierung hingegen führt Wahrheit kraft Konvention ein; haben wir nun dadurch eine Möglichkeit zur Erklärung von Wahrheit kraft Konvention gefunden?

Bevor Quine diese Frage beantwortet, weist er auf eine weitere Möglichkeit hin, wodurch die Konventionalität Eingang in die Mengenlehre findet – durch Definitionen. Auch Definitionen teilt er jetzt in diskursive und legislative ein.[22] Legislative Definitionen führen eine bislang ungebräuchliche Notation ein, deren Bedeutung konventionell festgelegt wird; diskursive Definitionen setzen demgegenüber verschiedene gebräuchliche Notationen auf systematische Weise zueinander in Beziehung.

Nach dieser Vorabklärung ist es für Quine eindeutig, daß nur legislative Definitionen – weder diskursive Definitionen noch diskursive Postulate – einen konventionellen Anteil an der Wahrheit von Sätzen haben. Auf eindeutige Weise scheint nur die legislative Postulierung Wahrheit kraft Konvention zu liefern. Doch welchen erkenntnistheoretischen Stellenwert besitzt diese Art von Postulierung? Sie betrifft wiederum nur den Akt der Einführung bzw. der Auszeichnung bestimmter Sätze, nicht seine dauerhaften Folgen, die indessen zur Bestimmung von Wahrheit kraft Konvention zu berücksichtigen wären. »... conventionality is a passing trait, significant at the moving front of science but useless in classifying the sentences behind the lines. It is a trait of events and not of sentences.« (Quine 1954a: 395) Aus der kontingenten Tatsache, daß ein bestimmter Satz als wahr kraft Konvention eingeführt worden ist, darf nicht geschlossen werden, daß er dadurch als für immer wahr ausgezeichnet ist. Dies wäre nicht mehr als eine vollkommen ungestützte historische Hypothese, die den Grund für die Wahrheit eines Satzes im Akt seiner Einführung sieht. Wenn ein Forscher später noch einmal die Sätze systematisiert, die vor ihm durch legislative Postulate eingeführt worden sind, ist seine Tätigkeit nunmehr ein diskursives Postulieren. Genausogut kann er seine Postulate aus einem anderen Bereich des Satzkorpus auswählen, und dies wird er auch tun, wenn es seiner Ordnungsvorstellung dienlich ist.

Quine kommt somit zu dem Ergebnis, daß die in der Mengenlehre anzutreffenden methodischen Vorgehensweisen nicht genügen, um der linguistischen Doktrin der Wahrheit einen klar angebbaren Sinn zu verleihen.[23] Da sich dieser auch im Bereich der Geometrie nicht finden ließ, steht jetzt nur noch die Überprüfung der Frage an, ob die elementare Logik durch Wahrheit kraft Konvention adäquat zu kennzeichnen ist. Im Gegensatz zum bisherigen Vorgehen wähle ich bei der Diskussion dieses Problems Carnaps Rekonstruktion von Quines Überlegungen zum Ausgangspunkt, weil dadurch die wichtigen Unterschiede hinsichtlich ihres Philosophieverständnisses besser herausgearbeitet werden können. Die unterschiedlichen Anforderungen, die Carnap und Quine an die Philosophie stellen, stehen in engem Zusammenhang mit ihren grundlegenden Debatten.

Diese sind erst dann zu verstehen, wenn man die Gründe kennt, die Quine zur Kritik an Carnap bewegen.[24]
Wie schon bemerkt, sind für Quine die Wahrheiten der elementaren Logik im Gegensatz zu denen der Mengenlehre unmittelbar einleuchtend. Falls Quine darunter versteht, daß die Wahrheiten der Logik durch Nachdenken allein erkannt werden können, ist sich Carnap mit ihm in dieser Charakterisierung einig. Falls Carnap durch seine Deutung der Aussage Quines eine erkenntnistheoretische Auszeichnung der logischen Wahrheiten im Sinn hat, ist sich allerdings Quine mit ihm nicht einig. Er schreibt dazu:

> »I must stress that I am using the word ›obvious‹ in an ordinary behavioral sense, with no epistemological overtones. When I call ›1 + 1 = 2‹ obvious to a community I mean only that everyone, nearly enough, will unhesitatingly assent to it, for whatever reason; and when I call ›It is raining‹ obvious in particular circumstances I mean that everyone will assent to it in those circumstances.« (Quine 1970a: 82)

Quine stellt fest, daß die linguistische Doktrin der Wahrheit nichts zu implizieren scheint, was nicht bereits durch die Tatsache impliziert wird, daß die elementare Logik unmittelbar einleuchtend ist.[25] Auch hier stimmt Carnap Quine wieder zu. Mit anderen Worten heißt dies: Was auch immer durch die linguistische Doktrin der Wahrheit impliziert wird, wird durch die Tatsache impliziert, daß die elementare Logik unmittelbar einleuchtet. Carnap schließt, daß Quine die linguistische Doktrin der Wahrheit akzeptieren muß, wenn er akzeptiert, daß die elementare Logik unmittelbar einleuchtet. Quines Argument scheint ihm keine Widerlegung, sondern vielmehr ein Beweis der linguistischen Doktrin zu sein. Allerdings glaubt Carnap nicht, daß Quine mit seiner Argumentation überhaupt eine Widerlegung beabsichtigt; er scheine die linguistische Doktrin weder für falsch noch für sinnlos zu halten. Wenn dem aber so ist, wäre es gut gewesen, wenn Quine klar zum Ausdruck gebracht hätte, daß er sie für wahr halte. Was bedeutet Quines Kritik? Carnap trifft den Punkt genau, wenn er bemerkt: »The main point of his criticism seems rather to be that the doctrine is ›empty‹ and ›without empirical meaning‹. With this remark I would certainly agree, and I am surprised that Quine deems it necessary to support this view by detailed arguments.« (Carnap 1963b: 917)

Carnap ist deshalb erstaunt, weil er Quines philosophisches Anliegen nicht teilt und somit den Zweck seiner Argumentation nicht versteht. Ist für Carnap die Quinesche Charakterisierung der linguistischen Doktrin selbstverständlich, so weist sie für Quine auf das entscheidende Defizit dieser Theorie hin. Unter erkenntnistheoretischen Gesichtspunkten betrachtet, stellt die linguistische Doktrin der Wahrheit für Quine keine Erklärung dar. »My suggestion is merely that the linguistic doctrine of elementary logical truth ... leaves explanation unbegun.« (Quine 1954a: 390) Sie ist lediglich eine andere Ausdrucksweise für die Bemerkung, daß die elementare Logik unmittelbar einleuchtend ist. Dies ist jedoch für Quine kein Beweis für die Richtigkeit oder Wahrheit der Doktrin, wie Carnap folgert. Für Quine ist es ein Beweis ihrer empirischen Gehaltlosigkeit und Leere. Demgegenüber ist Carnap verwundert, wie eine solche Charakterisierung als Kritik an seiner Position verstanden werden kann. Carnap wundert sich, weil es für ihn einen deutlichen Unterschied zwischen den Aufgaben der Philosophie und denen der Wissenschaft gibt. Die Wissenschaft liefert Erklärungen, die Philosophie liefert Explikationen. Explikationen sind von Erklärungen strikt zu trennen; sie dienen zur Klärung und Präzisierung von Bedeutungen und werden ihrerseits in analytischen Sätzen zum Ausdruck gebracht.[26] Was aber sind Bedeutungen? Was ist Analytizität? Das sind gerade die Fragen, die für Quine als konsequenten Empiristen ihrerseits empirisch zu untersuchen sind. Zur Beantwortung wichtiger philosophischer Fragen wie die nach dem erkenntnistheoretischen Stellenwert der linguistischen Doktrin der Wahrheit kann Quine nicht mit dem Begriff der Analytizität operieren, da dieser für ihn seinerseits erklärungsbedürftig ist. Zudem ist es in diesem Fall so, daß die linguistische Doktrin der Wahrheit eingeführt wurde, um eine Explikationsmöglichkeit für Analytizität anzugeben. Wenn Carnap nun unter Rückgriff auf den Begriff der Analytizität den Status der linguistischen Doktrin erläutert, bewegt er sich im Kreis. Sich auf Bedeutungen zu beziehen, bringt für Quine keinen Fortschritt, wenn nirgendwo eine zufriedenstellende empirische Theorie der Bedeutung in Sicht ist. Kurz: wir können die Objekte unserer philosophischen Analyse nicht zugleich zu den Instrumenten dieser Analyse machen. Mit Neurath ist sich Quine darin einig, daß es keinen vernünftigen Grund gibt, semantischen Begriffen wie Analytizität und Bedeutung einen methodologischen Sonderstatus zu verleihen. Carnap betont, daß philosophische Doktrinen nicht als Theorien bezeichnet werden sollten, damit es zu keiner Verwechslung mit wissenschaftlichen Theorien kommt. Quine hingegen sieht keine überzeugenden Argumente für eine Sonderstellung philosophischer Doktrinen; auch sie sind für ihn ein Teil unserer Gesamttheorie über die Welt. Auch die philosophischen Begriffe der Bedeutung und Analytizität sind nach ihrem empirischen Gehalt zu befragen; erweist sich dieser als leer, haben sie für Quine keinen Anspruch auf einen Platz in unserer umfassenden Theorie über die Welt.

Es wird deutlich, daß der Streit um die linguistische Doktrin der logischen Wahrheit zwischen Carnap und Quine auf eine metaphilosophische Differenz hinsichtlich der Aufgaben und Ziele der Philosophie zurückzuführen ist. Dabei geht Quine nicht so vor, daß er seinen konsequenten Naturalismus, der ihn mit Neurath verbindet, global gegen Carnaps philosophische Methodologie ausspielt. Vielmehr konzentriert er sich auf deren Einzelheiten, wie etwa auf die methodologisch exponierte Stellung von Analytizität und Bedeutung, die er einer detaillierten Kritik unterzieht. Diese im Geist eines konsequenten Empirismus vorgenommene Kritik führt dazu, Schwachstellen von Carnaps Logischem Empirismus freizulegen; zugleich beginnen damit die Vorarbeiten zum Aufbau von Quines holistischem Empirismus.

Quines Kritik der Wahrheit kraft Konvention als einer speziellen Form von Analytizität hat zu dem Ergebnis geführt, daß die erkenntnistheoretischen Erwartungen, welche die Logischen Empiristen an die Verfahren konventioneller Wahrheitsauszeichnung geknüpft haben, nicht zu erfüllen sind. Im Fall der elementaren Logik greift Carnap zur Verteidigung der linguistischen Doktrin auf seine philosophische Methodologie zurück, die er als analytisch und bedeutungsklärend charakterisiert. Dieser Bezug Carnaps auf Analytizität und Bedeutung kann als Ausgangspunkt für Quines differenzierte Untersuchung dieser beiden systematisch miteinander verbundenen Begriffe rekonstruiert werden. Im Laufe dieser Untersuchungen dehnt Quine seine Analytizitätskritik, die sich zu Beginn auf Wahrheit kraft Konvention beschränkt, auf andere Explikationsversuche aus.

3.3 Der systematische Zusammenhang von Analytizität und Bedeutung

In »Two Dogmas of Empiricism« geht Quine der Frage nach, ob Analytizität unter Rückgriff auf Bedeutungen geklärt werden kann. Insbesondere die Logischen Empiristen bezeichnen einen Satz als analytisch, wenn er unabhängig von Tatsachen und nur aufgrund der in ihm vorkommenden Bedeutungen wahr ist.[27] Was aber sind Bedeutungen? Ehe wir auf diese Frage keine empirisch befriedigende Antwort bekommen, bleibt für Quine die Bestimmung der Analytizität durch Bedeutung im Dunkeln.

Mit dem Problem, welche Art von Entitäten Bedeutungen sind, befaßt sich die Theorie der Bedeutung, die von der Theorie der Referenz unterschieden werden muß.[28] Für konkrete singuläre Terme ist diese Unterscheidung durch die bekannten Beispiele von Frege und Russell veranschaulicht worden.[29] ›Abendstern‹ und ›Morgenstern‹ bzw. ›Scott‹ und ›der Autor von *Waverly*‹ beziehen sich zwar in beiden Fällen auf dasselbe Objekt, doch ihre Bedeutung ist jeweils eine andere. Genauso verhält es sich bei Quines Beispiel für abstrakte singuläre Terme. ›9‹ und ›die Anzahl der Planeten‹ benennen zwar die gleiche abstrakte Entität, dennoch sind die beiden Ausdrücke nicht bedeutungsgleich.

Der Unterschied zwischen Bedeutung und Referenz ist heute in der Philosophie so gebräuchlich, daß eine Verwechslung der beiden Entitäten ausgeschlossen erscheint. Wie sie dennoch zustande kommen kann und dadurch zugleich unkritischen mentalistischen Bedeutungstheorien Vorschub leistet, erläutert Quine am Fall des singulären Terms ›Pegasus‹.[30] Die Verwechslung beruht auf der Identifizierung des angeblich benannten Objekts Pegasus mit der Bedeutung des Wortes ›Pegasus‹. Damit das Wort eine Bedeutung haben kann, so schließt man irrtümlich weiter, muß es Pegasus auf irgendeine Weise geben und sei es als eine Idee im Geiste. »Pegasus, initially confused with a meaning, ends up as an idea in the mind.« (Quine 1948: 9) Sind aber Bedeutungen als Ideen im Geiste zu explizieren? Die Antwort hängt davon ab, ob wir die Idee der Idee so weit klären können, daß sie uns als Erklärung befriedigt. Nicht als Explikandum, sondern als Explikat für »Bedeutung« ist die Idee deshalb näher in Augenschein zu nehmen.

Die Idee der Idee kann auf eine lange Geschichte zurückblikken. »It was emphasized by rationalists and empiricists alike that inquiry should begin with clear ideas.« (Quine 1977a: 155) Vor allem im philosophischen System Lockes nehmen die Ideen einen hervorragenden Platz ein; ihr Vorkommen und systematischer Stellenwert sind allerdings alles andere als eindeutig:

> »I must here ... beg pardon of my reader for the frequent use of the word *idea*, which he will find in the following treatise. It being that term which I think, senses best to stand for whatsoever is the *object* of the understanding when a man thinks, I have used it to express ... *whatever it is which the mind can be employed about in thinking*.«
> (Locke 1690: Introduction § 8)

Bennett[31] weist darauf hin, daß es an späterer Stelle bei Locke heißt: »To ask, at what *time* a man has first any ideas, is to ask, when he begins to perceive; *having ideas* and *perception*, being the same thing.« (Locke 1690: II.i. 9) Irreführende Verwechslungen werden kaum ausbleiben, wenn Ideen dazu verwendet werden, sowohl den Bereich der Wahrnehmung wie das Feld der sprachlichen Bedeutung näher zu charakterisieren. Wenn Locke versucht, die Bedeutung eines sprachlichen Ausdrucks durch die Ideen festzulegen, die mit dem entsprechenden Wort verknüpft werden, scheint hier die Wurzel für den von Quine kritisierten Museumsmythos der Bedeutung zu liegen, demzufolge gilt: »Every term and every sentence is a label attached to an idea, simple or complex, which is stored in the mind.« (Quine 1968b: 80)[32]

Die Phantasievorstellung von einer Ideengalerie, in der Bedeutungen als angeheftete Namensschildchen fungieren,[33] besitzt für Quine keinerlei Erklärungswert. Wie bereits am Ende von »Two Dogmas of Empiricism« angedeutet und in »Five Milestones of Empiricism« explizit ausgeführt wird,[34] besteht die erste wichtige Verbesserung des Empirismus während der letzten zweihundert Jahre in der Ersetzung der Ideen durch Wörter, die Tooke in seiner Kritik an Lockes *Essay* gefordert hatte. Dort heißt es: »The greatest part of Mr. Locke's essay, that is, all which relates to what he calls the abstraction, complexity, generalization, etc. of *ideas*, does indeed merely concern *language*.« (Tooke 1786: 32; Hervorhebung hinzugefügt.) Für Quine bietet die Idee der Idee kein tragfähiges Fundament zum Aufbau des Empirismus. Ideen sind zu unzuverlässig, wenn sie nicht durch die Sprache gestützt und verstärkt werden. Eine verläßliche Grundlage finden wir deshalb nur in den Wörtern.[35]

Nach Quine sind es zudem die Wörter und nicht die Ideen, welche die für die Philosophie nötige Klarheit sicherstellen. »Let us ... take one leaf from the old-time philosophy and another from John Horne Tooke. Philosophical inquiry should begin with the clear, yes; but with clear words.« (Quine 1977a: 155) Der geforderte Klarheitsstandard läßt sich nicht durch den Rekurs auf die schwer faßbaren Ideen, sondern nur durch die Berücksichtigung des sozialen Charakters der Sprache erreichen. Im Gegensatz zum älteren Empirismus, der sich auf die umstrittene Methode der Introspektion stützt, wird der moderne Empirismus bei Quine durch seine konsequente wissenschaftliche Orientierung an äußeren Gegebenheiten charakterisiert: »The old empiricist looked inward upon his ideas; the new empiricist looks outward upon the social institution of language.« (Quine 1969b: 97) Die nach innen gewandten Empiristen früherer Zeiten mußten ihre empiristischen Standards notgedrungen unter Bezug auf Ideen ausrichten.[36] Wird der Empirismus hingegen externalisiert, ist ein Bezug auf Ideen überflüssig. Die Rede von Ideen ist nur dann noch zulässig, wenn sie in Termen zum Ausdruck gebracht werden kann, die Dispositionen zu beobachtbarem Verhalten beinhalten. Der externalisierte Empirismus führt somit zu einer spezifischen Form des Behaviorismus.

Quines externalisierter Empirismus, der in einer radikalen Abkehr von den Ideen und in einer ebenso radikalen Hinwendung zu den Wörtern besteht, ist nicht allein eine innerphilosophische Angelegenheit. Vielmehr ist er erst dann richtig einzuschätzen, wenn man ihn im Zusammenhang mit anderen wissenschaftlichen Entwicklungen seiner Zeit betrachtet. Der Beginn von Quines eigenständiger philosophischer Arbeit fällt mit dem Aufschwung der exakten strukturalistischen Linguistik zusammen, die sich vor allem in ihrer amerikanischen Variante am methodischen Vorbild der Naturwissenschaften und hier insbesondere der behavioristischen Psychologie orientiert. Es ist deshalb nicht verwunderlich, wenn Quine sich zu jener Zeit von wissenschaftlich suspekt gewordenen Philosophemen abwendet und die methodischen Fortschritte der aufblühenden exakten Linguistik auch für die Entwicklung einer empiristischen Philosophie fruchtbar zu machen sucht. Bei Bloomfield, dem führenden behavioristisch ausgerichteten Linguisten seiner Zeit, wird die Ablehnung der Ideen aus methodischen Gründen besonders klar zum Ausdruck gebracht:

> »Non-linguists ... constantly forget that a speaker is making noise, and credit him, instead with the possession of impalpable ›ideas‹. It remains for the linguist to show, in detail, that the speaker has no ›ideas‹, and that the noise is sufficient ...« (Bloomfield 1933: 93)

Quine scheint sich geradezu auf diese programmatische Äußerung Bloomfields zu berufen, wenn er schreibt: »Now there is considerable agreement among modern linguists that the idea of an idea, the idea of the mental counterpart of a linguistic form, is worse than worthless for linguistic science.« (Quine 1951b: 48) Diesen Standpunkt hat Quine nie aufgegeben. Noch über zwanzig Jahre später heißt es bei ihm: »Language bypasses the idea and homes on the object. Than the idea there is little less useful to the study of language.« (Quine 1974a: 35) Für Quine ist es also nicht zuletzt die wissenschaftliche Entwicklung der Linguistik und Psychologie[37] in der ersten Hälfte dieses Jahrhunderts, die seiner Ablehnung der Idee der Idee zugrunde liegt. Wie durch die Berufung auf eine *virtus dormitiva* bei Molière, so wird auch im Fall der Idee nur der Anschein einer Erklärung erzeugt, deren scheinbare Plausibilität eine genauere Untersuchung verhindert. Eine theoretisch befriedigende Erklärung der Bedeutungen ist durch den Bezug auf Ideen für Quine nicht erreicht worden. Nach seiner Analyse der Linguistik im allgemeinen und der Theorie der Bedeutung im besonderen[38] kommt er sogar zu dem Ergebnis, daß eine solche Erklärung nicht nötig ist, weil man auf Bedeutungen als obskure vermittelnde Entitäten ganz verzichten kann. Quine bestreitet natürlich nicht, daß Sätze bedeutungsvoll sind, doch sucht er für diese Tatsache nach einer aufschlußreicheren Erklärung, als er sie in der Annahme einer bestimmten Klasse von Bedeutungsentitäten sieht.[39] Diese Einschätzung teilt Quine im übrigen mit Wittgenstein, der etwa zur gleichen Zeit schreibt: »Wenn ich in der Sprache denke, so schweben mir nicht neben dem sprachlichen Ausdruck noch ›Bedeutungen‹ vor...« (Wittgenstein 1947-49: 329) Bedeutungen als eigenständige Entitäten kann man nach Quine fallen lassen, wenn die Hauptaufgabe der Theorie der Bedeutung in ihrem klärenden Beitrag zu den Problembereichen der Synonymie sprachlicher Formen und der Analytizität von Sätzen gesehen wird.[40] Damit sind wir wieder beim Ausgangspunkt unserer Überlegungen angelangt. Bedeutungen haben zur Klärung des Analytizitätsproblems nichts beitragen können; ein neuer Versuch zu seiner Lösung muß unternommen werden.

Bei seinem neuen Versuch zur Lösung des Problems teilt Quine die allgemein als analytisch bezeichneten Sätze in zwei Klassen ein.[41] Die erste Klasse besteht aus den logischen Wahrheiten, die für ihn unproblematisch sind, weil sie nach seiner Auffassung rein extensional definiert werden können; die zweite Klasse besteht aus solchen Sätzen, die durch den Austausch von Synonyma auf logisch wahre Sätze zurückgeführt werden können. Ein Beispiel der ersten Art ist

(1) Kein unverheirateter Mann ist verheiratet.

Ein Beispiel der zweiten Art besteht in

(2) Kein Junggeselle ist verheiratet.

Satz (2) kann durch die Einsetzung des zusammengesetzten Synonyms ›unverheirateter Mann‹ an die Stelle des einfachen Prädikats ›Junggeselle‹ in eine logische Wahrheit vom Typ (1) umgeformt werden. Eine theoretisch befriedigende Charakterisierung der als analytisch bezeichneten Sätze im weiteren Sinn ist für Quine durch dieses Vorgehen deshalb noch nicht gegeben, weil der in ihm vorkommende Begriff der Synonymie genauso klärungsbedürftig ist wie der der Analytizität.

3.4 Der systematische Zusammenhang von Analytizität und logischer Wahrheit

Bevor ich mich Quines detaillierter Auseinandersetzung mit den systematisch zusammenhängenden Problemen der Analytizität und Synonymie zuwende, ist es ratsam, Quines Definition der logischen Wahrheit genauer unter die Lupe zu nehmen, weil nach Voraussetzung die logische Wahrheit die verläßliche Grundlage abgeben soll, auf die alle anderen als analytisch bezeichneten Sätze zurückzuführen sind. An dieser Stelle sei aber noch einmal darauf hingewiesen, daß diese Auszeichnung der logischen Wahrheit bei Quine im Gegensatz zu Carnap keine erkenntnistheoretische Sonderstellung zur Folge hat. »Quine möchte nämlich mit der Definition der logischen Wahrheiten keineswegs deren analytische Gültigkeit, die durch keine Erfahrung außer Kraft gesetzt werden könne, behaupten, sondern nur eine gegenständliche Abgrenzung des Gebietes der Logik geben.« (Stegmüller 1957: 309 f.)

Zur Vorbereitung seiner extensionalen Definition der logischen Wahrheit unterscheidet Quine in »Truth by Convention« zwischen einem wesentlichen und einem unwesentlichen Vorkommen von Ausdrücken in einem Satz.[42] Er definiert:

> »An expression will be said to occur *vacuously* in a given statement if its replacement therein by any and every other grammatically admissible expression leaves the truth or falsehood of the statement unchanged.« (Quine 1935: 80)

In dem Satz

(3) Quine ist ein Logiker oder Quine ist kein Logiker

kommen die Ausdrücke ›Quine‹ und ›Logiker‹ unwesentlich vor; ihre Ersetzung durch z. B. ›Neurath‹ und ›Metaphysikverächter‹ ändert nichts an der Wahrheit des Satzes. Ersetzt man dagegen ›oder‹ in (3) durch ›und‹ oder ›dann und nur dann wenn‹, wird der Satz falsch; ›oder‹ bzw. ›dann und nur dann wenn‹ kommen hier wesentlich vor:

> » . . . we suppose indicated, by enumeration if not otherwise, what words are to be called logical words; typical ones are ›or‹, ›not‹, ›if‹, ›then‹, ›and‹, ›all‹, ›every‹, ›only‹, ›some‹. The logical truths, then, are those true sentences which involve only logical words *essentially*.« (Quine 1954a: 387)[43]

Es scheint Quine somit gelungen zu sein, eine rein extensionale Definition der logischen Wahrheit vorzulegen; ein Rekurs auf intensionale Entitäten wie ›Synonymie‹ findet sich in ihr ebensowenig wie der Gebrauch modaler Ausdrücke.

Es darf jedoch nicht übersehen werden, daß der Begriff der logischen Wahrheit entscheidend von der Auszeichnung der logischen Termini abhängt. Werden diese durch Aufzählung eingeführt, ist zwar eine klare Unterscheidung zwischen logischen und nicht-logischen Wahrheiten sichergestellt, die Unterscheidung selbst aber ist relativ willkürlich.[44] Diese Konsequenz hat Tarski bereits 1936 in seinem Aufsatz »Über den Begriff der logischen Folgerung« deutlich zum Ausdruck gebracht:

> »Unserer ganzen Konstruktion liegt die Einteilung aller Termini der betrachteten Sprache in logische und außerlogische zugrunde. Sicher ist diese Einteilung nicht ganz willkürlich: wenn wir z. B. zu den außerlogischen Termini das Implikationszeichen oder das Allzeichen zählen wollten, so würde die ... Definition des Folgerungsbegriffs zu Konsequenzen führen, die dem üblichen Sprachgebrauch offenbar widersprechen. Andererseits aber sind mir keine objektiven Gründe bekannt, die eine scharfe Grenze zwischen beiden Gruppen von Termini zu ziehen gestatten; es scheint möglich zu sein, zu den logischen auch solche Termini zu rechnen, die von den Logikern gewöhnlich als außerlogisch betrachtet werden, ohne dabei auf Konsequenzen zu stoßen, die mit dem üblichen Sprachgebrauch in starkem Kontrast stehen würden.« (Tarski 1936: 10)

Im weiteren betont Tarski die wesentliche Rolle der Unterscheidung aller Termini in logische und außerlogische für die Präzisierung des Analytizitätsbegriffs. Natürlich schließt er nicht aus, daß es zukünftiger Forschung gelingen mag, überzeugende Argumente zu entwickeln, mit deren Hilfe ein eindeutiger Unterschied zwischen logischen und außerlogischen Ausdrücken begründet werden kann. Er hält jedoch fest:

> »Ich halte es aber durchaus für möglich, daß auch die künftigen Untersuchungen keine positiven Ergebnisse in dieser Richtung bringen werden und daß man infolgedessen gezwungen sein wird, solche *Begriffe wie ›analytische Aus-*

sage‹ bzw. ›Tautologie‹ als relative Begriffe anzusehen, die jeweils auf eine bestimmte, im weiteren oder engeren Maße willkürliche Einteilung der Termini in logische und außerlogische bezogen werden muß.«
(Tarski 1936: 11; Hervorhebung hinzugefügt)

Wie bei Quine, so ist also auch nach Tarski die Auszeichnung der logischen Wahrheiten als absolut analytisch gültige nicht zu rechtfertigen, wenn der Begriff der Analytizität seinerseits auf einer nur relativen und prinzipiell veränderbaren Unterscheidung aller Ausdrücke einer Sprache in logische und außerlogische Termini beruht. Es ist deshalb nur folgerichtig, daß 1939 Quine und Tarski gemeinsam gegen Carnaps Verteidigung des Analytizitätsbegriffs Front machen:

»Carnap, Tarski and I met for discussion from time to time, together perhaps with I. A. Richards, Nelson Goodman, or John Cooley. By way of providing structure for our discussions, Carnap proposed reading the manuscript of his *Introduction to Semantics* for criticism. Midway in the first page, Tarski and I took issue with Carnap on analyticity. The controversy continued through subsequent sessions, without resolution and without progress in the reading of Carnap's manuscript.« (Quine ca. 1978: 32)

Der Bereich der Logik kann aufgrund der Unterscheidung aller Ausdrücke in logische und außerlogische zwar sinnvoll angegeben werden, eine von allen anderen Wissenschaften unterschiedliche erkenntnistheoretische Stellung kommt ihm – wie Quine seit »Truth by Convention« stets betont – jedoch nicht zu. Nur der Vollständigkeit halber sei hier angemerkt, daß Quine in *Philosophy of Logic* eine Definition der logischen Wahrheit vorlegt, die nicht auf den Unterschied zwischen logischen und außerlogischen Termini innerhalb einer Objektsprache Bezug nimmt.[45]

Ob Quine seine Definition der logischen Wahrheit mit Hilfe des Unterschieds zwischen logischen und außerlogischen Termini oder unter Rückgriff auf den allgemeinen Unterschied zwischen Grammatik und Lexikon vornimmt – in jedem Fall erhebt er den Anspruch, daß es sich dabei um eine rein extensionale Definition handelt. Gerade dies ist von Strawson bestritten worden: » . . . Quine's account of logical truth cannot be made to yield the results he (or anyone else) desires, unless it is taken to make implicit use of certain notions which elsewhere he attacks, declaring them to be superfluous and to embody mythical distinctions.« (Strawson 1957: 129)[46] Strawson spielt hier natürlich auf Mitglieder der Intensionsfamilie an, die Quine ablehnt, weil es für sie nach seiner Auffassung keine klaren Identitätsbedingungen gibt. Auch möchte Quine den Gebrauch von intensionalen Entitäten deshalb vermeiden, weil sie ihm theoretisch entbehrlich erscheinen. Wenn nun Strawson aber der Nachweis gelingt, daß Quine selbst bei seiner Definition der logischen Wahrheit implizit auf sie Bezug nimmt, ist Quine zu einer radikalen Korrektur seiner Position gezwungen. Strawsons Argumentation kann in der Tat so interpretiert werden, daß er Quine unterstellt, dieser mache bei seiner Definition der logischen Wahrheit impliziten Gebrauch vom Begriff der Synonymie.[47] Wir haben bereits gesehen, daß zur Definition der Analytizität im weiteren Sinne explizit auf Synonymie zurückgegriffen wird. Der von Quine postulierte prinzipielle Unterschied zwischen logischer Wahrheit und Analytizität scheint somit nicht aufrechterhaltbar.

Ist diese Schlußfolgerung berechtigt oder voreilig? Um diese Frage zu beantworten, folge ich Gochets Rekonstruktion der Kontroverse zwischen Strawson und Quine.[48] Quine definiert eine logische Wahrheit als eine Wahrheit, die bei jeder gleichförmigen Ersetzung ihrer außerlogischen Termini wahr bleibt. Strawson hält diese Bestimmung für unzureichend. Die Anforderung der gleichen Form muß zu einer Anforderung nach Univozität verstärkt werden. Dann aber wird nach Strawson implizit vom Begriff der Synonymie Gebrauch gemacht. Zur Veranschaulichung diene folgendes Beispiel:

(4) Alle Festlichkeiten sind Festlichkeiten.

Nicht bei allen Ersetzungen durch Ausdrücke der gleichen Form ist die Wahrheit dieses Satzes zu bewahren. Wird der Austausch von ›Festlichkeit‹ durch ›Ball‹ gewählt, so ergibt sich

(5) Alle Bälle sind Bälle.

Im Gegensatz zu (4) ist (5) äquivok; ›Ball‹ kann sowohl ein festliches gesellschaftliches Ereignis wie ein rundes Spielzeug bedeuten. Ohne die Anforderung der Univozität ist es dann aber möglich, das erste Vorkommen von ›Ball‹ im ersten Sinn, das zweite Vorkommen hingegen im zweiten Sinn aufzufassen, so daß nach einer entsprechenden Ersetzung in (5) folgender falscher Satz entsteht:

(6) Alle festlichen gesellschaftlichen Ereignisse sind runde Spielzeuge.

Gochet bemerkt zu Recht: »Pour écarter cette interprétation, il faut donc compléter la consigne de Quine et requérir que les substitutions soient non seulement *uniformes*, mais encore *univoques*.« (Gochet 1978: 148) Univozität aber scheint nicht anders als durch Rekurs auf Synonymie explizierbar zu sein, und wenn dies so wäre, müßte Quine bei seiner Definition der logischen Wahrheit auf einen Begriff zurückkommen, den er seinerseits als klärungsbedürftig betrachtet. Ein Ausweg aus dem Dilemma bestünde für ihn darin, eine rein extensionale Charakterisierung der Univozität vorzulegen. Genau das versucht er auch.[49] Dazu geht Quine von seiner reglementierten Sprache des Prädikatenkalküls erster Stufe aus. Wie allgemein bekannt, ist dieser Prädikatenkalkül in dem Sinne adäquat und vollständig, daß alle logisch beweisbaren Sätze wahr sind und *vice versa*. Wir haben nun die Möglichkeit, den Kalkül durch Prädikatkonstanten der natürlichen Sprache zu ergänzen, in unserem Beispiel durch ›*x* ist ein Ball‹. Liegt eine äquivoke Verwendung des Prädikats vor, werden gewisse beweisbare Sätze in der angereicherten Sprache falsch.

(7) Λx (x ist ein Ball $\supset$ x ist ein Ball)

ist falsch, wenn das erste und zweite Vorkommen von ›Ball‹ nicht univok verstanden werden. Durch Kontraposition ergibt sich, daß die Sprache keine äquivoken Prädikate erhält, wenn all ihre beweisbaren Sätze wahr sind. Wie Gochet zu Recht betont,[50] steht Quine damit ein rein extensionales Kriterium für Univozität zur Verfügung, das auf alle Teile der natürlichen Sprache angewendet werden kann, die im Prädikatenkalkül erster Stufe paraphrasierbar sind. Für Quine haben die Teile der natürlichen Sprache, die sich nicht in den Prädikatenkalkül erster Stufe transformieren lassen, keine wissenschaftliche Berechtigung, wie nützlich und unverzichtbar sie im alltäglichen Leben auch sein mögen. Die Begründung für diese Haltung erfolgt über Quines philosophisches Ziel. Quine geht es nicht in erster Linie um ein Verständnis der natürlichen Sprache, sondern um ihre Verbesserung in Form einer kanonischen Notation, in der sich die allgemeinsten Züge der Realität darstellen lassen: »The quest of a simplest, clearest overall pattern of canonical notation is not to be distinguished from a quest of ultimate categories, a limning of the most general traits of reality.« (Quine 1960: 161)

Marion Deckert hat in diesem Zusammenhang hervorgehoben, daß man gerne nähere Auskunft darüber erhielte, wie eine natürliche und äquivoke Sprache in eine reglementierte und univoke Sprache paraphrasiert werden kann.[51] Kann überhaupt sinnvoll von einer Paraphrase gesprochen werden, ohne den Begriff der Synonymie vorauszusetzen?

Nach Quines Auffassung ist dies tatsächlich möglich, da er an seine Form der Paraphrase nicht die Anforderung der Synonymie mit dem ursprünglich natürlichsprachigen Ausdruck, sondern vielmehr die der wissenschaftlichen Fruchtbarkeit stellt.[52]

> Quine »n'a jamais prétendu que lorsqu'on paraphrase un énoncé de la langue naturelle dans la notation canonique du calcul des prédicats appliqué, on doit sauvegarder *le sens* qui s'attachait aux phrases de la langue naturelle *avant* la paraphrase. Il conteste les méthodes de l'Ecole analytique . . . précisément parce qu'elles reposent sur les notions d'analyticité et de synonymie.« (Gochet 1978: 149)

Zusammenfassend läßt sich festhalten, daß Strawsons Versuch, Quine einen impliziten Gebrauch von Synonymie bei seiner extensionalen Definition der logischen Wahrheit nachzuweisen, aus der Perspektive Quines als nicht erfolgreich zu betrachten ist. Für Quine ist die Charakterisierung der logischen Wahrheit somit nicht mit den Problemen behaftet, die im Fall der Analytizität vorliegen. Deshalb ist es für ihn eine durchaus verfolgenswerte Strategie, die als analytisch im weiteren Sinn bezeichneten Sätze auf die logisch wahren Sätze zurückzuführen.

3.5 *Der systematische Zusammenhang von Analytizität und Definition*

Im folgenden werden die Möglichkeiten geprüft, die als analytisch im weiteren Sinn bezeichneten Sätze mit Hilfe von Definitionen in logisch wahre Sätze zu überführen.[53] Dabei behandelt Quine drei Arten von Definitionen. Den bereits vorgestellten diskursiven Definitionen entsprechen hier die lexikalischen Definitionen; die legislativen Definitionen werden als explizit konventionelle Definitionen erneut aufgegriffen.[54] Hinzu kommt die Diskussion der explikativen Definitionen.

Eine lexikalische Definition kann z. B. in dem Fall ausgemacht werden, in dem man ›Junggeselle‹ durch ›unverheirateter Mann‹ definiert sieht. Wie aber kommen wir dahinter, daß ›Junggeselle‹ als ›unverheirateter Mann‹ definiert ist? Wo liegen die Gründe dafür? Mit der Berufung auf ein Wörterbuch können wir uns nicht zufrieden geben. Die Erstellung eines Wörterbuches gehört zum Aufgabenbereich von Lexikographen, die sich als empirische Wissenschaftler um die Entdeckung und Aufzeichnung sprachlicher Tatsachen bemühen. Wenn also ein Lexikograph ›Junggeselle‹ durch ›unverheirateter Mann‹ definiert, liegt dem der Nachweis einer Synonymierelation zwischen diesen beiden Formen in einem bestimmten Sprachgebrauch zugrunde. Ausschlaggebend ist somit auch hier die Klärung des vorausgesetzten Synonymiebegriffs. Eine solche Klärung ist für Quine nur durch den Bezug auf das Sprachverhalten zu erreichen. Wie weit man auf diesem Weg kommt, wird von ihm genauer bei der Aufstellung und Verteidigung seiner Unbestimmtheitsthese der Übersetzung untersucht werden. Beim gegenwärtigen Stand der Dinge ist festzuhalten, daß die sogenannte Definition des Lexikographen nichts anderes als einen Bericht über die von ihm beobachtete Synonymie darstellt und deshalb nicht als Grund der Synonymie aufgefaßt werden kann.

Natürlich ist diese Definitionstätigkeit nicht allein Lexikographen vorbehalten. Auch Wissenschaftler und insbesondere Philosophen haben häufig Gelegenheit, einen wenig bekannten oder schwer verständlichen Ausdruck durch Paraphrase in ein vertrautes Vokabular zu übertragen. Solche Definitionen sind wie im Fall des Linguisten reine Lexikographie, sie bestätigen lediglich eine ihrer Darstellung vorausliegende Synonymierelation. Die Synonymierelation selbst bleibt klärungsbedürftig. Welche wechselseitigen Beziehungen zwischen zwei sprachlichen Formen anzusetzen sind, um diese zu Recht als synonym zu bezeichnen, liegt weiterhin im Dunkeln. Klar ist für Quine lediglich, daß diese Beziehungen nur durch den empirischen Bezug auf das Sprachverhalten adäquat zu erklären sind.

Über die bislang behandelte Art von Definitionen, die sich auf die Wiedergabe vorliegender Synonymierelationen beschränkt, geht die zuweilen von Wissenschaftlern und häufig von Philosophen verwendete explikative Definition hinaus.[55] Hier geht es nicht darum, das Definiendum mit Hilfe einer Paraphrase in ein direktes Synonym zu verwandeln; vielmehr soll das Definiendum durch eine Verfeinerung und Ergänzung seiner Bedeutung verbessert werden. Wenn somit die explikative Definition nicht als Wiedergabe einer bereits bestehenden Synonymie zwischen Definiendum und Definiens charakterisiert werden kann, beruht sie dennoch auf anderen schon vorhandenen Synonymien. Um dies zu verstehen, muß man sich nach Quine Sinn und Zweck von explikativen Definitionen näher anschauen. Jedes Wort, das für eine Explikation in Frage kommt, hat einige Kontexte, die als ganze Kontexte klar und präzise genug sind, um wissenschaftlich nützlich zu sein. Der Zweck einer Explikation besteht nun darin, den Sprachgebrauch dieser ausgezeichneten Kontexte beizubehalten und den Sprachgebrauch anderer Kontexte zu präzisieren. »In order that a given definition be suitable for purposes of explication, therefore, what is required is not that the definiendum in its antecedent usage be synonymous with the definiens, but just that each of these favored contexts of the definiendum, taken as a whole in its antecedent usage, be synonymous with the corresponding context of the definiens.« (Quine 1951a: 25)

Nach den bisherigen Erläuterungen ist es nur folgerichtig, daß zwei alternative Definientia für den Zweck einer bestimmten Explikationsaufgabe durchaus gleich gut geeignet sein können, ohne deshalb miteinander synonym zu sein. Sie können in speziell ausgezeichneten Kontexten wechselseitig austauschbar sein, in anderen Kontexten hingegen können sie sich voneinan-

der unterscheiden. Indem eine explikative Definition hier eine Auswahl unter den beiden Definientia vornimmt, etabliert sie durch konventionellen Beschluß eine Synonymierelation zwischen Definiendum und Definiens, die vorher nicht bestand. Wie jedoch die Berücksichtigung der Kontexte als Ausgangspunkt zeigt, ist die explikative Funktion dieser Art von Definition auch hier auf bereits vorliegende Synonymiebeziehungen zurückzuführen. Diese Synonymiebeziehungen selbst werden allerdings ebenso wenig erhellt wie im Fall der lexikalischen Definition.
Im Gegensatz zur explikativen Definition ist die explizit konventionelle Definition von keinerlei bereits bestehender Synonymierelation abhängig. Diese Art der Definition, die unter dem Namen der legislativen Definition im Zusammenhang mit der linguistischen Doktrin der logischen Wahrheit bereits diskutiert worden ist,[56] besteht in nichts anderem als in einer explizit konventionellen Einführung einer neuen Notation zum Zweck bloßer Abkürzung. Das Definiendum wird mit dem Definiens deshalb synonym, weil es eigens zu diesem Zweck geschaffen worden ist. Die Synonymiebeziehung ist künstlich erstellt; sie ist zwar klar, aber auch leer. Die konventionell festgelegte Relation wird selbst nicht geklärt. Zudem betrifft – wie schon früher dargelegt[57] – die konventionelle Auszeichnung nur die Definitionshandlung; sie kommt nicht dem auf Dauer verwendeten Ausdruck oder Satz selber zu. Schließlich ist daran zu erinnern, daß durch diese Art Definition gerade das nicht erreicht werden kann, weswegen wir uns hier überhaupt mit Definitionen beschäftigt haben – eine konventionelle Notationsabkürzung stellt für die Zurückführung der als analytisch im weiteren Sinn bezeichneten Sätze auf die logisch wahren Sätze keine Hilfe dar.
Überblicken wir Quines Diskussion der verschiedenen Arten von Definitionen im Hinblick auf ihren Beitrag zur Lösung des Analytizitätsproblems, so läßt sich zusammenfassend folgendes festhalten: Die lexikalischen Definitionen sind nichts anderes als eine Wiedergabe bereits bestehender Synonymien. Die explikativen Definitionen sind abhängig von bereits bestehenden Synonymien. Und die explizit konventionellen Definitionen sind zwar von keinen bereits bestehenden Synonymien abhängig, tragen dafür aber auch nichts zur Klärung des Problems der Synonymie und der Analytizität bei. Anders gesagt: Definition setzt Synony-

mie voraus, und wo sie sie nicht voraussetzt, kann sie sie nicht klären. Nachdem somit deutlich geworden ist, daß der Begriff der Definition uns zum Verständnis von Synonymie und Analytizität nicht weiter hilft, wendet sich Quine einer genaueren Untersuchung der Synonymie zu, um durch sie Aufschluß über Analytizität zu erhalten.

3.6 Der systematische Zusammenhang von Analytizität und Synonymie

Welche Klärungsmöglichkeiten gibt es für den Begriff der Synonymie im Zusammenhang mit der Analytizitätsproblematik? Um diese Frage zu beantworten, geht Quine in drei Schritten vor:[58] Zuerst wird zur Klärung von Synonymie der Begriff der Austauschbarkeit *salva veritate* eingeführt und sein Anwendungsbereich bestimmt. In einem zweiten Schritt wird der Begriff der Austauschbarkeit *salva veritate* zu einem genauer umrissenen Synonymiebegriff in Beziehung gesetzt. Dabei besteht das Ziel in der Ableitung des Analytizitätsbegriffs aus dem Begriff der kognitiven Synonymie. In einem dritten Schritt wird erwogen, ob der Ableitungsversuch des Analytizitätsbegriffs aus dem Begriff der kognitiven Synonymie einen Irrweg darstellt und ob sich stattdessen kognitive Synonymie aus der Analytizität ableiten läßt.
In seinem ersten Schritt bestimmt Quine den in Anlehnung an Leibniz gewonnenen Begriff der Austauschbarkeit *salva veritate* als Austauschbarkeit in allen Kontexten ohne Wahrheitswertveränderung. Liegt eine solche Beziehung zwischen zwei sprachlichen Formen vor, ist zu erwägen, ob diese als synonym zu bezeichnen sind. Unter Bezug auf das von Quine gewählte Beispiel ›Junggeselle‹ und ›unverheirateter Mann‹ stellt sich jedoch sofort heraus, daß die Forderung nach Austauschbarkeit in allen Kontexten problematisch ist. Wahre Sätze können falsch werden, wenn in zusammengesetzten Ausdrücken wie ›Junggesellenmentalität‹ oder ›Junggesellenleben‹ der Ausdruck ›Junggeselle‹ durch ›unverheirateter Mann‹ ersetzt wird. Definitiv falsch wird der Satz

(8) ›Junggeselle‹ hat weniger als zwölf Buchstaben

wenn hier eine Substitution von ›Junggeselle‹ durch ›unverheirateter Mann‹ vorgenommen wird. Die Forderung nach Austauschbarkeit in allen Kontexten scheint somit sowohl bei zusammengesetzten Ausdrücken als auch in metasprachlichen Kontexten, die durch Verwendung von Anführungszeichen charakterisiert sind, in Schwierigkeiten zu geraten. Diese Schwierigkeiten können jedoch dann vermieden werden, wenn Ausdrücke wie ›Junggesellenmentalität‹ und ›Junggesellenleben‹ und das Zitat »Junggeselle« jeweils als einzelnes und nicht weiter teilbares Wort behandelt werden. Austauschbarkeit *salva veritate* als Prüfstein für Synonymie darf somit nicht auf fragmentarische Vorkommen innerhalb einzelner Wörter angewendet werden. Der Preis für diesen Lösungsvorschlag liegt im vorausgesetzten Wortbegriff, von dem Quine meint, daß seine genaue Formulierung ihrerseits Schwierigkeiten bereiten könnte.[59] Nichtsdestoweniger ist vielleicht dennoch an dieser Stelle ein Fortschritt zu erzielen, wenn man mit Hilfe des vorausgesetzten Wortbegriffs das Problem der Synonymie weiterverfolgt.

Von Wortzusammensetzungen und metasprachlichen Kontexten abgesehen, bleibt nun in einem zweiten Schritt für Quine die Frage zu klären, ob die Forderung nach Austauschbarkeit *salva veritate* eine hinreichend starke Bedingung für Synonymie abgibt oder ob auch etwa heteronyme Ausdrücke auf diese Weise füreinander austauschbar sind. Um diese Frage zu klären, ist zuvor Klarheit darüber zu gewinnen, mit welcher Art von Synonymie wir es zu tun haben, wenn diese ihrerseits zur Klärung von Analytizität beitragen soll. Die Art von Synonymie, die in diesem Zusammenhang interessiert, besteht nicht in einer vollständigen Identität von psychischen Assoziationen und poetischen Qualitäten; Ausdrücke, die in diesem strengen Sinn synonym sind, gibt es nicht. Quine geht es um eine Beziehung, die er als kognitive Synonymie bezeichnet. Wie diese genauer zu charakterisieren ist, läßt sich vor Abschluß seiner Untersuchungen nicht angeben. Kognitive Synonymie ist jedoch zumindest durch ihren systematischen Zusammenhang mit der Analytizitätsproblematik etwas näher zu umreißen. Benötigt wird eine Synonymierelation, die die Überführung von analytisch im weiteren Sinn bezeichneten Sätzen in logisch wahre

Sätze gewährleistet. Setzen wir nun umgekehrt Analytizität voraus, dann kann kognitive Synonymie mit Bezug auf Quines Standardbeispiel wie folgt beschrieben werden: Zu sagen, daß ›Junggeselle‹ und ›unverheirateter Mann‹ kognitiv synonym sind, heißt nichts anderes, als daß der Satz

(9) Alle und nur Junggesellen sind unverheiratete Männer

analytisch ist.

Mit dieser Bestimmung ist allerdings wenig gewonnen, da wir einen Begriff der kognitiven Synonymie benötigen, der unabhängig von einem vorausgesetzten Analytizitätsbegriff ist; ansonsten führt das angestrebte Ziel der Klärung der Analytizität mit Hilfe der kognitiven Synonymie in einen Zirkel. Die Frage, ob Austauschbarkeit *salva veritate* in allen Kontexten eine hinreichend starke Bedingung für kognitive Synonymie abgibt, kann nach Quine affirmativ beantwortet werden, wenn wir das folgende Beispiel in Betracht ziehen:

(10) Es ist notwendig, daß alle und nur Junggesellen Junggesellen sind.

Satz (10) ist augenscheinlich wahr und das sogar dann, wenn der Ausdruck ›es ist notwendig‹ so streng interpretiert wird, daß er nur auf analytische Sätze angewendet zu wahren Sätzen führt. Wenn nun ›Junggeselle‹ und ›unverheirateter Mann‹ *salva veritate* austauschbar sind, ist ein Vorkommen von ›Junggeselle‹ in (10) durch ›unverheirateter Mann‹ zu ersetzen, und es ergibt sich:

(11) Es ist notwendig, daß alle und nur Junggesellen unverheiratete Männer sind.

(11) ist ebenso wahr wie (10), aber zu sagen, daß (11) wahr ist, heißt nach Quine nichts anderes, als daß (9) analytisch ist und somit auch, daß ›Junggeselle‹ und ›unverheirateter Mann‹ kognitiv synonym sind.

Bevor wir uns mit dieser Argumentation zufriedengeben, ist das Augenmerk erneut auf die Bedingung der Austauschbarkeit *salva veritate* zu richten, deren Stärke von der Reichhaltigkeit der jeweils zugrundeliegenden Sprache abhängig ist. Quines Argumentation setzt eine Sprache voraus, die so reich ist, daß in ihr das Adverb ›notwendig‹ vorkommt und ein Ausdruck ›es ist notwendig‹ dann und nur dann zu wahren Sätzen führt, wenn er auf analytische Sätze bezogen ist. Wir können eine solch reiche Sprache jedoch nur dann akzeptieren, wenn wir das Adverb ›notwendig‹ verstehen, und dies verstehen wir erst dann, wenn wir den Ausdruck ›analytisch‹ zufriedenstellend geklärt haben. Um die Klärung der Analytizität mit Hilfe der kognitiven Synonymie als Austauschbarkeit *salva veritate* ist es uns aber gerade zu tun.

Es ergibt sich, daß die Bedingung der Austauschbarkeit *salva veritate* für die Klärung des Synonymie- und Analytizitätsproblems solange bedeutungslos bleibt, bis sie relativ auf eine genau zu charakterisierende Sprache verstanden wird. Wie soeben deutlich wurde, hilft uns die Annahme einer intensionalen Sprache zur Lösung des Analytizitätsproblems nicht weiter. Wie steht es dann mit der Annahme einer extensionalen Sprache? Sind in ihr die Ausdrücke ›Junggeselle‹ und ›unverheirateter Mann‹ *salva veritate* austauschbar, besagt dies lediglich, daß Satz (9) wahr ist, und das ist keine Garantie für kognitive Synonymie. Auch in dem Satz

(12) Alle und nur die Lebewesen mit Nieren sind Lebewesen mit Herz

besteht eine extensionale Übereinstimmung zwischen ›Lebewesen mit Nieren‹ und ›Lebewesen mit Herz‹, ohne daß damit zugleich eine Bedeutungsgleichheit zwischen den beiden Ausdrücken gegeben wäre. Austauschbarkeit *salva veritate* mit Bezug auf extensionale Sprachen ist somit keine hinreichende Bedingung für kognitive Synonymie. Damit aber hat sich die Forderung nach Austauschbarkeit *salva veritate* in allen Kontexten für eine Klärung des Synonymie- und Analytizitätsproblems als untauglich erwiesen.

In seinem dritten Schritt wirft Quine schließlich die grundsätzliche Frage auf, ob es nicht vielleicht eine falsche Vorgehensweise sei, zuerst den Begriff der kognitiven Synonymie klären zu wollen, um dann aus ihm einen akzeptablen Analytizitätsbegriff zu gewinnen. Vielleicht gibt es auch unabhängig vom Begriff der kognitiven Synonymie Klärungsmöglichkeiten für das Problem der Analytizität. Wird dies einmal unterstellt und eine befriedigende Klärung des Analytizitätsbegriffs vorausgesetzt, kann dann aus ihm ohne größere Schwierigkeiten der Begriff der kognitiven Synonymie abgeleitet werden. Zwei sprachliche Formen sind dann kognitiv synonym, wenn sie nicht allein *salva veritate*, sondern vielmehr *salva analyticitate* austauschbar sind. Bezogen auf Sätze heißt dies, daß zwei Sätze genau dann kognitiv synonym sind, wenn ihr Bikonditional analytisch ist. Dieses Verfahren klärt dann zwar den Begriff der kognitiven Synonymie relativ zu einem bereits geklärten Analytizitätsbegriff, da aber diese Klärung selbst lediglich vorausgesetzt und bis jetzt immer noch nicht erreicht worden ist, wendet sich Quine vom Problem der Synonymie ab und faßt das der Analytizität erneut ins Auge.

3.7 Der systematische Zusammenhang von Analytizität, semantischen Regeln und Bedeutungspostulaten

Die bisher verfolgten Lösungswege zur Klärung des Analytizitätsbegriffs haben sich allesamt als Sackgassen herausgestellt. Die vom frühen Carnap vertretene linguistische Doktrin der logischen Wahrheit konnte die an sie geknüpften erkenntnistheoretischen Erwartungen nicht erfüllen. Der folgende Klärungsversuch der Analytizität unter Bezug auf eine bestimmte Klasse von Bedeutungsentitäten oder ihren mentalistischen Gegenstücken in Form von Ideen ist nach Quine ebenfalls zum Scheitern verurteilt. Mit Hinblick auf einen weiteren Explikationsversuch unterscheidet Quine dann zwei Klassen der allgemein als analytisch bezeichneten Sätze. Die erste Klasse setzt sich aus den logischen Wahrheiten zusammen, auf die die zweite Klasse durch die Ersetzung von Synonyma zurückgeführt werden soll. Die Auszeichnung der logischen Wahrheiten beinhaltet für Quine im Gegensatz zu Carnap nicht deren analytische Gültigkeit, die gegen jede mögliche Widerlegung immun ist; sie bedeutet lediglich eine eindeutige Bestimmung des logischen Bereichs durch seine extensionale Definierbarkeit. Strawsons Kritik an der rein extensionalen Definition der logischen Wahrheit ist aus der Perspektive Quines nicht überzeugend, so daß für Quine der eingeschlagene Weg zur Lösung des Analytizitätsproblems zunächst einmal verfolgenswert bleibt. Eine Rückführung der als analytisch im weiteren Sinn bezeichneten Sätze auf die logisch wahren Sätze mit Hilfe von Definitionen scheitert dann allerdings, weil dabei entweder eine vorgängige Synonymierelation unkritisch vorausgesetzt wird oder aber eine klare und transparente Relation nichts zur Lösung des Problems beiträgt. Der in einem weiteren Schritt präzisierte Begriff der kognitiven Synonymie läßt sich seinerseits am besten durch die Ableitung aus dem Begriff der Analytizität verstehen. Damit aber ist Quine wieder am Ausgangspunkt seiner Untersuchungen angekommen. Alle bisherigen Explikationsversuche haben sich als theoretisch unbefriedigend oder als zirkelhaft erwiesen.

Eine wesentliche Schwierigkeit zur Lösung des Analytizitätsproblems liegt für Quine in dem Unvermögen zu entscheiden, ob ein Satz analytisch ist oder nicht.[60] Als Beispiel dient ihm der Satz ›Alles Grüne ist ausgedehnt‹. Quines Unsicherheit im Hinblick auf die Analytizität dieses Satzes läßt nach seiner Auffassung nicht auf sein unvollständiges Bedeutungsverstehen von ›grün‹ und ›ausgedehnt‹ schließen, sondern beruht darauf, daß ›analytisch‹ ein unklarer Begriff sei. Gegen diese Argumentation hat Mates eingewandt, daß man einen Begriff auch dann verstehen könne, wenn man nicht entscheiden kann, ob ein bestimmter Fall unter ihn subsumierbar ist.[61] Nehmen wir z. B. den Satz ›John ist nicht in der Lage zu entscheiden, ob die Fermatsche Vermutung ein Theorem ist‹. Nach Mates ist es paradox, von diesem Satz auf den folgenden zu schließen: ›Deshalb versteht John den Begriff ›Theorem‹ nicht.‹ Analog verhalte es sich bei Quines Beispiel. Daß wir nicht fähig sind zu entscheiden, ob ›alles Grüne ist ausgedehnt‹ ein analytischer Satz ist, zwingt uns nicht zu der Schlußfolgerung, daß wir den Begriff ›analytisch‹ nicht verstehen.

Wie bei Analogiebetrachtungen nicht selten, verfehlt auch diese von Mates ihr Ziel, wenn man sie genauer prüft. Dabei kann durchaus zugestanden werden, daß man einen Begriff auch dann versteht, wenn man nicht alle seine Anwendungsfälle kennt. Quines Behauptung ist jedoch gerade, daß man sich im Fall der Analytizität bei keinem Fall im klaren ist. Um dies zu veranschaulichen, wählt er ein Beispiel, in dem die entscheidenden Prädikate ›grün‹ und ›ausgedehnt‹ besonders klar und einfach sind. Es läßt sich hier kein Verfahren angeben, mit dessen Hilfe der Analytizitätskritiker überzeugt werden kann. Ganz anders bei dem Beispiel von Mates. Anhand von verschiedenen

Anwendungsfällen oder durch die schlichte Definition ›Theorem: = beweisbarer Satz‹ hat John den Begriff ›Theorem‹ bereits gelernt. Nur deshalb weiß er, wann er in der Lage wäre zu entscheiden, ob die Fermatsche Vermutung ein Theorem ist, nämlich genau dann, wenn ein Verfahren gefunden würde, mit dessen Hilfe der Satz von Fermat aus bestimmten Axiomen abgeleitet werden könnte. Mates Argument gegen Quines Beispiel ist somit nicht stichhaltig, und erst an späterer Stelle wird sich herausstellen, welch grundlegende Schwierigkeit mit diesem Beispiel angedeutet wird.[62]

Eine Möglichkeit, die Quinesche Unsicherheit bezüglich der Anwendung des Analytizitätsbegriffs plausibel zu machen, liegt in dem Hinweis auf die durchgängige Vagheit der Alltagssprache.[63] Man könnte der Meinung sein, daß sich die damit verbundenen Probleme vermeiden lassen, wenn man sich präzisen künstlichen Sprachen mit expliziten semantischen Regeln zuwendet. Im folgenden versucht Quine zu zeigen, daß auch dieser Schritt zu keiner befriedigenden Klärung des Analytizitätsbegriffs führt.

Der uns interessierende Analytizitätsbegriff soll sich auf eine Relation zwischen Sätzen und Sprachen beziehen: ein Satz *S* ist *analytisch in* einer Sprache *L*. Das Problem besteht in einer allgemeingültigen Klärung dieser Relation mit variablem ›*S*‹ und variablem ›*L*‹. Den Ausdruck ›*S* ist analytisch in *L*‹ mit variablem ›*S*‹ und variablem ›*L*‹ adäquat zu explizieren, ist in künstlichen Sprachen nicht leichter als in natürlichen Sprachen. Der gegenteilige Eindruck beruht auf einer Verkennung des eigentlichen Problems. Worin diese Verkennung besteht, versucht Quine in mehreren Schritten deutlich zu machen.

Hauptadressat von Quines Kritik ist Carnap, der die wichtigsten Arbeiten zum Aufbau von künstlichen Sprachen mit semantischen Regeln vorgelegt hat. Für eine detaillierte Untersuchung seiner semantischen Regeln sind fünf verschiedene Formen zu unterscheiden:[64] 1. Semantische Regeln zur expliziten Bestimmung von analytischen Sätzen, 2. semantische Regeln als Wahrheitsregeln, 3. semantische Regeln als Teil eines geordneten Paares, 4. semantische Regeln als Übersetzungsregeln und 5. semantische Regeln als Bedeutungspostulate. Im folgenden wird Quines Auseinandersetzung mit jedem dieser fünf Punkte dargestellt und diskutiert.

Zu 1. Es sei eine präzise aufgebaute künstliche Sprache L_0 vorausgesetzt, deren semantische Regeln auf rekursivem oder andersartigem Weg eine explizite Bestimmung aller analytischen Sätze von L_0 ermöglichen. Die Regeln geben dann genau an, welche Sätze die analytischen Sätze von L_0 sind. Bei einer solchen Charakterisierung ergeben sich zwei Arten grundsätzlicher Schwierigkeiten.

Im ersten Fall besteht die Schwierigkeit darin, daß in den semantischen Regeln das Wort ›analytisch‹ vorkommt, von dem wir nicht wissen, wie wir es verstehen sollen. Wir verstehen zwar, welchen Ausdrücken durch die Regeln Analytizität zugeschrieben wird, aber wir verstehen nicht, *was* diesen Ausdrükken durch die Regeln zugeschrieben wird. Die entsprechenden Regeln haben die Form ›Ein Satz *S* ist analytisch in der Sprache L_0 dann und nur dann, wenn . . .‹. Bevor wir in dieser Regel den Ausdruck ›*S* ist analytisch in L_0‹ für eine bestimmte künstliche Sprache L_0 verstehen können, müssen wir den Ausdruck ›*X* ist analytisch in *Y*‹ verstanden haben, wobei *X* und *Y* Variable sind. Das aber heißt nichts anderes, als daß wir den allgemeinen relativen Term ›analytisch in‹ verstehen müssen.

Ein zu dieser Schwierigkeit alternatives Vorgehen könnte in dem Schritt gesehen werden, die semantischen Regeln als konventionelle Definition eines neuen einfachen Symbols ›analytisch-in-L_0‹ aufzufassen. Dadurch aber wird das uns interessierende Wort ›analytisch‹ nicht geklärt. Es wird lediglich eine bestimmte Klasse *K* von Sätzen ausgezeichnet, so daß man für diese Auszeichnung am besten ein Symbol wie ›*K*‹ einführt. Relativ auf verschiedene Zwecke oder gar ohne bestimmte Absichten kann man beliebig viele Satzklassen *K, M, N* etc. aus der Gesamtklasse L_0 auszeichnen. Warum wird gerade eine dieser Klassen, *K* im Gegensatz zu *M, N* etc. als die Klasse der ›analytischen‹ Sätze von L_0 bezeichnet? Der Austausch des Symbols ›*K*‹ durch den Ausdruck ›analytisch-in-L_0‹ vermag diese Frage offensichtlich nicht zu beantworten.

Fassen wir die zwei dargestellten Schwierigkeiten des ersten Punktes zusammen, so läßt sich festhalten, daß wir bei dieser Form der semantischen Regeln zur expliziten Bestimmung der analytischen Sätze von L_0 den Ausdruck ›analytisch-in-L_0‹, nicht aber ›analytisch‹ bzw. ›analytisch in‹ aufklären.

Zu 2. Bei seiner Diskussion der semantischen Regeln als Wahrheitsregeln geht Quine davon aus, daß wir über die intendierte Bedeutung von ›analytisch‹ so weit ins Bild gesetzt sind, um zu wissen, daß es sich bei analytischen Sätzen um wahre Sätze handeln soll. Die zweite Art der semantischen Regeln besagt dann nicht, daß die und die Sätze analytisch sind, sondern nur, daß die und die Sätze eine Teilklasse der wahren Sätze sind. Im Gegensatz zu den semantischen Regeln der ersten Art enthalten diese somit nicht den klärungsbedürftigen Ausdruck ›analytisch‹. Sie sind Wahrheitsregeln, die jedoch nicht alle wahren Sätze der Sprache bestimmen. Eine semantische Regel dieser Form legt auf rekursive oder andere Weise eine Anzahl von Sätzen fest, die wie auch noch andere, nicht bestimmte Sätze als wahr gelten sollen. Es sei zugestanden, daß solch eine Regel durchaus klar ist. Auf sie Bezug nehmend, kann Analytizität nun wie folgt bestimmt werden: Ein Satz ist genau dann analytisch, wenn er nicht nur einfach wahr, sondern wahr aufgrund einer semantischen Regel ist.

Nach Quine ist dies jedoch kein wirklicher Fortschritt. Das klärungsbedürftige Wort ›analytisch‹ wird hier lediglich durch den ungeklärten Ausdruck ›semantische Regel‹ ersetzt. Es ist unmittelbar einleuchtend, daß nicht jeder wahre Satz, der besagt, daß Sätze einer gewissen Klasse wahr sind, als semantische Regel verstanden werden kann, weil sonst alle wahren Sätze zu analytischen Sätzen würden und die spezielle Bezeichnung ›analytisch‹ aufgegeben werden könnte. Quine folgert, daß sich semantische Regeln augenscheinlich nur durch ihr Vorkommen auf einer Seite unter der Überschrift ›Semantische Regeln‹ auszeichnen lassen, wobei dann diese Überschrift selbst ohne Bedeutung ist.

Natürlich können wir uns auf ein genau umrissenes Sprachsystem L_0 beziehen und innerhalb von L_0 semantische Regeln spezifizieren, mit deren Hilfe wir Sätze als ›analytisch-in-L_0‹ bestimmen, doch sind wir dann wieder mit den gleichen Schwierigkeiten konfrontiert, die wir bereits bei der ersten Art der semantischen Regeln vorgefunden haben. Nicht der Ausdruck ›analytisch‹, sondern ›analytisch-in-L_0‹ wird hier geklärt.

Wenn wir aber den Ausdruck ›*S* ist analytisch in L_0‹ allgemeinverbindlich klären wollen, muß eine Ersetzung der Konstanten durch Variablen erfolgen, so daß wir wieder den Ausdruck ›*X* ist analytisch in *Y*‹ erhalten. Zur Klärung dieses Ausdrucks, der sich auf beliebige Sprachen *Y* bezieht, ist der Begriff der semantischen Regel nun nicht länger hilfreich, da er im Fall des Variablen enthaltenden Ausdrucks nicht mehr explizit eingeführt werden kann, sondern bestenfalls als undefinierter Grundbegriff fungiert. Nach Quine ist bei dieser zweiten Art der semantischen Regeln der Ausdruck ›semantische Regeln von‹ zumindest genauso klärungsbedürftig wie der Ausdruck ›analytisch in‹.

Zu 3. Als nächstes geht Quine kurz auf die Möglichkeit ein, daß im Unterschied zu einer natürlichen Sprache eine künstliche Sprache *L* als eine Sprache im gewöhnlichen Sinn plus einer Menge von expliziten semantischen Regeln dargestellt werden könnte, wobei das Ganze ein geordnetes Paar abgibt. Die semantischen Regeln von *L* wären in diesem Fall einfach als die zweite Komponente des Paares *L* spezifizierbar. Wenn wir dieses Verfahren wählen, können wir allerdings genausogut eine künstliche Sprache *L* aufbauen, die wir von vornherein als geordnetes Paar konstruieren und dessen zweite Komponente aus der Klasse der analytischen Sätze besteht. Lakonisch bemerkt Quine dazu: »... then the analytic statements of *L* become specifiable simply as the statements in the second component of *L*. Or better still, we might just stop tugging at our bootstraps altogether.« (Quine 1951a: 36)

Zu 4. Wenn die semantischen Regeln nichts anderes als Übersetzungsregeln von einer künstlichen Sprache *L* in die Alltagssprache sind, kann von ihnen keine Klärung des Ausdrucks ›analytisch‹ erwartet werden. Die Analytizität von Sätzen der künstlichen Sprache soll dann ja durch ihre Übersetzung in die als ihre Metasprache fungierende Alltagssprache sichergestellt werden. Dann aber muß man genau angeben können, was ›analytisch‹ in der Alltagssprache heißt. Die Schwierigkeit dieses Problems war aber gerade der Anlaß, nach einer Klärung innerhalb von künstlichen Sprachen zu suchen. Sie ist dort natürlich nicht zu finden, wenn man sich nun wieder auf die Alltagssprache zurückzieht.

Zu 5. Bevor wir uns schließlich Carnaps Bedeutungspostulaten als einer weiteren Form von semantischen Regeln zuwenden, soll vorher geklärt werden, warum Carnap sich zur Ausarbeitung von Bedeutungspostulaten veranlaßt sah. In *Meaning and Necessity* und *Logical Foundations of Probability* hat Carnap eine Klärung des Analytizitätsbegriffs mit Hilfe sogenannter Zustandsbeschreibungen versucht.[65] Eine Zustandsbeschreibung innerhalb einer Sprache *L* besteht in einer exhaustiven Zuordnung von Wahrheitswerten zu jedem atomaren bzw. nicht-zusammengesetzten Satz dieser Sprache. Alle anderen Sätze der Sprache *L* sind nach Carnap unter Zuhilfenahme der Logik so aus den atomaren Sätzen zu konstruieren, daß der Wahrheitswert jedes komplexen Satzes für jede Zustandsbeschreibung durch logische Gesetze fixiert ist. Bei diesem Verfahren ist ein Satz genau dann analytisch, wenn er – analog zu Leibniz' Charakterisierung ›wahr in allen möglichen Welten‹ – in allen Zustandsbeschreibungen wahr ist. Nun macht Quine jedoch darauf aufmerksam, daß eine solche Bestimmung von der Voraussetzung abhängig ist, daß die atomaren Sätze der jeweiligen Sprache voneinander logisch unabhängig sind. Gerade diese Bedingung ist aber bei den Sätzen ›Hans ist Junggeselle‹ und ›Hans ist verheiratet‹ nicht erfüllt, und deshalb gibt es hier eine Zustandsbeschreibung, die sowohl ›Hans ist Junggeselle‹ wie auch ›Hans ist verheiratet‹ den Wahrheitswert wahr zuordnet. Als Konsequenz stellt sich heraus, daß das auf Zustandsbeschreibungen beruhende Kriterium der Analytizität in diesem Fall dazu führt, den Satz ›Kein Junggeselle ist verheiratet‹ als synthetisch auszuzeichnen. Carnaps Methode ist somit nur für Sprachen ohne außerlogische Synonympaare wie ›Junggeselle‹ und ›unverheirateter Mann‹ geeignet. Gerade um Sätze, die solche Synonympaare enthalten, geht es Quine, wenn er die als analytisch im weiteren Sinn bezeichneten Sätze auf die logisch wahren Sätze zurückführen will. Das mit Zustandsbeschreibungen arbeitende Verfahren Carnaps dient bestenfalls zur Rekonstruktion der logischen Wahrheit, nicht jedoch der Analytizität. Zwischen diesen beiden Begriffen hat Carnap in *Meaning and Necessity* nicht hinreichend klar unterschieden,[66] und von diesem Unterschied hängt für Quine eine befriedigende Klärung des Analytizitätsbegriffs ab.

In seiner Arbeit »Meaning Postulates« akzeptiert Carnap die von Quine vorgenommene Unterscheidung und nimmt die erneute Herausforderung zur Explikation des Analytizitätsbegriffs an.[67] Ausgangspunkt ist dabei eine künstliche Sprache *L* mit den üblichen Junktoren, Quantoren, Individuenvariablen und einigen deskriptiven Zeichen, unter denen sich sowohl einige Individuenkonstanten (wie ›a‹, ›b‹ usw.) wie auch einfache Prädikate (darunter ›J‹, ›V‹, ›R‹ und ›S‹ als Abkürzungen für ›Junggeselle‹, ›verheiratet‹, ›Rabe‹ und ›schwarz‹) befinden. In den von Carnap angegebenen Beispielen

(13) Fido ist schwarz oder Fido ist nicht schwarz

(14) Wenn Hans ein Junggeselle ist, dann ist er nicht verheiratet

gehört der erste Satz zu der für Quine unproblematischen Klasse der logischen Wahrheiten (im engeren Sinn) und der zweite zu der als analytisch im weiteren Sinn bezeichneten Satzklasse. In der Sprache *L* entsprechen diesen beiden Beispielen folgende Aussagen

(15) ›Sa v ¬ Sa‹

(16) ›Jb ⊃ ¬ Vb‹

Es sei vorausgesetzt, daß die üblichen Wahrheitswerttabellen für die Junktoren in *L* festgelegt sind, nicht jedoch die Bezeichnungsregeln für die deskriptiven Konstanten, so daß die Bedeutung der vier oben angeführten Prädikate *nicht* zu der Sprache *L* gehört. Bevor Carnap zur Formulierung von Bedeutungspostulaten übergeht, mit deren Hilfe eine adäquate Explikation des Analytizitätsbegriffs erreicht werden soll, fragt er sich, wie weit er auf der Basis gewöhnlicher semantischer Regeln kommt. Dazu definiert er die L-Wahrheit eines Satzes S_i von *L* als Explikat der logischen Wahrheit im engeren Sinn. Carnap gibt vier Formulierungen an, die untereinander äquivalent sind, falls sie auf *L* anwendbar sind:

a) Die dem Satz S_i entsprechende offene logische Formel ist allgemeingültig. (Dabei wird vorausgesetzt, daß *L* zu allen deskriptiven Konstanten auch Variable enthält.) Im Fall (15) hieße diese Formel ›Fx v ¬ Fx‹, wobei ›F‹ eine weitere Variable ist.

b) Der S_i entsprechende logische Allsatz ist wahr. (Hier wird vorausgesetzt, daß *L* zu allen deskriptiven Konstanten Variablen mit Quantoren enthält.) Im Fall (15) hieße dies ›(F) (x) (Fx v ¬ Fx)‹.

c) S_i wird von allen Werten der vorkommenden deskriptiven Konstanten erfüllt. (Hier entsprechen die Wertebereiche von ›S‹ und ›a‹ denen von ›F‹ und ›x‹ in Formulierung a).)

d) S_i gilt in allen Zustandsbeschreibungen. (Hier wird vorausgesetzt, daß *L* Konstante für alle Werte der Variablen enthält.)

Jeder dieser vier alternativen Wege, L-Wahrheit in der Sprache *L* zu definieren, deckt Beispiel (15) ab, nicht aber (16). Um auch (16) Rechnung zu tragen, führt Carnap das folgende Bedeutungspostulat ein:

(P_1) ›(x) (Jx ⊃ ¬ Vx)‹

Auch hier gibt Carnap keine Bezeichnungsregeln für ›J‹ und ›V‹ an, die nach seiner Auffassung zur Explikation von Analytizität nicht notwendig sind, sondern nur für faktische (synthetische) Wahrheit eine ausschlaggebende Rolle spielen. Diese Sicht Carnaps ist verwunderlich, wenn wir uns daran erinnern, daß gerade die Berücksichtigung der deskriptiven Bedeutungskomponente ein wesentliches Unterscheidungsmerkmal zwischen den analytisch im weiteren Sinn bezeichneten Sätzen und den logisch wahren Sätzen darstellt. Wie ist es möglich, auf die Angabe der Bedeutung der deskriptiven Ausdrücke zu verzichten und dennoch zu einer zufriedenstellenden Explikation von Analytizität zu gelangen? Als Antwort auf diese Frage weist Carnap darauf hin, daß uns die Bedeutungspostulate bzw. in unserem Fall (P_1) alles über die Bedeutung von ›J‹ und ›V‹ mitteilen, was für den Analytizitätsbegriff wichtig ist. Und das ist hier nichts anderes als die Unvereinbarkeit der Eigenschaften Junggeselle zu sein und verheiratet zu sein. Anders als bei dem unzureichenden Explikationsversuch mit Hilfe von Zustandsbeschreibungen muß jetzt die logische Unabhängigkeit der Atomsätze innerhalb von *L* nicht mehr vorausgesetzt werden. Bestehen nämlich logische Relationen zwischen ihnen, so werden eigens für diese Relationen Postulate aufgestellt, um die Analytizität zu explizieren.

Als nächstes kommt Carnap auf die naheliegende Frage zu sprechen, woher ein Konstrukteur der Sprache *L* weiß, daß die Eigenschaften, Junggeselle zu sein und verheiratet zu sein, nicht miteinander verträglich sind und er daher das Postulat (P_1) einführen muß. Die Frage so zu stellen, führt nach seiner Auffassung von vornherein in die Irre. Für Carnap handelt es sich hier gar nicht um ein Wissensproblem, sondern um eine Sache der Entscheidung. Wenn ein Logiker (P_1) aufstellt und akzeptiert, mag sein Wissen oder seine Überzeugung, daß die deutschen Wörter ›Junggeselle‹ und ›verheiratet‹ immer so gebraucht werden, daß sie unverträglich sind, seine Entscheidung beeinflussen, wenn er in seiner künstlichen Sprache etwas von der Bedeutung der deutschen Wörter wiedergeben will. Im vorliegenden Fall scheint das ziemlich klar, doch muß das nicht immer so sein.

Angenommen, wir beabsichtigen eine Zuordnung zwischen den Prädikaten ›R‹ und ›S‹ und den Wörtern ›Rabe‹ und ›schwarz‹ vorzunehmen. In der Alltagssprache ist die Bedeutung von ›schwarz‹ hinlänglich klar, die von ›Rabe‹ hingegen recht vage. Nach Carnap macht es wenig Sinn, durch Introspektion oder mit Hilfe einer statistischen Untersuchung des Sprachgebrauchs herausfinden zu wollen, ob ›Rabe‹ immer oder manchmal ›schwarz‹ einschließt. Für ihn besteht die Aufgabe darin, sich darüber klar zu werden, ob innerhalb der künstlichen Sprache *L* die Prädikate ›R‹ und ›S‹ so gebraucht werden sollen, daß ›S‹ von ›R‹ logisch impliziert wird. Wenn ja, ist das Bedeutungspostulat

(P_2) ›$(x)\ (Rx \supset Sx)$‹

in die Sprache aufzunehmen; wenn nein, wird darauf verzichtet. Bedeutungspostulate sind also nach Carnap frei wählbar; dabei wird ihre Wahl nicht von auf Tatsachen beruhenden Überzeugungen, sondern allein von pragmatischen Absichten hinsichtlich der Bedeutung und das heißt des Gebrauchs der deskriptiven Konstanten bestimmt. Bedeutungspostulate sind somit nichts anderes als eine ausgezeichnete Klasse von Konventionen, mit deren Hilfe Carnap nun den Begriff der Analytizität zu explizieren versucht, der auf beide Beispiele (15) und (16) angewendet werden kann. Für die Sprache *L* seien gewisse Bedeutungspostulate akzeptiert, deren Konjunktion als $\mathfrak{P}$ bezeichnet wird. Als Explikat der Analytizität kann dann der Ausdruck ›L-wahr in bezug auf $\mathfrak{P}$‹ verwendet werden, dessen Definition wie folgt lautet:

(17) Ein Satz S_i in L ist L-wahr in bezug auf $\mathfrak{P}$:= S_i wird von $\mathfrak{P}$ in L L-impliziert.[68]

Auch Carnaps Verfahren der Bedeutungspostulate findet jedoch nicht die Zustimmung Quines. Seine Kritik entwickelt Quine auf indirektem Weg, wobei seine Argumentation teilweise analog zu seinen bereits dargestellten Einwänden gegen die linguistische Doktrin der logischen Wahrheit verläuft.[69] Quine geht davon aus, daß Carnap eine bestimmte Klasse von Sätzen spezifiziert, die er als Bedeutungspostulate bezeichnet und hinreichend für eine Klärung des Analytizitätsbegriffs erachtet.[70] Wodurch werden diese Sätze ausgezeichnet? Nach Quine geschieht dies nur dadurch, daß man sie unter dem Etikett ›Bedeutungspostulat‹ zusammenfaßt. Und dieses Etikett ist für ihn weitaus weniger klar, als es vier verschiedene Gründe vermuten lassen, die zugunsten seiner vermeintlichen Klarheit angeführt werden können. Quine gibt nicht explizit an, welcher dieser Gründe nach seiner Auffassung auf Carnap gewirkt hat, aber er ist sich sicher, daß alle vier zu der scheinbaren Plausibilität und Stärke der Position Carnaps beigetragen haben. Indem Quine die vier Gründe kritisch analysiert, versucht er Carnaps Standpunkt zu unterminieren.

Der erste Punkt betrifft die Fehleinschätzung der Rolle von Konventionen im Zusammenhang mit künstlichen Sprachen. Um ihn zu verdeutlichen, führt Quine folgendes Beispiel an:[71] Der Logische Empirist Ixmann will die Wissenschaftler gegen die Ansprüche eines Metaphysikers verteidigen. Der Metaphysiker behauptet, daß die Wissenschaft metaphysische Prinzipien voraussetzt und daß der Wissenschaftler sich deshalb mit ihnen beschäftigen sollte oder muß. Die Antwort von Ixmann besteht in dem detaillierten Nachweis, wie z. B. Wissenschaftler auf dem Mars eine Sprache sprechen könnten, die unserer gesamten Wissenschaft adäquat ist, ohne die angeblich metaphysischen Prinzipien zu enthalten. Wie spezifiziert Ixmann nun diese in doppeltem Sinn hypothetische Sprache? Um uns eine Beurteilung seines Arguments zu ermöglichen, muß er uns so viel über sie erzählen, daß wir verstehen, was die Marswissenschaftler äußern und was sie damit meinen. Es handelt sich hier also um die Angabe der von Carnap so genannten Formations- und Transformationsregeln bzw. Bedeutungspostulate.[72] Der für

Quine springende Punkt besteht darin, daß diese Regeln nur Teil von Ixmanns fiktiver Erzählung sind und nicht etwa ein Teil dessen, was er schildert. Die Gefahr eines Fehlschlusses lauert hinter der Tatsache, daß Ixmanns Regeln tatsächlich willkürliche Festsetzungen sind; seine gesamte Marsgeschichte besteht aus nichts anderem. »The fallacy consists in confusing levels, projecting the conventional character of the rules into the story, and so misconstruing Ixmann's parable as attributing truth-legislation to his hypothetical Martians.« (Quine 1954a: 401) Die Lage ist prinzipiell nicht anders im Fall von nicht-hypothetischen künstlichen Sprachen. Stellt eine solche Sprache eine neue Konstruktion dar, können wir uns zu ihrer Erklärung nach Quine nicht auf Konventionen berufen, ohne semantische Regeln als Übersetzungsregeln in Anspruch zu nehmen. Daß uns aber gerade diese Übersetzungsregeln nicht zu der gewünschten Klärung des Analytizitätsbegriffs verhelfen, haben wir bereits gesehen.[73]

Der zweite Punkt, der schon im Zusammenhang mit der linguistischen Doktrin der logischen Wahrheit behandelt worden ist,[74] besteht in der Fehleinschätzung der Konventionalität von Postulaten: ». . . failure to appreciate that postulates, though they are postulates always by fiat, are not *therefore* true by fiat.« (Quine 1954a: 405)

Der dritte Punkt ist ebenfalls bereits bei der Diskussion der linguistischen Doktrin der logischen Wahrheit angesprochen worden. Gemeint ist die Überschätzung der theoretischen Rolle von Postulaten und Definitionen, die dadurch zustande kommt, daß Postulate und Definitionen in den Bereichen eine wichtige Aufgabe erfüllen, die für unsere Problemlage irrelevant sind – in uninterpretierten Systemen, wie z. B. den verschiedenen Arten nicht-euklidischer Geometrien.[75]

Auch der vierte Punkt ist aus der Kritik der linguistischen Doktrin der logischen Wahrheit nicht unbekannt.[76] Er betrifft die Fehleinschätzung der legislativen Postulierung und der legislativen Definitionen in zweifacher Weise: ». . . failure to appreciate that this legislative trait is a trait of scientific hypotheses very generally . . ., and failure to appreciate that it is a trait of the passing event rather than of the truth what is thereby instituted . . .« (Quine 1954a: 405) Um diese für die Entwicklung seiner Philosophie und insbesondere seines Holismus wichtige Einschätzung zu verdeutlichen, nimmt Quine an, daß ein Wissenschaftler für eine gewisse Kraft oder Substanz einen neuen Term einführt.[77] Dies tut er entweder mit Hilfe einer legislativen Definition oder mittels einer legislativen Postulierung. Im weiteren Fortgang seiner Untersuchungen entwickelt der Wissenschaftler Hypothesen über weitere Merkmale der neubenannten Kraft oder Substanz. Eine solche mögliche Hypothese, die gut bestätigt ist, identifiziert nun diese Kraft oder Substanz mit etwas, das durch einen aus anderen Teilen seines wissenschaftlichen Vokabulars aufgebauten komplexen Term benannt wird. Diese neue Entität entspricht in den bevorstehenden Entwicklungen der Entität, die zuerst durch die Handlung der legislativen Definition entstand, bzw. sie entspricht dem Gesetz, das zuerst durch die Handlung der legislativen Postulierung zustande kam. Im Verlauf weiterer Entwicklungen ist keine dieser verschiedenen Formulierungen vor Revisionen geschützt; sie alle können gleichermaßen abgeändert werden. Als Konsequenz ergibt sich daraus für Quine:

> »Now I urge that scientists, proceeding this, are not thereby slurring over any meaningful distinction. Legislative acts occur again and again; on the other hand a dichotomy of the resulting truths themselves into analytic and synthetic, truths by meaning postulate and truths by force of nature has been given no tolerably clear meaning even as a methodological ideal.« (Quine 1954a: 405)

Quines Argumente gegen die Explikationsversuche der Analytizität unter Zuhilfenahme von semantischen Regeln bzw. Bedeutungspostulaten haben bei Carnap und ihm nahestehenden Philosophen zu Beginn Verwunderung und Verständnislosigkeit ausgelöst.[78] Später ist Carnap jedoch eine aufschlußreiche Rekonstruktion der theoretischen Absichten Quines gelungen, die dann die entscheidende Runde in der Analytizitätsdebatte zwischen den beiden Kontrahenten einleiten sollte und in der Entwicklung, Verteidigung und Kritik von Quines Unbestimmtheitsthese der Übersetzung ihren Höhepunkt findet. Bevor Carnap seine Interpretation Quines vorlegt, faßt er die beiden Argumente kurz zusammen, die ihn anfänglich am meisten verwirrt haben.

Erstaunt war Carnap über Quines kritische Bemerkung, daß seine semantischen Regeln nur durch die Überschrift ›semantische Regeln‹ erkenntlich seien bzw. daß seine Bedeutungspostulate nur durch das Etikett ›Bedeutungspostulate‹ bestimmt würden und die Bedeutung dieses Etiketts nicht klar sei. Carnap bemerkt dazu, weder Quine noch sonst jemand habe daran Anstoß genommen, daß die zugelassenen Satzformen in einer künstlichen Sprache *L* nur durch ein ihnen vorangestelltes Etikett wie ›Satzformen in *L*‹ ausgezeichnet würden oder daß die Axiome eines logischen Kalküls nur durch das Etikett ›Axiome‹ erkenntlich seien. Warum ist ein solches Vorgehen, wenn in diesen Fällen nichts dagegen einzuwenden ist, nur bei der Einführung von Carnaps Bedeutungspostulaten für Quine nicht akzeptabel?

Bevor das zweite Argument, das Carnap anfänglich Schwierigkeiten bereitete, in seiner Sicht dargestellt wird, sei hier kurz an Carnaps heute kaum noch geteilte Auffassung der beiden Disziplinen der Semantik und Pragmatik erinnert.[79] Die Pragmatik umfaßt für ihn alle empirischen Untersuchungen unserer historisch gegebenen natürlichen Sprachen. Die Semantik ist nach seinem Verständnis ein Teilgebiet der formalen Logik; sie ist mit der Erforschung der durch ihre Regeln gegebenen künstlichen Sprachen befaßt. Um diese Art der Semantik klar von der deskriptiven Semantik abzugrenzen, die er als einen Teil der Pragmatik betrachtet, nennt Carnap sie auch reine oder logische Semantik. Quines Kritik an seiner Position versteht er nun so, daß für diesen der Analytizitätsbegriff nur dann akzeptabel sei, wenn er nicht innerhalb der reinen Semantik, sondern durch ein empirisches Kriterium unter Rückgriff auf das Sprachverhalten expliziert wird.[80] Wir haben schon gesehen, daß Quine eine ähnliche Forderung bei der Klärung des Synonymiebegriffs erhoben hatte.[81] Warum aber, so fragte sich Carnap, werden von Quine für die semantischen Begriffe der Analytizität und Synonymie empirische bzw. pragmatische Definitionen verlangt, wohingegen dies bei anderen semantischen Begriffen wie dem der Wahrheit oder der Benennungsrelation nicht der Fall ist?

Nach Carnaps Sicht der Dinge sind die theoretischen Absichten Quines, die hinter diesen beiden Argumenten stehen, wie folgt zu rekonstruieren:[82] Quines Angriff richtet sich nicht gegen die von Carnap vorgeschlagenen Explikata der semantischen Regeln und Bedeutungspostulate, die für bestimmte wissenschaftliche Zwecke sowohl nützlich wie auch präzise formuliert sind. Vielmehr soll seine Kritik darauf verweisen, daß in diesen Fällen gar kein klares Explikandum vorliegt. Der gewöhnliche Gebrauch des Analytizitätsbegriffs ist vage und mehrdeutig; an ihn anschließende Erklärungsversuche bleiben deshalb unbefriedigend. Genau diesen Sachverhalt wollte Quine mit dem bereits diskutierten Beispiel ›Alles Grüne ist ausgedehnt‹ illustrieren.[83] Da für Analytizität in der natürlichen Sprache kein hinreichend klares Explikandum zur Verfügung steht, ist es nach Carnap verständlich, warum Quine in diesem Fall auf ein empirisches Kriterium Wert legt, wohingegen er ein solches für den Wahrheitsbegriff nicht verlangt. Dort liegt ein hinreichend klares Explikandum vor, das eine angemessene Grundlage für eine Explikation abgibt. Kann nun ein empirisches Kriterium für Analytizität mit Bezug auf natürliche Sprachen angegeben werden, so wäre dies nach Carnap ein geeignetes Explikandum für die Rekonstruktion eines rein semantischen Begriffs der Analytizität. Eine solche Darstellung der Problemlage ermöglicht nach Carnap das rechte Verständnis der Motive Quines, die zu dessen Forderung eines empirischen Kriteriums führen. Zudem macht sie auch Quines erstes Argument begreiflich. Seine Bemerkung, daß semantische Regeln und Bedeutungspostulate nur durch die ihnen zugeordneten Etiketten erkenntlich seien, ist dann nämlich nicht als eine Kritik an den Regeln und Postulaten selbst aufzufassen, sondern als ein nachdrücklicher Hinweis, daß die ihnen zugrundeliegenden Explikanda fehlen. Anstelle des Begriffs der semantischen Regel, die den unverständlichen Term ›analytisch‹ enthält, schlug Quine deshalb an früherer Stelle[84] den neutralen Term ›*K*‹ zur Bezeichnung dieser Regelklasse vor, weil dadurch erst gar nicht die Illusion entsteht, daß wir über ein klares Explikandum für das scheinbar vertraute Wort ›analytisch‹ verfügen.

Nach dieser Interpretation gesteht Carnap zu, daß ihm die Forderung Quines nach einem empirischen Kriterium für ein pragmatisches Konzept als Explikandum für eine rein semantische Rekonstruktion der Analytizität einsichtig ist.[85] Darin unterscheidet er sich von vielen Kritikern Quines, die diesem vorgeworfen haben, er stelle unvernünftig hohe bzw. gar nicht einlösbare Ansprüche an eine Klärung des Analytizitätsbegriffs.[86] Diesen Kritikern hat Quine in *Word and Object* mit einem Satz geantwortet, dessen Berechtigung Carnap bereits fünf Jahre früher eingesehen hatte: ». . . I ask no more, after all, than a rough characterization in terms of dispositions to verbal behavior.« (Quine 1960: 207) Bevor im 4. Kapitel detailliert untersucht werden wird, ob Carnap der Herausforderung Quines mit dem von ihm in »Meaning and Synonymy in Natural Languages« entwickelten empirischen Verfahren begegnen kann,[87] soll hier noch einmal gefragt werden, ob Carnaps Interpretation Quine in allen wesentlichen Punkten gerecht wird. Das scheint bei näherer Betrachtung nicht der Fall zu sein. Der Grund liegt in ihrem unterschiedlichen Verständnis von Explikation, wobei Quine selbst unglücklicherweise nahelegt, daß sich seine Auffassung mit derjenigen Carnaps deckt.[88]

Carnap hat Quine in dem Punkt richtig verstanden, in dem er das Fehlen eines klaren Explikandums der Analytizität für die Forderung nach einem empirischen Kriterium verantwortlich macht. Läge ein solches Kriterium vor, könnte nach Carnap auf dessen Basis eine Explikation im Rahmen der reinen Semantik durchgeführt werden. Das dabei zu entwickelnde Explikat sollte den folgenden vier bekannten Bedingungen Carnaps genügen:

»1. The explicatum is to be *similar to the explicandum* in such a way that, in most cases in which the explicandum has so far been used, the explicatum can be used; however, close similarity is not required, and considerable differences are permitted.

2. The characterization of the explicatum, that is, the rules of its use (for instance, in the form of a definition), is to be given in an *exact* form, so as to introduce the explicatum into a well-connected system of scientific concepts.

3. The explicatum is to be a *fruitful* concept, that is, useful for the formulation of many universal statements . . .

4. The explicatum should be as *simple* as possible; this means as simple as the more important requirements (1), (2), and (3) permit.«

(Carnap 1950a: 7)

Im Gegensatz zu Carnap ist für Quine die *Klärung* des Analytizitätsbegriffs mit Hilfe eines empirischen Kriteriums der erste Schritt zu seiner empirischen *Erklärung*. Eine solche Erklärung kann nicht im Rahmen der reinen Semantik erfolgen, sondern nur innerhalb einer empirischen Theorie der Bedeutung. Schon bei der Diskussion der linguistischen Doktrin der logischen Wahrheit ist deutlich geworden, daß der konsequente Empirismus, den Quine von Neurath übernimmt, dem semantischen Begriff der Analytizität keinen epistemologisch oder methodologisch ausgezeichneten Platz einräumen kann.[89] Ebensowenig wie der Sprache als Teil der natürlichen Welt ein Sonderstatus zukommt, so sind auch die mit der Sprache befaßten Disziplinen in keiner methodisch ausgezeichneten Situation.

> ». . . I hold that knowledge, mind, and meaning are part of the same world that they have to do with, and that they are to be studied in the same empirical spirit that animates natural science. There is no place for a prior philosophy.«
> (Quine 1968a: 26)

Durch diese unterschiedlichen Zielsetzungen Carnaps und Quines, die auf ihre bereits angesprochenen verschiedenen metaphilosophischen Positionen verweisen,[90] wird verständlich, warum Quine zu einer anderen Gewichtung der Forderungen an die Adäquatheit eines Explikats kommt als Carnap. Die in Carnaps erster Bedingung formulierte partielle Anlehnung an den alltagssprachlichen Gebrauch wird von Quine vollständig verworfen:

> »We do not claim to make clear and explicit what the users of the unclear expressions had unconsciously in mind all along. We do not expose hidden meanings . . .« (Quine 1960: 258)

Eine Ähnlichkeitsrelation zwischen Explikandum und Explikat wird somit von Quine nicht verlangt. Vielmehr beziehen wir uns nach seiner Auffassung bei einer Explikation auf eine bestimmte Funktion des unklaren Ausdrucks, die für unsere theoretischen Absichten wichtig ist, und entwickeln für sie einen Ersatz in einer für uns klaren und brauchbaren Terminologie.[91] Außer dieser Bedingung der partiellen Übereinstimmung, die durch unsere theoretischen Interessen diktiert wird, fallen bei Quine alle anderen Merkmale des Explikats unter das Etikett

›vernachlässigenswert‹. Unter diesem Etikett sind wir sogar frei, alle möglichen Arten von neuen Konnotationen zuzulassen, die vorher nie mit dem Explikandum in Verbindung gebracht worden sind. Im Unterschied zu Carnaps zweiter Bedingung, die die systematische Einpassung des Explikats in ein vorliegendes Begriffssystem betont, mißt Quine die Adäquatheit eines Explikats an seinem Beitrag für die weitere fruchtbare Theorienentwicklung. Anders ausgedrückt: Erfüllt für Carnap eine Explikation in erster Linie die Aufgabe der logischen Rekonstruktion von bereits vorliegenden Theorien oder problematischen Teilen einer Theorie, so ist für Quine eine Explikation der erste Schritt auf einem Kontinuum zu einer befriedigenden Erklärung innerhalb einer empirischen Theorie. *»Die Explikation erfindet für bestimmte Zwecke (der Erklärung), sie füllt Leerstellen aus.«* (Schnelle 1973: 105) Damit aber wird deutlich, daß für Quine im Gegensatz zu Carnap Explikationen und Erklärungen nicht strikt und systematisch voneinander zu trennen sind, wenn die Entwicklung fruchtbarer empirischer Theorien das Ziel darstellt. Da Quine auch die Philosophie als Teil unserer Gesamttheorie über die Welt betrachtet, ist dieses Ziel für ihn verbindlich. Die Explikation eines hinreichend klaren Explikandums von Analytizität hat für Quine deshalb nicht in der reinen Semantik zu erfolgen, sondern im Rahmen einer empirischen Theorie der Bedeutung, die zu einer Erklärung von Analytizität führt.

Ist aber die gemeinsame Voraussetzung, von der Carnap und Quine ausgehen, überhaupt richtig? Stimmt es tatsächlich, daß wir über kein hinreichend klares Explikandum verfügen? Sind unsere Intuitionen, die von vielen Kritikern Quines beschrieben und gegen ihn ins Feld geführt werden, nicht ein überzeugender Gegenbeleg?[92] Quines Antwort auf die letzte Frage ist aufschlußreich:

> »The intuitions are blameless in their way, but it would be a mistake to look to them for a sweeping epistemological dichotomy between analytic truths as by-products of language and synthetic truths as reports on the world.« (Quine 1960: 67)

Es leuchtet unmittelbar ein, daß Wahrheit im allgemeinen sowohl sprach- wie tatsachenabhängig ist.[93] Der Satz ›Dirk liebt

Luzia‹ wäre falsch, wenn die Welt in bestimmter Weise anders wäre, aber er wäre auch falsch, wenn das Wort ›liebt‹ zufällig die Bedeutung von ›haßt‹ annähme. Aufgrund einer solchen Beobachtung wird man leicht zu der Annahme verführt, daß die Wahrheit jedes Satzes in einer getrennt zu analysierenden faktischen und sprachlichen Komponente zu suchen ist. Geht man noch einen Schritt weiter, scheint die Erwartung nicht unvernünftig, daß die faktische Komponente in manchen Sätzen gleich Null ist; diese Sätze wären dann die analytischen Sätze. Nach Quine ist trotz dieser plausiblen Vorgehensweise keine klare Abgrenzung zwischen analytischen und synthetischen Sätzen zu erreichen. Daß eine solche Unterscheidung überhaupt möglich ist, stellt nach seiner Auffassung nichts anderes als ein unempirisches Dogma des Empirismus und einen metaphysischen Glaubensartikel dar. Der Grund für die Annahme der analytisch-synthetisch-Dichotomie liegt in einem unhaltbaren Bild, wie sich die Sprache auf die Welt bezieht. Quines Kritik dieser Vorstellung und seine Alternative sind der Gegenstand des letzten Teils dieses Kapitels.

3.8 Der systematische Zusammenhang von Analytizität, Verifikationstheorie der Bedeutung, Holismus und Ontologie

Fünfundzwanzig Jahre nach Erscheinen von »Two Dogmas of Empiricism« hat Putnam versucht, die Argumentationsstruktur des Aufsatzes zu klären und die unterschiedliche Stärke und Reichweite von Quines Argumenten herauszustellen. In seiner Rekonstruktion stellt Putnam zwei zentrale Thesen auf: 1. Quine legt zwei verschiedene Argumentationen vor, die sich einerseits gegen den linguistischen Begriff der Analytizität und andererseits gegen den traditionellen Begriff der Apriorität richten. 2. Quine verwechselt die Begriffe der Analytizität und Apriorität, weil er grundlegende Annahmen der Logischen Empiristen teilt. Nach Putnam ist diese Verwechslung besonders erstaunlich, da es Quine gerade um eine Kritik dieser grundlegenden Annahmen gehe.[94]
Obwohl Putnam seine Rekonstruktion im wesentlichen als eine Verteidigung der Ergebnisse Quines versteht, hat er den

Zusammenhang von Quines Argumenten in »Two Dogmas of Empiricism« nicht richtig erkannt. Auf der einen Seite sieht er die Argumente gegen den linguistischen Begriff der Analytizität, die auf den Nachweis der Zirkularität aller bisherigen Explikationsversuche hinauslaufen. Auf der anderen Seite sieht er Quines Bestimmung eines analytischen Satzes als eines Satzes, der auf jeden Fall bestätigt wird. Diese Bestimmung hat für Putnam jedoch nichts mit dem Begriff der Analytizität zu tun; vielmehr stelle sie eine Version des traditionellen Aprioritätsbegriffs dar. Im folgenden versuche ich zu zeigen, wie die beiden von Putnam systematisch getrennten Argumentationen Quines zusammenhängen. Um den Zusammenhang zu verstehen, ist eine Darstellung und Analyse der Beziehungen von Verifikationstheorie der Bedeutung, Reduktionismus und Holismus nötig. Ich beginne mit der Verifikationstheorie.

Wie bereits im 2. Kapitel ausgeführt,[95] entwickelt der Wiener Kreis den Gedanken des Verifikationismus im Anschluß an Wittgensteinsche Thesen. Dabei sind zwei Zielsetzungen zu unterscheiden. Auf der einen Seite wird durch die Forderung nach prinzipieller Verifizierbarkeit aller Aussagen die von Mach übernommene Metaphysikkritik auf ein sprachphilosophisches Fundament gestellt. Mit Hilfe des verifikationistischen Sinnkriteriums soll streng zwischen Wissenschaft und Metaphysik unterschieden werden, indem der erste Bereich durch die Gesamtheit aller kognitiv sinnvollen, der zweite Bereich durch die Gesamtheit aller kognitiv sinnlosen Aussagen charakterisiert wird. Auf der anderen Seite stellt sich für die Logischen Empiristen die Frage, wie die Bedeutung von Sätzen theoretisch befriedigend geklärt werden kann. Darauf hatte Wittgenstein 1930 die programmatische Antwort gegeben: »Der Sinn eines Satzes ist die Methode seiner Verifikation.« (Wittgenstein 1930 in: Waismann 1929-32: 79) Die Bedeutung eines Satzes besteht somit in der Angabe seiner Wahrheitsbedingungen: »If we knew what it would be for a given sentence to be found true, then we would know what its meaning is.« (Carnap 1936: 47) Schon bald stellte sich jedoch heraus, daß dieses ursprüngliche Programm modifiziert werden mußte:

> »If by verification is meant a definitive and final establishment of truth, then no (synthetic) sentence is ever verifi-

able ... We can only confirm a sentence more and more. Therefore we shall speak of the problem of *confirmation* rather than of the problem of verification.« (Carnap 1936: 47)

Genau diese Sicht des Verhältnisses von Bedeutung und Bestätigung ist die Grundlage für Quines Formulierung der Verifikationstheorie der Bedeutung: »The verification theory of meaning, ..., is that the meaning of a statement is the method of empirically confirming or infirming it.« (Quine 1951a: 37)[96] Unter Rückgriff auf die so formulierte Verifikationstheorie der Bedeutung können nun zwei Sätze als synonym bestimmt werden, wenn sie bezüglich der Methode ihrer empirischen Bestätigung bzw. Schwächung gleich sind.[97] Auch diese Vorgehensweise findet sich explizit bei Wittgenstein: »Nach meinem Prinzip müssen die beiden Annahmen ihrem Sinne nach identisch sein, wenn alle mögliche Erfahrung, die die eine bestätigt, auch die andere bestätigt. Wenn also keine Entscheidung zwischen den beiden durch die Erfahrung denkbar ist.« (Wittgenstein 1929/30: 282) Liegt eine adäquate Explikation des Synonymiebegriffs vor, ist auch eine adäquate Explikationsmöglichkeit für den Analytizitätsbegriff gegeben: wie schon mehrfach festgestellt, ist nach Quine ein Satz dann analytisch, wenn er mit einem logisch wahren Satz synonym ist. Zudem liefert die Verifikationstheorie der Bedeutung eine weitere Möglichkeit zur Explikation eines analytischen Satzes, die von dem Bezug auf den Synonymiebegriff unabhängig ist: innerhalb der Gesamtheit aller Sätze sind die analytischen Sätze diejenigen, die auf jeden Fall bestätigt werden.[98]

An dieser Stelle zeigt sich, warum Putnams Darstellung die Argumentationsstruktur Quines nicht richtig wiedergibt. Nicht zwei verschiedene und voneinander unabhängige Argumentationen werden von Quine vorgelegt, sondern die Pointe der zweiten Argumentation wird nur auf dem Hintergrund der ersten verständlich. Nachdem die Zirkularität einflußreicher Explikationsversuche der Analytizität nachgewiesen worden ist, stellt Quine eine Möglichkeit für eine nicht-zirkuläre Explikation vor. Indem er dazu die Verifikationstheorie der Bedeutung als Ausgangspunkt wählt, geht er von einer Voraussetzung aus, die dem philosophischen Anliegen des Wiener Kreises gerecht werden soll. Es handelt sich nicht um eine naive Vermengung von Analytizität und Apriorität, sondern um den Versuch einer systematischen Darstellung des Zusammenhangs von bedeutungs- und erkenntnistheoretischen Problemen. Ob dieser Versuch nun tatsächlich zum Erfolg führt und eine theoretisch befriedigende Explikation von Analytizität mit Hilfe der Verifikationstheorie erreicht werden kann, ist im Detail zu untersuchen.

Eine solche Untersuchung sieht sich mit dem Problem konfrontiert, wie die Art der Beziehung zwischen unserer Sprache und den sie bestätigenden bzw. schwächenden Erfahrungen adäquat zu beschreiben ist. Die in der Geschichte des Empirismus dominierende Auffassung über diese Beziehung bezeichnet Quine als radikalen Reduktionismus.[99] Dieser Reduktionismus kann auf eine wesentlich längere Tradition zurückblicken als die Verifikationstheorie der Bedeutung. Bereits Locke und Hume waren der Auffassung, daß sich jede Idee direkt oder indirekt auf sinnliche Erfahrung zurückführen lassen müsse. Wie im 1. Kapitel dargestellt,[100] besteht für Quine die erste bedeutende Verbesserung des Empirismus in der von Tooke geforderten Ersetzung der Ideen durch Wörter. In semantischer Reformulierung lassen sich dann die reduktionistischen Auffassungen von Locke und Hume so angeben, daß ein Term dann bedeutungsvoll ist, wenn es sich bei ihm um den Namen eines Sinnesdatums oder um eine Zusammensetzung solcher Namen oder um eine Abkürzung solcher Zusammensetzung handelt. Bei dieser Sicht des Reduktionismus bleiben zumindest drei Probleme offen: 1. Werden Sinnesdaten als sinnliche Ereignisse oder als Sinnesqualitäten aufgefaßt und interpretiert? 2. Welche Arten von Termzusammensetzungen sind überhaupt zulässig? 3. Ist es möglich, alle Arten von Termen unabhängig von ihrer Beziehung zu anderen Termen als bedeutungsvoll auszuzeichnen?

Insbesondere die Verneinung der letzten Frage im Zusammenhang mit dem Problem synkategorematischer Ausdrücke hat zur zweiten Verbesserung des Empirismus geführt, die Quine darin sieht, daß nicht länger einzelne Terme, sondern ganze Sätze als die bedeutungstragenden Einheiten aufgefaßt werden.[101] Verantwortlich für diesen Fortschritt ist ein Zeitgenosse John Horne Tookes, Jeremy Bentham, der mit seiner Theorie der Fiktionen die Möglichkeit zur Kontextdefinition entwikkelte.[102] Um einen Term als bedeutungsvoll auszuzeichnen, brauchen wir weder den Gegenstand, auf den er sich bezieht, noch einen synonymen Term anzuführen. Wir müssen nur zeigen können, wie ein ganzer Satz, in dem dieser Term vorkommt, zu übersetzen ist. Der jeweilige Term ist bedeutungsvoll als Teil eines bedeutungsvollen Ganzen.

> »Contextual definition precipitated a revolution in semantics: less sudden perhaps than the Copernican revolution in astronomy, but like it in being a shift of center. The primacy vehicle of meaning is seen no longer as the word, but as the sentence.« (Quine 1975a: 69)

Die Verschiebung des semantischen Schwerpunkts vom Wort auf den Satz mit Hilfe der Kontextdefinition schreibt Quine Bentham zu. Detaillierter ausgearbeitet wird diese Konzeption von Frege.[103] Vor allem durch seine grundlegenden Arbeiten wird die Basis für eine neue, theoretisch fruchtbare Beziehung zwischen Erkenntnistheorie und Sprachphilosophie geschaffen:

> »In consequence of the shift from term to sentence, epistemology came in the twentieth century to be a critique not primarily of concepts but of truths and beliefs.«
> (Quine 1975a: 70)

Für diese Entwicklung ist die Verifikationstheorie der Bedeutung ein klarer Beleg; ihr geht es nicht um die Bedeutung von Wörtern, sondern um die Auszeichnung von bedeutungsvollen Sätzen. Diese Schwerpunktverlagerung wird weiterhin mit dem Anliegen des radikalen Reduktionismus verknüpft. Zwar geht es nicht länger um den Nachweis, daß jeder einzelne Term in eine Sinnesdatensprache übersetzbar ist, doch an dem Programm, daß Sätze als ganze in eine solche Sprache zu übersetzen sind, wird festgehalten.

Die detaillierteste Durchführung dieses Programms hat Carnap in seinem Werk *Der logische Aufbau der Welt* in Angriff genommen. Seine Aufgabe sah er in der Entwicklung einer Sinnesdatensprache und in dem Nachweis, wie alle weiteren Sätze über die Welt in diese Sinnesdatensprache zu übersetzen sind. Die von Carnap als Ausgangspunkt gewählte Sprache ist keine Sinnesdatensprache im engen Sinn, da sie die Sprachen der Logik und der Mengenlehre einschließt. Demgegenüber ist Carnap bei der

Wahl der nichtlogischen Komponente der Sprache äußerst sparsam.[104] Als Grundelemente werden nur sogenannte Elementarerlebnisse zugelassen, und die einzige Grundrelation des Konstitutionssystems ist die Relation der Ähnlichkeitserinnerung. Diese Relation stellt eine Ähnlichkeitsbeziehung zwischen einem bestimmten Elementarerlebnis an einer ausgezeichneten Stelle im gesamten Erlebnisstrom und einem anderen Elementarerlebnis an einer anderen Stelle im Erlebnisstrom dar. Bei Carnaps systematischem Aufbau wird allein die Grundrelation der Ähnlichkeitserinnerung als Grundbegriff benutzt, da die Klasse der Elementarerlebnisse als der Bereich dieser Relation zu definieren ist. Das gesamte Projekt läuft darauf hinaus, daß alle Aussagen über die Welt auf den Begriff der Ähnlichkeitserinnerung zurückzuführen sind. Auch wenn dieses Unternehmen letztlich zum Scheitern verurteilt war, ist es erstaunlich, wie weit Carnap seinen logischen Aufbau der Welt auf einer so schmalen Basis führen konnte. Quine hebt zu Recht hervor, daß Carnap der erste Empirist gewesen ist, der sich nicht mit der bloßen Behauptung einer Reduzierbarkeitsthese von unserem Wissen über die Welt auf Sinnesdaten begnügte, sondern konkrete Schritte zur Untersuchung der Gültigkeit einer solchen These unternahm.[105]

Die von Carnap ausgeführten Schritte sind insgesamt nur ein Fragment des Gesamtprogramms. Selbst die Konstitution von einfachen Aussagen über die physikalische Welt bleibt skizzenhaft. Und auch eine Ausarbeitung dieser Skizze dürfte kaum zu der angestrebten Übersetzungsreduktion führen. Die entscheidende Stelle für Quine ist Carnaps Erklärung, wie einzelnen Orten in Raum und Zeit Sinnesqualitäten zuzuordnen sind.[106] Diese Zuordnungen sollen auf eine Weise vorgenommen werden, daß sie gewisse von Carnap aufgestellte Desiderate so gut wie möglich erfüllen und zudem bei einem weiteren Zuwachs von Erfahrungen revidiert werden können. Die Vorgehensweise Carnaps ist für Quine zwar durchaus lehrreich, doch sieht er in ihr kein Verfahren, mit dem eine Übersetzungsreduktion erreicht werden kann. »We must despair of any such reduction. Carnap has despaired of it by 1936, when, in ›Testability and Meaning‹, he introduced so-called *reduction forms* of a type weaker than definition.« (Quine 1968b: 77) Definitionen können zeigen, wie Sätze in äquivalente Sätze zu übersetzen sind.[107] Eine Kontextdefinition eines Terms à la Bentham vermag zu zeigen, wie Sätze, die diesen Term enthalten, in äquivalente Sätze ohne diesen Term zu übersetzen sind. Carnaps Reduktionssätze liefern statt Äquivalenzen nur noch Implikationen. Sie erklären einen neuen Term nur partiell, indem sie einige Sätze angeben, die von Sätzen mit diesem Term impliziert werden, und indem sie andere Sätze angeben, die Sätze mit diesem Term implizieren.

Im weiteren geht Quine der Frage nach, ob die Zulassung der liberalen Reduktionssätze Carnaps nicht einfach als eine weitere Liberalisierung im Gefolge der Zulassung von Benthams Kontextdefinitionen aufgefaßt werden könnte. Zugunsten eines solchen Schritts ließe sich folgender Vergleich zwischen zwei Arten von rationaler Rekonstruktion anführen: Die frühe und strenge Version einer rationalen Rekonstruktion wäre als eine fiktive Geschichte darüber zu verstehen, wie unsere Vorfahren die Terme des physikalistischen Diskurses durch eine Folge von Kontextdefinitionen auf phänomenalistischer und mengentheoretischer Basis eingeführt haben. Die neue und liberalere Version einer rationalen Rekonstruktion wäre als eine andere fiktive Geschichte zu verstehen, in der unsere Vorfahren den physikalistischen Diskurs durch eine Folge der schwächeren Reduktionssätze eingeführt haben.

Ein Vergleich dieser Art ist für Quine jedoch unhaltbar. Bei der früheren und strengeren Version der rationalen Rekonstruktion, in deren Mittelpunkt die Definition stand, ist der Gedanke an eine fiktive Geschichte fehl am Platze. Wenn diese Art der Rekonstruktion erfolgreich gewesen wäre, hätte ihr Resultat in dem Nachweis bestanden, daß all unsere physikalistischen Begriffe auf phänomenalistische und mengentheoretische Begriffe zurückgeführt werden könnten. Dies wäre ein Fall von echter Reduktion gewesen, eine Legitimation der physikalistischen Begriffe durch den Nachweis ihrer prinzipiellen Eliminierbarkeit. Eine rationale Rekonstruktion mit Carnaps späteren und liberalen Reduktionssätzen trägt zur Verwirklichung dieses Ziels nichts mehr bei. Zu Recht weist Quine darauf hin, daß Carnaps ursprüngliches Projekt, alle Sätze über die physikalische Welt in Sätze über unmittelbare Erfahrung zu übersetzen, in seinen späteren Schriften aufgegeben worden ist. Ein radikaler Reduktionismus wird von Carnap nicht mehr vertreten.

Nichtsdestoweniger hat das Dogma des phänomenalistischen Reduktionismus in subtiler Form auch weiterhin die Auffassung der Empiristen über die Beziehung zwischen einer Sprache und den sie bestätigenden bzw. schwächenden Erfahrungen beeinflußt. In Quines Sicht verführt diese Auffassung zu dem unhaltbaren Glauben an eine prinzipielle analytisch-synthetisch-Unterscheidung. Wie der Reduktionismus mit dem Problem der Analytizität zusammenhängt und welche Alternative zum Reduktionismus von Quine favorisiert wird, findet sich am klarsten in einem weitgehend unbekannten Passus der Rezension über »Mr. Strawson on Logical Theory«, der es wert ist, in voller Länge zitiert zu werden:

»A philosopher may have rejected phenomenalism in the full reductionistic sense, in favor of admitting that statements for the most part are laden with an irreducibly extra-phenomenal burden over and above their phenomenal import. But he may continue to hold (a) that the statements do still possess their phenomenal import, what there is of it, as separate statements one by one; or he may hold rather (b) that the statements are tied to the testimony of the senses only in a systematic or holistic way which defies any statement-by-statement distribution of sensory certificates. If he holds so much as the vestige (a) of phenomenalistic reductionism, then he will find it natural to accept in principle a division between analytic and synthetic truths, the former being those in which the phenomenal content is null. If on the other hand his position is (b), he may be expected to find no way of putting some truths into empirical quarantine and judging the remainder free of infection. For him the contribution which linguistic meaning makes to knowledge and the contribution which sensory evidence makes to knowledge are too inextricably intertwined to admit of a sentence-by-sentence separation.

My own position is (b). I do grant that any given sensory event seems more relevant to some statement than to others; also that some statements seem less directly touched than others by sensory events in general; but I think these variations can be accounted for as sporadic surface effects, without prejudice to (b) as underlying principle. My misgivings over the notion of analyticity are thus misgivings in principle.« (Quine 1953b: 139)

Zwei zentrale Gedanken Quines werden in diesem Absatz zum Ausdruck gebracht: 1. der systematische Zusammenhang der beiden sogenannten Dogmen des Logischen Empirismus, der in einer wechselseitigen Abhängigkeit des Reduktionismus- und Analytizitätsproblems besteht, und 2. Quines holistische Alternative, mit der die herkömmlichen empiristischen Auffassungen des Reduktionismus und der Analytizität überwunden werden sollen. Es ist bereits dargestellt worden, daß die Wahrheit von Sätzen im allgemeinen sowohl von der Sprache wie von nichtsprachlichen Tatsachen abhängt und daß es dadurch nahegelegt wird, die Wahrheit jedes einzelnen Satzes bis in eine getrennt zu analysierende faktische und sprachliche Komponente zu verfolgen.[108] Für einen Empiristen ist dann der faktische Teil eines Satzes auf die ihn bestätigenden bzw. schwächenden Erfahrungen zurückzuführen. In dem Ausnahmefall, wo nur der sprachliche Teil eines Satzes zu seiner Wahrheitsbestimmung zu berücksichtigen ist, wird der wahre Satz als analytisch bezeichnet. Quine sieht jedoch keine Gründe für die Berechtigung einer solchen prinzipiellen Trennung von sprachlicher und faktischer Komponente innerhalb eines einzelnen Satzes. Daß eine solche Unterscheidung überhaupt möglich ist, wird nur aufgrund eines unhaltbaren Reduktionismus nahegelegt, der uns in einem trügerischen Bild von der Beziehung zwischen unserer Sprache und unserer Erfahrung gefangenhält:

»My suggestion is that it is nonsense, and the root of much nonsense, to speak of a linguistic component and a factual component in the truth of any individual statement. Taken collectively, science has its double dependance upon language and experience; but this duality is not significantly tracable into the statement of science taken one by one ... The unit of empiricial significance is the whole of science.« (Quine 1951a: 42)

Aufgrund dieses Ergebnisses ist die dritte wesentliche Verbesserung des Empirismus für Quine nicht mit den Arbeiten Carnaps, sondern mit einer zentralen Einsicht Duhems verbunden.

Bestand der erste deutliche Fortschritt in der Geschichte des Empirismus in einer Verlagerung des erkenntnistheoretischen Schwerpunkts von den Ideen auf die Wörter und der zweite Fortschritt in einem Übergang von einzelnen Termen zu ganzen Sätzen, so liegt der dritte Fortschritt in der Abkehr von einzelnen ganzen Sätzen und in der Hinwendung zum gesamten Satzsystem der Wissenschaft.[109] Ausgangspunkt für diese dritte Verbesserung des Empirismus sind die wissenschaftstheoretischen und -historischen Untersuchungen Duhems. Durch eine detaillierte Analyse des methodologischen Status von Theorie und Experiment in der Geschichte der Physik kommt Duhem zu seiner Version des Holismus, die in der Literatur auch unter dem Namen der Duhem-These diskutiert wird:

> »*Chercher à séparer chacune des hypothèses de la Physique théorique des autres suppositions sur lesquelles repose cette science, afin de la soumettre isolément au contrôle de l'observation, c'est poursuivre une chimère; car la réalisation et l'interprétation de n'importe quelle expérience de Physique impliquent adhésion à tout un ensemble de propositions théoriques. Le seul contrôle expérimental de la théorie physique qui ne soit pas illogique consiste àcomparer le* SYSTEME ENTIER DE LA THEORIE PHYSIQUE A TOUT L'ENSEMBLE DES LOIS EXPERIMENTALES, *et à juger si celui-ci est représenté par celui-là d'une manière satisfaisante.*«
> (Duhem 1906a: 303 f.)

Quines Auffassungen des Holismus, die grob zusammengefaßt manchmal als Duhem-Quine-These bezeichnet werden, sind alles andere als einheitlich. Manche Darstellungen lehnen sich eng an Duhem an:

> »Suppose an experiment has yielded a result contrary to a theory currently held in some natural science. The theory comprises a whole bundle of conjoint hypotheses, or is resoluble into such a bundle. The most that the experiment shows is that at least one of those hypotheses is false; it does not show which. It is only the theory as a whole, and not any of the hypotheses, that admits of evidence or counter-evidence in observation and experiment.« (Quine 1970a: 5)

Gegenüber Duhems Beschränkung auf die (theoretische) Physik wird von Quine der Geltungsbereich des Holismus auf die

Naturwissenschaften insgesamt ausgedehnt. Die Möglichkeit einer solchen Verallgemeinerung ist bei Duhem bereits angedeutet.[110] Bei ihren Untersuchungen machen auch Chemiker, Physiologen und Psychologen von physikalischen Instrumenten Gebrauch. Dabei muß die Richtigkeit der Theorien vorausgesetzt werden, auf deren Basis die entsprechenden Instrumente konstruiert werden. Mit der Verwendung bestimmter Instrumente innerhalb ihrer empirischen Forschungen akzeptieren Chemiker, Physiologen und Psychologen auch die ihnen zugrundeliegenden Theorien. Von einem logischen Standpunkt betrachtet geben deshalb innerhalb eines Experiments widerlegende Daten keinen eindeutigen Hinweis für den Forscher, welche seiner Annahmen zu modifizieren oder aufzugeben sind. Für alle Wissenschaftler schließt die Interpretation eines Experiments ein weites Feld von verschiedenen Theorien ein. Eine prinzipielle Grenzziehung ist für Quine somit nicht möglich:

> ». . . how wide is a theory? No part of science is quite isolated from the rest. Parts as disparate as you please may be expected to share laws of logic and arithmetic, anyway . . . Legalistically, one could claim that evidence counts always for or against the total system, however looseknit, of science.« (Quine 1970a: 5)

Diese Sicht des systematischen Zusammenhangs von verschiedenen Theorien und allen Teilen der Wissenschaft ist die Grundlage für Quines erste Formulierung seines konsequenten Holismus in »Two Dogmas of Empiricism«:

> »Any statement can be held true come what may, if we make drastic enough adjustments elsewhere in the system. Even a statement very close to the periphery can be held true in the face of recalcitrant experience by pleading hallucination or by amending certain statements of the kind called logical laws. Conversely, by the same token, no statement is immune to revision. Revision even of the logical law of the excluded middle has been proposed as a means of simplifying quantum mechanics . . .« (Quine 1951a: 43)

Es ist auffällig, daß sich dieser konsequente Holismus vollständig mit dem im 1. Kapitel vorgestellten ›Neurath-Prinzip‹ deckt.[111] Insbesondere der radikale Fallibilismus, von dem

Quine hier nicht einmal die Sätze der Logik ausnimmt, ist eine der wichtigsten philosophischen Positionen Neuraths, die er zu Anfang auch gegen Carnap verteidigen mußte.
Neurath hat seinen Holismus sowohl durch seine systematische Sicht des Verhältnisses von Theorie und Erfahrung als auch durch seine historische Sicht der Theoriendynamik zu begründen versucht. Die gleiche Vorgehensweise findet sich bei Quine. Hinsichtlich der Geschichte der Theorienentwicklung geht es Quine wie Neurath nicht in erster Linie um eine wissenschaftssoziologisch korrekte Beschreibung, als vielmehr um deren Konsequenzen für eine philosophisch befriedigende Methodologie der Wissenschaften. Zumindest drei Punkte kann Quine zur Stützung des ›Neurath-Prinzips‹ vorbringen:[112] Erstens gibt er zu bedenken, daß eine Revision des logischen Gesetzes des ausgeschlossenen Dritten zur Vereinfachung der Quantenmechanik durch kein Prinzip einer wissenschaftlichen Methode auszuschließen sei. Dabei besteht die Pointe nicht darin, daß einige Wissenschaftler und Philosophen eine solche Revision tatsächlich vorgeschlagen haben und daß sich dieser Vorschlag bewährt hat. Im Sinne eines konsequenten Fallibilismus fordert Quine nur, daß die prinzipielle Möglichkeit zur Revision, die für den Fortschritt der Wissenschaft unabdingbar ist, nicht durch eine voreilige *a priori*-Auszeichnung von seiten der Philosophie blockiert wird. Zweitens weist Quine darauf hin, daß die Annahme grundlegender Revisionen keine abstrakte Gedankenspielerei darstellt, sondern daß im Verlauf der Geschichte tatsächlich wissenschaftliche Revolutionen stattgefunden haben, die zur Verwerfung auch solcher Sätze führten, die lange als unwiderlegbar galten. Drittens schlägt Quine vor, eine mögliche Revision des logischen Gesetzes vom ausgeschlossenen Dritten so zu deuten, daß diese Abänderung innerhalb der Quantenmechanik und der Übergang von euklidischer zu nicht-euklidischer Geometrie innerhalb der Raum-Zeit-Theorie nicht prinzipiell, sondern nur graduell verschieden sind. »I am concerned to urge the empirical character of logic and mathematics no more than the unempirical character of theoretical physics; it is rather their kinship I am urging, and a doctrine of gradualism.« (Quine 1970a: 100) Zusammenfassend läßt sich an dieser Stelle[113] festhalten, daß Quines Alternative

zum Reduktionismus in Duhems Wissenschaftstheorie ihren historischen Ursprung hat. Die spezifische Ausprägung seines Holismus jedoch, mit dessen Hilfe er die beiden sogenannten Dogmen des Logischen Empirismus angreift, deckt sich in beinahe allen Punkten mit der Auffassung des Logischen Empiristen Neurath.

Um den systematischen Zusammenhang zwischen dem Analytizitätsproblem, der Verifikationstheorie der Bedeutung und dem Holismus Quines herauszuarbeiten, untersuche ich im folgenden die Argumentation von Grice und Strawson in ihrem bekannten Aufsatz »In Defense of a Dogma«.[114] Grice und Strawson gehen in drei Schritten vor. In einem ersten Schritt unterscheiden sie in Quines Holismus die konsequent fallibilistische Komponente Neuraths von der Duhem-These.[115] In einem zweiten Schritt zeigen sie die Verbindung dieser beiden Komponenten zum Analytizitätsproblem auf. In einem dritten Schritt versuchen sie nachzuweisen, daß entgegen Quines Auffassung beide Komponenten nicht gegen die Aufrechterhaltung des Analytizitätsbegriffs sprechen. Es wird sich herausstellen, daß weder die Argumentationsstrategie noch die Ergebnisse von Grice und Strawson aufrechtzuerhalten sind.

Im ersten Schritt von Grice und Strawson werden die beiden Komponenten von Quines Holismus folgendermaßen charakterisiert: 1. Es ist eine Illusion anzunehmen, daß es irgendwelche Sätze gibt, die prinzipiell unrevidierbar sind. Es gibt keine Sätze, die wir als wahr akzeptieren müssen, was immer auch geschieht. – Dies ist Neuraths konsequenter Fallibilismus. 2. Es ist eine Illusion anzunehmen, daß ein einzelner Satz unabhängig von anderen Sätzen durch Erfahrungen bestätigt oder geschwächt wird. Unabhängig von anderen Sätzen hat kein einzelner Satz für ihn spezifische empirische Konsequenzen. – Dies ist eine Version von Duhems Holismus.

Im zweiten Schritt geht es nun um den Zusammenhang dieser beiden Teilthesen mit dem Problem der Analytizität: 1. Da es eine Illusion ist anzunehmen, daß man irgendeinen Satz durch das Merkmal prinzipieller Unrevidierbarkeit auszeichnen könne, ist es ebenso eine Illusion, wenn man annimmt, man könne eine Unterscheidung treffen zwischen den Sätzen, denen dieses Merkmal zukommt, und den Sätzen, denen es fehlt.

Genau dies aber sei die Unterscheidung, die nach Quine von den Vertretern einer analytisch-synthetisch-Dichotomie verteidigt werde. Es kann durchaus zugestanden werden, daß es Sätze gibt, die in unserer Theorie über die Welt einen so zentralen Platz einnehmen, daß wir ihre Revision zum gegenwärtigen Zeitpunkt kaum für möglich halten. Diese Einstellung sollte uns jedoch nicht dazu verleiten, diese Sätze als prinzipiell immun gegen jede Revision zu betrachten. 2. Die Verbindung zwischen dem Holismus Duhems und dem Analytizitätsproblem erfolgt über die Verifikationstheorie der Bedeutung. Es ist bereits dargestellt worden, daß nach Quines Auffassung der Begriff der Analytizität dann zufriedenstellend expliziert werden kann, wenn mit Hilfe der Verifikationstheorie der Bedeutung eine adäquate Explikation des Synonymiebegriffs zu erreichen ist.[116] Die von Quine versuchsweise vorgeschlagene Definition, nach der zwei Sätze *S* und *S'* genau dann synonym sind, wenn alle Erfahrungen, die *S* bestätigen oder schwächen, in gleichem Maße *S'* bestätigen oder schwächen, setzt jedoch die implizite Anerkennung des Reduktionismus voraus, der davon ausgeht, daß ein isolierter Satz über einen für ihn charakteristischen Erfahrungsschatz verfügt. Geben wir im Zuge von Quines Kritik des Reduktionismus den Gedanken auf, daß jeder einzelne Satz einen eigenständigen empirischen Gehalt hat, müssen wir auch die Hoffnung aufgeben, den Begriff der Synonymie – und damit den Begriff der Analytizität – über die Äquivalenz des empirischen Gehaltes von zwei Sätzen erklären zu können.

In ihrem dritten Schritt versuchen Grice und Strawson nachzuweisen, daß die Beziehung zwischen den beiden von ihnen gesondert betrachteten Komponenten des Holismus auf der einen Seite und dem Problem der Analytizität auf der anderen Seite nicht so aussieht, wie Quine sie darstellt. Sie beginnen mit der zweiten Komponente, die nach ihrer Auffassung akzeptiert werden kann, ohne daß die von Quine vorgeschlagene Explikation der Synonymie aufgegeben werden muß. Lediglich eine Modifikation sei nötig. Quine bestreite ja nicht, daß einzelne Sätze generell durch Erfahrungen bestätigt oder geschwächt werden. Er verneine nur, daß eine Beziehung zwischen einzelnen Sätzen und der Erfahrung unabhängig von unserer Haltung zu anderen Sätzen bestehe. Nur auf dem Hintergrund von Annahmen über die Wahrheit oder Falschheit von anderen Sätzen bestätigt oder schwächt die Erfahrung einen einzelnen Satz. Diese holistische Sicht ist nach Meinung von Grice und Strawson durchaus mit der folgenden, von ihnen aufgestellten Definition der Synonymie vereinbar: Zwei Sätze *S* und *S'* sind genau dann synonym, wenn auf dem Hintergrund gewisser Annahmen über die Wahrheitswerte anderer Sätze alle möglichen Erfahrungen, die *S* bestätigen oder schwächen, in gleichem Maße *S'* bestätigen oder schwächen (das gleiche gilt *vice versa* für *S'*).[117]

Diese Definition ist nur dann befriedigend, wenn man Neuraths konsequenten Fallibilismus außer acht läßt. Grices und Strawsons Argumentationsstrategie, den Holismus Quines in zwei Komponenten zu spalten und diese jeweils einzeln zu untersuchen, verfehlt die Pointe des Ansatzes und kann ihm somit aufgrund einer fehlerhaften Voraussetzung auch nicht gerecht werden. Berücksichtigt man nämlich Neuraths These der prinzipiellen Revidierbarkeit aller Sätze als integrierten und wichtigsten Bestandteil von Quines Holismus, ist es selbst bei der von Grice und Strawson vorgeschlagenen Definition nicht klar, in welchem Ausmaß die Äquivalenz der beiden Sätze *S* und *S'* von sprachlichen und von nichtsprachlichen Faktoren abhängt. Das Problem kann durch ein Beispiel von Kasher und Lappin veranschaulicht werden.[118] Ausgangspunkt ist die Definition

(18) ›Wärme‹ $=_{\text{def.}}$ erhöhte molekulare Bewegung.

Auf der Basis von (18) können die beiden folgenden Sätze formuliert werden:

(19) Wärme verursacht die Ausdehnung von Metall.

(20) Erhöhte molekulare Bewegung verursacht die Ausdehnung von Metall.

(19) und (20) werden durch die gleichen Erfahrungen bestätigt oder geschwächt und sind demnach synonym im Sinne der Definition von Grice und Strawson. Wie in der Geschichte der Wissenschaft nicht selten, mögen uns jedoch neue empirische Befunde und theoretische Einsichten zu einer Modifikation oder gar zur Aufgabe von (18) veranlassen. In einem solchen Fall sind (19) und (20) nicht länger synonym. Auch wenn (18) als eine Definition eingeführt worden ist, beinhaltet dies weder

ihre prinzipielle Unrevidierbarkeit noch ihre empirische Gehaltlosigkeit. Ihre Revision kann durch neue wissenschaftliche Resultate nahegelegt oder gefordert werden. Wenn nun die Äquivalenz von (19) und (20) dadurch aufgehoben wird, daß eine empirisch motivierte Veränderung des Wahrheitswertes von (18) stattgefunden hat, ist diese Äquivalenz nicht nur von der Sprache, sondern ebenso von nichtsprachlichen Tatsachen über die Welt abhängig.

Weiterhin weisen Kasher und Lappin auf die Möglichkeit hin, daß man (18) aufgeben könne und dennoch daran festhalten mag, (19) und (20) als durch die gleichen Erfahrungen bestätigt und geschwächt zu sehen. Ein Grund für diese Haltung könnte in der systematischen Korrelation gefunden werden, die wir faktisch zwischen Wärme und erhöhter molekularer Bewegung auch dann ansetzen, wenn der Begriff der Wärme nicht auf den Begriff der erhöhten molekularen Bewegung reduziert werden kann. Nach der Definition von Grice und Strawson müßte auch in diesem Fall, wo es sich eindeutig um eine kontingente und faktische Relation handelt, von einer Synonymiebeziehung gesprochen werden. Es scheint somit nicht möglich zu sein, mit dem von Grice und Strawson vorgeschlagenen Verfahren innerhalb von Quines Holismus zu einer befriedigenden Explikation von Synonymie und Analytizität zu gelangen. Der gegenteilige Eindruck kommt nur dadurch zustande, daß bei der vorgelegten Definition Neuraths konsequenter Fallibilismus unberücksichtigt bleibt und nur als eine von der Duhem-These getrennte Komponente in näheren Augenschein genommen wird.

Ist aber Neuraths konsequenter Fallibilismus, der selbst die Revidierbarkeit der Logik nicht ausschließt, überhaupt konsistent vertretbar?[119] Nach Quines Auffassung sind die logischen, mathematischen und definitorischen Sätze die unverzichtbaren Verbindungsstücke, die den systematischen Zusammenhang auch weit auseinanderliegender Teile unserer Gesamttheorie der Welt gewährleisten. Diese Sätze liegen somit nicht außerhalb, sondern innerhalb unseres wissenschaftlichen Gesamtsystems, wo sie auf der einen Seite zwar eine zentrale Position einnehmen, die man nicht leichtfertig aufgeben wird, wo sie auf der anderen Seite aber auch nicht prinzipiell immun gegenüber wissenschaftlich motivierter Kritik sind. Zerstört nun die prinzipielle Fallibilität der logischen und definitorischen Bestandteile des wissenschaftlichen Systems nicht gerade das kohärente Verständnis dieses Systems, das den Holismus theoretisch attraktiv macht? Bleibt nicht ohne eine apriorisch verstandene Logik die Bedeutung jedes einzelnen Satzes des Systems völlig im Unklaren? Wenn wir solch grundlegende logische Prinzipien wie das Gesetz vom Widerspruch verändern, könnten wir uns in einer Situation wiederfinden, in der wir zugleich an Theorien und ihnen widersprechenden Beobachtungen festhalten, bzw. einander widersprechende Theorien gleichermaßen als wahr akzeptieren, die aufgrund unserer ursprünglichen logischen Prinzipien völlig inkonsistent sind. Um diesem Dilemma zu entgehen, ist auf einem graduellen, nicht aber auf einem prinzipiellen Unterschied zwischen logischen und definitorischen Sätzen auf der einen Seite und in höherem Maße empirischen Sätzen auf der anderen Seite zu bestehen. Anläßlich eines bestimmten Experiments kann und muß auch ein konsequenter Fallibilist innerhalb seines Holismus eine vorgegebene Logik und die Bedeutung von Sätzen tentativ anerkennen. Was er nicht anerkennt – und das ist der wesentliche Bestandteil von Quines Holismus, der auf Neurath zurückgeht –, ist die vermeintliche Tatsache, daß eine Veränderung der Logik und der Bedeutung von Sätzen niemals aufgrund von im weitesten Sinne empirischen Erwägungen zustande kommt. Der konsequent fallibilistische Holist bestreitet somit den transempirischen Charakter der Logik; auch die Probleme der Logik sind für ihn nicht völlig unabhängig von faktischen Problemen, denn auch ihr Platz liegt innerhalb, nicht außerhalb unseres wissenschaftlichen Gesamtsystems. Solange etwaige Veränderungen der Logik rechtzeitig angegeben und ihre Konsequenzen deutlich herausgestellt werden, besteht keine Gefahr, daß unser gesamtes wissenschaftliches System zu einem inkohärenten Konglomerat von Sätzen verkommt. Der konsequente Fallibilist besteht darauf, daß prinzipiell alle Teile unserer Wissenschaft revidierbar sind, er behauptet hingegen nicht – wie ihm zuweilen unterstellt wird –, daß alle Teile auf einmal verändert werden können. Bei einem solchen Anspruch ist seine Position durchaus konsistent zu verteidigen.

Auch wenn sich nach dem mißglückten Explikationsversuch

der Synonymie mit Hilfe der Verifikationstheorie der Bedeutung herausgestellt hat, daß die Aufteilung von Quines Holismus in zwei Komponenten und die daran anschließende getrennte Analyse dem Standpunkt Quines nicht gerecht wird, soll dennoch Grices und Strawsons Behandlung des naturalistischen Fallibilismus angeführt werden, weil sich von dort aus eine Brücke zu einer weiteren Kritik Carnaps schlagen läßt. Grice und Strawson behaupten, daß das Prinzip der grundsätzlichen Revidierbarkeit aller Sätze mit einer grundsätzlichen Unterscheidung von analytischen und synthetischen Sätzen vereinbar ist, wenn gleichzeitig zwei verschiedene Revisionsmöglichkeiten von Sätzen unterschieden werden. Die eine Art der Revision bestehe in der Veränderung des Wahrheitswerts eines einzelnen Satzes, die zweite Art der Revision bestehe in einer Veränderung des gesamten Sprachsystems bzw. des umfassenden begrifflichen Schemas.[120] Ein ähnlicher Gedanke wird auch von Carnap vertreten, der jedoch bei der Exposition seiner Kritik im Gegensatz zu Grice und Strawson nicht den Fehler begeht, den konsequenten Fallibilismus aus dem Rahmen des Holismus herauszulösen:

> »Quine shows ... that a scientist, who discovers a conflict between his observation and his theory and who is therefore compelled to make a readjustment somewhere in the total system of science, has much latitude with respect to the place where a change is to be made. In this procedure, no statement is immune to revision, not even the statements of logic and of mathematics. There are only practical differences, and there are differences in degree, inasmuch as a scientist is usually less willing to abandon a previously accepted general empirical law than a single observation sentence, and still less willing to abandon a law of logic or of mathematics. With all this I am entirely in agreement.« (Carnap 1963b: 921)

Carnap stimmt Quines Holismus einschließlich Neuraths konsequentem Fallibilismus also zu, bezweifelt aber gleichzeitig, daß diese Position zu einer Preisgabe des Analytizitätsbegriffs führt. Wie kann ein solcher Standpunkt verteidigt werden?[121]

In einem ersten Schritt betont Carnap, daß sein Begriff eines analytischen Satzes durch die Beschreibung »wahr was immer auch kommen mag« nicht adäquat charakterisiert sei. Bei dieser

Antwort übersieht Carnap, daß sich diese Charakteristik als logische Konsequenz des Explikationsversuchs mittels der Verifikationstheorie der Bedeutung ergibt. Die Verifikationstheorie der Bedeutung ist der sprachphilosophische Kern des Wiener Kreises, so daß ihre Anwendung auf das Problem der Analytizität ganz in dessen Sinn erfolgt. Wenn Carnap dieses Vorgehen nicht akzeptiert, ist Quines Feststellung berechtigt: »The Vienna Circle espoused a verification theory of meaning but did not take it seriously enough.« (Quine 1968b: 80)[122]

In einem zweiten Schritt unterscheidet Carnap ähnlich wie Grice und Strawson zwei prinzipiell verschiedene Revisionsmöglichkeiten von Sätzen, die im Fall eines Konflikts mit der Erfahrung vorgenommen werden können. Die erste Möglichkeit betrifft die Veränderung des gesamten Sprachsystems und ist eine Frage der Ontologie,[123] die zweite Möglichkeit betrifft die Veränderung eines einzelnen Satzes innerhalb des Systems und ist eine Frage der Wissenschaft. Das Problem, das hier auftaucht, hat Quine wie folgt umrissen:

> »Though no one has influenced my philosophical thought more than Carnap, an issue has persisted between us for years over questions of ontology and analyticity. These questions prove to be interrelated ...« (Quine 1951c: 203)

Um den Zusammenhang zwischen Ontologie und Analytizität zu klären, stelle ich zunächst Carnaps Unterscheidung zwischen externen und internen Fragen und Quines Alternative vor. Diese Alternative führt Quine zu einer Auffassung, die im Gegensatz zu Carnap keinen prinzipiellen, sondern nur einen graduellen Unterschied zwischen ontologischen und wissenschaftlichen Problemen zuläßt. Eine detaillierte Untersuchung der unterschiedlichen Standpunkte von Carnap und Quine fördert schließlich die Gründe zutage, die für ihre verschiedenen metaphilosophischen Positionen verantwortlich sind.

In seinem Aufsatz »Empiricism, Semantics, and Ontology« beschäftigt sich Carnap mit dem Problem der abstrakten Entitäten. Gibt es solche abstrakten Entitäten wie Eigenschaften, Klassen, Zahlen und Propositionen? Um diese Frage zu beantworten, führt Carnap eine grundlegende Unterscheidung zwischen zwei Arten von Fragen ein, die die Existenz von Entitäten betreffen.[124] Will jemand über eine neue Art von Entitäten in seiner Sprache reden, muß er ein System neuer Redeweisen mit neuen Regeln einführen. Diese Vorgehensweise bezeichnet Carnap als die Konstruktion eines Sprachsystems für die neuen Entitäten. Mit Bezug auf dieses Sprachsystem sind nun zwei Arten von Existenzfragen zu unterscheiden: erstens, die Fragen, die die Existenz von gewissen neuen Entitäten innerhalb des Sprachsystems betreffen, diese Fragen werden interne Fragen genannt; und zweitens, die Fragen, die die Existenz des Systems der Entitäten im ganzen betreffen, diese Fragen werden externe Fragen genannt. Zur Veranschaulichung der Unterscheidung gibt Carnap ein Beispiel an, in dem es um die Art von Entitäten geht, mit denen wir es in unserer Alltagssprache zu tun haben: das raumzeitlich geordnete System der beobachtbaren Dinge und Ereignisse. Haben wir einmal das Sprachsystem für Dinge, die sogenannte Dingsprache akzeptiert, können wir z. B. folgende interne Fragen stellen und beantworten: ›Gibt es ein Exemplar von *Word and Object* auf meinem Schreibtisch?‹, ›Hat Marbot wirklich gelebt?‹, ›Sind Einhörner und Zentauren wirklich oder nur Produkte unserer Phantasie?‹ Solche Fragen sind durch Beobachtung und empirische Untersuchungen zu beantworten. Von diesen Fragen sind die externen Fragen zu unterscheiden, die die Realität der Dingwelt selbst betreffen. Im Gegensatz zu den internen Fragen wird diese Art von Fragen nach Carnap weder von dem Mann auf der Straße noch von Wissenschaftlern, sondern nur von Philosophen gestellt. Carnap ist der Auffassung, daß diese philosophischen Fragen nach der Existenz oder Realität der Dingwelt gar keine theoretischen, sondern praktische Fragen sind. Es geht bei ihnen um eine praktische Entscheidung über die Struktur unserer Sprache. Wir haben eine Entscheidung darüber zu treffen, ob wir bestimmte Ausdrucksweisen für bestimmte Zwecke akzeptieren wollen oder nicht. Entscheidet sich jemand für die Annahme der Dingsprache, so hat er sich dafür entschieden, die Dingwelt zu akzeptieren. Dies darf aber nicht so interpretiert werden, daß diese Annahme einen Glauben an die Realität der Dingwelt beinhalte. Einen solchen Glauben kann es deshalb nicht geben, weil es sich nicht um eine theoretische Frage handelt. Die Dingsprache zu akzeptieren bedeutet nichts anderes, als eine bestimmte Sprachform zu akzeptieren.

Was Carnap als ›Sprachform‹ bezeichnet, nennt Quine ›Ontologie‹. Diese Terminologie hält Carnap für mißverständlich und irreführend.[125] Quine vermutet, daß der Grund für Carnaps Mißbilligung darin zu sehen ist, daß der Begriff der Ontologie dem Bereich der traditionellen Metaphysik entstammt und somit nach den Auffassungen des Wiener Kreises sinnlos ist.[126] Gerade in diesem Falle fühle er sich jedoch frei, den Sinn des Begriffs neu zu spezifizieren. Auf der anderen Seite glaubt Quine, daß seine Verwendung des Wortes ›Ontologie‹ durchaus nicht so willkürlich ist, wie es auf den ersten Blick scheinen mag: »Though no champion of traditional metaphysics, I suspect that the sense in which I use this crusty old word has been nuclear to its usage all along.« (Quine 1951c: 204) Worin die Gemeinsamkeiten und Unterschiede zwischen Quines Ontologieverständnis und traditionellen Auffassungen bestehen, ist eine schwierige Frage, die für die Auseinandersetzung mit Carnap nicht weiterverfolgt zu werden braucht.[127] Festgehalten werden muß jedoch zumindest, daß Quines Standpunkt mit der traditionellen Lehre von einer apriorischen Erkenntnis des Seins und seinen allgemeinsten Kategorien nichts gemein hat. Die Frage nach dem, was es gibt, kann für Quine nicht unabhängig von wissenschaftlichen Theorien beantwortet werden. So ist es für ihn nur folgerichtig, daß er die traditionell apriorische Frage zugunsten der Frage nach den ontologischen Verpflichtungen einer Theorie aufgibt. Die absolute Frage nach dem, was es gibt, ist sinnlos; hingegen ist die Frage, was es gemäß einer Theorie gibt, sinnvoll und beantwortbar. Zwei Problembereiche sind dabei zu unterscheiden: »Now to determine what a given theory presupposes is one thing, and to determine what entities a theory should be allowed to presuppose, what entities there really are, is another.« (Quine 1951c: 206) Insbesondere mit Bezug auf die zweite Frage betont Carnap den prinzipiellen Unterschied zwischen internen und externen Fragen, den Quine nicht teilt. Um zu verstehen, warum Quine diese Unterscheidung nicht mitmacht, ist es ratsam, Carnaps Einführung eines neuen Sprachsystems etwas genauer zu betrachten. Carnap geht in zwei Schritten vor.[128] Im ersten Schritt werden allgemeine Terme, Prädikate höherer Ordnung, für die neue Art von Entitäten eingeführt, die uns zu sagen erlauben, daß eine bestimmte Entität zu dieser Art gehört. Beispiele sind ›Blau ist eine *Eigenschaft*‹, ›Drei ist eine *Zahl*‹. Im zweiten Schritt werden Variablen des neuen Typs eingeführt. Die neuen Entitäten sind Werte dieser Variablen. Die Konstanten und gegebenenfalls die geschlossenen zusammengesetzten Ausdrücke sind für die Variablen einsetzbar. Mit Hilfe der Variablen können Quantorensätze über die neuen Entitäten formuliert werden. Der wesentliche Gedanke des zweiten Schritts beruht natürlich auf Quines berühmtem Kriterium für Existenzannahmen, das er erstmals 1939 vorgestellt hat: »The universe of entities is the range of values of variables. To be is to be the value of a variable.« (Quine 1939: 663)[129]

Im Anschluß an diese Vorgehensweise Carnaps entpuppt sich dessen strikte Unterscheidung von internen und externen Fragen für Quine als eine Unterscheidung zwischen zwei Arten einer Formalisierung der Sprache, in der über die neuen Entitäten geredet wird.[130] Carnaps externe Fragen lassen sich in Quines Terminologie auf sogenannte Kategoriefragen, seine internen Fragen auf sogenannte Subklassenfragen zurückführen. Verwenden wir in einer formalisierten Sprache nur einen bestimmten Typ gebundener Variablen, der über den gesamten Wertbereich der Entitäten verläuft, ist die Frage ›Gibt es die-und-die Entitäten?‹ eine externe oder Kategoriefrage. Verwenden wir hingegen eine bestimmte Art von Variablen für eine Art von Entitäten und eine andere Art von Variablen für eine andere Art von Entitäten, ist die Frage ›Gibt es die-und-die Entitäten?‹ eine interne oder Subklassenfrage, da sie nicht alle Entitäten einschließt, von denen gesagt werden kann, daß es sie gibt.

Warum Carnaps Unterscheidung zwischen internen und externen Fragen nach Quines Auffassung keine grundsätzliche erkenntnistheoretische Bedeutung zukommt, macht er an einem Beispiel deutlich. Die Frage, ob es Zahlen gibt, ist nur dann eine Kategoriefrage, wenn sie in einer Sprache gestellt wird, die eigens für den Bezug auf Zahlen eine bestimmte Art von Variablen enthält. Bezieht sich die Sprache durch Variable auf Zahlen, die neben Zahlen auch Klassen als Werte annehmen, wird die Frage, ob es Zahlen gibt, zu einer Subklassenfrage, die mit der Frage vergleichbar ist, ob es Primzahlen über hundert gibt. Sogar die Frage, ob es Klassen oder ob es physikalische

Gegenstände gibt, wird zu einer Subklassenfrage, wenn in der entsprechenden Sprache nur eine Art von Variablen über die beiden Entitätsbereiche verläuft. Ob der Satz, daß es physikalische Gegenstände gibt, und der Satz, daß es schwarze Schwäne gibt, auf der gleichen Seite von Carnaps Dichotomie oder auf verschiedenen Seiten unterzubringen ist, hängt nach Quine nur von der trivialen Überlegung ab, ob wir eine oder zwei Arten von Variablen für physikalische Gegenstände und Klassen in die Sprache einführen.

Quines Argumentation führt zu dem Ergebnis, daß Carnaps grundsätzliche Unterscheidung zwischen internen und externen Fragen nichts anderes darstellt als eine Unterscheidung von zwei Formalisierungsweisen von Sätzen über das, was es gibt. Nur die Wahl des Notationsschemas bestimmt, wie Fragen über die Existenz gewisser Entitäten eingeschätzt und beantwortet werden. Darüber hinaus betont Quine den Zusammenhang zwischen der Beurteilung des Verhältnisses von internen und externen Fragen und der Aufrechterhaltung der analytisch-synthetisch-Unterscheidung:

> »No more than the distinction between *analytic* and *synthetic* is needed in support of Carnap's doctrine that the statements commonly thought of as ontological, viz., statements such as ›There are physical objects‹, ›There are classes‹, ›There are numbers‹, are analytic or contradictory given the language. No more than the distinction between analytic and synthetic is needed in support of his doctrine that the statements commonly thought of as ontological are proper matters of contention only in form of linguistic proposals. The contrast which he wants between those ontological statements and empirical existence statements such as ›There are black swans‹ is clinched by the distinction of analytic and synthetic.« (Quine 1951c: 210)

An diesem Punkt werden erneut die theoretisch grundsätzlichen Konflikte zwischen Carnap und Quine deutlich, die die Möglichkeit einer prinzipiellen Unterscheidung von analytischen und synthetischen Sätzen betreffen. Auch nach Carnaps Sicht der Dinge ist Quines wichtigster Einwand gegen seine Unterscheidung von externen und internen Fragen darin zu sehen, daß Quine keinen theoretisch befriedigenden Grund findet, um eine strikte Trennung zwischen logischer und faktischer Wahrheit und zwischen Fragen der Bedeutung und faktischen Fragen aufrechterhalten zu können.[131] Wenn eine eindeutige Grenze zwischen analytischen und synthetischen Sätzen nicht gezogen werden kann, gibt es für Quine keine Grundlage, auf der Carnap den Unterschied zwischen ontologischen Sätzen und empirischen Existenzsätzen verteidigen kann. »Ontological questions then end up on a par with questions of natural science.« (Quine 1951c: 211)

Für Quine teilt die Philosophie das Interesse an der Frage nach dem, was es gibt, mit den Wissenschaften.[132] Eine deskriptive Antwort ist in vielen Bereichen zwar erst zum Teil, doch schon recht ausführlich gegeben worden. So werden in Geographie- und Astronomiebüchern Länder, Meere, Planeten und Sterne beschrieben. In Biographien und Kunstbüchern finden wir Beschreibungen von einzelnen Zweifüßlern und anderen Gegenständen mittlerer Größe. In der Zoologie, Botanik und Mineralogie werden die Gegenstände nach Ähnlichkeitsmerkmalen klassifiziert und kollektiv beschrieben. Die Physik führt den Abstraktionsprozeß noch weiter, indem sie bei ihren Beschreibungen von einer Vielzahl von Einzelheiten absieht. Und sogar die reine Mathematik gehört nach Quine zur deskriptiven Antwort auf die Frage nach dem, was es gibt. Sie handelt von Zahlen, Klassen und Funktionen, und auch diese Entitäten gehören zu dem großen Bereich der Dinge, auf die sich die Frage bezieht. »What distinguishes between the ontological philosopher's concern and all this is only breadth of categories.« (Quine 1960: 275) Nehmen wir die Existenz physikalischer Gegenstände an, entscheidet der Naturwissenschaftler, welche speziellen Gegenstände es gibt. Nehmen wir die Existenz von Klassen oder anderen abstrakten Entitäten für den Forschungsbereich des Mathematikers an, so ist er es, von dem wir z. B. eine Antwort auf die Frage erwarten, ob es gerade Primzahlen gibt. Es sind nun genau diese unkritischen Voraussetzungen von physikalischen Gegenständen und Klassen, die der Philosoph zu untersuchen hat. »Here is the task of making explicit what had been tacit, and precise what had been vague; of exposing and resolving paradoxes, smoothing kinks, lopping off vestigial growths, clearing ontological slums.« (Quine 1960: 275)

Für Quine unterscheiden sich die Aufgaben des Philosophen und des Wissenschaftlers somit im Detail, aber nicht grundsätzlich. Es gibt für den Philosophen keine privilegierte Stellung, von der aus die Untersuchung eines Sprachsystems oder Begriffsschemas erfolgen kann. »There is no such cosmic exile.« (Quine 1960: 275) Der Philosoph kann das grundlegende Begriffsschema der Wissenschaft und des Common Sense nur von innen heraus analysieren und verbessern. Zusammen mit anderen Wissenschaftlern sitzt er in Neuraths Boot. Zwar scheint es auf den ersten Blick so zu sein, daß die Frage nach der Existenz von Klassen und physikalischen Gegenständen eher eine Frage des geeigneten Begriffsschemas und die Frage nach der Existenz von schwarzen Schwänen oder Zentauren mehr eine Frage der Tatsachen ist, doch bei näherer Betrachtung handelt es sich auch hier nicht um einen prinzipiellen, sondern nur um einen graduellen Unterschied.[133] Der Unterschied beruht allein auf unseren pragmatischen Erwägungen, die uns im Fall widersprechender Erfahrungen dazu führen, bei der Modifikation und Veränderung unseres wissenschaftlichen Systems eher an der einen als an der anderen Stelle einzugreifen. Bei diesem Vorgehen sind das Streben nach Kohärenz und Einfachheit die grundlegenden methodologischen Richtlinien. Auch sie gelten jedoch nicht allein für den Philosophen, sondern für jeden Wissenschaftler.

All diesen Überlegungen scheint Carnap in der oben angeführten Antwort auf Quine zuzustimmen.[134] Ist dies richtig, bleibt aber völlig unverständlich, warum Carnap dennoch glaubt, an einer erkenntnistheoretisch wichtigen Unterscheidung von internen und externen Fragen festhalten zu können, mit der die analytisch-synthetisch-Unterscheidung zu verteidigen wäre. Peter Hylton hat kürzlich darauf hingewiesen, daß für Carnap die folgende Argumentationsmöglichkeit offen bleibt:[135] Es kann zugestanden werden, daß pragmatische Erwägungen sowohl innerhalb eines Sprachsystems wie auch bei der Wahl eines Sprachsystems beteiligt sind. Der Unterschied zwischen internen und externen Fragen ist deshalb nicht so zu bestimmen, daß Tatsachen und theoretische Überlegungen nur im ersten Fall, pragmatische Überlegungen und praktische Entscheidungen hingegen nur im zweiten Fall eine Rolle spielen. Ein Unterschied bleibt dennoch bestehen. Für die Beantwortung interner Fragen sind Tatsachen *und* pragmatische Erwägungen zu berücksichtigen, für die Beantwortung externer Fragen nehmen wir *allein* auf pragmatische Erwägungen Bezug. Quines Ergebnisse veranlassen uns, den erkenntnistheoretischen Unterschied zwischen internen und externen Fragen neu zu definieren, sie erzwingen aber keine Preisgabe der Unterscheidung. Die Regeln eines Sprachsystems, die den Bereich der zulässigen Entitäten für diese Sprache festlegen, sind allein nicht immer ausreichend, um klar zu machen, auf welche Weise bestimmte Daten Antworten auf interne Fragen abgeben; zusätzlich müssen pragmatische Erwägungen miteinbezogen werden. Doch auch wenn die Regeln eines Sprachsystems unterschiedliche Optionen offen lassen, bleibt die Beantwortung einer internen Frage stets eine regelgeleitete Aktivität. Im Gegensatz dazu können wir uns bei der Beantwortung einer externen Frage nicht auf Regeln berufen, denn nur innerhalb eines Sprachsystems stehen uns überhaupt Regeln zur Verfügung. Der erkenntnistheoretische Unterschied zwischen internen und externen Fragen kann somit in Form des Unterschieds von regelgeleiteter und nicht-regelgeleiteter Aktivität aufrechterhalten werden. Für Carnap haben interne Fragen im Gegensatz zu externen Fragen deshalb einen anderen erkenntnistheoretischen Status, weil nur sie regelgeleitet sind.

> »The weakness of this idea, however, is that the issue under discussion is whether rules of language have an epistemological status different in principle from that of statements within the language. We can hardly support this distinction by saying that in the one case there are, and in the other case there are not, rules to which we can appeal. The status of these rules is what we are trying to settle, and to suppose that the difference between rule-governed and non-rule-governed activities makes an epistemological distinction is not to settle this question but to beg it.« (Hylton 1982: 175)

Hylton weist mit Recht darauf hin, daß die Annahme eines erkenntnistheoretischen Unterschieds zwischen internen und externen Fragen nur dann begründet werden könnte, wenn wir in unserer epistemischen Praxis die Regeln eines Sprachsystems und die Sätze innerhalb eines Systems auf grundsätzlich verschiedene Art und Weise rechtfertigen würden. Wenn Carnap in der oben angeführten Antwort auf Quine einräumt, daß solch eine unterschiedliche Vorgehensweise in unserer epistemischen Praxis nicht aufzuweisen ist, wenn er Quines Holismus einschließlich Neuraths konsequentem Fallibilismus akzeptiert, der eine nur graduelle Unterscheidung von wissenschaftlichen und ontologischen Fragen nach sich zieht – dann ist eine Basis für den prinzipiellen Unterschied von internen und externen Fragen sowie von analytischen und synthetischen Sätzen nicht mehr vorhanden.

Warum aber hat Carnap dennoch stets an dieser Unterscheidung festgehalten? Sie ist die Grundlage seiner Auffassung, was es heißt, eine philosophisch befriedigende Darstellung der Wissenschaft zu geben.[136] Diese Darstellung nimmt bei ihm die Form einer rationalen Rekonstruktion an, die mit einer normativen Zielsetzung durchgeführt wird. Eine normative Untersuchung und Rechtfertigung einer wissenschaftlichen Theorie setzt für Carnap einen Maßstab epistemischer Rechtfertigungsprinzipien voraus, der von der jeweiligen Theorie unabhängig ist. Dieser Maßstab wird durch die Wahl eines Sprachsystems bestimmt. Gibt es keinen prinzipiellen erkenntnistheoretischen Unterschied zwischen der Bestimmung des Sprachsystems und den Sätzen der Wissenschaft, gibt es für Carnap auch keinen Standpunkt mehr, von dem aus eine normative Analyse der Wissenschaft vorgenommen werden kann. Der Verzicht auf die analytisch-synthetisch-Unterscheidung unterminiert die methodologischen Grundlagen von Carnaps Auffassung über Sinn und Zweck einer philosophischen Analyse der Wissenschaft. Aus diesem Grund hält er an seiner Überzeugung fest: »I believe that the distinction between analytic and synthetic statements, expressed in whatever terms, is practically indispensible for methodological and philosophical discussions.« (Carnap 1963b: 922) Ist Quines Angriff auf den Analytizitätsbegriff erfolgreich, stellt sich die Frage, was es heißt, eine philosophische Darstellung der Wissenschaft zu geben, in neuem Licht. Quines Naturalismus erscheint nicht länger als eine Voraussetzung seiner Philosophie, sondern als eine Konsequenz seiner Analytizitätskritik. Das Problem der Theorienbewertung von einem Standpunkt jenseits unserer Theorien kann von Quine nicht verfolgt werden. Nur vom Standpunkt unserer gegenwärtig bewährten und falliblen Theorien können wir uns fragen, wie wir aufgrund eines spärlichen Inputs durch das Zeugnis unserer Sinne zu dem überwältigenden Output von Sprache und Theorie gelangen. Quines philosophische Grundfrage heißt demnach: »Given only the evidence of our senses, how do we arrive at our theory of the world?« (Quine 1974a: 1)

Quines naturalisierte Erkenntnistheorie wird von vielen Kritikern mit einer Einschätzung konfrontiert, die auch Hylton teilt: »The normative aspect falls away.« (Hylton 1982: 176) Ist das wahr? Die Antwort hängt davon ab, wo man den Bereich des Normativen ansiedelt. Sucht man ihn außerhalb der Wissenschaft, dann hat für Quine die Philosophie als ein Teil der Wissenschaft folgerichtig keinen Zugang zum Bereich des Normativen. Aber kann man ihn innerhalb der Wissenschaft finden? Ist nicht die Wissenschaft ein rein deskriptives Unternehmen? Wer eine solche Auffassung vertritt, überschätzt die rein faktische Komponente und übersieht die vielfältigen normativen Ingredienzien der Wissenschaft. Quine selbst hat stets darauf hingewiesen, daß keine wissenschaftliche Theorie einfach und unzweideutig durch die Tatsachen bestimmt ist.[137] Einfachheit und Kohärenz sind normative Eckpfeiler jeder Theorie; Bequemlichkeit und Leistungsfähigkeit spielen eine bedeutendere Rolle, als manchem Wissenschaftstheoretiker lieb ist. »Thus the problem of deciding what is the best or most desirable of alternative views of the same set of ›facts‹, so to speak – deciding what we ought to think – is a regular feature of standard scientific operating procedure.« (Romanos 1983: 193) Die Befürchtung, die Philosophie verliere ihre normative, kritische oder regulative Bedeutung, wenn sie als Bestandteil der Wissenschaft betrachtet wird, sieht Romanos als eine Folge der weit verbreiteten Auffassung von einer strengen Unterscheidung zwischen Wert- und Tatsachenfragen. Steht man solch einer prinzipiellen Unterscheidung im Hinblick auf das Unternehmen Wissenschaft eher skeptisch gegenüber, muß dies nicht zu einem Standpunkt führen, nach dem sich alle Wertfragen auf Tatsachenfragen reduzieren lassen oder nach dem jede Tatsachenfrage letztlich auf eine Wertfrage hinausläuft. So wie die wissenschaftstheoretische Position einer strikten Unterscheidung von

Tatsachen und Theorien zugunsten einer Auffassung von einem graduellen Übergang der beiden Bereiche und ihrer wechselseitigen Beeinflussung aufgegeben worden ist, könnte sich auch in dem Verhältnis von Tatsachen und Werten eine Betrachtungsweise als fruchtbar herausstellen, die ihrer wechselseitigen Beeinflussung in einem dynamischen Modell Rechnung trägt.[138] Quine selbst hat seine Ansicht über die Beziehungen von deskriptiven und normativen Fragen bis heute nicht detailliert ausgearbeitet; den Rahmen für eine Konzeption in seinem Sinn hat er jedoch mit wenigen Worten umrissen:

> »Our speculations about the world remain subject to norms and caveats, but these issue from science itself as we acquire it. Thus one of our scientific findings is the very fact ... that information about the world reaches us only by forces impinging on our nerve endings; and this finding has normative force, cautioning us as it does against claims of telepathy and clairvoyance. The norms can change somewhat as science progresses.« (Quine 1981f: 181)

Eine naturalisierte Erkenntnistheorie führt somit nicht zwangsläufig zu einer Eliminierung normativer Fragen, sondern zu einer Neubewertung des normativen Gehalts unserer Wissenschaft. Die Klärung des Zusammenspiels von empirischen und normativen Faktoren hat gerade erst begonnen.[139] Sicherlich ist gerade sie eine der wichtigsten Untersuchungsgegenstände der Art von naturalisierter Erkenntnistheorie, die Quine als Konsequenz seiner Auseinandersetzung mit Carnap über den Analytizitätsbegriff betrachtet.

3.9 Zusammenfassung und Überleitung zum nächsten Kapitel

Zu Beginn dieses Kapitels ist dargestellt worden, daß der historische Ursprung und die systematische Grundlage für Quines Angriffe auf den Analytizitätsbegriff in der vom Wiener Kreis und dort insbesondere von Carnap vorgenommenen erkenntnistheoretischen Bestimmung der logischen und mathematischen Wahrheiten liegen. Frege hatte behauptet, daß die Arithmetik aus den Definitionen und Gesetzen der Logik ableitbar und somit analytisch ist. Wittgenstein war der Auffassung, daß die Gesetze der Logik nichts anderes als bestimmte Notationsweisen der Sprache sind. Carnap versuchte diese beiden Auffassungen so miteinander in Einklang zu bringen, daß sich logische und mathematische Wahrheiten als wahr kraft Konvention ergeben. Diese linguistische Doktrin der logischen Wahrheit hat Quine einer detaillierten Analyse unterzogen, deren Ergebnis darin besteht, daß der Analytizitätsbegriff auf diese Weise nicht zufriedenstellend expliziert werden kann. Auch die weiteren Explikationsversuche der Analytizität, die Quine im einzelnen untersucht, stellen sich als unbefriedigend heraus. Die Strategie, mit der der Analytizitätsbegriff verteidigt werden soll, erweist sich als zirkulär. Dieses Ergebnis allein war für Quine jedoch nicht philosophisch entscheidend. »Because of its negativity, my repudiation of analyticity was nothing I felt impelled to write about.« (Quine ca. 1978: 32) Diese Haltung ändert Quine erst dann, als er eine Möglichkeit findet, die tieferen Gründe für die Annahme einer prinzipiellen analytisch-synthetisch-Unterscheidung zu diagnostizieren:

> »... misgivings over the notion of analyticity are warranted ... at a deeper level, where a sincere attempt has been made to guess the unspoken *Weltanschauung* from which the motivation and plausibility of a division of statements into analytic and synthetic arise. My guess is that that *Weltanschauung* is a more or less attenuated holdover of phenomenalistic reductionism.« (Quine 1953b: 138)

Diese Diagnose veranlaßt Quine, sich nach einer Alternative zum Reduktionismus umzusehen. Er findet sie in Duhems und Neuraths Version des Holismus, den er als bedeutende dritte Verbesserung des Empirismus bezeichnet. Mit Hilfe des Holismus glaubt Quine dann, die vierte Verbesserung des Empirismus auf das Konto seiner Philosophie verbuchen zu können:

> »The fourth move, to methodological monism, follows closely on ... holism. Holism blurs the supposed contrast between the synthetic sentence, with its empirical content, and the analytic sentence, with its null content. The organizing role that was supposedly the role of analytic sentences is now seen as shared by sentences generally, and the empirical content that was supposedly peculiar to synthetic sentences is now seen as diffused through the system.« (Quine 1975a: 71 f.)

Die Frage, ob der Holismus Quines tatsächlich das entscheidende Argument gegen Carnaps Analytizitätsbegriff darstellt, wird im nächsten Kapitel im Zusammenhang mit der Diskussion der Unbestimmtheitsthese der Übersetzung weiter verfolgt werden. An dieser Stelle kann jedoch schon jetzt festgehalten werden, wie fragwürdig die Rede von den beiden Dogmen des Logischen Empirismus ist, denn es war gerade der Logische Empirist Neurath, der Quines Alternative zum Reduktionismus vorweggenommen und durch seine spezifische Version des Holismus die analytisch-synthetisch-Unterscheidung in Frage gestellt hat. Die Auseinandersetzung Quines mit Carnap führt zu einer Rehabilitation, Vertiefung und Präzisierung Neurathscher Gedanken. Quines Philosophie stellt somit nicht in erster Linie eine Kritik des historisch richtig verstandenen Logischen Empirismus dar, sondern einen Syntheseversuch von unterschiedlichen theoretischen Tendenzen innerhalb des Wiener Kreises.

4. Kapitel
Die These der Übersetzungsunbestimmtheit

> »Chapter 2 of Quine's *Word and Object* contains what may well be the most fascinating and the most discussed philosophical argument since Kant's Transcendental Deduction of the Categories.«
>
> *Hilary Putnam*

Das 4. Kapitel behandelt den zentralen Knotenpunkt in Quines Philosophie, mit dem die Analytizitätsdebatte zwischen Carnap und Quine abgeschlossen und der Übergang zu einer naturalisierten Erkenntnistheorie eröffnet werden soll: die berühmte und vieldiskutierte These der Übersetzungsunbestimmtheit. Im siebten Teil des 3. Kapitels ist dargestellt worden, warum Quine ein empirisches Verfahren zur Explikation der für Carnaps philosophische Methodologie zentralen Begriffe der Bedeutung, Synonymie und Analytizität verlangt. Carnap versucht, dieser Forderung in seinem Aufsatz »Meaning and Synonymy in Natural Languages« (1955a) nachzukommen. Die Darlegung seiner Vorgehensweise ist der Ausgangspunkt dieses Kapitels. Quines Kritik an Carnaps Vorschlag wird durch seine eigene Behandlung des Problems anhand des Gedankenexperiments der Erstübersetzung *(radical translation)* vorgestellt. Das Ergebnis ist seine These der Übersetzungsunbestimmtheit, deren Entwicklung und Analyse im Mittelpunkt des Kapitels steht. Grob zusammengefaßt verläuft die Untersuchung wie folgt: Unter Rückgriff auf das bekannte ›gavagai‹-Beispiel wird die von Quine zur Exposition seiner Unbestimmtheitsthese entwickelte Methodologie eingeführt. Dabei ist die Darstellung und Analyse des Begriffs der Stimulusbedeutung von besonderer Wichtigkeit. Der theoretische Stellenwert der Stimulusbedeutung wird unter Berücksichtigung der wechselseitigen Abhängigkeit von Sätzen in Quines Sprach- und Wissenschaftsphilosophie erläutert. Insbesondere wird die Stimulusbedeutung im Zusammenhang mit Quines Gelegenheitssätzen, seinen Beobachtungssätzen, seinen Gelegenheitssätzen, die keine

Beobachtungssätze sind, seinen festen Sätzen und den logischen Verknüpfungen diskutiert. Eine Analyse von Quines Prinzip der Nachsicht schließt sich an. Auf der Grundlage dieser Voraussetzungen werden Quines analytische Hypothesen und seine These der Übersetzungsunbestimmtheit eingeführt. Mögliche Mißverständnisse und Fehldeutungen der Unbestimmtheitsthese werden anschließend erörtert. Es folgt eine Untersuchung der Kritiken an den Voraussetzungen für die Einführung der analytischen Hypothesen und der Unbestimmtheitsthese. Schließlich werden drei zentrale Argumentationen Quines zugunsten der Unbestimmtheitsthese detailliert analysiert: 1. die Verteidigung der Unbestimmtheitsthese durch die Thesen der Unerforschlichkeit der Referenz und der ontologischen Relativität, 2. die Verteidigung durch den Bezug auf die Verifikationstheorie der Bedeutung und den Holismus, und 3. die Verteidigung durch die prinzipielle Unterscheidung zwischen der Unbestimmtheitsthese und der Unterbestimmtheitsthese empirischer Theorien durch ihre Daten. Das Kapitel endet mit einer Erörterung von drei in der Diskussion der Unbestimmtheitsthese offen gebliebenen Fragen: 1. Wie ist die Unterbestimmtheit empirischer Theorien zu erklären? 2. Worin besteht der Unterschied zwischen der Unterbestimmtheitsthese und dem Holismus? 3. Wie ist die methodologische Stellung des Holismus innerhalb von Quines Philosophie zu charakterisieren? Eine Zusammenfassung der Ergebnisse dient als Überleitung zu den Schlußbemerkungen.

4.1 Carnaps Vorschlag zu einer empirischen Analyse von Bedeutung, Synonymie und Analytizität

Um Quines Forderung nach einer empirischen Analyse von Bedeutung, Synonymie und Analytizität zu erfüllen, geht Carnap in zwei Schritten vor. In einem ersten Schritt entwickelt er ein Verfahren zur empirischen Bestimmung der Extension eines Prädikats, um auf dieser Basis in einem zweiten Schritt ein Verfahren zur empirischen Bestimmung der Bedeutung bzw. der Intension eines Prädikats anzugeben.[1]

Für die Lösung des ersten Problems geht Carnap davon aus,

daß ein Linguist mit der Aufgabe konfrontiert wird, ein Übersetzungshandbuch der ihm unbekannten englischen Sprache zu erstellen.[2] Dabei besteht seine empirische Basis aus den Beobachtungsdaten des Sprachverhaltens von Mitgliedern der englischen Sprachgemeinschaft. Um das Problemfeld für seine methodologische These überschaubar zu halten, beschränkt Carnap die Untersuchungen des Linguisten auf das Sprachverhalten einer bestimmten Person Jack zu einem bestimmten Zeitpunkt und berücksichtigt auch dieses nur insoweit, als in ihm Prädikate vorkommen, die sich auf beobachtbare Dinge beziehen. Mit Hilfe einfacher empirischer Verfahren ist der Wissenschaftler in der Lage herauszufinden, ob Jack bereit ist, ein bestimmtes Prädikat wie ›table‹ einem bestimmten Gegenstand zuzusprechen oder nicht. Nach Auswertung seiner systematischen Beobachtungen verfügt der Linguist dann in der Regel über drei Ergebnisse: erstens kann er die Extension des Prädikats ›table‹ innerhalb des untersuchten Gegenstandsbereichs für Jack festlegen, es ist die Klasse der Dinge, auf die Jack bereitwillig das Prädikat ›table‹ anwendet; zweitens kann er die Klasse der Dinge bestimmen, denen Jack das Prädikat nicht zuspricht, und drittens kann er die Klasse der Dinge ausmachen, denen Jack das Prädikat weder zuspricht noch abspricht. Der Umfang der dritten Klasse gibt den Grad der extensionalen Vagheit des Prädikats ›table‹ an. Für bestimmte Prädikate, wie z. B. ›man‹, ist der Grad dieser extensionalen Vagheit vernachlässigenswert gering, für andere Prädikate, wie etwa ›artist‹, dürfte er hingegen relativ groß sein. Auf der Grundlage dieser drei Klassen zur empirischen Bestimmung des Prädikats ›table‹ innerhalb des untersuchten Gegenstandsbereichs kann der Linguist eine Hypothese über die Antworten Jacks außerhalb dieses Gegenstandsbereichs aufstellen, die im Idealfall die Extension des Prädikats in allen vorkommenden Bereichen festlegt. Natürlich kann diese Hypothese niemals vollständig verifiziert werden, doch kann jeder Einzelfall von ihr einem empirischen Test unterzogen werden. Die Bestimmung der Extension schließt Unsicherheit und mögliche Fehler nicht aus; da solche Irrtümer jedoch bei allen Begriffen der empirischen Wissenschaften vorkommen, ergibt sich dadurch kein vernünftiger Grund, um auf die Begriffe der Theorie der Extension zu verzichten. Die wichtigsten Fehlerquellen bei der empirischen Bestimmung der Extension liegen für Carnap in den beiden folgenden Bereichen: erstens mag die Feststellung des Linguisten, daß Jack das Prädikat ›table‹ auf einen bestimmten Gegenstand anwendet, auf einem Irrtum beruhen, der durch ein Mißverständnis oder durch einen Fehler von Jack zustandegekommen ist; zweitens unterliegt die Generalisierung des empirischen Verfahrens auf die Fälle, die bisher nicht getestet worden sind, der Unsicherheit aller induktiven Schlüsse. Da aber beide Punkte in allen Bereichen empirischer Wissenschaft anzutreffen sind, stellen sie für Carnap keinen prinzipiellen Einwand gegen das von ihm skizzierte Verfahren zur Bestimmung von Extensionen dar.

In einem zweiten Schritt versucht Carnap die These zu begründen, daß die empirische Analyse der Bedeutungen bzw. der Intensionen einer natürlichen Sprache methodologisch ebenso gut fundiert werden kann wie die Analyse der Extensionen. Dabei bezieht er sich direkt auf Quines Einstellung zu diesen Begriffen, nach der Bedeutungen unklare und wissenschaftlich nicht respektable Entitäten darstellen, für die bislang keine empirisch befriedigende Explikation angegeben worden ist. Carnap ist sich darüber im klaren, daß Quines Einwände prinzipieller Natur sind; ihr Grund liegt nicht in den Schwierigkeiten, die mit der allgemeinen induktiven Unsicherheit und der Vagheit natürlichsprachiger Ausdrücke zusammenhängen. Diese Probleme können deshalb beim weiteren Vorgehen unberücksichtigt bleiben. Die Frage, die für Carnap im Anschluß an sein empirisches Verfahren zur Bestimmung der Extensionen zu beantworten ist, wird von ihm in folgender konditionaler Form vorgelegt: »*granted that the linguist can determine the extension of a given predicate, how can he go beyond this and determine also its intension?*« (Carnap 1955a: 236) Bereits durch die Formulierung dieser Frage wird deutlich, daß die empirische Bestimmung der Intensionen über die der Extensionen hinausgeht und neue methodologische Probleme aufwirft. Zu ihrer Veranschaulichung führt Carnap zwei Linguisten ein, die mit der Untersuchung der Sprache von Jack befaßt sind. Bei der empirischen Ermittlung der Extension eines bestimmten Prädikats in einem bestimmten Gegenstandsbereich haben sie vollkommene Übereinstimmung erzielt. Wie groß dieser Gegenstandsbereich nun auch immer sein mag – er könnte die ganze Welt umfassen, wenn man diese Fiktion aus methodologischen Gründen einmal zuläßt –, so wäre es für die beiden Linguisten auf dieser Grundlage immer noch möglich, dem extensional eindeutig bestimmten Prädikat unterschiedliche Intensionen zuzuordnen. Der Grund liegt darin, daß es mehr als eine und manchmal sogar unendlich viele Eigenschaften gibt, deren Extension mit der empirisch bestimmten Extension des Prädikats übereinstimmt.

An diesem Punkt wird nach Carnap der Kern der Kontroverse zwischen ihm und Quine deutlich. Er liegt in dem Status der Zuordnung, die der Linguist vornimmt, wenn er aus der möglichen Vielzahl von Eigenschaften eine als Intension des Prädikats bestimmt. Wie kommt diese Zuordnung zustande? Nach der intensionalistischen These, die Carnap zu verteidigen sucht, ist die Zuordnung einer Intension eine empirische Hypothese; wie auch andere Hypothesen der Linguistik kann sie durch die Beobachtung des Sprachverhaltens empirisch getestet werden. Nach der extensionalistischen These, die Carnap Quine zuschreibt, ist die Zuordnung einer Intension keine Tatsachenfrage, sondern reine Entscheidungssache. Wenn die Extension eines Prädikats empirisch ermittelt worden ist, kann der Linguist jede der Eigenschaften als Intension auswählen, die mit der gegebenen Extension vereinbar ist. Bei seiner Wahl mag er sich zwar durch Einfachheitserwägungen leiten lassen, doch grundsätzlich hat er es mit keiner Frage von Wahrheit oder Falschheit zu tun. Als Beleg für die extensionalistische These gibt Carnap die folgende Darstellung Quines an:

> »The finished lexicon is a case, evidently, of *ex pede Herculem*. But there is a difference. In projecting Hercules from the foot we risk error, but we may derive comfort from the fact that there is something to be wrong about. In the case of the lexicon, pending some definition of synonymy, we have no statement of the problem; we have nothing for the lexicographer to be right or wrong about.« (Quine 1951b: 63)

Diese Stelle ist eine erste frühe Version von Quines berühmter These der Übersetzungsunbestimmtheit. Ob Carnap mit seiner Deutung und Einordnung Quines richtig liegt, wird bei der detaillierten Vorstellung und Entwicklung dieser These aufgegriffen und beantwortet werden. Zuvor soll jedoch Carnaps Argumentation gegen die extensionalistische These und sein Plädoyer für die intensionalistische These etwas genauer betrachtet werden. Dazu kommen wir wieder auf die beiden bereits eingeführten Linguisten zurück, die mit der Erforschung von Jacks Sprachverhalten befaßt sind. Einer von ihnen kommt aufgrund seiner Beobachtungen zu dem Ergebnis, dem von Jack gebrauchten Wort ›horse‹ die Intension Pferd zuzuordnen. Als Eintrag in sein Wörterbuch ergibt sich somit

(1) horse, Pferd.

Der zweite Linguist hingegen schreibt die folgende Übersetzung in sein Wörterbuch:

(2) horse, Pferd oder Einhorn.

Obwohl die beiden dem Wort ›horse‹ zugeschriebenen Intensionen verschieden sind, haben sie dennoch die gleiche Extension, weil das Prädikat ›Einhorn‹ durch die Nullextension gekennzeichnet ist – es gibt keine Einhörner. Falls die extensionalistische These richtig wäre, bestünde nach Carnap folglich keine empirische Entscheidungsmöglichkeit zwischen (1) und (2). Die beiden Eintragungen müßten als gleichermaßen korrekt betrachtet werden. Da ihre Extension dieselbe ist, kann durch keine bejahende oder verneinende Antwort Jacks ein Unterschied zwischen (1) und (2) herausgefunden werden, solange sich der Linguist bei seiner Befragung auf wirklich existierende Dinge beschränkt. Diese Situation ändert sich aber dann, wenn von dem Wissenschaftler bei seiner Befragung nicht nur wirkliche, sondern auch mögliche Fälle mitberücksichtigt werden. Am einfachsten geschieht dies durch den Gebrauch modaler Ausdrücke in den englischen Fragen an Jack, die dem deutschen Ausdruck eines möglichen Falles entsprechen. Carnap gesteht zwar zu, daß der Gebrauch modaler Ausdrücke häufig mehrdeutig ist; dies stellt nach seiner Auffassung jedoch keine Schwierigkeit dar, die nicht durch geeignete Erklärungen und Beispiele aus dem Weg geräumt werden kann. Obwohl Carnap im Gegensatz zu Quine keine prinzipiellen Bedenken gegen die Verwendung von modalen Ausdrücken hat, versucht er Quine dadurch entgegenzukommen, daß er ihren Gebrauch für grundsätzlich vermeidbar erklärt. So könnte der Linguist bei seinen

Untersuchungen Fälle beschreiben, von denen er weiß, daß sie möglich sind, Jack gegenüber aber offen läßt, ob es in der Welt irgend etwas gibt, das diese Beschreibungen tatsächlich erfüllt oder nicht. Auf diese Weise wäre ein Einhorn im Englischen durch etwas zu beschreiben, was folgender deutschen Formulierung entspricht: ›ein Lebewesen, das einem Pferd ähnlich ist, aber in der Mitte seiner Stirn ein Horn trägt‹. Der Linguist könnte auch direkt auf ein Pferd zeigen und lediglich die Abweichung durch Worte beschreiben, etwa ›so ein Wesen wie dieses, aber mit einem Horn in der Mitte der Stirn‹. Schließlich könnte er Jack auch einfach ein Bild eines Einhorns zeigen und ihn fragen, ob er gewillt sei, das Wort ›horse‹ darauf anzuwenden. Je nachdem, ob Jack auf diese Frage bejahend oder verneinend antwortet, erhält der Linguist eine empirische Bestätigung für (2) oder (1). Dadurch wird deutlich, daß es sich bei (1) und (2) um unterschiedliche Übersetzungshypothesen handelt, über die auf empirischem Wege entschieden werden kann. Unter Rückgriff auf diese empirisch gewonnenen Übersetzungshypothesen lassen sich nach Carnap dann aber auch empirische Hypothesen über die Bedeutung verschiedener Prädikate aufstellen und überprüfen. Verallgemeinert man Carnaps Verfahren, so läßt sich die Bedeutung eines Prädikats für einen Sprecher durch seine Disposition charakterisieren, aufgrund der er das fragliche Prädikat bestimmten Gegenständen zu- oder abspricht. So wäre die Weigerung eines Sprechers, das Prädikat ›horse‹ auf Bilder mit Einhörnern anzuwenden, ein empirischer Grund für eine unterschiedliche Bedeutung von ›Pferd‹ und ›Einhorn‹. Im weiteren Verlauf seiner Studien müßte der Linguist dann dazu kommen, die empirische Bedeutung von einzelnen Prädikaten auf ganze Sätze auszudehnen. Hat man einmal einen empirischen Bedeutungsbegriff gewonnen, kann der Begriff der Synonymie folgerichtig als Bedeutungsgleichheit expliziert werden. Der Begriff der Analytizität ist mit Bezug auf den empirisch gewonnenen Begriff der Satzbedeutung zu explizieren: ein Satz ist dann analytisch, wenn jedes Mitglied der Sprachgemeinschaft ihm in allen möglichen Fällen zustimmt. Somit scheint es Carnap gelungen zu sein, die von Quine erhobene Forderung nach einem empirischen Verfahren zur Explikation der zentralen Begriffe der Bedeutung bzw. Intension,

Synonymie und Analytizität zu erfüllen. Zusammenfassend stellt er fest:

»Although I have given ... only a rough indication of the empirical procedure for determining intensions, I believe that it is sufficient to make clear that it would be possible to write along the lines indicated a manual for determining intensions or, more exactly, for testing hypotheses concerning intensions. The kinds of rules in such a manual would not be essentially different from those customarily given for procedures in psychology, linguistics, and anthropology. Therefore the rules could be understood and carried out by any scientist (provided he is not infected by philosophical prejudices).« (Carnap 1955a: 240)

4.2 Quines Antwort auf Carnaps Vorschlag: Das Gedankenexperiment der Erstübersetzung und seine theoretischen Konsequenzen

Wie steht Quine zu der von Carnap skizzierten empirischen Vorgehensweise? Eine direkte Kritik an ihr hat er nicht vorgelegt. Dies bedeutet allerdings keineswegs, daß er Carnaps Vorschlag akzeptiert. Im Gegenteil. Die Plausibilität und Überzeugungskraft von Carnaps Argumentation hängt nicht unwesentlich davon ab, daß das empirische Verfahren nur in solch groben Umrissen vorgestellt wird, daß dabei die grundlegenden philosophischen Probleme, um die es Quine geht, unbemerkt bleiben. Aus Quines Perspektive hat Carnap bei seinem Lösungsversuch die Fragezeichen nicht tief genug gesetzt; seine Antwort ist deshalb theoretisch unbefriedigend.

Dabei sind sich Carnap und Quine in ihrem behavioralen Ausgangspunkt einig. Beide gehen davon aus, daß die Erstellung eines Übersetzungshandbuches die geeignete methodologische Grundlage zur Beantwortung der Frage abgibt, wie weit die philosophischen Begriffe der Bedeutung, Synonymie und Analytizität einer empirischen Explikation zugänglich sind. Worin sie sich beträchtlich unterscheiden, ist die detaillierte Ausgestaltung des methodologischen Gedankenexperiments[3] der Übersetzung. Carnap bezieht sich zur Stützung seiner intensionalistischen These auf Übersetzungen zwischen dem Deutschen und dem Englischen, zwei Sprachen, die eng miteinander verwandt sind und deren Sprecher zudem eine Vielzahl von kulturellen und sozialen Gemeinsamkeiten aufweisen. Nach Quine ist die Wahl zweier verwandter Sprachen keine erfolgversprechende Option, wenn es darum geht herauszufinden, wieviel von einer Sprache rein empirisch analysiert werden kann. Um diese Aufgabe zu lösen, versetzt man sich am besten in die ethnologische Situation eines Feldlinguisten, der eine Erstübersetzung *(radical translation)* einer bislang völlig fremden und unbekannten Sprache zu erstellen versucht. Das Motiv für diese Haltung hat Wittgenstein bereits zwanzig Jahre vor dem Erscheinen von *Word and Object* angegeben:

> »Wenn wir die ethnologische Betrachtungsweise verwenden, heißt das, daß wir die Philosophie für Ethnologie erklären? Nein, es heißt nur, daß wir unseren Standpunkt weit draußen einnehmen, um die Dinge *objektiver* sehen zu können.« (Wittgenstein 1940 in: Wittgenstein 1977: 76)

Aufgrund seiner Ausgangssituation kann der Feldlinguist bei seinen Forschungen auf keinerlei sprachwissenschaftliche Hilfsmittel zurückgreifen; für die vollkommen fremde Sprache stehen ihm insbesondere keine Wörterbücher oder Lexika zur Verfügung. Auch Vergleiche und Analogieschlüsse, wie sie zwischen verwandten Sprachen durchaus möglich wären, sind im Fall einer Erstübersetzung *per definitionem* ausgeschlossen. Selbst die tatsächliche Situation eines Feldlinguisten kann nicht vollständig mit Quines Gedankenexperiment identifiziert werden, weil in ihm nur ein Minimum an Voraussetzungen zugelassen werden darf, wenn damit grundlegende philosophische Fragen einer Bedeutungstheorie beantwortet werden sollen.[4] Welches sind nun die Voraussetzungen, die Quine macht, und wie begründet er, daß er *nur* diese Voraussetzungen macht?

Um diese Frage zu beantworten, müssen wir uns noch einmal an Quines empiristisches Grundproblem erinnern: wie kommen wir zu unseren wissenschaftlichen Theorien, wenn uns zu Beginn allein das Zeugnis unserer Sinne zur Verfügung steht? Nicht die Ideen *(ideas)*, auf die sich der klassische Empirismus berief, sondern die Wörter, die Sprache, spielen für Quine dabei die zentrale Rolle. Wie wir im 3. Kapitel gesehen haben,[5] besteht nach Quine in der Abkehr von den Ideen und in der Hinwendung zu den Wörtern, in der sogenannten Externalisierung des Empirismus, dessen erster großer Fortschritt. Um den Beitrag der Sprache für die Entwicklung und den Aufbau unserer wissenschaftlichen Theorien zu klären, läßt sich Quines Grundfrage in modifizierter Form wiederholen: wie kommen wir zu unserer Sprache, wenn wir zu Beginn nur auf das Zeugnis unserer Sinne zurückgreifen können?

> »The externalizing of empiricism begets ... a behaviorizing of meaning. This, for all its repercussions, is simply a proposal to approach semantical matters in the empirical spirit of natural science. An aid to taking this proposal seriously is the *Gedankenexperiment* of radical translation.«
> (Quine 1970f: 8)

Nach diesen grundsätzlichen Überlegungen zu dem Gedankenexperiment der Erstübersetzung ist es nur folgerichtig, wenn Quine annimmt, daß dem Feldlinguisten zur Lösung seiner Aufgabe allein das verbale und nonverbale Verhalten der Eingeborenen sowie die beobachtbaren Umstände ihrer Äußerungen zur Verfügung stehen. »Such data evince native ›meanings‹ only of the most objectively empirical or stimulus-linked variety.« (Quine 1960: 28) Als Untersuchungsgegenstand ergibt sich dann: »we shall consider how much of language can be made sense of in terms of its stimulus conditions, and what scope this leaves for empirically unconditioned variation in one's conceptual scheme.« (Quine 1960: 26)

Der beste Ausgangspunkt zur Erstellung einer Erstübersetzung sind Äußerungen eines *native speakers,* die sich auf Ereignisse der Gegenwart beziehen, welche sowohl für den Linguisten wie für seinen Informanten unmittelbar zugänglich sind.[6] In einer Situation, in der sich beide in offenem Gelände aufhalten, läuft plötzlich ein Kaninchen an ihnen vorbei. Der Informant sagt ›Gavagai‹, und der Linguist hält als vorläufige Übersetzung den Satz ›Kaninchen‹ bzw. ›Sieh da, ein Kaninchen‹ fest. Hervorzuheben ist an dieser Stelle, daß für Quines Linguisten – im Gegensatz zu Carnaps Linguisten – noch nicht näher segmentierte Sätze und nicht etwa Wörter oder Termini den empirischen Ausgangspunkt seiner Übersetzungsbemühungen abgeben. Im Anfangsstadium seiner Untersuchungen kann der

Forscher nur von den Äußerungen seines Informanten ausgehen; ob es sich dabei um Wörter bzw. Termini handelt, ist für ihn zu diesem Zeitpunkt noch nicht entscheidbar. Bei weiteren Gelegenheiten wird die Übersetzungshypothese von ›Gavagai‹ erneuten Tests unterzogen; in ihnen geht es stets darum, eindeutige Korrelationen zwischen der Reizsituation, in der ein Kaninchen auftaucht, und der Äußerung des Eingeborenen herzustellen.

Bei solch passiver Beobachtung und der Aufzeichnung der durch sie gewonnenen Resultate kann der Linguist jedoch nicht stehenbleiben, weil er sonst keine befriedigenden Aufschlüsse über diejenigen Äußerungen seines Informanten erhält, die auf dieselben Dinge bezogen sind. Zur Veranschaulichung gibt Quine die Sätze S_1, S_2 und S_3 an, die sich in erster Näherung als ›Tier‹, ›Weiß‹ und ›Kaninchen‹ übersetzen lassen. In einer bestimmten Situation wäre es denkbar, daß der Informant spontan entweder S_3 oder S_1 oder gar S_2 äußert. Wie findet der Linguist dann heraus, daß der Eingeborene in all den Situationen, in denen er zufällig S_3 vorbrachte, auch bereit gewesen wäre, S_1 zuzustimmen? Wie kommt er dahinter, daß sein Informant in einigen, aber durchaus nicht in allen Fällen, wo er S_2 geäußert hat, auch S_1 zustimmen würde? Es bleibt ihm keine andere Möglichkeit, als selbst die Initiative zu ergreifen und sich nach Kombinationen von Reizsituationen und Eingeborenensätzen zu erkundigen; dies wird er solange tun, bis er seine Vermutungen über ihren Zusammenhang in für ihn vorläufig zufriedenstellender Weise eingegrenzt hat. So wird der Linguist sich nicht auf die spontanen ›Gavagai‹-Äußerungen seines Informanten beschränken, sondern selbst in verschiedenen Reizsituationen ›Gavagai?‹ fragen, um die zustimmende, ablehnende oder gegenüber dem Ereignis indifferente Haltung des Eingeborenen festzustellen.

Bei dieser Vorgehensweise sind die folgenden zwei Punkte besonders wichtig: Erstens muß der Linguist in der Lage sein, Zustimmung und Ablehnung des Eingeborenen ohne die Kenntnis seiner Sprache ausmachen zu können. Wenn der Eingeborene anläßlich unterschiedlicher Reizsituationen auf die Frage ›Gavagai?‹ mit ›Evet‹ oder aber mit ›Yok‹ antwortet, kann der Linguist eine Arbeitshypothese für die Zuordnung zu seinem muttersprachlichen ›Ja‹ oder ›Nein‹ aufstellen. Zweitens muß gewährleistet sein, daß die Wahrnehmung des Eingeborenen auf den vom Linguisten intendierten Gegenstand fokussiert ist; nur wenn die Äußerung des Informanten in Abhängigkeit von den Reizeinflüssen eines Kaninchens und nicht etwa rein zufällig erfolgt, ist seine Aussage für die Übersetzungsbemühungen des Wissenschaftlers von systematischem Wert. Sind diese beiden Bedingungen erfüllt, kann der Linguist induktive Evidenzen für die Übersetzung von ›Gavagai‹ durch den Satz ›Kaninchen‹ zusammentragen. Das allgemeine Gesetz, das hinter den gesammelten Einzelfällen steht, lautet ungefähr wie folgt: Der Eingeborene wird der Frage ›Gavagai?‹ unter den Reizeinflüssen zustimmen, unter denen wir auf die Frage ›Kaninchen?‹ eine bejahende Antwort geben würden. Für den Fall der Ablehnung gilt die entsprechende Vorgehensweise. Um dem kausalen Charakter dieser Beziehung gerecht zu werden, genügt es nicht festzustellen, daß ein Sprecher unter bestimmten Reizungen einer Äußerung zustimmt oder sie ablehnt; zu betonen ist, daß diese Reizungen die entsprechende Zustimmung oder Ablehnung veranlassen. Schließlich macht Quine darauf aufmerksam, daß diese Veranlassung nicht mit der Auslösung einer Äußerung gleichgesetzt werden darf. Was die Eingeborenenäußerung ›Evet‹ oder ›Yok‹ auslöst, ist eine Kombination aus dem veranlassenden Reiz und der darauffolgenden Frage ›Gavagai?‹[7]

Quines Gedankenexperiment der Erstübersetzung macht deutlich, daß der Linguist bei seinen Übersetzungsversuchen mit Sätzen vom Typ ›Gavagai‹ beginnen muß, wenn es ihm um eine empirische Grundlage für seine Arbeit zu tun ist.[8] Für diese Sätze verfügen wir nun über einen rohen Begriff von empirischer Bedeutung, denn nach der gängigen Annahme besteht die Bedeutung von Sätzen in dem, was sie mit ihrer Übersetzung gemein haben, und die Übersetzung ist beim gegenwärtigen Entwicklungsstand nur von der Korrelation mit nichtverbalen Reizen abhängig. Dieser empirische Bedeutungsbegriff ist im folgenden so genau zu bestimmen, daß für ihn eine befriedigende Explikation angegeben werden kann.[9]

Ausgangspunkt für die Explikation von Quines empirischem Bedeutungsbegriff ist der technische Begriff des Stimulus. Der

Sinnesapparat des Menschen wird durch von außen kommende Reize affiziert. Unter einem Reiz stellt man sich in der Regel etwas so Einfaches wie einen einzigen kurzen Nadelstich vor. Aufgrund der Vielfalt unserer Sinne und der biologischen Komplexität der verschiedenen Sinnesorgane empfängt der menschliche Sinnesapparat jedoch nicht sukzessive einzelne Reize, sondern simultan ganze Reizbündel. Zudem werden häufig kurz aufeinanderfolgende Reize und Reizbündel von unserem Sinnesapparat als einheitliche Ereignisse aufgefaßt. Klärungsbedürftig ist dabei die maximale Dauer des Zeitintervalls, in dem eine solche Zusammenfassung von Reizbündeln vorkommt. Die in dem Intervall zusammengefaßten Reizbündel werden Stimulus genannt.[10] Dabei darf das Zeitintervall weder zu klein noch zu groß sein. Ist es zu klein, werden die Reize im Nervensystem nicht weiter verarbeitet. Ist es zu groß, kann sinnvollerweise nicht mehr von einem Stimulus, sondern nur von mehreren verschiedenen Stimuli gesprochen werden. Für Quines Explikationsversuch von empirischer Bedeutung genügt die Charakterisierung eines Stimulus als das Ensemble all derjenigen Reize, die der Sinnesapparat eines Menschen in einer bestimmten, verhältnismäßig kurz andauernden Situation aufnimmt. Beispielhaft ist eine solche Situation in dem Gedankenexperiment der Erstübersetzung durch das Auftauchen eines Kaninchens vor den Augen des Linguisten und seines Informanten gegeben. In diesem Fall besteht der Stimulus aus dem Muster der chromatischen Bestrahlung der Beobachteraugen in dem Zeitintervall, in dem das Kaninchen vorbeiläuft. Alle anderen in dieser Situation auftauchenden Reize werden als irrelevant beiseite gelassen. Das Beispiel macht zudem deutlich, daß Stimuli stets personen- und zeitpunktrelativ sind.
Unter Zuhilfenahme des Stimulusbegriffs legt Quine nun eine Explikation seines empirischen Bedeutungsbegriffs vor, den er als Stimulusbedeutung bezeichnet. Da dessen Grundlage ausschließlich in der Korrelation von Stimuli und verbalem Verhalten besteht, kann Quines Vorgehen mit Recht als behavioristisch bezeichnet werden.[11] Um Quines Ergebnis verständlich zu machen, soll zuerst eine unhaltbare Fassung der Stimulusbedeutung vorgestellt werden. Die Stimulusbedeutung eines Satzes p für einen Sprecher S zum Zeitpunkt t setzt sich aus der

affirmativen und aus der negativen Stimulusbedeutung von *p* für *S* zu *t* zusammen. Die affirmative Stimulusbedeutung des Satzes *p* für einen Sprecher *S* könnte man nun in einem ersten Schritt als die Klasse aller Stimuli definieren, die *S* zur Zustimmung zu dem Satz *p* veranlassen. Der Nachteil dieser Definition liegt auf der Hand, da nach ihr nur diejenigen Stimuli zur affirmativen Stimulusbedeutung gerechnet werden können, denen der Sprecher faktisch ausgesetzt ist bzw. war. Die Stimulusbedeutung wird dadurch nur relativ zu einem ganz bestimmten Zeitraum festgelegt. Je nach Auswahl und Zusammensetzung der Stimuli, die bis zu einem bestimmten Zeitpunkt t_0 kausal auf einen Sprecher einwirkten, ist die Stimulusbedeutung zu diesem Zeitpunkt unterschiedlich bestimmt. Eine Reihe von Stimuli, die nicht vorkamen, aber den tatsächlich aufgetretenen Stimuli fast gleich sind, gehören in diesem Fall nicht zur Stimulusbedeutung. Im Extremfall ist es sogar nicht auszuschließen, daß solche sehr ähnliche Stimuli zu einem späteren Zeitpunkt t_1 ganz andere Reaktionen eines Sprechers hervorrufen – die Stimulusbedeutung wäre dann eine völlig andere.
Die Schwierigkeit, die sich hier ergibt, läßt sich unter Rückgriff auf das vieldiskutierte Problem theoretischer Terme verdeutlichen. Wird die Bedeutung eines solchen Terms allein aufgrund der bisherigen Erfahrungen festgelegt, können zukünftige Erfahrungen eine radikale Bedeutungsveränderung dieses Terms zur Folge haben. Damit aber verliert der Term seinen Wert für wissenschaftliche Prognosen. Wenn nämlich jede von einer Prognose abweichende Erfahrung nicht als eine Falsifikation dieser Prognose verstanden wird, sondern als Bedeutungsveränderung des entsprechenden Terms gedeutet werden kann, ist eine kontinuierliche Forschungspraxis nicht länger gewährleistet. Um diesen unliebsamen Konsequenzen zu entgehen, werden theoretische Terme in der Regel mit einem gewissen Vagheitsspielraum eingeführt, der es ermöglicht, sie auch auf zukünftige und bisher noch nicht untersuchte Fälle anzuwenden. Dieser Vagheitsspielraum theoretischer Terme wird dadurch erreicht, daß man sich bei ihrer Einführung nicht auf die bisher tatsächlich beobachteten Eigenschaften beschränkt, sondern eine Disposition postuliert, die unter entsprechenden Randbedingungen die theoretisch interessanten Eigenschaften entstehen läßt.

Wissenschaftstheoretisches Standardbeispiel ist die Disposition der Wasserlöslichkeit. Man hat bisher festgestellt, daß sich bestimmte Stoffe in Wasser auflösen, und will prognostizieren, daß sich diese Stoffe unter ähnlichen Randbedingungen auch künftig in Wasser auflösen werden. Für diese Prognoseabsichten wird eine bestimmte Disposition der Stoffe, ihre Wasserlöslichkeit, postuliert. Löst sich ein solcher Stoff nun in einem Fall, der den bislang untersuchten Situationen hinreichend ähnlich ist, nicht auf, wird man dennoch an seiner prinzipiellen Wasserlöslichkeit festhalten. Der Prognosefehler wird durch eine genaue Analyse der wirksamen Randbedingungen zu erklären versucht; man wird sich bemühen, den Störfaktor herauszufinden, der in der untersuchten Situation für das Ausbleiben der Disposition verantwortlich ist. Wenn hingegen die Wasserlöslichkeit des Stoffes allein durch die detaillierte Angabe von bisher durchgeführten Experimenten definiert wäre, ständen nur zwei theoretisch unbefriedigende Auswege zur Erklärung des negativen Resultats offen: entweder müßte man annehmen, daß der fragliche Stoff im Lauf der Zeit seine Löslichkeit verliert, oder man müßte behaupten, daß die Definition der Löslichkeit in späteren Situationen nicht verwendet werden kann, da diese Situationen von den bislang untersuchten verschieden seien.
Die Methode, die in der Postulierung von Dispositionen besteht, wird von Quine zur Explikation der Stimulusbedeutung genutzt. Die Stimulusbedeutung kann in theoretisch befriedigender Weise nicht allein durch die bislang tatsächlich aufgetretenen Stimuli charakterisiert werden; sie wird als eine Disposition verstanden, bei bestimmten Stimuli in bestimmter Weise verbal zu reagieren. Quine stellt die Stimulusbedeutung somit durch eine bedingte Definition dar. Nach ihr wird die affirmative Stimulusbedeutung eines Satzes *p* für einen Sprecher *S* definiert als Klasse aller Stimuli, die *S* zur Zustimmung zu dem Satz *p* veranlassen würden. Der einzige Unterschied zum anfänglichen Definitionsversuch besteht in dem Austausch des Wortes ›ist‹ durch ›würde‹. Dieser Austausch markiert jedoch den wichtigen Übergang zur Postulierung von Dispositionen, mit deren Hilfe die Schwierigkeiten des ersten Definitionsversuchs ausgeräumt werden können. Die negative Stimulusbedeutung eines Satzes *p* für einen Sprecher *S* wird entsprechend

definiert als Klasse aller Stimuli, die *S* zur Ablehnung des Satzes *p* veranlassen würden. Der Begriff der Stimulusbedeutung läßt sich dann als das geordnete Paar von affirmativer und negativer Stimulusbedeutung definieren. Zusammenfassend hält Quine fest: »The stimulus meaning of a sentence for a subject sums up his disposition to assent to or dissent from the sentence in response to present stimulation.« (Quine 1960: 34)

Was ist mit dieser Explikation empirischer Bedeutung in Form der Stimulusbedeutung gewonnen? Wir verfügen nun über eine detaillierte Kenntnis der empirischen Grundlagen, auf die sich die Erstübersetzung des Satzes ›Gavagai‹ in ›Kaninchen‹ bzw. ›Sieh da, ein Kaninchen‹ stützen kann. Weiteren Aufschluß über den theoretischen Stellenwert der Stimulusbedeutung erhalten wir dann, wenn wir uns die wechselseitige Abhängigkeit von Sätzen in Quines Sprach- und Wissenschaftsphilosophie genauer ansehen. Ausgangspunkt sind seine Überlegungen zum Erwerb der Sprache.[12] Quine teilt die empirisch gut bestätigte Auffassung, daß erste sprachliche Äußerungen wie ›Au‹, ›Rot‹ und ›Mama‹ am besten als Einwortsätze zu verstehen sind. Natürlich sind die meisten der uns gebräuchlichen Sätze länger, doch sind auch diese nach Quines Auffassung prinzipiell durch unmittelbare Konditionierung auf entsprechende Sinnesreizungen als ganze erlernbar. Nicht alle und nicht einmal die meisten Sätze werden jedoch als ganze gelernt. In der Regel werden sie aus bereits gelernten Bestandteilen aufgebaut, die ihrerseits in früheren Sätzen vorkamen. Diese Sätze mögen wiederum als ganze gelernt worden sein oder auch nicht. Welche Sätze man durch die Methode der analogen Synthese und welche man durch direkte Ostension erwirbt, ist laut Quine eine Frage der individuellen Lebens- und Lerngeschichte. Wie neue Sätze aus vorhandenem Material durch die Methode der analogen Synthese entstehen, macht Quine an einem Beispiel deutlich. Wenn wir annehmen, ein Kind hätte durch unmittelbare Konditionierung den Gebrauch von ›Fuß‹ und ›Hand‹ als Einwortsätze gelernt und ebenso ›Mein Fuß schmerzt‹ als Ganzes erworben, so ist es vorstellbar, daß das Kind in einer entsprechenden Situation ›Meine Hand schmerzt‹ äußert, ohne diesen Satz vorher schon einmal gehört zu haben.

Zwei Arten, Sätze zu erlernen, stehen für Quine am Anfang des langen Weges zu unserem Wissen und unseren Theorien über die Welt: zum einen lernen wir Sätze als ganze durch die unmittelbare Konditionierung auf die entsprechenden nichtverbalen Reize, das ist das Lernen durch Ostension; zum andern lernen wir Sätze aus anderen Sätzen, indem wir uns die Vielfalt verschiedener Austausch- und Einsetzungsverfahren zunutze machen, das ist das Lernen durch analoge Synthese. In beiden Fällen kommen wir jedoch nicht weit. Im ersten Fall sind die Sätze auf die ihnen jeweils entsprechenden Reizsituationen beschränkt. Im zweiten Fall können die Sätze zwar schneller gelernt werden, doch gehen sie über den ersten Bereich nicht hinaus, da ja auch sie prinzipiell durch das erste Verfahren zu lernen sind. »Speech thus confined would be strikingly like bare reporting of sense data.« (Quine 1960: 9)

Wie können wir diese Grenzen überwinden? Die Verbindung von Sätzen mit nichtverbalen Reizen ist der Beginn, der Fortschritt wird durch die Verbindung von Sätzen mit Sätzen erzielt, die über die Methode der analogen Synthese hinausgeht und somit auch Sätze ermöglicht, die den eng umgrenzten Bereich nichtverbaler Stimuli hinter sich lassen. Besonders aufschlußreich ist der Fall, in dem ein bestimmter Satz nur deshalb durch einen nichtverbalen Reiz ausgelöst wird, weil ihm die Kenntnis von früheren Satzverknüpfungen zugrunde liegt. Wie dies im einzelnen geschieht, kann wieder durch ein Beispiel von Quine veranschaulicht werden: Jemand schüttet den Inhalt von zwei Reagenzgläsern zusammen, beobachtet dabei einen grünen Farbton und äußert dann: ›Da drin war Kupfer‹. Zwar wird auch dieser Satz durch einen nichtverbalen Reiz ausgelöst, doch die Wirksamkeit dieses Reizes für die entsprechende Satzäußerung beruht ihrerseits auf einem umfassenden Netzwerk von Satzverknüpfungen, das in diesem Beispiel in der chemischen Theorie besteht. Im Gegensatz zu den frühen Phasen des ostensiven Lernens bzw. des Lernens durch analoge Synthese ist hier das verbale Netz einer wissenschaftlichen Theorie die ausschlaggebende Verbindung zwischen dem Stimulus und der verbalen Reaktion. Diese Verbindung wird nicht nur durch planvoll aufgebaute wissenschaftliche Theorien hergestellt. Quine faßt den Begriff der Theorie so weit, daß auch unsere alltägliche Auffassung über die Beständigkeit und Dauerhaftigkeit der physikalischen Gegenstände mittlerer Größe unter ihn fällt. Auch aus diesem Bereich können somit die Sätze stammen, die vermittelnd zwischen nichtverbalen Reizen und bestimmten sprachlichen Äußerungen eingreifen. Aus dieser vielfältigen Verknüpfung von Sätzen mit Sätzen entsteht ein weitverzweigtes sprachliches Gebilde, das als Ganzes auf mannigfaltige Weise an nichtverbale Reize gebunden ist. Dieses Gebilde ergibt nach Quine einen einzigen zusammenhängenden Bau, der alle Wissenschaften und all das, was wir über die Welt sagen, enthält. Abgeschwächt wird diese extrem holistische Auffassung durch die Einsicht, daß oft schon ein mittelgroßes Teilstück einer Theorie zur Beurteilung eines bestimmten Satzes ausreichend sein kann. Akzeptiert man diese Einschränkung, bleibt dennoch die Frage, ob man überhaupt von der Bedeutung einzelner Sätze reden kann, ohne die Sätze der sie umschließenden Theorie mitzuberücksichtigen.[13] Eine solche wechselseitige Abhängigkeit wäre vor allem deshalb unangenehm, weil umgekehrt die einzelnen Sätze den einzigen Zugang zur Theorie eröffnen. Wie ist diese Schwierigkeit zu lösen? Ein Ausweg bietet sich nach Quine durch den Begriff der Stimulusbedeutung an:

> »It isolates a sort of net empirical import of each of various single sentences without regard to the containing theory, even though without loss of what the sentence owes to that containing theory. It is a device, as far as it goes, for exploring the fabric of interlocking sentences, a sentence at a time.« (Quine 1960: 34 f.)

Ob und wie weit durch die Stimulusbedeutung der Nettogehalt einzelner Sätze isoliert werden kann, ist erst dann zu beantworten, wenn man sich darüber klargeworden ist, für welche Sätze sie wie weit trägt. Im folgenden sollen deshalb Quines Klassifikation von verschiedenen Satzarten vorgestellt,[14] ihre Explikationen diskutiert und ihre theoretischen Konsequenzen für das Projekt einer Erstübersetzung aufgezeigt werden.

Die erste wichtige Unterscheidung führt Quine mit den sogenannten Gelegenheitssätzen *(occasion sentences)* einerseits und den festen Sätzen *(standing sentences)* andererseits ein. Gelegenheitssätze sind Sätze wie ›Gavagai‹, ›Rot‹, ›Das tut weh‹, ›Das ist ein Junggeselle‹, die nur dann die Zustimmung oder die Ablehnung des eingeborenen Informanten hervorrufen, wenn die Frage des Feldlinguisten in zeitlich unmittelbarem Zusammenhang mit den kausal wirksamen Sinnesreizungen erfolgt. Festen Sätzen wie ›Die Tulpen blühen‹, ›Der Postbote ist vorbeigegangen‹, ›Es gibt Moleküle‹ kann hingegen ein Sprecher wiederholt zustimmen bzw. sie ablehnen, ohne daß die dazu entsprechenden Sinnesreizungen auftreten müssen. Während also Gelegenheitssätze nur bei gleichzeitigen Sinnesreizungen Zustimmung oder Ablehnung des Befragten auslösen, kann die Zustimmung zu festen Sätzen oder deren Ablehnung von der Versuchsperson auch dann wiederholt werden, wenn zu diesem Zeitpunkt die entsprechenden Reizeinflüsse nicht vorliegen.

Eine wissenschaftlich interessante Teilmenge der festen Sätze besteht aus den zeitlosen Sätzen *(eternal sentences)*:

> »Among the standing sentences there are, at the extreme, the *eternal* sentences. Their truth values are fixed for good, regardless of speaker and occasion – though speakers may still disagree about them, through error, or change their minds.« (Quine 1974a: 63)

Die paradigmatische Klasse dieser Satzart ist die der arithmetischen Sätze, in denen die Begriffe von Raum und Zeit keine Rolle spielen. Auch die Gesetzesaussagen der Naturwissenschaften gehören hierher. Zu den zeitlosen Sätzen rechnen zudem solche wie ›Am 8. November 1985 regnet es in Essen‹, wobei ›regnet es‹ als nichttemporal aufzufassen ist.

> »An eternal sentence may be general in import, or it may report a specific local event. In the latter case it will gain its specifity through explicit use of names, dates, or addresses. The eternal sentences most characteristic of scientific theory are of course general.« (Quine 1974a: 63)

So wie die zeitlosen Sätze eine theoretisch wichtige Teilmenge der festen Sätze darstellen, so gibt es auch eine theoretisch besonders wichtige Teilmenge der Gelegenheitssätze (›Gavagai‹, ›Das ist ein Junggeselle‹), die aus Quines Beobachtungssätzen *(observation sentences)* (›Gavagai‹) besteht.

> »Indeed, the very idea of an observation sentence (in Quine's sense) is crucial to the success of Quine's semantic theory, to his language acquisition theory, and to his whole epistemological enterprise in general ...« (Gibson 1982: 39)

Bevor diese ausgezeichnete Satzklasse weiter unten im Detail vorgestellt und diskutiert wird, sei schon an dieser Stelle auf zwei ihrer spezifischen Merkmale aufmerksam gemacht, die beide auf Neuraths Position in der Protokollsatzdebatte verweisen: Zum einen sind die Beobachtungssätze im Sinne Quines in erster Linie Beschreibungen von Dingen und nicht von Sinnesdaten. Zum andern sind sie, da auch ihnen irrtümlich zugestimmt werden kann, fallibel und revidierbar.

Nach leichter Abänderung eines Vorschlags von Gochet läßt sich Quines Klassifikation der Satzarten übersichtlich in folgender Tabelle unterbringen:[15]

	feste Sätze
zeitlose Sätze	2 + 2 = 4. Der Postbote Hans Schulte ist am 8. 11. 85 um 10 Uhr an der Cäsarstraße 6/8 in Essen vorbeigegangen.
nichtzeitlose Sätze	Die Tulpen blühen. Der Postbote ist vorbeigegangen.

	Gelegenheitssätze
Beobachtungssätze	Gavagai. Es regnet.
Nicht-Beobachtungssätze	Das ist ein Junggeselle. Es tut weh.

Wie weit kommt nun der Feldlinguist unter Rückgriff auf die Stimulusbedeutung in seinem Versuch der Erstübersetzung einer völlig fremden Sprache? Ausgangspunkt sind für ihn Gelegenheitssätze wie ›Gavagai‹. Bei ihnen ist die Stimulusbedeutung ein vollständiger Querschnitt durch die Dispositionen des Informanten, den entsprechenden Sätzen zuzustimmen oder sie abzulehnen.[16] Genauer kann der Begriff des Gelegenheitssatzes mit Hilfe eines Präzisionsversuchs von Balzer gefaßt werden, der erneut von dem oben eingeführten Begriff des Stimulus Gebrauch macht.[17] Vorgegeben seien zwei unterschiedliche Sätze, die in unterschiedlichen Situationen in zeitlich unmittelbarem Zusammenhang mit zwei verschiedenen Stimuli in Frage gestellt werden. Das erste Beispiel sei ›Otto ist auf

Löwenjagd‹. Anläßlich eines irrelevanten Stimulus wird dieser Satz in Frage gestellt; dann wird in einer zweiten Situation, in der ein anderer Stimulus auftritt, erneut nach ihm gefragt. Wenn in der ersten Situation der Stimulus tatsächlich irrelevant ist und in beiden Fällen eine zustimmende Antwort gegeben wird, kann man schließen, daß mit ›Otto ist auf Löwenjagd‹ ein fester Satz vorliegt. Die Möglichkeit, daß der zweite Stimulus für die Bedeutung dieses Satzes relevant ist, ist nur dann in Betracht zu ziehen, wenn nach dem irrelevanten Stimulus eine Ablehnung erfolgt. Der zweite Satz sei das bekannte ›Gavagai‹-Beispiel. Einmal wird dieser Satz in Frage gestellt, wenn ein Kaninchen über die Wiese läuft; ein anderes Mal wird nach ihm gefragt, wenn auf der Wiese von einem Kaninchen nichts zu sehen ist. Im ersten Fall bekommen wir eine affirmative, im zweiten Fall eine negative Antwort. Somit hat sich herausgestellt, daß der erste durch das vorbeilaufende Kaninchen verursachte Stimulus zur Bedeutung von ›Gavagai‹ gehört und ein Gelegenheitssatz vorliegt. Wenn hingegen bei beiden Stimuli zugestimmt wird, könnte man daraus schließen, daß auch beide Stimuli für die Bedeutungsbestimmung des fraglichen Satzes eine Rolle spielen. Wesentlich wahrscheinlicher ist jedoch die Annahme, daß in einer solchen Situation beide Stimuli gleich irrelevant sind.

Nach der Erläuterung dieser Beispiele kann man einen Satz *p* als Gelegenheitssatz definieren, wenn ein Sprecher *S* anläßlich zweier unterschiedlicher, unmittelbar aufeinanderfolgender Stimuli *s* und *s'* auf einen in Frage gestellten Satz im ersten Fall mit Zustimmung und im zweiten Fall mit Ablehnung bzw. im ersten Fall mit Ablehnung und im zweiten Fall mit Zustimmung reagiert. Zwei Punkte sind bei dieser Definition hervorzuheben: Erstens wird deutlich, daß der Unterschied zwischen Gelegenheitssätzen und festen Sätzen von der Größe des Zeitintervalls zwischen den beiden Stimuli abhängt. Um klare Fälle von Gelegenheitssätzen auszeichnen zu können, sollten *s* und *s'* in unmittelbarer zeitlicher Abfolge auftreten. Wird der zeitliche Abstand zu groß, lassen sich die meisten festen Sätze als Gelegenheitssätze klassifizieren. Zweitens wird deutlich, daß die Definition des Gelegenheitssatzes relativ auf einen Sprecher ist. Dabei besteht die Alternative in einer Relativierung von *p* auf einen bestimmten oder auf einen beliebigen Sprecher. Aus theoretischen Gründen, die weiter unten klarer werden, bietet sich die Lesart an, den Satz *p* innerhalb einer Sprachgemeinschaft *SG* dann als einen Gelegenheitssatz auszuzeichnen, wenn es in *SG* einen Sprecher *S* gibt, für den *p* ein Gelegenheitssatz im Sinn der gegebenen Definition ist.

Da die Gelegenheitssätze eines Sprechers unmittelbar mit seinen Sinnesreizungen korreliert sind, stellt sich die Frage, inwieweit die Stimulusbedeutung ein fruchtbares Explikans für den intuitiven Bedeutungsbegriff bei dieser empirisch ausgezeichneten Satzart abgibt. Im Hinblick auf das Gedankenexperiment der Erstübersetzung ist hier insbesondere zu fragen, ob die Gleichheit der Stimulusbedeutung als brauchbare Explikation der intuitiv verankerten Synonymiebeziehung verwendet werden kann. Quine selbst meint: »Even for such favored occasion sentences as ›Gavagai‹ and ›Rabbit‹, actually, sameness of stimulus meaning has its shortcomings as a synonymy relation.« (Quine 1960: 37) Worin bestehen diese Unzulänglichkeiten?[18] In der Entdeckung, daß die zustimmenden oder ablehnenden Antworten des eingeborenen Informanten auf die Infragestellung des Satzes ›Gavagai‹ in hohem Maße von früher erworbenen Zusatzinformationen abhängen. So ist leicht eine Situation vorstellbar, in der der Eingeborene die Frage des Linguisten bejaht, obwohl an einer bestimmten Stelle des Geländes nicht mehr als eine schwache Bewegung des Grases beobachtet werden kann. Der Eingeborene stimmt deshalb zu, weil er – im Gegensatz zu dem Linguisten – früher an dieser Stelle schon häufiger Kaninchen gesehen hat und sich deshalb nun zu dem Schluß berechtigt sieht, die Bewegung im Gras deute auf das Vorhandensein eines Kaninchens hin. Da der Linguist über diese Zusatzinformation nicht verfügt, reicht für ihn die gemachte Beobachtung zur Zustimmung auf die Frage ›Kaninchen?‹ nicht aus. In diesem Fall besteht somit ein deutlicher Unterschied zwischen der gegenwärtigen Stimulusbedeutung von ›Gavagai‹ für den Eingeborenen und der gegenwärtigen Stimulusbedeutung von ›Kaninchen‹ für den Linguisten.

Von Davidson ist Quine auf ein Beispiel hingewiesen worden, daß die Möglichkeit tiefgreifender Diskrepanzen in der Stimulusbedeutung für den Informanten und den Forscher noch drastischer hervortreten läßt. Diese Diskrepanzen bestehen nun nicht mehr allein zwischen dem Linguisten und einem einzigen Eingeborenen, sondern zwischen ihm und allen Mitgliedern dieser Sprachgemeinschaft; sie treten zudem nicht nur einmal, sondern regelmäßig auf. Es könnte nämlich sein, daß in dem Untersuchungsgebiet des Wissenschaftlers eine ihm vollkommen unbekannte Kaninchenfliege vorkommt, die aufgrund ihres Aussehens und ihrer spezifischen Flugweise von den Eingeborenen auch aus weiter Entfernung wahrgenommen und identifiziert werden kann. Eine Bestrahlung der Augen, die aus der Verbindung eines schwachen Kaninchenschimmers mit einem deutlichen Kaninchenfliegenreiz besteht, gehört somit für alle Eingeborenen zur Stimulusbedeutung von ›Gavagai‹; dies gilt natürlich nicht für des Linguisten Stimulusbedeutung von ›Kaninchen‹.

Auf den ersten Blick könnte es so scheinen, als ließen sich diese Schwierigkeiten dadurch beheben, daß man zur affirmativen Stimulusbedeutung von ›Gavagai‹ nur die Reizungen zählt, die allein aufgrund des Verständnisses von ›Gavagai‹ und ohne Unterstützung durch zusätzliche Informationen die Zustimmung zu ›Gavagai‹ hervorrufen. Nach Quine ist dies jedoch keine akzeptable Lösung. Der springende Punkt liegt für ihn gerade darin, daß der Unterscheidung zwischen dem intuitiv sogenannten Bedeutungswissen einer Sprachgemeinschaft und den für alle Mitglieder dieser Gemeinschaft charakteristischen Zusatzinformationen kein experimenteller Sinn gegeben werden kann: »... we have made no general experimental sense of a distinction between what goes into a native's learning to apply an expression and what goes into his learning supplementary matters about the objects concerned.« (Quine 1960: 38) Quine konzediert zwar, daß der Linguist sich bemühen wird, eine solche Unterscheidung soweit wie möglich zu verfolgen. So kann er solch individuell bedingte Zusätze wie den, daß sein Informant an einer bestimmten Stelle wiederholt Kaninchen gesehen hat, dadurch eliminieren, indem er die Zeiten seiner Befragung variiert und die Versuchspersonen wechselt. Das Ergebnis wird eine wesentlich stabilere und sozial einheitlichere Stimulusbedeutung als gemeinsamer Nenner sein. Doch jede von allen Mitgliedern der Sprachgemeinschaft geteilte Information wie z.B. die über das Vorkommen und Aussehen der

Kaninchenfliege prägt und verändert auch diesen gemeinsamen Nenner. »There is no evident criterion whereby to strip such effects away and leave just the meaning of ›Gavagai‹ properly so-called – whatever meaning properly so-called may be.« (Quine 1960: 38)

Um seine gegenintuitive und für seine Philosophie folgenreiche Sicht der Problemsituation zu verdeutlichen, gibt Quine eine verallgemeinernde Darstellung, die von den beiden folgenden Annahmen ausgeht: Erstens sei gesagt, daß eine bestimmte Klasse Σ alle diejenigen Sinnesreizungen enthält, die einzeln und ohne jede weitere Zusatzinformation die Zustimmung zu dem Satz *p* hervorrufen. Zweitens sei behauptet, daß die in einer anderen Klasse Σ' enthaltenen Sinnesreizungen, die auch die Zustimmung zu dem Satz *p* hervorrufen, dazu nur aufgrund von gewissen allgemein verbreiteten Zusatzinformationen *C* in der Lage sind. Quine fragt sich nun, ob wir den zweiten Fall nicht ebensogut in der Weise auffassen können, daß man es nach dem Erwerb von *C* als angemessen erachtet, die ›Bedeutung‹ von *p* implizit so zu ändern, daß zu ihrer Bestimmung die Elemente sowohl von Σ wie auch von Σ' gleichermaßen geeignet sind.

> »I suggest that we may say either; even historical clairvoyance would reveal no distinction, though it reveal all stages in the acquisition of *C*, since meaning can evolve *pari passu*. The distinction is illusory ... What we objectively have is just an evolving adjustment to nature, reflected in an evolving set of dispositions to be prompted by stimulations to assent to or dissent from sentences. These dispositions may be conceded to be impure in the sense of including worldly knowledge, but they contain it in a solution which there is no precipitating.« (Quine 1960: 38f.)

Die Diskussion des Problems der Zusatzinformation führt zu dem Ergebnis, daß die von Quine vorgelegte Definition der Stimulusbedeutung unsere intuitiven Ansprüche an den unkritisch gebrauchten Begriff der Bedeutung nicht erfüllt. Vor allem hat sich gezeigt, daß die Relation der Gleichheit der Stimulusbedeutung so streng ist, daß sie nicht einmal in dem empirisch ausgezeichneten Fall des Gelegenheitssatzes ›Gavagai‹ und dessen Übersetzung ›Kaninchen‹ angetroffen werden kann. Sollte

man daraus den Schluß ziehen, daß der Begriff der Stimulusbedeutung unhaltbar und deshalb zu verwerfen ist? Nach Quines Auffassung wäre dies die falsche Konsequenz. Die Stimulusbedeutung ist und bleibt für ihn die einzige objektive Basis, die dem Linguist zu Beginn seiner Erstübersetzung zur Verfügung steht, denn die Stimulusbedeutung eines Gelegenheitssatzes ist per definitionem nichts anderes als die Menge aller gegenwärtigen Dispositionen des Eingeborenen, die diesen entweder zur Zustimmung zu dem entsprechenden Satz oder aber zu dessen Ablehnung veranlassen. Genau diese Dispositionen aber hat der Linguist am Anfang seiner Untersuchungen zu ermitteln und zu beurteilen. So schlägt Quine folgerichtig keine Revision seines Begriffs der Stimulusbedeutung, sondern eine andere Darstellung dessen vor, was der Linguist mit der Stimulusbedeutung macht: »The fact is that he translates not by identity of stimulus meanings, but by significant approximation of stimulus meanings.« (Quine 1960: 40)
Wir haben gesehen, daß der Linguist bei seiner Erstübersetzung den Einwortsatz ›Gavagai‹ durch den Einwortsatz ›Kaninchen‹ übersetzt. Trotz der geschilderten Schwierigkeiten geht er so vor, da ihm eine Übereinstimmung zwischen den beiden Stimulusbedeutungen in hohem Maße gegeben zu sein scheint. Die zwischen ihnen auftauchenden Diskrepanzen werden auf kaum merklich veränderte Randbedingungen oder auf bislang noch nicht identifizierte Störfaktoren zurückgeführt. Insbesondere läßt sich der Linguist bei seiner Übersetzung von der natürlichen Annahme leiten, daß jedes Volk, bei dem Kaninchen vorkommen, über irgendeinen kurzen sprachlichen Ausdruck verfügt, der in seiner eigenen Sprache am besten mit ›Kaninchen‹ wiedergegeben wird. Und die bisher noch nicht zu erklärenden Diskrepanzen zwischen ›Gavagai‹ und ›Kaninchen‹ können vielleicht spätestens dann mit seiner Übersetzung in Einklang gebracht werden, wenn er seinen Weg so weit in die Sprache der Eingeborenen gebahnt hat, daß er weitere und differenziertere Fragen als zum gegenwärtigen Zeitpunkt stellen kann. Warum Quine dennoch die detaillierte Erörterung der mit dem Begriff der Stimulusbedeutung verbundenen Schwierigkeiten für wichtig hält, macht er selbst deutlich:

»I made the linguist preternaturally circumspect, and maximized his bad luck in respect of discrepant observations, in order to consider what theoretical bearing a native's collateral information can have upon the linguist's in fact wholly facile opening translation.« (Quine 1960: 40)

Die Diskussion der Gelegenheitssätze und die in ihr aufgeworfenen Probleme der Zusatzinformation sind die Grundlage zum Verständnis von Quines anfänglicher Definition seiner Beobachtungssätze:

»Occasion sentences whose stimulus meanings vary none under the influence of collateral information may naturally be called *observation sentences,* and their stimulus meanings may without fear of contradiction be said to do full justice to their meanings. These are the occasion sentences that wear their meanings on their sleeves.« (Quine 1960: 42)

Schon bei ihrer ersten kurzen Vorstellung im Klassifikationsschema der verschiedenen Satzarten ist darauf hingewiesen worden, daß die Beobachtungssätze im Gebäude der Philosophie Quines einen zentralen Platz einnehmen. »Observation sentences are the gateway to language, as to science.« (Quine 1974: 40) Warum sind sie das? Beobachtungssätze erfüllen eine entscheidende Funktion sowohl bei der Bestätigung von wissenschaftlichen Theorien als auch beim Erlernen und Übersetzen einer Sprache.[19] Beobachtungssätze sind diejenigen Sätze, über die sich Wissenschaftler auch dann einigen können, wenn sie über ihre Theorien uneins sind, und es sind diejenigen Sätze, die beim Erlernen einer Sprache unmittelbar an den Situationen, in denen sie geäußert werden, überprüft werden können. Aufgrund dieser semantischen Eigenschaften sind Beobachtungssätze am leichtesten erlernbar; sie sind deshalb der Ausgangspunkt beim Erwerb der eigenen und bei der Erstübersetzung einer fremden Sprache. Diese besondere semantische Eigenschaft kann nun in erster Annäherung auch so gefaßt werden, daß Beobachtungssätze die größte kausale Nähe zu unseren Sinnesrezeptoren aufweisen.[20] Wie aber soll diese Nähe gemessen werden? Da Quine an der Möglichkeit einer theoretisch befriedigenden Antwort auf diese Frage zweifelt, schlägt er eine Reformulierung des Gedankens in folgender Definition vor:

»... observation sentences are sentences which, as we learn language, are mostly conditioned to concurrent sensory stimulation rather than to stored collateral information.« (Quine 1968b: 85)

Mit anderen Worten heißt das: wenn unser Urteil über einen Satz vollständig durch dessen Stimulusbedeutung bestimmt ist und Zusatzinformationen keinen Einfluß haben, handelt es sich um einen Beobachtungssatz. Kann unser Urteil aber allein von gegenwärtigen Reizungen abhängen und gegenüber gespeicherten Informationen immun sein? Offensichtlich ist dies nicht der Fall. Schon indem wir die Sprache lernen, speichern wir gleichzeitig und kontinuierlich Informationen, ohne die wir nicht fähig wären, die einfachsten Urteile über Beobachtungssätze abzugeben. Aus diesem Grund liberalisiert Quine die Definition seines Beobachtungssatzes wie folgt:

»... a sentence is an observation sentence if all verdicts on it depend on present sensory stimulation and on no stored information beyond what goes into understanding the sentence.« (Quine 1968b: 86)

Hier stoßen wir erneut auf die komplexe Problematik der Zusatzinformation, die uns bereits bei der Diskussion der Gelegenheitssätze begegnet ist. Verwunderlich ist das nicht, denn die Beobachtungssätze sind ja eine Teilklasse der Gelegenheitssätze. Die Schwierigkeit, vor der wir nun stehen, besteht in der Frage nach der Unterscheidungsmöglichkeit zwischen der zum Verständnis eines Satzes unumgänglichen Information und der darüber hinausgehenden Information. Das Problem dieser Unterscheidungsmöglichkeit ist aber kein anderes als das der strikten Grenzziehung zwischen der analytischen Wahrheit, die nur aufgrund von ›Bedeutungen‹ gelten soll, und der synthetischen Wahrheit, die von mehr als ›Bedeutungen‹ abhängt. Wie insbesondere im 3. Kapitel dargestellt worden ist, hält Quine diese Unterscheidungsmöglichkeit für illusorisch und unhaltbar, da sie nicht zuletzt auf falschen Vorstellungen über den Zusammenhang von Sprache, Erfahrung und Theorie beruht.[21] Quines Verwerfung des Analytizitätsbegriffs, die im Geiste Neuraths gegen Carnap vertreten wird, beruht auf der holistischen Überzeugung, daß durch die Annahme einer klaren Grenze zwischen dem, was in das bloße Verständnis der Sätze einer Sprache eingeht, und dem, worüber in der Sprachgemeinschaft ansonsten vollständige Übereinstimmung besteht, kein adäquates Verständnis der Interdependenz von Wissenschaft und Sprache erreicht werden kann.

Nach der neuerlichen Beschäftigung mit dem Problem der Zusatzinformation kommt Quine auf die Definition des Beobachtungssatzes zurück und definiert nun folgendermaßen:

> ». . . an observation sentence is one which all speakers of the language give the same verdict when given the same concurrent stimulation. To put the point negatively, an observation sentence is one that is not sensitive to differences in past experience within the speech community.«
> (Quine 1968b: 86f.)

Eine theoretische Schwierigkeit bei dieser Definition liegt in der intersubjektiven Gleichsetzung von Sinnesreizungen.[22] Wie können wir näher bestimmen, was es heißt, daß zwei oder mehr Menschen den gleichen Reizungen ausgesetzt sind? Quine selbst warnt ausdrücklich vor der Annahme, daß man die Identität von Reizungen mit Hilfe von anatomisch homologen Nervenenden erklären könne. Bei verschiedenen Individuen sind die Sinnesrezeptoren nicht homolog. Bevor man die mühselige Aufgabe einer Explikation von Reizidentität durch die Forderung nach einer noch schwierigeren Explikation von Reizähnlichkeit unter Bezug auf einen Begriff von Beinahe-Homologie von Nervenenden ersetzt, sollte man sich vor Augen führen, in welchem Ausmaß diese Homologiebetrachtungen dem Bereich der Theorie angehören. In der Praxis stellen Psychologen die weitgehende Ähnlichkeit von Sinnesreizungen bei zwei Personen einfach dadurch fest, daß sich die Personen in ähnlicher Position zur Reizquelle befinden und die von dort ausgehenden Stimuli sie in ähnlicher Weise affizieren. Bei diesem Vorgehen können sogar die Reaktionen eines Menschen mit denen eines Marsbewohners verglichen werden, wenn sichergestellt ist, daß sich der Marsbewohner in der für ihn angemessenen Ausrichtung zur Reizquelle befindet. Prinzipielle Schwierigkeiten können bei diesem interplanetarischen Vergleich allerdings dadurch entstehen, daß der Marsmensch auf Einwirkungen reagiert, für die der Erdenbewohner unempfänglich ist und *vice versa*. Das Verfahren, zwei Menschen in ähnlicher Weise auf ähnliche

Reizquellen hin auszurichten, funktioniert in der Praxis deshalb so gut, weil die Menschen sich anatomisch hinreichend ähnlich sind. Diese Art der Ähnlichkeit kann aber bei einem Vergleich mit einem Marsbewohner nicht fraglos vorausgesetzt werden.

> »I leave you, therefore, with a problem of theoretical formulation that carries no evident practical problem with it. It is the problem of saying in general what it means for two subjects to get the same stimulation, or, failing that, what it means for two subjects to get more nearly the same stimulation than two others.« (Quine 1965: 159f.)

Unter dem Einfluß dieser theoretischen Schwierigkeit hat Quine eine weitere Definition des Beobachtungssatzes vorgelegt, die ohne den expliziten Bezug auf die Gleichheit von Sinnesreizungen auszukommen versucht. Er geht dabei in drei Schritten vor:[23] In einem ersten Schritt erinnert er daran, daß Beobachtungssätze stets Gelegenheitssätze und nicht etwa feste Sätze sind. In einem zweiten Schritt macht er darauf aufmerksam, daß die Auszeichnung als Gelegenheitssatz zur Bestimmung eines Beobachtungssatzes nicht hinreichend ist. Der Wahrheitswert eines Beobachtungssatzes soll nicht nur von den Umständen seiner Äußerung abhängen, diese Umstände müssen zudem intersubjektiv beobachtbar sein. Zur Veranschaulichung führt Quine das Beispiel eines Fischers an, der in einer bestimmten Situation den Satz äußert ›Ich fühle, da hat was angebissen‹. Die Wahrheit oder Falschheit dieses Satzes hängt zwar von den Umständen seiner Äußerung ab, doch sind die relevanten Umstände nur für den Sprecher und nicht für andere Zeugen zugänglich. Somit ist der Satz ›Ich fühle, da hat was angebissen‹ zwar ein Gelegenheitssatz, aber kein Beobachtungssatz im Sinne Quines. Doch auch die Definition eines Beobachtungssatzes als ein Gelegenheitssatz, dessen Gelegenheit intersubjektiv beobachtbar ist, ist noch nicht befriedigend. Das macht das Beispiel des Satzes ›Da geht Martins alter Hauslehrer vorbei‹ deutlich. Es handelt sich um einen Gelegenheitssatz und alle gegenwärtigen Zeugen sind in der Lage, den alten Hauslehrer vorbeigehen zu sehen. Jedoch ist eine weitere wichtige Bedingung nicht erfüllt, die Quine in seinem dritten Schritt angibt: die Zeugen müssen im allgemeinen beurteilen können, ob die von ihnen gemachten Beobachtungen zur Verifikation des Satzes ausreichen. Sie müssen also in der gleichen Position wie der Sprecher sein, um dem Satz unter den fraglichen Umständen zustimmen zu können. Das ist der Fall bei solchen Sätzen wie ›Das ist rot‹, ›Es regnet gerade‹ und ›Da geht ein alter Mann vorbei‹; es ist aber nicht der Fall bei dem Satz ›Da geht Martins alter Hauslehrer vorbei‹.

> »Such, then, is an observation sentence: it is an occasion sentence whose occasion is not only intersubjectively observable but is generally adequate, moreover, to elicit assent to the sentence from any present witness conversant with the language. It is not a report of private sense data; typically, rather, it contains references to physical objects.«
> (Quine 1974c: 73)

Ein möglicher Einwand gegen diese Definition, den Quine selbst anführt, könnte in dem Hinweis bestehen, daß der Parameter der intersubjektiven Beobachtbarkeit im Fall von Spezialisten und Laien beträchtlichen Schwankungen ausgesetzt ist.[24] Quines Antwort verweist darauf, daß der Begriff des Beobachtungssatzes relativ auf eine Sprachgemeinschaft zu verstehen ist.[25] Wenn ein bestimmter Satz nur für einen Spezialisten und nicht für den Laien als Beobachtungssatz auszumachen ist, so ist er dies nur im Rahmen einer Fachsprache, die der Laie nicht versteht. Wenn es um das philosophische Kriterium des Beobachtungssatzes geht, legt man nach Quine am besten den Konsens der gesamten Sprachgemeinschaft zugrunde und zählt den schwer verständlichen Satz des Spezialisten nicht zu den Beobachtungssätzen im allgemein akzeptierten Sinne. Diese Lösung schien Quine vor allem deshalb akzeptabel, weil er der Auffassung war, daß man den Spezialisten immer in eine allgemein verständliche Sprache zurückholen kann.

Inzwischen hat er diese Auffassung jedoch revidiert: »There is expertise in tea tasting, in wine tasting, and in the recognition of tones, chords, and timbre, that resists conversion to the common coin.« (Quine 1975c: 316) Auch gegen das von ihm vorgeschlagene behaviorale Kriterium ist er nun gewillt, spezielle Ausdrucksweisen in diesen Bereichen als Beobachtungssätze für Spezialisten aufzufassen und gelten zu lassen. Für die allgemeine Definition der Beobachtungssätze schlägt er nach diesen Schwierigkeiten eine neue Formulierung vor:

> »The really distinctive trait of observation ... sentences is to be sought not in concurrence of witnesses but in ways of learning. Observational expressions are expressions that can be learned ostensively ... The behavioral manifestation of observationality, then, namely, the ready concurrence of witnesses, serves merely as a rough practical criterion.«
> (Quine 1975b: 316)

Können Beobachtungssätze tatsächlich durch Ostension gelernt werden? Der Vorschlag scheint deshalb intuitiv unplausibel, weil wir uns voreilig verführen lassen, an Beobachtungsterme zu denken und darüber den spezifischen Charakter von Quines Beobachtungssätzen aus den Augen zu verlieren. Gerade von diesem spezifischen Charakter der Beobachtungssätze hängt jedoch der Erfolg der Definition ab. Quine selbst hat dies unmißverständlich zum Ausdruck gebracht:

> »The special virtue of observation sentences is that we can in principle learn them by ostension as wholes, keyed as wholes to the appropriate observable occasions, before ever learning the component words to enduring bodies.«
> (Quine/Ullian 1970: 15)

Da die Stimulusbedeutung sich aus dem zusammensetzt, was ostensiv gelernt werden kann, ist Quines Bemerkung aus seinem ersten Definitionsversuch nun voll und ganz verständlich: Die Stimulusbedeutung wird der intuitiven Bedeutung von Beobachtungssätzen ganz und gar gerecht; sogar im Fall der Erstübersetzung bietet sie eine befriedigende Grundlage zur Übertragung der Eingeborenenbeobachtungssätze in die Muttersprache des Linguisten.

Bisher ist der theoretische Stellenwert der Stimulusbedeutung im Zusammenhang mit den Gelegenheitssätzen und den Beobachtungssätzen erörtert worden. Dabei ist u. a. das Verhältnis dieser beiden Satzarten klar geworden:[26] Alle Beobachtungssätze sind Gelegenheitssätze, jedoch nicht alle Gelegenheitssätze sind Beobachtungssätze. Wie steht es nun mit der Stimulusbedeutung bei den Gelegenheitssätzen, die keine Beobachtungssätze sind?[27]

Quines bevorzugtes Beispiel für diese Satzart ist der Satz ›Junggeselle‹ bzw. ›Das ist ein Junggeselle‹. Im Fall eines einzelnen Sprechers innerhalb einer Sprache können wir die Stimulusbedeutung von solchen Sätzen wie ›Das ist ein Junggeselle‹ dadurch bestimmen, daß wir ihn in verschiedenen Kontexten in Frage stellen und die jeweiligen Antworten des Sprechers festhalten. Die affirmativen bzw. negativen Antworten des Sprechers hängen in dem Junggesellenbeispiel davon ab, was er von dem zivilen Stand der Person weiß, nach der er gefragt wird. Und da es höchst unwahrscheinlich ist, daß auch nur zwei Sprecher genau die gleichen Männer kennen und zudem über genau die gleichen Informationen verfügen, was deren Zivilstand betrifft, ist es ebenso unwahrscheinlich, daß die Stimulusbedeutung von ›Das ist ein Junggeselle‹ auch nur für zwei Sprecher die gleiche ist.

Solange wir jedoch bei einem Sprecher bleiben, ist die Gleichheit der Stimulusbedeutung bzw. die intrasubjektive Stimulussynonymie ein Maßstab der Synonymie, der für die Gelegenheitssätze, die keine Beobachtungssätze sind, ebensogut funktioniert wie für die Beobachtungssätze. Es ergibt sich die interessante Tatsache, daß ›Junggeselle‹ und ›unverheirateter Mann‹ für jeden Sprecher einer Sprache stimulussynonym sind, ohne in einem akzeptabel definierten Sinn von ›Bedeutung‹ bedeutungsgleich zu sein.

In einem späteren Aufsatz hat Quine den Begriff der intrasubjektiven Stimulussynonymie von Gelegenheitssätzen zur Einführung des allgemeineren Begriffs der kognitiven Äquivalenz genutzt.[28] Dabei werden zwei Gelegenheitssätze als kognitiv äquivalent für einen Sprecher definiert, wenn sie die gleiche Stimulusbedeutung für einen Sprecher haben. Bei dem Beispielpaar ›Das ist ein Junggeselle‹ und ›Das ist ein unverheirateter Mann‹ ist genau das der Fall; die beiden Sätze sind für einen Sprecher kognitiv äquivalent. Der Begriff der kognitiven Äquivalenz von Gelegenheitssätzen, die keine Beobachtungssätze sind, muß indessen nicht auf einen einzelnen Sprecher beschränkt bleiben; seine gesellschaftliche Erweiterung kann dadurch erreicht werden, daß man alle oder statistisch hinreichend viele Mitglieder der entsprechenden Sprachgemeinschaft befragt und die Ergebnisse verallgemeinert.

Bisher haben wir jedoch nur den monoglotten Fall betrachtet; im polyglotten Fall stellt sich die Situation ungleich schwerer dar – und das vor allem dann, wenn die Bedingungen einer

Erstübersetzung es ausschließen, auf einen zweisprachigen Sprecher zurückzugreifen.[29] Der wichtigste Unterschied zwischen dem monoglotten und polyglotten Fall besteht darin, daß die kognitive Äquivalenz für einen einzelnen Sprecher für Gelegenheitssätze im allgemeinen definierbar ist, für zwei Sprecher zweier radikal verschiedener Sprachen jedoch kaum über die Beobachtungssätze hinausgeht. Nur wenn uns ein zweisprachiger Sprecher zur Verfügung steht – was in der Situation einer Erstübersetzung per definitionem ausgeschlossen ist –, können wir die beiden Sprachen als eine für ihn einzige ›Tandemsprache‹ betrachten. Für ihn können wir dann auch die kognitive Äquivalenz von Gelegenheitssätzen im allgemeinen sogar zwischen zwei verschiedenen Sprachen definieren. Darüber ist jedoch nicht zu vergessen, daß es sich nur um eine kognitive Äquivalenz für ihn und nicht etwa für die gesamte Sprachgemeinschaft handelt. Nur wenn wir über eine statistisch hinreichend große Anzahl von zweisprachigen Sprechern verfügen können, sind wir in der Lage, über den einzelnen Sprecher ebenso hinauszugehen wie im monoglotten Fall und eine zweisprachige Beziehung der kognitiven Äquivalenz von Gelegenheitssätzen auf der gesellschaftlichen Ebene festzulegen. »The polyglot case thrives ... just to the extent that it can be treated as monoglot.« (Quine 1978c: 8) Zusammenfassend läßt sich festhalten, daß sich Fragen nach der kognitiven Äquivalenz von Gelegenheitssätzen, die keine Beobachtungssätze sind, im Fall der Erstübersetzung zwar beantworten lassen, wenn wir es mit einem einzelnen Sprecher zu tun haben, daß wir diese Art von Gelegenheitssätzen jedoch nicht allgemein übersetzen können, weil sich der polyglotte Fall aufgrund der Voraussetzungen von Quines Gedankenexperiment nicht vollständig auf den monoglotten Fall zurückführen läßt.

Nachdem wir theoretischen Stellenwert und Reichweite der Stimulusbedeutung im Hinblick auf die Gelegenheitssätze verfolgt haben, soll nun ihre Anwendbarkeit bei den festen Sätzen betrachtet werden.[30] Der Unterschied zwischen einem Gelegenheitssatz und einem festen Satz ist nach Quine nicht prinzipieller, sondern nur gradueller Natur. Der Übergang von einem festen Satz zu einem Gelegenheitssatz ist von dem Zeitintervall der entsprechenden Sinnesreizungen abhängig. Urteile über

Gelegenheitssätze müssen anläßlich jeder Gelegenheit erneut veranlaßt werden, während hingegen Urteile über feste Sätze über bestimmte Zeiträume konstant bleiben. Je kürzer diese Zeiträume sind, desto mehr ähnelt ein fester Satz einem Gelegenheitssatz. Und je mehr ein fester Satz einem Gelegenheitssatz ähnelt, um so eher wird Quines behaviorales Kriterium der kognitiven Äquivalenz, das aus ähnlichen Urteilen unter ähnlichen Sinnesreizungen besteht, auch auf diese Satzart anwendbar. Nach Quine können wir dieses Kriterium auf alle festen Sätze anwenden, wenn wir es nur als notwendige und nicht als hinreichende Bedingung für die kognitive Äquivalenz ansehen.[31] Zwei feste Sätze sind somit nur dann kognitiv äquivalent, wenn sie beide die gleiche Stimulusbedeutung haben. Andererseits legt Quine auch eine hinreichende, aber nicht notwendige Bedingung für die kognitive Äquivalenz von festen Sätzen vor. Dazu greift er auf seine Definition der kognitiven Synonymie zurück: ein Wort ist kognitiv synonym zu einem anderen Wort oder einer Wortverbindung, wenn der Austausch des einen durch das andere kognitiv äquivalente Sätze ergibt.[32] Als hinreichende Bedingung läßt sich nun formulieren, daß ein fester Satz kognitiv äquivalent zu einem anderen ist, wenn er sich in diesen durch die Ersetzung von Worten oder Wortverbindungen durch ihre jeweiligen kognitiven Synonyma übertragen läßt. Diese hinreichende Bedingung erweitert Quine dadurch, daß er bei der Ersetzung innerhalb der festen Sätze nicht allein kognitive Synonyma, sondern auch andere Arten von Paraphrasen zuläßt, und zwar genau die Arten, die sich bei der Bewahrung der kognitiven Äquivalenz zwischen Gelegenheitssätzen bereits bewährt haben. Zusammenfassend stellt Quine fest:

> »These conditions do not quite add up to a definition of cognitive equivalence for standing sentences. If a pair of standing sentences meets the necessary condition and not the proposed sufficient one, the question of their cognitive equivalence has no answer. But in their incomplete way the conditions do make the notion widely applicable to standing sentences.« (Quine 1978c: 8)

Durch die Anwendung der Stimulusbedeutung auf feste Sätze gelingt Quine schrittweise die empirische Analyse eines graduellen Analytizitätsbegriffs.[33] In *Word and Object* definiert er

einen festen Satz als stimulusanalytisch für einen Sprecher, wenn dieser disponiert ist, ihm nach jeder Sinnesreizung zuzustimmen. Analog ist ein fester Satz stimuluskontradiktorisch für einen Sprecher, wenn dieser disponiert ist, ihn nach jeder Sinnesreizung abzulehnen. Wie im Fall der Stimulussynonymie können nun auch die beiden Begriffe des stimulusanalytischen und des stimuluskontradiktorischen Satzes so weit verallgemeinert werden, daß sie auf der gesellschaftlichen Ebene Anwendung finden: diejenigen festen Sätze sind gesellschaftlich stimulusanalytisch bzw. stimuluskontradiktorisch, die für alle Mitglieder der Sprachgemeinschaft stimulusanalytisch bzw. stimuluskontradiktorisch sind. Beispiele für die erste Klasse sind solche Sätze wie ›2 + 2 = 4‹, ›Kein Junggeselle ist verheiratet‹, ›Es hat schwarze Hunde gegeben‹. Beispiele für die zweite Klasse sind entsprechend ›2 + 2 = 5‹, › Irgendein Junggeselle ist verheiratet‹, ›Es hat nie schwarze Hunde gegeben‹. Der jeweils letzte Beispielsatz macht das Problem dieses Analytizitätsbegriffs deutlich. Obwohl alle Mitglieder einer Sprachgemeinschaft dem Satz zustimmen würden, daß es schwarze Hunde gegeben hat, würde kaum jemand diesen Satz als analytisch betrachten und entsprechend auszeichnen wollen. »Let us face it: our socialized stimulus synonymy and stimulus analyticity are still not behavioristic reconstructions of intuitive semantics, but only a behavioristic ersatz.« (Quine 1960: 66)
In *The Roots of Reference* ist Quine nun ein weiterer Schritt auf dem Weg zu einer empirisch befriedigenden Definition des Analytizitätsbegriffs gelungen.[34] Er definiert dort eine Teilmenge der gesellschaftlich stimulusanalytischen Sätze, die Gibson als gesellschaftlich und psychogenetisch stimulusanalytische Sätze bezeichnet:[35] Ein solcher Satz liegt dann vor, wenn jedes Mitglied der Sprachgemeinschaft die Wahrheit des Satzes dadurch lernt, daß es die Wörter des Satzes lernt. Offensichtlich schließt diese Definition solche Sätze wie ›Es hat schwarze Hunde gegeben‹ aus, die auch intuitiv nicht als analytisch betrachtet werden. Dagegen umfaßt sie solche auch intuitiv als analytisch bezeichneten Sätze wie ›Kein Junggeselle ist verheiratet‹. Wenn jedes Mitglied der Sprachgemeinschaft den Ausdruck ›Junggeselle‹ dadurch lernt, daß er entdeckt, daß diejenigen Sprecher, von denen er die Sprache lernt, disponiert sind,

dem Ausdruck ›Junggeselle‹ in genau den Situationen zuzustimmen, in denen sie auch dem Ausdruck ›unverheirateter Mann‹ zustimmen, dann hat jedes Mitglied der Sprachgemeinschaft allein durch das Lernen der entsprechenden Wörter die Wahrheit des festen Satzes ›Ein Junggeselle ist ein unverheirateter Mann‹ gelernt. Quines bislang letzte empirische Analyse des Analytizitätsbegriffs stellt somit eine beträchtliche Annäherung an den intuitiven Analytizitätsbegriff und eine weitgehende behaviorale Erklärung dar. Analytizität ist ein Produkt der gesellschaftlichen Gleichförmigkeit, die sich im Prozeß des Sprachlernens niederschlägt: »Language is social, and analyticity, being truth that is grounded in language, should be social as well.« (Quine 1974: 79) Wird mit Quines neuerlicher Bestimmung der Analytizität seine frühere Kritik hinfällig? Sind die grundlegenden Unterschiede zu Carnap damit aufgehoben? Keinesfalls. Im Gegensatz zu Carnap ist Quines Begriff der Analytizität gesellschaftlich, genetisch und relativ.

> »Even so, we have no such radical cleavage between analytic and synthetic sentences as was called for by Carnap and other epistemologists. In learning our language each of us learns to count certain sentences, outright, as true; there are sentences whose truth is learned in that way by many of us, and there are sentences whose truth is learned in that way by few or none of us. The former sentences are more *nearly* analytic than the latter. The *analytic* sentences are the ones whose truth is learned in that way by all of us; and these extreme cases do not differ notably from their neighbours, nor can we always say which ones they are.« (Quine 1974a: 80)

Der in Anknüpfung an Neurath weiterentwickelte konsequente Holismus Quines, der sich hier auch deutlich in seiner Sicht des Sprachlernens zeigt, bleibt der wichtigste theoretische Unterschied zu seinem ehemaligen Lehrer Carnap.

Bei der Untersuchung des systematischen Zusammenhangs zwischen der Stimulusbedeutung und den verschiedenen Quineschen Satzarten hat sich herausgestellt, daß im Fall der Erstübersetzung nur die Beobachtungssätze aufgrund ihrer Stimulusbedeutung übersetzbar sind. Nach Quines Auffassung in *Word and Object* sind jedoch auch die Wahrheitsfunktionen mit Hilfe von behavioralen Kriterien eindeutig zu übersetzen.

Unter Bezug auf die für die Stimulusbedeutung charakteristische Ermittlung von Zustimmung und Ablehnung versucht Quine, semantische Kriterien für die logischen Verknüpfungen der Negation, Konjunktion und Disjunktion festzulegen.[36]
Das semantische Kriterium der Negation besteht darin, daß sie jeden kurzen Satz, dem zugestimmt wird, in einen Satz verwandelt, der abgelehnt wird, und *vice versa*.[37] Das Kriterium der Konjunktion in *Word and Object* ist, daß sie zusammengesetzte Sätze erzeugt, denen nur dann zugestimmt wird, wenn jedem ihrer Bestandteile zugestimmt wird. Das Kriterium der Disjunktion ist ähnlich: sie erzeugt zusammengesetzte Sätze, die nur dann abgelehnt werden, wenn jeder ihrer Bestandteile abgelehnt wird. Hat der Feldlinguist die Übersetzung nach diesen semantischen Kriterien festgelegt, so sind nach Quine auch die logischen Gesetze der Eingeborenen – wenigstens was den wahrheitsfunktionalen Teil der Logik betrifft – vollständig bestimmt. Es ist dadurch sichergestellt, daß die Äußerungen der Eingeborenen so übersetzt werden, daß sie allen klassischen Tautologien zustimmen und alle klassischen Kontradiktionen ablehnen. »... logical truths are truths in virtue of the stimulus meanings of the connectives.« (Haack 1977: 131)
In *Word and Object* finden Quines Überlegungen zu den logischen Verknüpfungen im Rahmen des Gedankenexperiments der Erstübersetzung statt. An verschiedenen Stellen macht Quine jedoch deutlich, daß er auch die Interpretation von Äußerungen eines Sprechers in der Muttersprache als (homophone) Übersetzung betrachtet.[38] Susan Haack weist deshalb mit Recht darauf hin, daß Quines Argumente aus *Word and Object* auch auf die Äußerungen eines abweichenden Logikers angewendet werden können, der die gleiche Sprache wie wir spricht.[39] Diese Anwendung findet bei Quine selbst in *Philosophy of Logic* statt.[40] Dort heißt es: »It would seem that such an idea of deviation in logic is absurd on the face of it. If sheer logic is not conclusive, what is?« (Quine 1970a: 81) Warum aber ist die Idee einer abweichenden Logik für Quine absurd? Weil die scheinbar verschiedene Auffassung von logischen Wahrheiten bei einem nicht-klassischen Logiker nichts anderes als dessen idiosynkratische Bedeutungsbestimmungen der logischen Verknüpfungszeichen wiedergibt. Nach Quine versteht

der abweichende Logiker die Symbole z. B. für die Negation und für die Disjunktion anders als der klassische Logiker die typographisch identischen Symbole versteht; verneint der abweichende Logiker dann aber z. B. daß ›*p* v–*p*‹ logisch wahr ist, verneint er gerade nicht das, was der klassische Logiker behauptet, auch wenn dies auf den ersten Blick so scheinen mag. Eine theoretische Meinungsverschiedenheit über die logische Wahrheit liegt gar nicht vor, der abweichende Logiker hat lediglich das Thema gewechselt: »Here, evidently, is the deviant logician's predicament: when he tries to deny the doctrine he only changes the subject.« (Quine 1970a: 81)

Quines konservative Position in *Word and Object* und in *Philosophy of Logic* dürfte kaum mit seiner radikalen Position in »Two Dogmas of Empiricism« vereinbar sein.[41] Wenn nur augenscheinliche, nicht aber tatsächliche Veränderungen der Logik stattfinden können, wie kann dann der Gedanke aufrechterhalten werden, daß die Logik revidierbar ist? Quine hat sich zu dieser Frage nie eindeutig geäußert. Vielleicht könnten die beiden konfligierenden Positionen dadurch vereinbar werden, daß eine Veränderung in der Bedeutung der logischen Partikeln als eine Veränderung der Logik aufgefaßt wird. Eine solche Möglichkeit ist in *Methods of Logic* angedeutet. Susan Haack bemerkt dazu kritisch, daß die dort zu findenden ›begrifflichen Wahrheiten‹ zwar für einen solchen Brückenschlag geeignet sind, jedoch die ansonsten von Quine vertretene Ablehnung der Unterscheidung von Bedeutungs- und Tatsachenwahrheiten unterlaufen. Außerdem diagnostiziert Haack in *Methods of Logic* einen konservativen Standpunkt, weil Quine dort die logischen Wahrheiten als begrifflich und unrevidierbar bezeichnet. Beide Punkte scheinen mir auf einem Mißverständnis zu beruhen. Quine schreibt in *Methods of Logic:*

> ». . . logical laws themselves are not immune to revision if it is found that essential simplification of our whole conceptual scheme will ensue . . . Because these laws are so central, any revision of them is felt to be the adoption of a new conceptual scheme, the imposition of new meanings on old words.« (Quine 1950: 3)

Im Gegensatz zu Haacks Deutung sind somit zwei Punkte festzuhalten: Erstens betont Quine auch in *Methods of Logic* die prinzipielle Revidierbarkeit der Logik; und zweitens redet er überhaupt nicht von ›begrifflichen Wahrheiten‹, sondern von der Beziehung zwischen logischen Gesetzen und dem sie umgebenden Begriffsschema *(conceptual scheme).* Dabei ist der Ausdruck des Begriffsschemas bei Quine kein technischer Begriff:

> »... I have meant it as ordinary language, serving no technical function. It is not, as architects say, a supporting member. A triad – conceptual scheme, language, and world – is not what I envisage. I think rather ... in terms of language and the world ... Where I have spoken of a conceptual scheme I could have spoken of a language.« (Quine 1981d: 41)

Quines Begriff des Begriffsschemas führt nicht zur impliziten Wiedereinführung der von ihm verworfenen Dichotomie von Bedeutungs- und Tatsachenwahrheiten. Doch selbst wenn Haacks Kritik an *Methods of Logic* nicht stichhaltig ist, bleibt ihre folgende Behauptung vorerst bestehen: »Quine has ... implicitly accepted the doctrine that logical truths are true in virtue of the stimulus meaning, and hence the idea that logic is unrevisable ...« (Haack 1977: 133)

Bevor Haacks Analyse von Quines Voraussetzungen vorgestellt wird, ist darauf hinzuweisen, daß Quine selbst gemerkt hat, daß seine aufgrund der Stimulusbedeutung aufgestellten semantischen Kriterien der Konjunktion und der Disjunktion unvollständig sind. Wie er erstmals in »Existence and Quantification« angedeutet und in »Philosophical Progress in Language Theory« näher ausführt, ist in *Word and Object* bei der Konjunktion nur die Bedingung für die Zustimmung, nicht aber die für die Ablehnung angegeben; bei der Disjunktion ist es genau umgekehrt.[42]

Bei der Konjunktion entsteht auf der Ablehnungsseite eine Lücke. Natürlich wird eine Sinnesreizung die Ablehnung einer Konjunktion veranlassen, wenn sie die Ablehnung eines Konjunktionsglieds veranlaßt, doch wird sie es nicht nur dann tun. Wenn jemandem die entsprechende Information nicht zur Verfügung steht, wird er unter Umständen weder den Satz ablehnen, daß ich in Hückeswagen geboren bin, noch wird er den Satz ablehnen, daß ich in Wipperfürth geboren bin. Dennoch wird er die Konjunktion der beiden Sätze ablehnen. Wenn jemand sich nicht in der Lage sieht, jedem Bestandteil der Konjunktion zuzustimmen, und unfähig ist, die beiden Bestandteile abzulehnen, ist es nicht eindeutig auszumachen, ob er die Konjunktion ablehnt oder sie nur offenläßt. Die Entscheidung hängt von dem jeweiligen Beispiel und seinen besonderen Umständen ab.

»Conceivably the linguist might decide ... to construe the native vocable or construction in question not quite as conjunction after all, but as some non-truth-functional operation that deviates from conjunction in certain cases where the speaker is unprepared to dissent from either component and unprepared to assent to both.« (Quine 1970f.: 12)

Bei der Disjunktion entsteht die gleiche Lücke auf der Zustimmungsseite, wenn jemand bereitwillig dem zusammengesetzten Satz, jedoch keinem seiner Teile zustimmt. Ein Sprecher wird dem Satz ›Professor *X* wird auf den Lehrstuhl für Sprachphilosophie berufen oder Professor *Y* wird auf den Lehrstuhl für Sprachphilosophie berufen‹ zustimmen, wenn er davon ausgeht, daß einer der beiden Bewerber genommen wird. Damit ist durchaus vereinbar, daß er keinem der Disjunktionsglieder zustimmt, weil er nicht weiß, welcher Bewerber sich schließlich durchsetzt. Mit Hilfe der Stimulusbedeutung sind also lediglich partielle semantische Kriterien für Konjunktion und Disjunktion anzugeben; die Stimulusbedeutung legt somit – entgegen Quines Ansicht in *Word and Object* – die Wahrheitsfunktionen und die logischen Gesetze der Eingeborenen nicht eindeutig fest.

Unterstützt wird dieses Ergebnis durch Haacks Analyse der Quineschen Voraussetzungen, auf denen die Übereinstimmung über die klassischen Tautologien zwischen dem Linguisten und den Eingeborenen beruht:

»(a) the principle of maximizing agreement (hereafter, *M*),
(b) the adoption of classical criteria for the truth-functions and,
(c) the adoption of assent and dissent as behavioural coordinates.« (Haack 1974: 18)

Das Prinzip der Übereinstimmungsmaximierung *M* hat Quine wie folgt formuliert:

»The maxim of translation underlying all this is that assertions startingly false on the face of them are likely to turn on hidden differences of language.« (Quine 1960: 59)

Vor die Wahl gestellt, dem Eingeborenen oder einem abweichenden Logiker eine Meinungsverschiedenheit oder einen unterschiedlichen Bedeutungsgebrauch zu unterstellen, soll nach *M* eher die letzte Möglichkeit in Betracht gezogen werden.[43] Mit Recht weist Haack jedoch darauf hin, daß *M* nur dann zu dem konservativen Ergebnis führt, eine korrekte Übersetzung müsse die Übereinstimmung über die klassischen Tautologien bewahren, wenn der Übersetzer die klassische Logik akzeptiert; dies ist ihre Bedingung (b). Wäre Quines Linguist hingegen ein Vertreter der intuitionistischen Logik, würde *M* ihn dazu veranlassen, all die Übersetzungen zu verwerfen, die die Konsequenz haben, daß sein Informant Sätzen der Form ›*p* v–*p*‹ zustimmt. Die Bedingung (b) ist ihrerseits nur dadurch plausibel, daß Quine die zwei behavioralen Koordinaten der Zustimmung und der Ablehnung mit den zwei Wahrheitswerten ›wahr‹ und ›falsch‹ der klassischen Logik korreliert. Zweifellos ist dies eine mögliche Vorgehensweise, doch besser ist die Alternative, die Haack vorlegt:

> »... if one adopted, for instance, *three* behavioral coordinates, say assent, dissent, and puzzlement, which could plausibly be correlated with the *three* truth-values of a three-valued logic, then, even granted *M*, one might reach the conclusion that respondents might fail always to assent to a sentence correctly translated as of the form ›*p* v–*p*‹, which would be evidence that they accept a non-classical logic.«
> (Haack 1977: 134)

Es ist zu vermuten, daß sowohl Quines eigene Einsicht in die Schwierigkeiten, die mit seiner behavioralen Bestimmung der Wahrheitsfunktionen verbunden sind, als auch Haacks Analyse und ihr Alternativvorschlag den Weg zu einer veränderten Sicht der logischen Gesetze in *The Roots of Reference* geebnet haben.[44] Insbesondere vertritt Quine dort nicht länger den Standpunkt, daß aufgrund des Prinzips der Übereinstimmungsmaximierung die klassische Logik sozusagen in unsere Übersetzung der Eingeborenen eingebaut sei. Zentral für Quines revidierten Standpunkt ist die neu eingeführte Unterscheidung zwischen Wahrheitsfunktionen und Urteilsfunktionen. »A compound sentence is a verdict function of its components if a verdict to the compound is determined for each assignment of verdicts to the components.« (Quine 1974a: 77) In *Word and Object* sind Negation, Konjunktion und Disjunktion als Urteilsfunktionen *(verdict functions)* von Zustimmung und Ablehnung aufgefaßt worden, und diese Urteilsfunktionen wurden unmittelbar zu den klassischen zweiwertigen Wahrheitsfunktionen in Beziehung gesetzt. Dabei stellte sich heraus, daß dieses Programm für die Konjunktion und Disjunktion nicht vollständig durchzuführen ist, weil auf der Ablehnungsseite bzw. auf der Zustimmungsseite eine Lücke offenbleibt. Dieses Ergebnis dürfte maßgeblich für die Einführung der Unterscheidung zwischen Wahrheitsfunktionen und Urteilsfunktionen gewesen sein. Quines Urteilslogik ist dreiwertig und besteht aus den Urteilen Zustimmung (*z*), Ablehnung (*a*) und Enthaltung (*e*). Nur die Negation ist nach Quine sowohl eine Urteilsfunktion wie eine Wahrheitsfunktion. Das Urteil über ihre Zusammensetzung ist genau dann *z*, *a*, *e*, wenn das Urteil über ihren Teilsatz *z*, *a*, *e* ist. Als Urteilstafel ergibt sich:

p	*−p*
a	*z*
e	*e*
z	*a*

Wie die oben diskutierten Beispielfälle deutlich gemacht haben,[45] sind Konjunktion und Diskonjunktion beide keine Urteilsfunktionen, da die Urteile zu ihren Bestandteilen nicht ausreichen, um das Urteil zu dem zusammengesetzten Satz eindeutig festzulegen. Ihre Urteilstafeln sind daher unvollständig:

$\wedge$

p: \ *q:*	*z*	*e*	*a*
z	*z*	*e*	*a*
e	*e*	?	*a*
a	*a*	*a*	*a*

$\vee$

p: \ *q:*	*z*	*e*	*a*
z	*z*	*z*	*z*
e	*z*	?	*e*
a	*z*	*e*	*a*

Konjunktion und Disjunktion sind also Wahrheitsfunktionen, denen keine Urteilsfunktionen entsprechen. Quine schlägt vor, daß man ihnen nahekommende Urteilsfunktionen erreichen könnte, indem man das Fragezeichen in der Mitte der Tafeln durch Enthaltung ersetzt. Diese Urteilsfunktionen wären im Vergleich zu der wahrheitsfunktionalen Konjunktion und Disjunktion insofern einfacher, als daß sie induktiv aus der Beobachtung des Urteilsverhaltens gelernt werden könnten. Sie sind nicht von unserer zweiwertigen Logik abhängig, sie sind sogar unabhängig von jeder wahrheitsfunktionalen Logik.

> »Truth values represent a more advanced, more theory-laden level of linguistic development; and it is in terms of theory, different theories for different subject matters, that we eventually learn (if at all) what verdicts to give to the cases of conjunction and alternation that are indeterminate at the center of the verdict tables. Two-valued logic is a theoretical development that is learned, like other theory, in indirect ways upon which we can only speculate. Some theorists, notably the intuitionists, favor another logic, and there is nothing in the observable circumstances of our utterances that need persuade them to assign meaning to our two-valued scheme.« (Quine 1974a: 78)

Zusammenfassend läßt sich festhalten, daß Quines Feldlinguist aufgrund der Stimulusbedeutung zwar eine Übersetzung derjenigen Ausdrücke des Eingeborenen vornehmen kann, die in etwa seinem Gebrauch von ›nicht‹, ›und‹, ›oder‹ entsprechen, ohne jedoch aufgrund von behavioralen Kriterien festlegen zu können, ob sein Informant eine zwei-, drei-, n-wertige oder gar eine nicht-wahrheitsfunktionale Logik akzeptiert.

Bei der Untersuchung des Zusammenhangs von Stimulusbedeutung und logischen Verknüpfungen ist das von Haack so genannte Prinzip der Übereinstimmungsmaximierung bereits erwähnt worden.[46] Im folgenden soll dieses Prinzip detaillierter analysiert und sein theoretischer Stellenwert innerhalb des Gedankenexperiments der Erstübersetzung herausgearbeitet werden. Eine Situation, die Anlaß zu seiner Einführung bietet, kann durch eine geringfügige Erweiterung des ›Gavagai‹-Beispiels beschrieben werden:[47] Nehmen wir an, der Feldlinguist habe einem Eingeborenen wiederholt die Abbildung eines

Kaninchens vorgelegt. Angesichts des Kaninchens äußert sein Informant stets ›Gavagai‹; verdeckt der Linguist hingegen das Kaninchen, sagt er ›bu Gavagai‹. Nach hinreichend vielen Testdurchgängen übersetzt der Linguist ›bu‹ als ›nicht‹. Zudem gelingt es ihm nach weiteren Beobachtungen und Experimenten den Ausdruck ›ka‹ als ›und‹ in seine Muttersprache zu übertragen. Daraufhin stellt er seinem Informanten die Frage ›Gavagai ka bu Gavagai?‹, die er als ›Kaninchen und nicht Kaninchen?‹ übersetzt. Offensichtlich enthält der Satz einen Widerspruch und der Linguist erwartet deshalb seine Ablehnung durch den Eingeborenen. Zu seiner großen Überraschung stimmt dieser jedoch immer zu, wenn er mit dem Satz konfrontiert wird. Wie soll sich der Wissenschaftler angesichts dieses Resultats verhalten? Soll er annehmen, der Eingeborene halte Widersprüche für wahr, oder soll er die Möglichkeit in Betracht ziehen, er habe sich bei seiner Übersetzung geirrt, und sie nun so modifizieren, daß er seine Auffassung der logischen Gesetze aufrechterhalten kann? In seinem Aufsatz »Meaning and Translation« (1959) läßt Quine diese Frage offen, obwohl er zumindest implizit für eine neue Übersetzung mit der Unterstellung unserer Logik plädiert.

In *Word and Object* kommt Quine zu einer klaren Antwort. Für diese Antwort nimmt er eine Übersetzungsmaxime in Anspruch, die er auf sein Prinzip der Nachsicht *(principle of charity)* zurückführt. Dieses Prinzip fordert zur Wahl derjenigen Übersetzung auf, die dem Eingeborenen die größtmögliche Anzahl von wahren Sätzen unterstellt; insbesondere sollen dabei unsere logischen Gesetze bewahrt bleiben und Übersetzungen vermieden werden, die Äußerungen des Eingeborenen als absurd oder kontradiktorisch wiedergeben.[48] Um Quines Prinzip der Nachsicht näher zu betrachten und in einen größeren Zusammenhang einzuordnen, werde ich mit Thagard und Nisbett in drei Schritten vorgehen:[49] In einem ersten Schritt wird kurz die Verbindung zwischen Nachsichtsprinzip und Rationalitätsauffassung erörtert, die zu einer fünffachen Differenzierung des Prinzips der Nachsicht führt. Im zweiten Schritt wird der Versuch einer Einordnung von Quines Prinzip unternommen; danach wird ausführlich ein Gegenbeispiel gegen seine allgemeine Anwendbarkeit diskutiert. Im dritten Schritt werden die theoretischen Konsequenzen aus dem Beispielmaterial gezogen; es wird für ein moderates Prinzip der Nachsicht votiert, das die apriorische Bestimmung unserer Rationalität zugunsten ihrer empirischen Untersuchung einschränkt.

Quines Nachsichtsprinzip ist ein Rationalitätsprinzip. Der Begriff der Rationalität kann auf sehr unterschiedliche Weise expliziert werden.[50] So schreiben Thagard und Nisbett:

> »The term ›rationality‹ has varied uses, many orthogonal to our concerns. We are interested primarily in the sense of ›rationality‹ in which a thought or action is rational if it conforms to the best available normative standards. Thus we define rational behavior as what people should do given an optimal set of inferential rules.« (Thagard/Nisbett 1983: 251)

Nach diesen Vorüberlegungen formulieren Thagard und Nisbett das folgende allgemeine Nachsichtsprinzip: Vermeide es, Menschen so zu interpretieren, daß dadurch normative Maßstäbe verletzt werden.[51] Diese Formulierung ist natürlich viel zu vage, um in einer konkreten Situation hilfreich zu sein. Erstens müssen der Anwendungsbereich und die inhaltlich normativen Anforderungen näher bestimmt werden. Im Fall der Übersetzung heißt das: Vermeide es, die Äußerungen von Sprechern so zu übersetzen, daß dabei kontradiktorische oder absurde Überzeugungen herauskommen. Zweitens muß geklärt werden, in welch schwachem oder strengem Sinn Irrationalitätsunterstellungen vermieden werden sollen. Thagard und Nisbett unterscheiden in diesem Zusammenhang wenigstens fünf verschiedene Prinzipien, die von sehr schwachen bis hin zu sehr strengen Forderungen reichen:

1) Nimm nicht *a priori* an, daß Leute irrational sind.
2) Gib einer Interpretation, nach der Leute irrational sind, keinerlei besondere Bevorzugung.
3) Beurteile Leute nicht als irrational, es sei denn, du verfügst über eine empirisch gerechtfertigte Darstellung dessen, was sie tun, wenn sie normative Maßstäbe verletzen.
4) Interpretiere Leute nur dann als irrational, wenn dir dazu überwältigende Belege zur Verfügung stehen.
5) Interpretiere Leute nie als irrational.

An welcher Stelle dieser Skala ist Quines Prinzip der Nachsicht einzuordnen? Rekapitulieren wir zwei seiner Erläuterungen:

»The common sense behind the maxim is that one's interlocutor's silliness, beyond a certain point, is less likely than bad translation ...« (Quine 1960: 59)

»... fair translation preserves logical laws ...« (Quine 1960: 59)

Das erste Zitat, in dem Quine lediglich darauf hinweist, daß eine schlechte Übersetzung des Eingeborenen wahrscheinlicher ist, als ihm offensichtlich absurde Überzeugungen zu unterstellen, läßt es zu, Quines Prinzip im Sinne von 3) aufzufassen. Eine solche Zuordnung dürfte jedoch kaum mit dem zweiten Zitat vereinbar sein. Quines behaviorale Vorgehensweise zur Festlegung von semantischen Kriterien für die logischen Verknüpfungen, die wir bereits diskutiert haben, soll die Bewahrung der logischen Gesetze sicherstellen.[52] Unter Rückgriff auf dieses Verfahren argumentiert er in *Word and Object* explizit gegen die anthropologische Auffassung der von Lévy-Bruhl so genannten prälogischen Mentalität:

»To take the extreme case, let us suppose that certain natives are said to accept as true certain sentences translatable in the form ›*p* and not *p*‹. Now this claim is absurd under our semantic criteria. And, not to be dogmatic about them, what criteria might one prefer? Wanton translation can make natives sound as queer as one pleases. Better translation imposes our logic upon them, and would beg the question of prelogicality if there were a question to beg.« (Quine 1960: 58)

Diese Ausführungen legen es nahe, daß Quine das fünfte und strengste Prinzip der Nachsicht favorisiert, demgemäß Übersetzungen niemals eine Verletzung von logischen Gesetzen aufweisen sollten. Wenn Quines semantische Kriterien zur Bestimmung der logischen Verknüpfungen vollständig wären – was sie, wie wir gesehen haben, nicht sind –, könnte eine solche Verletzung auf der Basis seiner Voraussetzungen tatsächlich nicht vorkommen. Dies ist der Grund, warum Quine an einer konsistenten und kohärenten Formulierbarkeit der Doktrin von einer prälogischen Mentalität zweifelt. Das Problem stellt für ihn gar keine empirische Tatsachenfrage dar. Daß es sich entgegen seiner Auffassung dennoch um eine weitgehend empirisch zu entscheidende Frage handeln kann und ein strenges

Nachsichtsprinzip deshalb für Übersetzungen ungeeignet ist, soll im folgenden mit Hilfe von Kekes Überlegungen nachgewiesen werden.[53]
Die zeitweilig von Lévy-Bruhl vertretene Ansicht von einer prälogischen Mentalität bei gewissen Naturvölkern geht davon aus, daß diese Völker noch nicht das Entwicklungsstadium des logischen Denkens erreicht haben.[54] So ist es nicht verwunderlich, daß sie z. B. das logische Identitätsprinzip verletzen. Sogenanntes primitives Denken ist vielmehr durch eine Relation der ›Teilhabe‹ gekennzeichnet. Das bedeutet, daß selbst alltägliche und gewöhnliche Ereignisse eine über ihr Vorkommen hinausgehende Bedeutung besitzen, weil Geister an allen Geschehnissen partizipieren. Diese anthropologische Auffassung von einer prälogischen Mentalität ist nicht ohne Widerspruch geblieben. So kann z. B. Evans-Pritchards einflußreiche Studie über die Religion der Nuer als ein Versuch zu ihrer Widerlegung aufgefaßt werden.[55] Nach Evans-Pritchard lassen sich die scheinbar unlogischen Überzeugungen der Nuer durchaus logisch verstehen, wenn wir über die oberflächlichen Erscheinungen hinaus ihren Kontext in angemessener Weise berücksichtigen. Im Gegensatz zu Quine versucht also Evans-Pritchard nicht die logische Inkonsistenz, sondern die empirische Unhaltbarkeit der Lehre von einer prälogischen Mentalität nachzuweisen.
Als Beispiel dienen ihm gewisse Identitätsansprüche der Nuer, die dem logischen Identitätsprinzip zu widersprechen scheinen: ›Gurken sind Ochsen‹, ›Zwillinge sind Vögel‹, ›Moorlicht ist Geist‹. Die Nuer verhalten sich gegenüber diesen Gegenständen in gewissen Kontexten so, als ob sie miteinander identisch wären, sie reden über sie in Termen der Identität, und unbegreiflich finden sie die Auffassung, daß es sich um Verschiedenes handelt. Tauchen die miteinander identifizierten Gegenstände jedoch außerhalb der Identitätskontexte auf, behandeln auch die Nuer sie so, wie wir es tun. Sie finden Ochsen wertvoller als Gurken, und sie erwarten nicht, daß Zwillinge fliegen. Wenn diese Paare hingegen in dem Identitätskontext vorkommen, scheint die frühere Einsicht in ihre Verschiedenheit nicht mehr vorhanden zu sein.
Kekes faßt drei charakteristische Merkmale dieser Identitätsansprüche zusammen.[56] Das erste Merkmal besteht in der

Annahme, daß jeder Gegenstand nicht nur das ist, was er ist, sondern auch noch etwas anderes. So verneinen die Nuer nicht, daß Gurken Gurken sind, doch sie halten es auch für wahr, daß Gurken Ochsen sind, und dabei verstehen sie unter ›Ochsen‹ das gleiche wie wir. Das logisch störende Element ist die Überzeugung, daß ein Ding neben dem, was es ist, auch noch etwas anderes sein kann. Das zweite Merkmal der angeführten Beispiele scheint in dem unlogischen Anspruch zu bestehen, daß zwei Dinge identisch sind, obwohl sie verschiedene Kennzeichen haben. Ein drittes spezifisches Merkmal trifft nur auf das Beispiel zu, in dem der Term ›Geist‹ vorkommt: obwohl die Nuer behaupten, daß Moorlicht Geist ist, verneinen sie, daß Geist Moorlicht ist. Somit scheinen sie sowohl zu glauben, daß zwei Dinge miteinander identisch sind, als auch, daß diese Identität asymmetrisch ist.

Evans-Pritchard versucht nun auf empirischem Weg nachzuweisen, daß die scheinbar unlogische Haltung der Nuer durchaus logisch darzustellen ist. Nach Kekes Auffassung gelingt ihm das in zwei Fällen; im dritten Fall können wir jedoch nach seiner Meinung nicht umhin, die Äußerung der Eingeborenen so zu übersetzen, daß sie eine Verletzung unserer logischen Gesetze zur Folge hat.[57]

Das erste Beispiel ist der Satz ›Gurken sind Ochsen‹. Der Kontext, in dem diese Identität behauptet wird, ist der des Opfers. Dort kommt es häufig vor, daß Gurken anstelle von Ochsen geopfert werden, und wenn das geschieht, verhalten sich die Nuer so, als ob die geopferte Gurke ein Ochse sei, und sie reden auch so. In bestimmten Kontexten fungieren Gurken als Ochsen so, wie in bestimmten Kontexten Schecks als Geld fungieren. Darin liegt nichts Unlogisches.

Das zweite Beispiel betrifft die Identität von Zwillingen und Vögeln. Hier beruht der Identitätsanspruch auf dem religiösen Glauben der Nuer, daß Vögel und Zwillinge in der gleichen privilegierten Position sind, was ihre Beziehung zum Geist betrifft. Zwillinge sind also deshalb Vögel, weil sie identische Beziehungen zu einem dritten Gegenstand aufweisen. Auch hier liegt keine Verletzung der Logik vor.

Besonders interessant ist nun der dritte Fall ›Moorlicht ist Geist‹. Er unterscheidet sich von den vorausgehenden dadurch, daß es bei den Nuern keine unabhängige Beschreibung für ›Moorlicht‹ gibt. Moorlicht ist dort nur unter einer Beschreibung bekannt, und diese Beschreibung sorgt für die Identität mit Geist. ›Moorlicht‹ heißt ›bieli‹, und ›bieli‹ heißt ›Geist‹. Wenn dies wahr ist, könnte man annehmen, daß gar kein Identitätsanspruch erhoben wird. Die Nuer glauben einfach, daß das, was wir ›Moorlicht‹ nennen, tatsächlich Geist ist. Diese Annahme ist falsch. Während nämlich bieli Geist ist, ist Geist nicht bieli. Der Nuer-Ausdruck für ›ist Geist‹ heißt ›e kwoth‹. So sagen die Nuer ›bieli e kwoth‹, aber nicht ›kwoth e bieli‹. Sie identifizieren Moorlicht mit Geist, doch ist für sie diese Identitätsbeziehung asymmetrisch.

In diesem Zusammenhang ist es Kekes wichtig, den Satz ›Moorlicht ist Geist‹ vor möglichen Fehldeutungen zu bewahren. Die genaue empirische Untersuchung seines Kontexts macht deutlich, daß der Satz nicht als eine Eigenschaftszuschreibung gemeint ist. Gemeint ist nicht, daß Geist im Moorlicht erscheint. Wann immer Moorlicht da ist, ist Geist da. Moorlicht *ist* Geist; es liegt eine Identitätsbehauptung, keine Prädikation vor. Im Gegensatz zu den beiden früheren Beispielen ist die Identität weder funktional noch relational; Moorlicht ist Geist in allen vorstellbaren Kontexten, und es gibt auch keinen dritten Gegenstand, zu dem Moorlicht und Geist in der gleichen Relation stehen. Weiterhin ist die Identität auch nicht symbolisch zu verstehen, da nicht angenommen wird, daß der eine Gegenstand den andern repräsentiert; es gibt nur einen Gegenstand. Der Identitätsanspruch ist wörtlich zu nehmen. Und gleichzeitig gilt: Während gesagt wird, daß ein Gegenstand mit dem andern identisch ist, ist der andere nicht identisch mit dem einen. Moorlicht ist Geist, aber Geist ist nicht Moorlicht.

Fassen wir die bisherige Diskussion des anthropologischen Beispielmaterials zusammen, läßt sich eine doppelte Opposition zu Quines Standpunkt in der Frage des Nachsichtsprinzips und der prälogischen Mentalität feststellen: Im Gegensatz zu Quine, der ein strenges Prinzip der Nachsicht gegen die Möglichkeit einer prälogischen Mentalität ins Feld führt, gelingt es Evans-Pritchard in zwei der vorgestellten Fälle, empirische Argumente gegen die Lehre einer prälogischen Mentalität vorzulegen. In noch größerem Gegensatz zu Quine steht der im Anschluß an den dritten Fall von Kekes vorgenommene Begründungsversuch, daß die Befolgung eines strikten Nachsichtsprinzips, das die ausnahmslose Bewahrung unserer logischen Gesetze verlangt, eine empirisch angemessene Übersetzung der unlogischen Identitätsauffassung der Nuer verhindert. Was würde ein Verteidiger Quines zu diesem Ergebnis sagen? Wenn Evans-Pritchard im dritten Fall eine korrekte Übersetzung der Nuer-Sprache gelungen ist, dann sind die Nuer in der Tat (partiell) unlogisch.[58] Diesem Konditionalsatz stimmt der Quineianer zu; was er bezweifelt, ist das Antezedens. Die gesamte empirische Evidenz, die zugunsten der unlogischen Identitätsauffassung angeführt worden ist, wird der Quinesche Kritiker als Evidenz für die Fehlerhaftigkeit der Übersetzung nehmen.

Um seinen Standpunkt zu verteidigen, wird der Kritiker im Sinne Quines verschiedene Vorschläge zur Übersetzung der logischen Relation vorlegen, die dem Glauben der Nuer zugrunde liegen können, daß Moorlicht Geist ist. Eine Möglichkeit ist z. B. die Teil-Ganzes-Relation. Eine mögliche Übersetzung von ›bieli e kwoth‹ ist dann ›Moorlicht ist ein Teil von Geist‹. Geist ist ein Ganzes, das aus vielen Teilen besteht, und einer dieser Teile ist Moorlicht. Die Übersetzung erklärt zudem, warum die Nuer Moorlicht mit Geist identifizieren und sich weigern, Geist mit Moorlicht zu identifizieren. Nach Kekes ist diese Quinesche Strategie jedoch deshalb nicht durchführbar, weil die Nuer an die Existenz von vielen verschiedenen Geistern glauben und bieli nur einer von ihnen ist. Bieli ist überhaupt kein Teil von irgend etwas; es ist eine diskrete und unabhängige Entität und ist mit dem identisch, was wir als Moorlicht bezeichnen. Eine weitere Übersetzungsmöglichkeit der fraglichen Relation, die dem Quineschen Kritiker offensteht, ist die der Klasseninklusion. Moorlicht ist im Verhältnis zu Geist das, was Hunde im Verhältnis zu Tieren sind. Die Klasse von Geist und die Klasse von Tieren schließen Moorlicht bzw. Hunde als Elemente ein. Auch hier haben wir dann eine Erklärung, warum behauptet wird, daß Moorlicht Geist und Hunde Tiere sind, während verneint wird, daß Geist Moorlicht und Tiere Hunde sind. Doch auch dieser Vorschlag ist nicht befriedigend, wenn man einen größeren empirischen Kontext berücksichtigt. Solche Klassenterme wie ›Geist‹ und ›Tier‹ sind

Abstrakta; es gibt keinen Geist und es gibt kein Tier, abgesehen von einzelnen Geistern und Tieren. Wenn diese einzelnen Exemplare nicht vorhanden sind, ist die Klasse leer und ›Geist‹ und ›Tier‹ beziehen sich auf nichts. Die Nuer hingegen denken von Geistern als Konkreta; es existieren viele verschiedene Geister, und bieli ist einer von ihnen. Es ist kein Abstraktum, sondern ein Individuum, das unter ihnen existiert.

Selbst wenn der Quinesche Kritiker keine logische Relation findet, mit deren Hilfe er die für ihn scheinbare Verletzung des Identitätsprinzips durch die Nuer vermeiden kann, wird er sich nicht geschlagen geben. Er wird darauf verweisen, daß sein Mißerfolg auf zweifache Weise geklärt werden kann: entweder gibt es keine befriedigende logische Relation zu finden oder den Forschern fehlt es an Scharfsinn und intellektueller Phantasie. Aus diesem Grund ist die gesamte verfügbare empirische Evidenz über den Glauben der Nuer mit zwei Interpretationsmöglichkeiten vereinbar: entweder sind die Nuer unlogisch oder die Übersetzung ist schlecht. Wieviel zusätzliche empirische Evidenz wir auch immer sammeln mögen – der springende Punkt der Quineschen Kritik besteht gerade darin, daß durch diese Evidenz niemals ein objektives Votum zugunsten eines der Disjunktionsglieder begründet werden kann und deshalb der Schluß auf die unlogische Haltung der Nuer unhaltbar ist.

Kekes versucht nun zu zeigen, daß diese Quinesche Strategie nicht überzeugend ist, weil es tatsächlich empirische Evidenzen zugunsten eines der Disjunktionsglieder gibt.[59] Diese Evidenz besteht für ihn in dem Zeugnis eines Nuer, der in heimischer Umgebung groß geworden und als Erwachsener die deutsche Sprache so gut gelernt hat, daß er nun fließend zweisprachig spricht. Nehmen wir weiterhin an, daß alle zweisprachig gewordenen Nuer darin übereinstimmen, daß ›bieli e kwoth‹ tatsächlich das Identitätsprinzip verletzt und daß keine deutsche Übersetzung korrekt ist, die dieser Verletzung nicht Rechnung trägt, dann verfügen wir nach Kekes über die nötige empirische Evidenz, um eines der Disjunktionsglieder auszuschließen.

Der Quinesche Kritiker wird dieses Argument nicht akzeptieren. Im Gegensatz zu unseren fest verankerten Intuitionen, die uns nach seiner Auffassung eine unhaltbare Sicht über das Verhältnis von Sprache und Welt nahelegen, ist der zweisprachige Eingeborene in keiner epistemisch privilegierteren Position als der Feldlinguist, denn was wir über die Welt sagen, ist untrennbar von der Sprache, in der wir es sagen. Wenn jemand zweisprachig ist, steht ihm somit nicht noch ein dritter Standpunkt zur Verfügung, von dem aus er die beiden Sprachen objektiv miteinander vergleichen kann. Die persönliche Überzeugung von Zweisprachigen, daß Ausdrücke in unterschiedlichen Sprachen dasselbe bedeuten, ist nicht verifizierbar, weil alle Tatsachen, die zur Überprüfung dieser Überzeugung in Frage kommen, nach Quine in den Ausdrücken selbst liegen. Tatsache ist, daß die Nuer sich gegenüber Moorlicht so verhalten, als ob es Geist wäre. Doch die Interpretation bzw. die Übersetzung, die wir aufgrund dieser Tatsache vornehmen, kann selbst nicht eindeutig durch das Verhalten der Nuer bestimmt werden.

Nach Kekes ist dies keine überzeugende Argumentation. Wir können eine Hypothese darüber aufstellen, wie ein Ausdruck der Nuer-Sprache zu übersetzen ist, und diese Hypothese mit Einwänden konfrontieren. Das ist das Verfahren, das in der Diskussion des umstrittenen Beispiels angewendet worden ist. Es ist vermutet worden, daß ›bieli e kwoth‹ das Identitätsprinzip verletzt und daß solch alternative Übersetzungsvorschläge, die sich auf die Teil-Ganzes-Relation und die Klasseninklusion stützen, nicht zum Erfolg führen. Natürlich ist das kein Beweis für die Richtigkeit der Hypothese, die den Nuern Inkonsistenz unterstellt, doch meint Kekes, daß sie so lange aufrechterhalten werden sollte, bis gravierende Einwände gegen sie vorgebracht werden. »There are reasons for the hypothesis: it explains the facts, and there are no reasons against it: alternative explanations have been refuted, so it is reasonable to accept it.« (Kekes 1976: 147)

Die Frage, ob Quines Position durch diese Argumentation ernsthaft gefährdet ist, wird im Zusammenhang mit der Diskussion der analytischen Hypothesen innerhalb der Unbestimmtheitsthese der Übersetzung aufgegriffen und beantwortet werden. Hier ging es in erster Linie um den theoretischen Stellenwert und die genauere Bestimmung von Quines Prinzip der Nachsicht. Wir haben gesehen, daß strenge Prinzipien der Nachsicht wie 5) oder auch 4) das Verständnis und die Übersetzung radikal fremder Sprachen eher behindern als fördern. Quines behaviorales Vorgehen zur Bestimmung der semantischen Kriterien für die logischen Verknüpfungen schienen sein Nachsichtsprinzip auf eine solch strenge Version festzulegen. Aufgrund der Unvollständigkeit seiner behavioralen semantischen Kriterien, die mit verschiedenen Logiken kompatibel sind, dürfte sich auch für Quine eine liberalere Fassung seines Nachsichtsprinzips empfehlen. Wenn es uns um eine empirisch begründete Übersetzung von Äußerungen aus einer radikal fremden Sprache geht, kann es sich herausstellen, daß wir in manchen Fällen nicht umhin können, gewisse Äußerungen als eine Verletzung unserer logischen Gesetze aufzufassen. »Strong translational principles of charity are therefore empirically unsound.« (Thagard/Nisbett 1983: 255) Ob das sprachliche Verhalten bestimmter Individuen oder bestimmter Sprachgemeinschaften von unseren logischen und rationalen Maßstäben abweicht, sollte nicht apriorisch, sondern empirisch geklärt werden. Diese empirische Klärung dürfte mit den theoretischen Absichten und Zielen des Empiristen Quine besser vereinbar sein als ein strenges Nachsichtsprinzip. Nachsichtsprinzipien im Sinne von 1) oder 2) sind hingegen zu schwach, um als methodologische Richtlinien hilfreich zu sein. Die Ergebnisse aus der Diskussion des Beispielmaterials und die Kritik an Quines anfänglich strengem Nachsichtsprinzip legen somit die Wahl von Thagard und Nisbetts drittem Prinzip nahe:

> »Do not judge people to be irrational unless you have an empirically justified account of what they are doing when they violate normative standards.«
> (Thagard/Nisbett 1983: 265)

4.3 Analytische Hypothesen und die These der Übersetzungsunbestimmtheit

Um seine nicht leicht nachvollziehbare Kritik an Carnaps Versuch einer empirischen Bestimmung von Bedeutung, Synonymie und Analytizität verständlich und anschaulich zu machen, entwickelt Quine das Gedankenexperiment der Erstübersetzung, in dessen Rahmen er die Stimulusbedeutung als objektiven empirischen Bedeutungsbegriff einführt. Der theoretische Stellenwert der Stimulusbedeutung und ihre Reichweite im Vergleich zu unserem intuitiven und unkritischen Bedeutungsbegriff sind von Quine in minutiösen Einzelanalysen herausgearbeitet worden. Sein Vorgehen und seine Ergebnisse habe ich anhand der Diskussion der Gelegenheitssätze, der Beobachtungssätze, der Gelegenheitssätze, die keine Beobachtungssätze sind, der festen Sätze, der logischen Verknüpfungen und des Prinzips der Nachsicht vorgestellt und analysiert. Dabei ist der besondere Status der Beobachtungssätze für das Erlernen der Sprache und für die Basis der Wissenschaft deutlich geworden. Für diese epistemisch ausgezeichnete Satzart, die wir insbesondere in Form solcher Einwortsätze wie ›Gavagai‹ oder auch ›Rot‹ kennengelernt haben, ist der Begriff der Stimulusbedeutung theoretisch befriedigend. Können wir daraus schließen, daß die Stimulusbedeutung auch einen befriedigenden Bedeutungsbegriff für die allgemeinen Termini ›gavagai‹ und ›rot‹ abgibt? Nach Quine wäre dies ein schwerwiegender Irrtum:

> »Stimulus synonymy of the occasion sentences ›Gavagai‹ and ›Rabbit‹ does not even guarantee that ›gavagai‹ and ›rabbit‹ are coextensive terms, terms true of the same things.« (Quine 1960: 51)[60]

Was Quine mit dieser Behauptung meint, läßt sich an seinem ›Gavagai‹-Beispiel verdeutlichen.[61] Woher weiß der Linguist, daß der Terminus ›gavagai‹ sich bei den Eingeborenen auf Kaninchen und nicht etwa auf zeitliche Kaninchenstadien oder nicht abgetrennte Kaninchenteile bezieht? In beiden Fällen sind die Reizsituationen, die den Eingeborenen zur Zustimmung zu dem Satz ›Gavagai‹ veranlassen, dieselben wie für ›Kaninchen‹; aufgrund der Stimulusbedeutung läßt sich kein Unterschied feststellen, und nach Quines Voraussetzung steht uns zu Beginn der Erstübersetzung nur die Stimulusbedeutung als objektive empirische Basis zur Verfügung.

> »If we are wondering whether to translate a native expression ›gavagai‹ as ›rabbit‹ or as ›undetached rabbit part‹ or as ›rabbit stage‹, we can never settle the matter simply by ostension – that is, simply by repeatedly querying the expression ›gavagai‹ for the native's assent or dissent in the presence of assorted stimulations.« (Quine 1968a: 30f.)

Mit der Stimulusbedeutung von ›Gavagai‹ sind außer zeitlichen Kaninchenstadien und nicht abgetrennten Kaninchenteilen sogar noch zwei weitere Alternativen vereinbar. Zum einen kann ›gavagai‹ als ein singulärer Terminus verstanden werden, der den Zusammenschluß – in Goodmans Sinn – aller Kaninchen benennt: gemeint ist damit jener eine diskontinuierliche Teil der raumzeitlichen Welt, der aus Kaninchen besteht. Zum andern kann ›gavagai‹ als ein singulärer Terminus aufgefaßt werden, der ein stets wiederkehrendes Universale, nämlich Kaninchenheit oder Kaninchenartigkeit bezeichnet. »The distinction between concrete and abstract object, as well as that between general and singular term, is independent of stimulus meaning.«
(Quine 1960: 52)
Gewöhnlich können wir für eine Sprache spezifische Ausdrücke wie etwa ›in Anbetracht‹ auch dann in eine andere Sprache übersetzen, wenn es dort für einzelne Teile des Ausdrucks kein entsprechendes Gegenstück gibt.[62] In Analogie zu diesem Beispiel läßt sich auch die Möglichkeit der Übersetzung des Gelegenheitssatzes ›Gavagai‹ verstehen, die auch dann besteht, wenn kein Teil von ›Gavagai‹ oder irgend etwas sonst in der Sprache der Eingeborenen eindeutig dem Term ›Kaninchen‹ entspricht. »Synonymy of ›Gavagai‹ und ›Rabbit‹ as sentences turns on considerations of prompted assent; not so synonymy of them as terms.« (Quine 1960: 52) Wenn es auf der Grundlage unserer empirischen Basis nicht entscheidbar ist, ob der Term ›gavagai‹ mit ›Kaninchen‹, ›zeitlichem Kaninchenstadium‹, ›unabgetrenntem Kaninchenteil‹, ›dem Zusammenschluß von Kaninchen‹ oder ›Kaninchenheit‹ zu übersetzen ist, liegt es nahe, den Begriff der Stimulusbedeutung erneut kritisch unter die Lupe zu nehmen. Führen uns die vorgelegten Übersetzungsalternativen nicht die Unzulänglichkeit dieses Begriffs vor Augen, über die wir durch zusätzliche Hinweise und Fragen hinauskommen können? Um die Frage zu beantworten, müssen wir uns vergegenwärtigen, welche Möglichkeiten dem Feldlinguisten in diesem Stadium zur Verfügung stehen. Durch weitere Zeigehandlungen ist keine Differenzierung zu erreichen. Wenn er auf ein Kaninchen zeigt, zeigt er zugleich auf ein Kaninchenstadium, auf einen unabgetrennten Kaninchenteil, auf eine Kaninchenverschmelzung und auf eine Manifestation von

Kaninchenheit. Zeigt er auf einen unabgetrennten Kaninchenteil, zeigt er wiederum zugleich auf die vier anderen Möglichkeiten. So kann man die Reihe der Alternativen durchgehen, ohne zu einem unterscheidenden Ergebnis zu gelangen. Weiter kommt man nur, wenn man die Individuationsprinzipien von ›gavagai‹ beherrscht: man muß wissen, wo ein gavagai aufhört und ein anderer beginnt. Durch reine Ostension oder einfache Konditionierung findet man dies allerdings nicht heraus. Quine kommt deshalb zu dem Schluß: »Nothing not distinguished in stimulus meaning itself is to be distinguished by pointing, unless the pointing is accompanied by questions of identity and diversity ...« (Quine 1960: 53) Solche Fragen sind in unserem Beispiel: ›Ist dieser gavagai derselbe wie jener?‹, ›Haben wir hier einen gavagai vor uns oder zwei?‹, ›Ist dieser ein anderer gavagai als jener?‹ Um diese Fragen überhaupt stellen zu können, muß der Linguist jedoch viel weiter in die Sprache der Eingeborenen eingedrungen sein, als dies bisher der Fall ist. Bis jetzt wissen wir nicht einmal, welche Ausdrücke der Eingeborenensprache analog zu unseren Termini aufzufassen sind; und noch viel weniger wissen wir, auf welche Weise wir sie Term für Term gleichsetzen können. Individuationsprinzipien für die radikal fremde Sprache stehen dem Linguisten erst dann zur Verfügung, wenn er ein System wechselseitig miteinander verbundener grammatischer Partikel und Konstruktionen entwikkelt hat, das unsere Pluralbildungen, unsere Pronomen und Zahlwörter, unsere Kopula und unser Identitätsprädikat zu dieser Sprache in eine systematische Beziehung setzt.

> »The whole apparatus is interdependent, and the very notion of term is as provincial to our culture as are those associated devices. The native may achieve the same net effects through linguistic structures so different that any eventual construing of our devices in the native language and vice versa can prove unnatural and largely arbitrary ... Yet the net effects, the occasion sentences and not the terms, can match up in point of stimulus meaning as well as ever for all that. Occasion sentences and stimulus meaning are general coin; terms and reference are local to our conceptual scheme.«
> (Quine 1960: 53)

Zu Beginn dieses Kapitels habe ich darauf hingewiesen, daß sich Quine und Carnap zwar in ihrem behavioralen Ausgangspunkt einig sind, Carnaps empirisches Verfahren jedoch nur in solch groben Umrissen entwickelt worden ist, daß dabei grundlegende Probleme, um die es Quine geht, gar nicht zum Vorschein kommen.[63] Was damit gemeint ist, wird jetzt deutlicher. Nach Quine hat Carnap der Tatsache zu wenig Aufmerksamkeit geschenkt, daß der Gebrauch eines Wortes als Gelegenheitssatz die Extension dieses Wortes als Terminus nicht festlegt. Quines verschiedene Übersetzungsvarianten des Terminus ›gavagai‹ zeigen, daß die Unbestimmtheit nicht nur die Bedeutung, sondern auch die Extension, die Referenz betrifft.[64] Diesen Punkt übersieht Carnap, wenn er bei seinem empirischen Verfahren die Bestimmtheit von Termen bzw. Prädikaten voraussetzt. Quine versucht zu zeigen, daß man diese Voraussetzung gerade nicht machen kann, wenn man die behaviorale Vorgehensweise ernst nimmt. Einem radikal empirischen Ansatz stehen zu Beginn nur Gelegenheitssätze, nicht aber Terme zur Verfügung. Die Vorstellung, daß nur die Bedeutung unsicher, die Referenz hingegen eindeutig bestimmt ist, trügt.

> »The indeterminacy of translation now confronting us ... cuts across extension and intension alike. The term ›rabbit‹, ›undetached rabbit part‹, and ›rabbit stage‹ differ not only in meaning; they are true of different things. Reference itself proves behaviorally inscrutable.« (Quine 1968a: 35)

Die bisherigen Überlegungen haben deutlich gemacht, daß die empirische Basis der Stimulusbedeutung nicht ausreicht, um festzulegen, welche Äußerungen der Eingeborenensprache als Termini aufzufassen sind. Um dieses Ziel zu erreichen, muß der Linguist die gesammelten Äußerungen in geeignete kurze, wiederkehrende Teile zerlegen und auf diese Weise eine Liste der Eingeborenen-›Wörter‹ zusammenstellen.[65] Für eine Korrelation von diesen Wörtern zu Wörtern und Ausdrücken seiner Muttersprache stellt er dann als nächstes Hypothesen auf. Diese Hypothesen nennt Quine die analytischen Hypothesen des Linguisten.

> »From the point of view of a theory of translational meaning the most notable thing about the analytical hypotheses is that they exceed anything implicit in any native's dispositions to

speech behavior. By bringing out analogies between sentences that have yielded to translation and others they extend the working limits of translation beyond where independent evidence can exist.« (Quine 1960: 70)

Zu Anfang dieses Kapitels haben wir Quines leitende Frage für das Problem einer empirischen Bedeutungsbestimmung kennengelernt: wie weit kommen wir im Verständnis der Sprache auf rein behavioralem Weg und wie viel Raum läßt dieser Weg für weitere Annahmen und zusätzliche Prozeduren?[66] Eine erste Antwort können wir nun geben. Auf behavioralem Weg kommen wir so weit uns die Stimulusbedeutung führt; darüber hinaus müssen wir uns Brücken mit Hilfe von analytischen Hypothesen bauen. Beim ersten Schritt sind wir Entdecker, beim zweiten Schritt sind wir Erfinder.

Wie sind nun Beschaffenheit und Funktion der analytischen Hypothesen etwas genauer zu charakterisieren?[67] Keinesfalls sind sie an die Form der Gleichsetzung von Wörtern oder Ausdrücken in den beiden verschiedenen Sprachen gebunden. Eine unmittelbare Entsprechung von Wort zu Wort wird kaum immer zu erreichen sein. Manchmal werden bestimmte Kontexte so spezifiziert werden, daß ein Wort der Eingeborenensprache einmal auf die eine und ein anderes Mal auf eine andere Art zu übersetzen ist. Da man von keiner eindeutigen Entsprechung zwischen einzelnen Wörtern und komplexeren Ausdrükken in den beiden Sprachen ausgehen kann, sind insbesondere die syntaktischen Konstruktionen nur unter Rückgriff auf analytische Hypothesen zu erstellen. Für diese Konstruktionen benötigt man Hilfstermini für die verschiedenen Wortarten und komplexen Ausdrücke. Analytische Hypothesen und Hilfsdefinitionen konstituieren zusammen das Wörterbuch und die Grammatik für die Übersetzung des Linguisten. Ihre spezifische Form ist dabei nach Quine nicht ausschlaggebend, da das Ziel der Übersetzung nicht in der Übertragung einzelner Wörter oder Konstruktionen, sondern vielmehr in der Übertragung eines kohärenten Diskurses besteht; Wörter und syntaktische Konstruktionen sind dazu nur Mittel zum Zweck.

Dennoch ist die einfache Form einer analytischen Hypothese, die ein bestimmtes Wort oder eine bestimmte Konstruktion der Eingeborenensprache mit einem hypothetischen deutschen

Äquivalent gleichsetzt, besonders beachtenswert. Nur dadurch, daß es dem Linguisten gelingt, eine funktionale Parallele zwischen irgendeinem Bestandteil eines übersetzten ganzen Eingeborenensatzes und einem Wort als Bestandteil der Übersetzung dieses Satzes ausfindig zu machen, kann er einen Zugang zu den theoretisch so wichtigen Individuationsprinzipien der radikal fremden Sprache gewinnen. Nur dadurch, daß er Partikel und einfache Konstruktionen aus den Sätzen der fremden Sprache abstrahiert und versucht, sie zu deutschen Partikeln und Konstruktionen zuzuordnen, kann es ihm gelingen, einen bestimmten Ausdruck der Eingeborenen als Kopula oder als Identitätsprädikat ins Deutsche zu übersetzen. Und nur so kann sich der Linguist schließlich in der Lage sehen, selbst Fragen nach der Identität und der Verschiedenheit von Gegenständen zu stellen. Werden damit die aufgrund der Stimulusbedeutung nicht zu entscheidenden Übersetzungsvarianten von ›gavagai‹ eindeutig bestimmbar? Nach Quine läßt sich auch durch den Bezug auf analytische Hypothesen die prinzipielle Unbestimmtheit zwischen ›Kaninchen‹, ›nicht abgetrennten Kaninchenteilen‹ und ›zeitlichen Kaninchenstadien‹ nicht beseitigen.[68] Wenn nämlich ein System von analytischen Hypothesen zu einer Übersetzung eines Eingeborenenausdrucks mit ›ist dasselbe wie‹ führt, ließe sich vielleicht ein anderes ebensogut funktionierendes, jedoch systematisch verschiedenes System von analytischen Hypothesen ersinnen, das den gleichen Ausdruck mit ›gehören zusammen‹ übersetzt. Je nach Wahl des Systems analytischer Hypothesen würden wir den Eingeborenen entweder fragen, ob dieses Kaninchen dasselbe sei wie jenes oder ob dieser unabgetrennte Kaninchenteil mit jenem unabgetrennten Kaninchenteil zusammengehöre. Kann bei jedem Übersetzungsversuch mit verschiedenen Systemen analytischer Hypothesen eine Vielzahl kompensierender Korrekturen angebracht werden, ist die Unbestimmtheit nicht aus der Welt zu schaffen.

Überzeugende Beispiele für solch rivalisierende Systeme von analytischen Hypothesen sind nach Quine deshalb nicht anzugeben, weil unser Zugang zu allen Sprachen durch einzigartige und eindeutige Systeme analytischer Hypothesen bestimmt ist, die entweder traditionell verwurzelt oder durch linguistische Forschungsarbeit vermittelt sind.[69] Die Entwicklung eines

Kontrastsystems bestünde in einem von Grund auf neuen und vollständigen Übersetzungsunternehmen, wozu uns keinerlei sprachwissenschaftliche Hilfsmittel und Dolmetscherdienste zur Verfügung stünden. Die Möglichkeit der Übersetzungsunbestimmtheit wird verständlicher, wenn wir uns daran erinnern, welche Daten und Methoden uns als Ausgangsmaterial dienen. »Sentences translatable outright, translatable by independent evidence of stimulatory occasions, are sparse and must woefully under-determine the analytical hypotheses on which the translation of all further sentences depends.« (Quine 1960: 72) Geht man mit Hilfe der analytischen Hypothesen über den Bereich der Beobachtungssätze als unabhängig übersetzbare Sätze hinaus, ist man auf prinzipiell nicht verifizierbare kreative Konstruktionen angewiesen. Auch das eigene Analogiegefühl erzeugt nicht mehr als eine Atmosphäre von vermeintlicher Bestimmtheit, die in scharfem Kontrast zur tatsächlichen Freiheit steht.

> »There can be no doubt that rival systems of analytical hypotheses can fit the totality of speech behavior to perfection, and can fit the totality of dispositions to speech behavior as well, and still specify mutually incompatible translations of countless sentences insusceptible of independent control.« (Quine 1960: 72)

Das ist Quines berühmte These der Übersetzungsunbestimmtheit. Wo analytische Hypothesen bzw. ganze Systeme von analytischen Hypothesen zur Fortführung der Erstübersetzung unabdingbar sind, wird die Gültigkeit dieser These nach Quines Auffassung besonders klar. Weniger klar ist der methodologische Status der analytischen Hypothesen selbst. ». . . the analytical hypotheses . . . are only in an incomplete sense hypotheses.« (Quine 1960: 73) Durch einen Vergleich mit einer genuin empirischen Hypothese soll der Unterschied deutlicher werden.[70] Im Fall des Beobachtungssatzes ›Gavagai‹ erstellen wir die Übersetzung auf der objektiven Basis der Stimulusbedeutung. Aufgrund einzelner Beobachtungen haben wir hier eine echte, wenn auch möglicherweise falsche empirische Hypothese entwickelt. Auf diese Weise lassen sich jedoch die typisch analytischen Hypothesen nicht verstehen:

»The point is not that we cannot be sure whether the analytical hypothesis is right, but that there is not even, as there was in the case of ›Gavagai‹, an objective matter to be right or wrong about.« (Quine 1960: 73)[71]

Diese Charakterisierung der analytischen Hypothesen und die mit ihr systematisch verbundene These der Übersetzungsunbestimmtheit ist unter Quines Kritikern zumeist auf Unverständnis gestoßen. Bevor Quines verschiedene Argumentationsstrategien zur Verteidigung seiner These im einzelnen vorgestellt und analysiert werden, sollen deshalb vorher einige Quellen möglicher Mißverständnisse angegeben und beseitigt werden.

Die These der Übersetzungsunbestimmtheit ist nicht mit dem Gemeinplatz zu verwechseln, daß bei keiner Übersetzung vollständige Eindeutigkeit erzielt werden kann.[72] Quines Unbestimmtheit ist radikaler. Sie zeigt sich darin, daß rivalisierende Systeme analytischer Hypothesen mit allen sprachlichen Dispositionen innerhalb der betroffenen Sprache übereinstimmen und dennoch zu völlig verschiedenen Übersetzungen führen. Dabei handelt es sich nicht nur um wechselseitige Paraphrasen, sondern um konkurrierende Übersetzungen, von denen jede durch ein anderes Übersetzungssystem ausgeschlossen würde. Wenn es keine Sinnesreizung gibt, die uns zur Zustimmung zu einer der rivalisierenden Übersetzungen veranlaßt, können sich diese sogar hinsichtlich ihres Wahrheitswertes unterscheiden.

Ein zweiter besonders wichtiger Grund für das Unverständnis der Unbestimmtheitsthese liegt in dem hartnäckigen Gefühl, daß sich ein kompetenter zweisprachiger Sprecher in der privilegierten Situation befinden müsse, um die einzig richtigen Korrelationen zwischen den Sätzen seiner beiden Sprachen festlegen zu können.[73] Unterstützt wird dieses Gefühl durch eine unkritische mentalistische Ideenlehre, nach der jeder Satz und die ihm entsprechende Übersetzung durch ein und dieselbe Idee im Geist des Zweisprachigen verbunden sind. »For an uncritical mentalist, no ... indeterminacy threatens. Every term and every sentence is a label attached to an idea, simple or complex, which is stored in the mind.« (Quine 1968b: 80) Diese Vorstellung hat Quine als ›Museumsmythos‹ der Bedeutung karikiert und mit seiner behavioralen Alternative konfrontiert:

»Seen according to the museum myth, the words and sentences of a language have their determinate meanings. To discover the meanings of the native's words we may have to observe his behavior, but still the meaning of the words are supposed to be determinate in the native's mind, his mental museum, even in cases where behavioral criteria are powerless to discover them for us. When on the other hand we recognize with Dewey that ›meaning ... is primarily a property of behavior‹, we recognize that there are no meanings, nor likenesses nor distinctions of meaning, beyond what are implicit in people's dispositions to overt behavior.«
(Quine 1968a: 28 f.)[74]

Ein zweisprachiger Sprecher verfügt nach Quine prinzipiell über keine andere empirische Evidenz als der Feldlinguist.[75] Um seine Übersetzungen zu kontrollieren bzw. um eine Korrelation zwischen den Sätzen seiner beiden Sprachen aufzustellen, kann sich auch der Zweisprachige nur auf die Stimulusbedeutungen der Ausdrücke stützen. Seine Übersetzungen beruhen auf der gleichen empirischen Grundlage, die auch die Basis für die Übersetzungen eines Nicht-Zweisprachigen abgibt. In dem Maße, wie es dem Feldlinguisten gelingt, ein kohärentes Übersetzungssystem zu entwickeln, wird er selbst zweisprachig. Jenseits der unmittelbar zu übersetzenden Beobachtungssätze muß der Zweisprachige ebenso wie der Feldlinguist Zuflucht zu analytischen Hypothesen nehmen; der einzige Unterschied besteht darin, daß sie im Fall des Linguisten explizit formuliert werden, im Fall des Zweisprachigen implizit und intuitiv angewendet werden. Nur auf den ersten Blick scheint der Bezug auf einen zweisprachigen Sprecher somit einen Ausweg aus der Unbestimmtheit zu weisen, weil man unkritisch dazu tendiert, dem Zweisprachigen einen privilegierten Zugang zur einzig richtigen Korrelation zwischen den beiden Sprachen zuzubilligen. Quines These besteht gerade darin, daß die Vorstellung von einer solch einzig korrekten Übersetzungskorrelation unhaltbar ist. Wenn dies gilt, ist der Zweisprachige mit denselben theoretischen, wenn auch nicht praktischen Problemen konfrontiert wie der Feldlinguist.

Ein dritter Grund für die Fehleinschätzung der Übersetzungsunbestimmtheit liegt darin, daß sich Linguisten zur Einschränkung der Auswahl analytischer Hypothesen an Zusatzregeln und implizite Maximen halten.[76] So wird bei der Übersetzung von ›gavagai‹ die Entscheidung zugunsten von ›Kaninchen‹ und gegen ›zeitliches Kaninchenstadium‹ oder ›unabgetrenntes Kaninchenteil‹ von der impliziten Maxime bestimmt, daß ein kurzer Ausdruck sich vermutlich auf einen dauerhaften und homogenen Gegenstand bezieht, der sich als Ganzes vor einem kontrastierenden Hintergrund bewegt.[77] Die Annahme einer solchen Maxime ist psychologisch plausibel; unbegründet ist hingegen nach Quine der weitere Schritt, sie als linguistische Universale einzuführen. Gegen die nach seiner Meinung empirisch nicht zu rechtfertigende Voraussetzung von linguistischen Universalien ist Quines These der Übersetzungsunbestimmtheit gerade gerichtet. Dies wird vor allem in einem Gesprächsabschnitt mit Harman deutlich, der weitgehend unbekannt ist und deshalb hier in voller Länge angeführt werden soll:

»*Quine:* ... one has more hope of correlation if one tries to match up, more or less, the degrees of unlikeness, the degrees of bizarreness, from language to language, rather than just limiting translations to the most natural. A clue to reducing indeterminacy and making the decisions would be to consider these degrees of unnaturalness. Of course, one big headstart that any sensible linguist, or any linguist, sensible or not, would certainly make, is the assumption that the correlate of the usual native word is ›rabbit‹ as opposed to ›rabbit stage‹.

Harman: But before, in *Word and Object,* this was just some arbitrary principle of methodology that the linguist had; he might have had any other. But now it looks as if this principle isn't just some arbitrary principle, but is required by your approach.

Quine: That's a distinction I never meant to draw in *Word and Object,* though it certainly has been read into it a lot. I was not, even there, trying to draw up rules to say that *this* procedure, *this* procedure, *this* procedure ... are what assign translation, properly so-called, on the basis of evidence in behavior. Nor did I mean that if you go on and choose among all the residual indeterminacies from there on by some supplementary canons (e.g. try to translate platitudes into platitudes, try to translate stimulus-analyticity into stimulus-analyticity, try to preserve simplicity, etc.), this choice is arbitrary. No. What I was trying to convey rather was that from the very start (even in the matter of ›rabbit‹ versus ›rabbit stage‹) the mistake we have to guard against is the unwarranted positing of linguistic universals. It stands to reason, one might have supposed, that the shorter of two native expressions will be applied to the familiar contrasting body that moves as a whole gestalt, and the more complex expression to the less nicely segregated parts. One is tempted to hail this as a linguistic universal, and as a fact of common sense psychology as well. This is the sort of notion, you see, that I was combating. I wanted to say that if someone were perverse enough not to translate things that way, he could still acommodate all the native verdicts.« (Quine et al. 1974a: 488 f.)

Ein weiterer Grund, der Anlaß zu einer Fehlbeurteilung der Unbestimmtheitsthese ist, besteht darin, daß schon die ersten analytischen Hypothesen, mit denen der Linguist über die Stimulusbedeutung hinausgeht, um Partikel, Kopula und Identitätsprädikat der fremden Sprache festzulegen, ihn sehr weit bringen.[78] Unter Rückgriff auf die Stimulussynonymie von Sätzen ist er dann in der Lage, Termini zu übersetzen. Und schon einige wenige weitere Hypothesen schaffen sprachliche Verhältnisse, in denen Äußerungen der Eingeborenen bezweifelt und durch Argumente geklärt werden können. Schließlich ist der Linguist sogar fähig, Fragen nach intuitiven Synonymiebeziehungen zu stellen und die darauf erfolgten Antworten systematisch für sein weiteres Vorgehen auszunutzen. Die Folge ist eine Fülle von neuem Datenmaterial, mit dem offengebliebene strukturelle Probleme einer Lösung nähergebracht werden. Bei diesem raschen Fortschritt ist jedoch nicht zu vergessen, daß die Signifikanz all dieser Daten von einigen wenigen frühen Entscheidungen abhängt, die gefällt worden sind, um ein Netz von miteinander systematisch verknüpften analytischen Hypothesen über die radikal fremde Sprache zu legen und damit ihre weitere Übersetzbarkeit einzufangen.

Der fünfte Grund für eine Verkennung der Übersetzungsunbestimmtheit liegt in den praktischen Einschränkungen, denen der Linguist unterworfen ist, wenn er sich daran macht, seine analytischen Hypothesen aufzustellen.[79] Er wird in seiner Zuordnung von deutschen Sätzen zu den unendlich vielen Sätzen der

Eingeborenensprache nicht allein durch seine empirische Evidenz für diese Korrelation geleitet, denn faktisch stehen ihm nur eine begrenzte Menge von wiederholbaren Äußerungssegmenten zur Verfügung, die er so mit Ausdrücken seiner Muttersprache korrelieren muß, daß sie systematisch handhabbar sind. Nachdem er die gesammelten Äußerungen in Segmente aufgegliedert, zu ihrer Korrelation die ersten analytischen Hypothesen aufgestellt und einen Hilfsapparat zur Festlegung der Wortartklassen entwickelt hat, ist seine Freiheit in bezug auf sein weiteres Vorgehen bereits drastisch eingeschränkt. Auch in der Arbeit des Feldlinguisten findet Goethes Dictum ›Das erste steht uns frei, beim zweiten sind wir Knechte‹ seine Berechtigung. Die Wortsegmentierungen, die der Linguist vornehmen muß, um über den durch die Stimulusbedeutung festgelegten Bereich hinauszukommen, engen jedoch nicht nur die Auswahlmöglichkeiten der analytischen Hypothesen ein; sie tragen sogar zur Bestimmung der Übersetzungsziele bei. Erwünscht ist strukturelle Parallelität, erzielt werden soll eine weitgehende Korrespondenz zwischen den segmentierten Teilen der Eingeborenensprache und den entsprechenden Teilen der deutschen Sprache. »Other things being equal, the more literal translation is seen as more literally a translation.« (Quine 1960: 75) Eine gewisse Tendenz zur wörtlichen Übersetzung ist nach Quine ohnehin dadurch gegeben, daß der Zweck der Segmentierung darin besteht, lange Übersetzungen aus kurzen Teilen erstellen zu können. Nun geht man noch einen Schritt weiter und macht aus dieser Tendenz ein Ziel, das im Detail variiert, und diese Variation ist wiederum von der Art der Segmentierung abhängig, mit der man seine Übersetzungsbemühungen begonnen hat.

Der sechste Punkt, der die These der Übersetzungsunbestimmtheit besonders deutlich werden läßt, bezieht sich auf theoretische Sätze.[80] Wer würde auf die Idee kommen, den Satz ›Neutrinos haben keine Masse‹ in die Sprache der Eingeborenen zu übersetzen? Wenn sich ein Linguist an diese Aufgabe macht, wird er entweder den etablierten Gebrauch von Wörtern verändern müssen oder vollkommen neue Ausdrücke in die Sprache der Eingeborenen einführen. In der Regel wird er sich darauf berufen, daß die Eingeborenen nicht über die erforderlichen Begriffe verfügen und zu wenig Physikkenntnisse besitzen.

Nach Quine hat er mit dieser Diagnose vermutlich recht; unrecht hat er jedoch, wenn er davon ausgeht, es existiere eine freischwebende, sprachlich neutrale Bedeutung, die wir mit dem Satz ›Neutrinos haben keine Masse‹ einfangen können, wohingegen die Eingeborenen dazu nicht in der Lage sind. Übersetzungen vom Friesischen ins Englische sind deshalb relativ einfach, weil beide Sprachen eng miteinander verwandt sind; Ungarisch und Englisch gehören zwar verschiedenen Sprachfamilien an, doch auch in diesem Fall wird eine Übersetzung dadurch erleichtert, daß es zwischen ihnen ein Kontinuum kultureller Gemeinsamkeiten gibt.

> »In facilitating translation these continuities encourage an illusion of subject matter: an illusion that our so readily intertranslatable sentences are diverse verbal embodiments of some intercultural proposition or meaning, when they are better seen as the merest variants of one and the same intracultural verbalism. The discontinuity of radical translation tries our meanings: really sets them over against their verbal embodiments, or, more typically, finds nothing there.« (Quine 1960: 76)

Beobachtungssätze lassen sich aufgrund ihrer Stimulusbedeutung, wie schwer diese auch manchmal empirisch zu ermitteln sein mag, prinzipiell gut übersetzen. Theoretische Sätze wie ›Neutrinos haben keine Masse‹ oder das Entropiegesetz sind dazu das entgegengesetzte Extrem. Insbesondere für solche Sätze gilt nach Quine das Dictum Wittgensteins: »Einen Satz verstehen, heißt, eine Sprache verstehen.« (Wittgenstein 1933/34: 21)[81] Diese Sätze und zahllose andere, die zwischen den beiden Extremen anzusiedeln sind, haben keine sprachlich neutrale Bedeutung. Vor allem aber bei theoretischen Sätzen hat die Unbestimmtheitsthese ihren klaren Sinn und auch ihre wichtigsten Konsequenzen.[82]

Ein letzter Punkt zur Verdeutlichung der Unbestimmtheitsthese knüpft noch einmal an Kekes Argumentation gegen Quine an, die wir im Zusammenhang der Diskussion des Nuer-Beispiels kennengelernt haben.[83] Dort konnte der Eindruck entstehen, daß nach Quines Auffassung gravierende kulturelle Unterschiede zwischen verschiedenen Zivilisationen empirisch gar nicht ermittelt werden können, weil dabei stets ganze

Systeme von analytischen Hypothesen eine entscheidende Rolle spielen. Dieser Eindruck trügt, obwohl zu seiner Rechtfertigung häufig auf die folgende Aussage Quines verwiesen wird:

> »We may alternatively wonder at the inscrutability of the native mind and wonder at how very much like us the native is, where in the one case we have merely muffed the best translation and in the other case we have done a more thorough job of reading our own provincial modes into the native's speech.« (Quine 1960: 77)

Quine behauptet an dieser Stelle nicht, daß die Alternative zwischen tatsächlichen kulturellen Gegensätzen einerseits und der Erstellung einer fragwürdigen Übersetzung andererseits empirisch prinzipiell nicht zu entscheiden ist; aus dem weiteren Zusammenhang geht klar hervor, daß das Bemühen um eine solche Entscheidung nur dann sinnlos wird, wenn ganze Systeme analytischer Hypothesen im Spiel sind. Das ist jedoch längst nicht immer der Fall. Als ein Beispiel, in dem sich kulturelle Unterschiede objektiv in der Sprache niederschlagen, ohne daß dabei auf analytische Hypothesen Bezug genommen werden muß, führt Quine ein Volk an, das von Pelikanen als seinen Halbbrüdern spricht. Dieses Volk verfügt in seiner Sprache über einen kurzen Gelegenheitssatz, dem alle Mitglieder dieser Sprachgemeinschaft dann zustimmen, wenn sie den Reizungen durch einen ihrer Halbbrüder oder durch einen Pelikan ausgesetzt sind. Vermutlich gibt es dort keinen vergleichbar kurzen Gelegenheitssatz, der sich ausschließlich auf das Vorkommen von Pelikanen oder auf das Vorkommen von Halbbrüdern bezieht, während genau dies im Deutschen der Fall ist. Hier haben wir es also mit einem Gegensatz zu tun, in dem die unterschiedliche Stimulusbedeutung objektiv in unterschiedlichen sprachlichen Konstruktionen zum Ausdruck kommt. Solche kulturellen Gegensätze sind durch den Bezug auf die unterschiedliche Stimulusbedeutung empirisch zu ermitteln und von unentscheidbaren Gegensätzen, die von analytischen Hypothesen abhängen, systematisch zu trennen. Auch nach Quine gibt es somit klare Fälle kultureller Unterschiede, die empirisch zu erfassen sind, wohingegen er der relativistischen Behauptung, daß sprachliche Unterschiede Unterschiede der Weltsicht oder der Denkweise widerspiegeln, äußerst skeptisch gegenübersteht. Nach seiner Auffassung handelt es sich dabei weitgehend um eine Unbestimmtheit der Übersetzungskorrelation. Die These der Übersetzungsunbestimmtheit darf deshalb nicht mit einer Position des kulturellen Relativismus verwechselt werden; sie reicht wesentlich tiefer und unterminiert die Grundlage, auf der der Relativismus steht. Dessen Fehler liegt in der folgenreichen Verwechslung von genuinen und analytischen Hypothesen; er verkennt damit eine Unterscheidung, die für das Verständnis der Unbestimmtheitsthese zentral und deren Erörterung im Zusammenhang mit der Diskussion von Quines Doktrin der ontologischen Relativität wieder aufgegriffen werden wird.[84]

Nachdem zu Beginn dieses Kapitels Quines theoretische Ziele vorgestellt worden sind, die zur Einführung der Stimulusbedeutung führen, und daran anschließend die Reichweite der Stimulusbedeutung in Einzelanalysen klargeworden ist, hat sich jetzt die Aufstellung der analytischen Hypothesen als Konsequenz des bisherigen empirischen Vorgehens herausgestellt. Durch diese Abfolge wird die Frage nahegelegt, ob die analytischen Hypothesen vielleicht nur deshalb eine so wichtige Rolle spielen, weil der Begriff der Stimulusbedeutung auf einer zu restriktiven Basis von Zutimmung und Ablehnung definiert worden ist. Wenn man diese Frage bejaht, ist es kein großer Schritt bis zur vollständigen Verwerfung der Stimulusbedeutung. Stellvertretend für viele Kritiker Quines, die sich dazu entschlossen haben, sei hier die Sicht Dummetts angeführt:

> »There is a great deal more to the use of language than merely the registering of assent and dissent in response to appropriate sensory stimuli; in particular, language is characteristically employed in discourse, much more than in isolated affirmations and denials ... stimulus-meaning is, in general, a poor surrogate for intuitive meaning; stimulus-meaning is, after all, simply meaning as the positivists construed it.« (Dummett 1973: 614, 617)

Ob diese sehr allgemein gefaßte Kritik Dummetts an Quine angemessen und berechtigt ist, kann nur durch eine detaillierte Untersuchung entschieden werden. Als Ausgangspunkt dazu soll die Bemerkung Hintikkas dienen, daß es ihm höchst willkürlich vorkomme, dem sprachlichen Verhalten von Zustimmung und Ablehnung eine solch ausgezeichnete Stellung einzuräumen, wie Quine das tue.[85] Wenn der Feldlinguist prinzipiell dazu in der Lage ist, zustimmendes und ablehnendes Verhalten der Eingeborenen zu identifizieren, ist für Hintikka nicht einsichtig, warum er nicht auch andere behaviorale Daten, die in enger Verbindung mit unserem Sprachgebrauch stehen, für seine empirische Basis berücksichtigt. Die Schwierigkeiten, die mit der Identifizierung von Zustimmung und Ablehnung zusammenhängen, sind nicht einzigartig; Quine selbst weist in einer Fußnote auf die Analogie zu Gesten des Grüßens hin.[86] »If this analogy really obtains, and if our identification were successful, we could presumably translate (radically) words for greeting, completely independently of their relation to stimulus meaning, on the basis of their relation to the gesture.« (Hintikka 1969: 71)

Zur Beantwortung der Kritik von Dummett und Hintikka ist in einem ersten Schritt die methodologische Stellung von Zustimmung und Ablehnung zu klären. Natürlich bezweifelt Quine nicht, daß der Sprachgebrauch aus mehr als der Registrierung von Zustimmung und Ablehnung besteht. Was Schick Quine vorhält, hat dieser nie behauptet: »Where Quine's account goes wrong ... is in supposing that a person's knowledge of a language is no less than the entire internal contribution to assent and dissent.« (Schick 1972: 827) Quine will auch nicht – wie Hintikka das anzunehmen scheint – die behavioralen Daten, die für den Linguisten relevant sind, auf Zustimmung und Ablehnung beschränken; vielmehr wählt er Zustimmung und Ablehnung für die Definition der Stimulusbedeutung. »What is worrying ... here may be traceable ... to a failure to distinguish between the theoretical or definitional role of stimulus meaning and the linguist's method of discovery.« (Quine 1969g: 300) Diese Unterscheidung wird vielleicht verständlicher, wenn man sich noch einmal den theoretischen Sinn von Quines Gedankenexperiment der Erstübersetzung in Erinnerung ruft. Es geht dort weder darum, Instruktionen für die praktische Forschung von Feldlinguisten zu entwickeln,[87] noch geht es darum, eine Beschreibung der tatsächlich von Feldlinguisten durchgeführten Tätigkeiten zu liefern. Das Ziel besteht in der methodologischen Bestimmung der empirischen Grundlage für eine Bedeutungstheorie. Diese empirische Grundlage beruht nach Quine ausschließlich auf behavioralen Evidenzen, und diese behavioralen Evidenzen werden unter Zuhilfenahme von Zustimmungs- und Ablehnungsäußerungen in dem Begriff der Stimulusbedeutung zusammengefaßt. »Any realistic theory of evidence must be inseparable from the psychology of stimulus and response, applied to sentences.« (Quine 1960: 17) Das ist das grundlegende Axiom, das Quines Vorgehen zugrunde liegt.

Zustimmung und Ablehnung haben innerhalb von Quines Theorie keinen besonderen epistemischen Status:

> »The linguist's decision as to what to treat as native signs of assent and dissent is on a par with the analytical hypotheses of translation that he adopts at later stages of his enterprise; they differ from those later ones only in coming first, needed as they are in defining stimulus meaning. This initial indeterminacy, then, carries over into the identification of the stimulus meanings.« (Quine 1969e: 312)

Zusätzlich zu dieser anfänglichen Unbestimmtheit bei der Identifikation der Stimulusbedeutung gibt es auch hier die normale induktive Unsicherheit.[88] Und schließlich kommen die späteren analytischen Hypothesen des Linguisten ins Spiel, die weder durch die Zeichen von Zustimmung und Ablehnung noch durch irgendeine Art von Stimulusbedeutung eindeutig zu bestimmen sind. Wie Burton Dreben gegenüber Quine bemerkt hat, tritt die Unbestimmtheit der Übersetzung nicht auf einmal, sondern stufenweise auf. Sie beginnt bereits bei der Identifizierung von Zustimmung und Ablehnung. Genau diese Tatsache hat John McDowell zum Anlaß genommen, um den Zusammenbruch des Quineschen Programms zu diagnostizieren:

> ». . . in fact the point has a catastrophic impact on the strategy of his attempt to discredit the ›intuitive‹ notion of meaning. The strategy is to construct a scientifically respectable concept of meaning, explained in terms of assent and dissent in response to stimuli, and then to point out how short a distance that concept carries us towards the full-fledged intuitive notion . . . If this is to have the capacity to shock us which it is meant to have, then it is important that we should be convinced that the scientifically respectable concept really is a concept of meaning: then we can worry ourselves with the

thought that there is a scientific alternative to the conceptual slough in which we usually wallow. Scientific respectability, however, is supposed to involve not dirtying one's hands with the holistically superimposed scheme of sense-making discourse (see e.g. 1960, § 45); and what we have ... seen is that to appeal to the notion of assent is inevitably to dirty one's hands ... But appeal to the notion of assent seems essential if Quine's ›stimulus meaning‹ is to look like a kind of meaning. So either Quine's *Ersatz* is not scientifically respectable (in his sense), or it is not recognizable as a notion of meaning at all. This largely wrecks the strategy.« (McDowell 1981: 245)

McDowells Diagnose ist deshalb so ausführlich vorgestellt worden, weil sie voll von Mißverständnissen und Fehldeutungen steckt, die für eine verbreitete Quine-Kritik charakteristisch sind. Gehen wir die Argumentation Punkt für Punkt durch, um die einzelnen Fehler aufzuzeigen: 1. Quines Kritik des intuitiven Bedeutungsbegriffs, deren theoretische Motivation in seinen Debatten mit Carnap deutlich geworden ist, ist logisch unabhängig von der Entwicklung eines ›wissenschaftlich respektablen Begriffs der Bedeutung‹. Der Nachweis seiner empirischen Gehaltlosigkeit ist eine eigenständige theoretische Leistung. 2. Ob es Quine darum geht, einen ›wissenschaftlich respektablen Bedeutungsbegriff‹ zu entwickeln, hängt davon ab, wie man diesen Ausdruck versteht. Quine will herausarbeiten, wieweit man auf empirischem Weg bei einer Bedeutungsbestimmung kommt und wo man diesen Weg verläßt. 3. Die Aufforderung, daß Quine uns überzeugen müsse, daß sein Begriff der Stimulusbedeutung ›wirklich‹ ein Bedeutungsbegriff ist, kann aus Quines Perspektive nicht einmal verstanden werden. Der Hinweis auf einen intuitiven Bedeutungsbegriff bleibt theoretisch unbefriedigend, solange wir keinerlei Aufschluß über seine empirische Verankerung erhalten. Ob es überhaupt eine solche Verankerung für ihn gibt und wie weit sie reicht, will Quine durch sein Vorgehen gerade erst herausfinden. 4. Nach McDowell ist Quines Auffassung von wissenschaftlicher Respektabilität unvereinbar mit dem holistisch auferlegten Schema ›sinnstiftender Rede‹. Aus der Literaturangabe geht hervor, daß McDowell sich damit auf Quines Ablehnung des intentionalen Idioms innerhalb der Wissenschaft bezieht. McDowell scheint hier zu verkennen, daß zur Identifizierung von Zustimmung und Ablehnung ein holistisches Vorgehen zwar unumgänglich, ein Bezug auf die intentionale Redeweise hingegen nicht nötig ist. Ein holistisches Vorgehen ist nach Quine nicht nur mit seiner Sicht von Wissenschaft vereinbar, sondern Wissenschaft ist seiner Auffassung nach selbst ein weitgehend holistisches Unternehmen. 5. McDowells Alternative ist nicht stichhaltig. Die Behauptung, daß Quines Begriff der Stimulusbedeutung überhaupt keinen Bedeutungsbegriff abgibt, ist nur aufgrund der unkritischen Voraussetzung der intuitiven Semantik plausibel. Quines Anliegen besteht gerade darin, die Tragfähigkeit dieser Voraussetzung empirisch zu untersuchen. Die Behauptung, daß Quines behavioraler Ersatz nicht wissenschaftlich respektabel sei, beruht auf einer Fehleinschätzung der methodologischen Stellung von holistischen Erwägungen innerhalb von Quines Gesamtsystem. McDowell scheint anzunehmen, daß man sich im Sinne Quines durch eine holistische Vorgehensweise deshalb die Hände beschmutze, weil es keine quasireduktionistische Auszeichnung grundlegender empirischer Teile im Gesamtbau gebe. In diesem Zusammenhang ist auf den Schluß von Peacockes *Holistic Explanation* zu verweisen:

> ». . . it seems dogmatic always to require a quasi-reduction for a system of holistic explanation. . . . the verification of the applicability of a scheme of holistic explanation is itself holistic.« (Peacocke 1979: 216)

Meine Analyse und Kritik von McDowells Diagnose findet eine Unterstützung in Quines eigener Sicht der Stellung von Zustimmung und Ablehnung innerhalb seines Gedankenexperiments der Erstübersetzung:

> »I do not view the recognition of assent and dissent as different in kind from the subsequent higher-level translations, as if the one were firm and good and the other discredited. On the contrary, they are very much of a kind, and anyway I am in favor also of translation, even radical translation. I am concerned only to show what goes into it, and to what degree our behavioral data should be viewed as guides to a creative decision rather than to an awaiting reality.« (Quine 1969e: 312f.)

Nachdem die methodologische Stellung von Zustimmung und Ablehnung diskutiert worden ist, soll nun im Zusammenhang mit der Kritik von Dummett und Hintikka im zweiten Schritt noch einmal näher auf die Rolle der Stimulusbedeutung eingegangen werden. Quine weist explizit darauf hin, daß die These der Übersetzungsunbestimmtheit vollständig trivial würde, wenn die Stimulusbedeutung bei der Übersetzung nicht bewahrt bliebe. An diese Feststellung schließt sich die folgende Frage Harmans an, die Quine ausführlich beantwortet:

»*Harman:* It's completely trivial if you don't preserve *something*, but what's so special about stimulus-meaning as against other aspects of verbal behavior, such as willingness to say something? Your thesis seems to be indeterminacy if only stimulus-meaning has to be preserved.

Quine: What is so special about stimulus-meaning? It's the entering wedge not only for the field linguist but also for the child who's learning the language, and even for observational evidence for scientific theory. It's the place where words, expressions, short sentences, get correlated, to begin with, with present socially shared stimulations so that the child or linguist, as the case may be, can see that these two things seem to go together for the adult speaker that he's emulating, and conversely he can be encouraged by the experienced speaker, who can also see he's getting these stimulations. That's the reason for stimulus-meaning.« (Quine et al. 1974a: 489)

Die Stimulusbedeutungen sind spezielle Dispositionsbündel zu verbalem Verhalten; sie bestimmen den Bestandteil des Sprachlernens, der rein ostensiv erfolgt.[89] Dabei will Quine andere behaviorale Hinweise, die nicht in der Stimulusbedeutung enthalten sind, durchaus mitberücksichtigen. Hintikka hat darauf hingewiesen, daß die Ausdrücke der Zustimmung und Ablehnung und auch die des Grüßens durch solch andere behaviorale Hinweise gelernt werden. Damit stimmt Quine völlig überein. Wie wir gesehen haben, betont er selbst nachdrücklich, daß Zustimmung und Ablehnung nicht eindeutig durch das Verhalten bestimmt werden, und das gleiche konzediert er für den Fall des Grüßens. Dennoch bleiben es gute Beispiele, weil sie von behavioraler Evidenz abhängen

und zwar von anderer als der, die für die Definition der Stimulusbedeutung herangezogen wird.
Auch die Evidenz des Linguisten für einen Beobachtungssatz beruht auf anderem Verhalten als dem, was in die Stimulusbedeutung eingeht. Der Linguist beobachtet, wie der Eingeborene auf ein Kaninchen sieht und seine Augen den Bewegungen des Tieres folgen, und er hört ihn ›Gavagai‹ äußern. Das ist die behaviorale Evidenz für die Übersetzung der Stimulusbedeutungen von ›Gavagai‹ und ›Kaninchen‹, die sich klar von dem Zustimmungs- und Ablehnungsverhalten unterscheidet, mit dem die Stimulusbedeutung definiert wird. »Discovering where stimulus synonymy holds is one thing; defining what it is that one thus discovers is another.« (Quine 1969e: 313)
Quines Definition der Stimulusbedeutung und Stimulussynonymie dient zur Individuierung dessen, was ostensiv gelernt werden kann. So hängt das ostensive Lernen eines Beobachtungssatzes zwar von Verhaltensweisen ab, die in der Definition der Stimulusbedeutung nicht erwähnt werden, doch spielen diese Verhaltensweisen nach Quine für den zukünftigen Gebrauch des Beobachtungssatzes keine entscheidende Rolle, solange dessen Stimulusbedeutung die gleiche bleibt.

> »I was not advising linguists to adhere to assent-dissent tests in learning the jungle observation sentences. Without other behavioral cues they could not even guess what stimulations to test; and they could never test them all.«
> (Quine 1969e: 313)

Ein mehr oder weniger großer Bereich behavioraler Evidenz, der selbst kein Bestandteil der Stimulusbedeutung ist, erleichtert dem Linguisten nicht allein den Zugang zu der Stimulusbedeutung, sondern auch die Wahl seiner analytischen Hypothesen. Nach der These der Übersetzungsunbestimmtheit gibt es zwar viele alternative Systeme analytischer Hypothesen, die alle gleichermaßen zu den objektiven empirischen Tatsachen der Stimulusbedeutung und Stimulussynonymie passen, doch bedeutet dies keineswegs, daß eine Wahl zwischen den Alternativen unmöglich oder mutwillig ist. Eine solche Wahl kann durch die Einbeziehung weiteren Verhaltens, wie es sich etwa in Riten und Tabus äußert, eingeschränkt und partiell begründet werden. Je weiter man allerdings bei diesem Vorgehen an die

Peripherie der Erfahrung kommt, um so willkürlicher wird die Auswahl der analytischen Hypothesen nach Quines Ansicht ausfallen.

> »Above all, in such a codification of available behavioral aids, every care would need to be taken not to relax behavioristic standards and inadvertently admit any intuitive semantics.« (Quine 1969e: 314)

Hält man sich an die von Quine geforderten behavioristischen Standards, ist die Unbestimmtheit der Übersetzung nicht zu vermeiden.

In 4.3 habe ich mich insbesondere mit zwei Punkten beschäftigt: Zum einen habe ich Quines Gründe sowohl für die Einführung der analytischen Hypothesen als auch für die damit systematisch verbundene Aufstellung der These der Übersetzungsunbestimmtheit darzulegen und verständlich zu machen versucht. Zum anderen habe ich mich darum bemüht, die analytischen Hypothesen und die Unbestimmtheitsthese vor Mißverständnissen und Fehldeutungen zu schützen. Damit ist Quines These natürlich weder gerechtfertigt noch gar bewiesen. Da nicht einmal überzeugende Beispiele für sie angegeben werden können,[90] muß für sie im einzelnen argumentiert werden. Quines unterschiedliche Argumentationen werden deshalb im folgenden vorgestellt und kritisch diskutiert.

4.4 *Für und wider die These der Übersetzungsunbestimmtheit*

Durch das Gedankenexperiment der Erstübersetzung sind insbesondere drei zentrale Thesen Quines illustriert worden:[91]

1. Bei der Übersetzung von Beobachtungssätzen haben wir es mit der gewöhnlichen induktiven empirischen Unsicherheit zu tun.
2. Bei der Übersetzung von Wörtern bzw. Termini werden wir mit einer radikalen Unbestimmtheit konfrontiert.
3. Auch bei der Übersetzung von theoretischen Sätzen treffen wir auf eine radikale Unbestimmtheit.

Zu 1. Quines Hauptwerk *Word and Object* beginnt mit dem lapidaren Satz »Language is a social art.« (Quine 1960: IX) In »Ontological Relativity« heißt es etwas ausführlicher:

»Language is a social art which we all acquire on the evidence solely of other people's overt behavior under publicly recognizable circumstances.« (Quine 1968a: 26) Das ist Quines Alternative zu dem von ihm abgelehnten unkritischen mentalistischen Museumsmythos der Sprache. Gibson hat sie zutreffend als naturalistisch-behavioristische These des Sprachlernens und der sprachlichen Bedeutung charakterisiert *(the NB thesis)*.[92] Auf ihrer Grundlage beruht die Prämisse, daß die empirische Evidenz für eine linguistische Theorie aus der Information über das verbale Verhalten und über die Dispositionen zu verbalem Verhalten der Mitglieder einer Sprachgemeinschaft besteht.[93] Im nächsten Schritt wird mit Hilfe von Zustimmung und Ablehnung als grundlegenden behavioralen Koordinaten der zentrale Begriff der Stimulusbedeutung definiert. Die Definition der Stimulusbedeutung garantiert die Übersetzbarkeit der Quineschen Beobachtungssätze, die Entdeckung der Stimulusbedeutung unterliegt auch im Fall der Beobachtungssätze der normalen induktiven Unsicherheit, die Quine auf seine Sicht der Unterbestimmtheit aller empirischen Theorien durch ihre Daten zurückführt.

Zu 2. und 3. Von der Unterbestimmtheit empirischer Theorien durch ihre Daten ist die Unbestimmtheit der Übersetzung nach Quine prinzipiell zu unterscheiden. Wie wir bereits gesehen haben,[94] betrifft diese Unbestimmtheit nicht allein die Intension bzw. die Bedeutung, sondern auch die Extension bzw. die Referenz. Zur Begründung von Punkt 2. bezieht sich Quine auf seine Thesen von der Unerforschlichkeit der Referenz und der ontologischen Relativität. Zur Begründung von Punkt 3. werden zwei unterschiedliche Argumentationen Quines vorgestellt und analysiert: zum einen wird die These des prinzipiellen Unterschieds zwischen der Unterbestimmtheit von empirischen Theorien und der Unbestimmtheit der Übersetzung diskutiert; zum andern wird eine Argumentation zugunsten der Unbestimmtheitsthese untersucht, die auf der Verifikationstheorie der Bedeutung und dem Holismus beruht. Im Schlußkapitel werden unter erneutem Bezug auf die theoretischen Differenzen zwischen Quine und Carnap die grundlegenden philosophischen Voraussetzungen von Quines Philosophie herausgearbeitet und ihr argumentativer Zusammenhang dargelegt.[95]

Ich beginne mit der These der Unerforschlichkeit der Referenz, die wir bereits bei der Einführung der analytischen Hypothesen und der Vorstellung der Unbestimmtheitsthese kennengelernt haben.[96] Anhand unseres Standardbeispiels der Erstübersetzung haben wir gesehen, daß sich zwar der Beobachtungssatz ›Gavagai‹ aufgrund seiner Stimulusbedeutung in den deutschen Beobachtungssatz ›Kaninchen‹ übersetzen läßt, damit aber die Referenz des Terminus ›gavagai‹ noch nicht festgelegt ist. Ob es sich dabei um Kaninchen, unabgetrennte Kaninchenteile, zeitliche Kaninchenstadien oder gar Kaninchenheit handelt, ist aufgrund der uns zur Verfügung stehenden behavioralen Evidenz prinzipiell unerforschlich. Eine Entscheidung zugunsten einer dieser Möglichkeiten können wir erst dann treffen, wenn wir einen Zugang zu den Individuationsprinzipien der radikal fremden Sprache gefunden haben. Dieser Zugang ist von der Aufstellung eines Systems analytischer Hypothesen abhängig. Obwohl die Entwicklung eines solchen Systems von analytischen Hypothesen nach Quine der einzige Weg ist, um weiter in die radikal fremde Sprache einzudringen, ist dieser Weg nicht einzigartig, denn wie wir gesehen haben, sind verschiedene und miteinander rivalisierende Systeme analytischer Hypothesen mit der gesamten empirischen Evidenz vereinbar.[97] Relativ zu einem solchen System analytischer Hypothesen können wir zwar die Referenz des Terminus ›gavagai‹ mit ›Kaninchen‹ und nicht etwa mit ›unabgetrenntem Kaninchenteil‹ oder ›Kaninchenartigkeit‹ wiedergeben, doch haben wir keine Veranlassung dazu, dieses System als sakrosankt zu betrachten. »... Quine's claim that when with Dewey we turn toward a naturalistic view of language ... what we give up is not just the museum figure of speech; we also give up the assurance of *determinacy*.« (Gibson 1982: 73)

Bisher haben wir die Unerforschlichkeit der Referenz im Rahmen des Gedankenexperiments der Erstübersetzung betrachtet, doch schon in *Word and Object* heißt es: »Thinking in terms of radical translation of exotic languages has helped make factors vivid, but the main lesson to be derived concerns the empirical slack in our own beliefs.« (Quine 1960: 78) Acht Jahre später wird Quine noch dezidierter: »... it should be noted that even for the earlier examples the resort to a remote language was not essential. On deeper reflection, radical translation begins at home.« (Quine 1968a: 46) Sind wir immer dazu verpflichtet, die Wörter der Mitglieder unserer Sprachgemeinschaft mit unseren eigenen Phonemfolgen gleichzusetzen?[98] Nach Quine ist das nicht der Fall, denn manchmal stellen wir fest, daß sich ihr Gebrauch bestimmter Wörter wie z. B. ›ätzend‹, ›phantastisch‹ oder ›stark‹ von unserer Verwendung unterscheidet und wir in einer solchen Situation ihre Wörter in eine andere Phonemfolge unseres Idiolekts übersetzen. Unsere gewöhnliche Übersetzungsregel ist zwar die der Homophonie, die jede Phonemfolge in sich selbst übersetzt, doch zeigen die Beispiele, daß wir manche Äußerungen unserer Zeitgenossen auch heterophon übertragen, um eine Verständigung zu ermöglichen.

> »Here, gratuitously, we can systematically reconstrue our neighbor's apparent references to rabbits as really references to rabbit stages ... We can reconcile all this with our neighbor's verbal behavior, by cunningly readjusting our translations of his various connecting predicates so as to compensate for the switch of ontology. In short, we can reproduce the inscrutability of reference at home.« (Quine 1968a: 47)

Das Problem der Unerforschlichkeit der Referenz innerhalb unserer Muttersprache unterscheidet sich von dem Fall der Erstübersetzung somit nur durch den Grad unserer Bereitschaft, die normalerweise implizit vorausgesetzte homophone Übersetzungsregel außer Kraft zu setzen.

Zur Verteidigung seiner naturalistisch-behavioristischen Sprachphilosophie behauptet Quine, daß die Unerforschlichkeit der Referenz nicht die Unerforschlichkeit einer Tatsache darstellt; es geht hier gar nicht um eine Tatsachenfrage.[99] Ist das aber richtig, reicht die Unerforschlichkeit der Referenz noch weiter als bis zu den Mitgliedern unserer Sprachgemeinschaft – sie trifft auch auf uns selbst zu. Wenn man von sich selbst sagen kann, daß man über Kaninchen und nicht über Kaninchenstadien redet, müßte man das ebenso sinnvoll von den anderen Mitgliedern der Sprachgemeinschaft sagen können, da es nach Dewey und Wittgenstein keine Privatsprache gibt.[100]

> »We seem to be maneuvring ourselves into the absurd position that there is no difference on any term, interlinguistic or intralinguistic, objective or subjective, between referring to rabbits and referring to rabbit parts or stages ... Surely this is

absurd, for it would imply that there is no difference between the rabbit and each of its parts or stages ... Reference would seem now to become nonsense not just in radical translation but at home.« (Quine 1968a: 47f.)

Um die absurden Konsequenzen der bisherigen Überlegungen zu vermeiden, betrachten wir noch einmal die Lage in unserer Muttersprache mit all ihren Prädikaten und sonstigen sprachlichen Hilfsmitteln. Dieses Vokabular enthält die Ausdrücke ›Kaninchen‹, ›Kaninchenteil‹, ›Kaninchenstadium‹ sowie die zweistelligen Prädikate der Identität und Verschiedenheit und andere logische Partikel. Mit Hilfe dieser Ausdrücke können wir formulieren, daß dies ein Kaninchen und jenes ein Kaninchenteil ist; wir können sagen, daß dieses Kaninchen dasselbe wie jenes Kaninchen ist und daß dies hier und das dort verschiedene Teile sind. Mit den Wörtern unserer Muttersprache können wir all das zum Ausdruck bringen.

»This network of terms and predicates and auxiliary devices is, in relativistic jargon, our frame of reference, or coordinate system. Relative to *it* we can and do talk meaningfully and distinctively of rabbits and parts ...« (Quine 1968a: 48)

Doch wie im Beispiel der Erstübersetzung können wir uns auch im Fall unserer Muttersprache prinzipiell alternative Denotationen für die uns geläufigen Termini vorstellen. Dadurch wird deutlich, daß eine phantasievolle und erfinderische Vertauschung aller Denotationen, die mit kompensierenden Korrekturen in der Interpretation aller Hilfspartikel einhergeht, immer noch mit all unseren empirisch ermittelten sprachlichen Dispositionen vereinbar ist.

Vergegenwärtigen wir uns noch einmal die bisherigen Überlegungen:[101] Wir haben gesehen, daß das Sprachverhalten allein nicht ausreicht, um die Referenz von Termini eindeutig festzulegen. Im Kontext der Erstübersetzung können wir die Referenz der Ausdrücke in der Eingeborenensprache nur durch den Bezug auf ein bestimmtes, aber nicht einzigartiges System analytischer Hypothesen fixieren. Im Kontext unserer Muttersprache können wir sowohl bei den Mitgliedern unserer Sprachgemeinschaft als auch bei uns selbst die Referenz der Ausdrücke nur relativ auf den vorgegebenen Individuationsapparat bestimmen. Im Fall der Erstübersetzung bleibt die Wahl eines von vielen miteinander rivalisierenden Systemen analytischer Hypothesen behavioral unbestimmt, viele verschiedene Systeme passen prinzipiell gleich gut zu unserer empirischen Evidenz. Im Fall unserer Muttersprache betrachten wir den vorgegebenen Individuationsapparat als Referenzrahmen, doch wäre seine prinzipiell mögliche Auswechslung durch andere Individuationsprinzipien immer noch mit allen sprachlichen Dispositionen der Mitglieder unserer Sprachgemeinschaft – einschließlich uns selbst – vereinbar.

> »This was the inscrutability of reference, applied to ourselves, and it made nonsense of reference. Fair enough; reference *is* nonsense except relative to a coordinate system. In this principle of relativity lies the resolution of our quandary.«
> (Quine 1968a: 48)

Nach Quine ist es daher sinnlos zu fragen, ob wir uns mit unseren Ausdrücken ›Kaninchen‹, ›Kaninchenheit‹ oder ›Kaninchenstadien‹ *wirklich* auf Kaninchen, Kaninchenheit, Kaninchenstadien oder einfallsreich vertauschte Denotationen beziehen. *Absolut* betrachtet ist diese Frage sinnlos; sinnvoll ist sie nur, wenn sie *relativ* auf eine Rahmensprache gestellt wird. Wenn wir fragen »Bezieht sich ›Kaninchen‹ wirklich auf Kaninchen?«, kann jemand erwidern: »Bezieht sich auf Kaninchen in welchem Sinn von ›Kaninchen‹?« Die Gefahr eines Regresses wird deutlich, und wir benötigen eine Rahmensprache, die einen solchen Regreß auffängt. Innerhalb der Rahmensprache ist die Frage sinnvoll, nur relativ zu einer Rahmensprache können wir ihr Sinn abgewinnen. Würden wir hingegen die Referenz absolut in Frage stellen, verhielten wir uns nach Quines Auffassung wie jemand, der nach dem absoluten Ort und der absoluten Geschwindigkeit sucht und dabei außer acht läßt, daß man nach Ort und Geschwindigkeit nur relativ zu einem gegebenen Koordinatensystem fragen kann. Wenn wir nun aber eine Rahmensprache oder eine Rahmentheorie brauchen, in die der Regreß einmündet, stellt sich das Problem eines unendlichen Regresses. Wenn Fragen der Referenz nur relativ zu einer Rahmensprache sinnvoll sind, dann sind Referenzfragen in bezug auf die Rahmensprache ihrerseits nur sinnvoll, wenn sie relativ zu einer weiteren Rahmensprache gestellt werden. Die Situation scheint hoffnungslos zu sein, doch nach Quine unterscheidet sie sich kaum von der Position, in der wir uns mit Fragen von Ort und Geschwindigkeit befassen. Wenn uns Ort und Geschwindigkeit nur relativ zu einem vorgegebenen Koordinatensystem gegeben sind, so können wir immer wieder erneut Fragen nach dem Ort seines Ursprungs und der Ausrichtung seiner Achsen stellen. Zu deren Beantwortung müssen stets weitere Koordinatensysteme eingeführt werden; ein definitives Ende ist nicht abzusehen. Die Natur der analytischen Hypothesen im Gegensatz zu genuin empirischen Hypothesen wird durch diese Überlegungen noch einmal verdeutlicht: »... le choix d'un système d'hypothèse analytique s'apparente au choix d'un *système de coordonnées* et non au choix d'une *hypothèse*.« (Gochet 1978: 94)

Ein Regreß von Koordinatensystemen scheint unvermeidbar zu sein. Wie gehen wir damit um?

> »In practice of course we end the regress of coordinate systems by something like pointing. And in practice we end the regress of background languages, in discussions of reference, by asquiescing in our mother tongue and taking its words at face value.« (Quine 1968a: 49)

Diese Aussage Quines hat Chomsky zum Anlaß seiner Kritik genommen:

> »Quine's solution to the dilemma is that ›in practice we end the regress of background languages, in discussions of reference, by asquiescing in our mother tongue and taking its words at face value‹. But this is no help at all, since every question that he has raised can be raised about the ›mother tongue‹ and the ›face value‹ of its words.«
> (Chomsky 1975: 186)

Chomsky übersieht bei seiner Kritik zwei Wörter: »in practice«. Quines entscheidender Schritt in seiner Argumentation ist bisher noch gar nicht vollzogen, er ist lediglich vorbereitet worden, denn Quine fragt weiter: »But what... apart from practice? what of the regress then?« (Quine 1968a: 49) Im Fall von Ort und Geschwindigkeit besteht die Antwort in einer relationalen Theorie des Raumes. Es existiert kein absoluter Ort und auch keine absolute Geschwindigkeit. Es gibt nur die zueinander bestehenden Relationen von Koordinatensystemen und die zueinander bestehenden Relationen von Dingen. Die

Frage nach der Denotation der Sprache erfordert nach Quine eine analoge Antwort, nämlich eine relationale Theorie darüber, was die Gegenstände von Theorien sind.

> »What makes sense is to say not what the objects of a theory are, absolutely speaking, but how one theory of objects is interpretable or reinterpretable in another.«
> (Quine 1968a: 50)

Das ist Quines These der ontologischen Relativität. Ihre Konsequenz läßt sich in einem Satz zusammenfassen: »... existence in its final estate is theoretical.« (Quine 1969 f.: 293) Seine Sicht der Unerforschlichkeit der Referenz hat Quine vor kurzem noch einmal folgendermaßen zusammengefaßt:

> »To say what objects someone is talking about is to say no more than how we propose to translate his terms into ours... The translation adopted arrests the free-floating reference of this alien terms only relatively to the free-floating reference of our own terms, by linking the two.
> The point is not that we ourselves are casting about in vain for a mooring. Staying aboard our own language and not rocking the boat, we are borne smoothly along on it and all is well; ›rabbit‹ denotes rabbits, and there is no sense in asking ›Rabbits in what sense of »rabbit«?‹ Reference goes inscrutable if, rocking the boat, we contemplate a permutational mapping of our language on itself, or if we undertake translation.« (Quine 1981g: 20)[102]

Gegen diese Darstellung ließe sich unter Berücksichtigung des bisherigen Argumentationsverlaufs einwenden, daß Quine zwei miteinander inkonsistente Thesen vorträgt.[103] Auf der einen Seite behauptet er manchmal, daß die Unerforschlichkeit der Referenz und die mit ihr systematisch verbundene ontologische Relativität in unserer Muttersprache kein Problem ist. Bei Referenzfragen in unserer Sprachgemeinschaft können wir uns mit unserer Muttersprache zufriedengeben und ihre Wörter wörtlich verstehen. In diesem Fall können wir robuste Realisten sein. Von einem internen Standpunkt betrachtet, gibt es nur ein annehmbares Denotationsmodell. Im Hinblick auf unsere eigene Sprache und alle anderen Sprachen befinden wir uns in einer asymmetrischen Situation; unsere eigene Sprache hat ein zulässiges Modell, wohingegen es für alle anderen Sprachen eine

Vielzahl von zulässigen Modellen gibt. Die Unerforschlichkeit der Referenz und die ontologische Relativität hören somit in der Muttersprache auf. Wir selbst suchen nicht vergeblich nach einem Fixpunkt. Auf der anderen Seite betont Quine, daß eine Übersetzung die freischwebende Referenz der Termini einer fremden Sprache mit der freischwebenden Referenz der Termini unserer Sprache verbindet. Auch die Referenz der Termini in unserer Muttersprache ist also nicht eindeutig bestimmt. Auch in unserem eigenen Fall gilt die Unerforschlichkeit der Referenz und die Relativität der Ontologie. Ist dieser scheinbar so deutliche Gegensatz zwischen den beiden Seiten aufzulösen? Ich glaube ja. Die Lösung scheint mir in der bislang nicht explizit berüchsichtigten doppelten Relativität der Ontologie zu liegen:

> »Ontology is indeed doubly relative. Specifying the universe of a theory makes sense only relative to some background theory, and only relative to some choice of a manual of translation of the one theory into the other. Commonly of course the background theory will simply be a containing theory, and in this case no question of a manual of translation arises. But this is after all just a degenerate case of translation still – the case where the rule of translation is the homophonic one.« (Quine 1968a: 54)

Unter Bezug auf diese Passage scheint mir die Spannung zwischen den beiden Polen Quines auflösbar zu sein. Der Gegenstandsbereich einer Theorie und einer Sprache ist von zwei Parametern abhängig, sowohl von einer Rahmentheorie als auch von einer Übersetzungsregel. Wie wir gesehen haben, ist die Übersetzungsregel im Fall der Muttersprache in der Regel die der Homophonie. Nur wenn wir diese Regel außer Kraft setzen und z. B. durch eine heterophone Übersetzung ersetzen, was prinzipiell stets möglich ist, ist die Referenz unserer Termini unbestimmt. Das ist die Grundlage für Quines Bemerkung, daß die Referenz erst dann unbestimmt wird, wenn wir eine austauschende Abbildung unserer Ontologie auf diese selbst vornehmen. Wie aber liegen die Dinge, wenn wir das nicht tun und davon ausgehen, daß unsere Rahmensprache unsere Sprache enthält, so daß sich die Frage nach einer Übersetzungsregel nicht stellt? »All that we can say gets fixed by the relativization is the way we answer questions about reference, not reference itself.« (Davidson 1979: 17) Die Referenz bleibt behavioral unerforschlich.[104] Abschließend kann das Ergebnis unserer Diskussion der Unerforschlichkeit der Referenz und der ontologischen Relativität mit den Worten von Gibson zusammengefaßt werden:

> »... the doctrine of relativity is really nothing more than a generalization of the doctrine of the inscrutability of reference, which itself is a consequence of the NB conception of language. If the NB thesis is true, then reference is inscrutable; and reference will become scrutable only relative to some nonunique translation. But the reference of the terms of a language or a theory is nothing but the ontology of the language or theory. Thus, if reference is relative, so is ontology.« (Gibson 1982: 76)

Sind aber die Referenz und die Ontologie einer Sprache relativ, so behält die zu Beginn von 4.4 vorgestellte These 2 ihre volle Gültigkeit: Bei der Übersetzung von Wörtern bzw. Termini sind wir mit einer radikalen Unbestimmtheit konfrontiert.

Quines Kritik an den beiden Dogmen des logischen Empirismus und ihrem systematischen Zusammenhang ist im 3. Kapitel analysiert worden.[105] Nachdem die Zirkularität einflußreicher Explikationsversuche der Analytizität von Quine aufgezeigt worden war, stellte er eine Möglichkeit für eine nichtzirkuläre Explikation vor. Indem er dazu die Verifikationstheorie der Bedeutung als Ausgangspunkt wählte, ging er von einer Voraussetzung aus, die den grundlegenden philosophischen Zielen des Wiener Kreises gerecht werden sollte.[106] Um die Verifikationstheorie der Bedeutung für eine Explikation des Analytizitätsbegriffs fruchtbar machen zu können, mußte er sich zuvor mit dem Problem auseinandersetzen, wie die Beziehung zwischen unserer Sprache und den sie bestätigenden bzw. schwächenden Erfahrungen adäquat zu beschreiben ist. Die in der Geschichte des Empirismus dominierende Auffassung ist die des radikalen Reduktionismus.[107] Wie wir gesehen haben, ist es nach Quine diese Auffassung, die zu dem unhaltbaren Glauben an eine prinzipielle analytisch-synthetisch-Unterscheidung verführt.[108] Quines Alternative, die er als dritte wesentliche Verbesserung des Empirismus bezeichnet, besteht in dem erstmals von Duhem vertretenen und von Neurath radikalisierten Holismus.[109] Die systematische Verbindung der Verifikationstheorie der Bedeutung und des Holismus ist das entscheidende Argument Quines gegen den Analytizitätsbegriff.[110] Genau diese Verbindung ist nun auch ein zentrales Argument für die Unbestimmtheitsthese der Übersetzung, wie sie zu Anfang von 4.4 in Punkt 3 formuliert worden ist:[111] Bei der Übersetzung von theoretischen Sätzen stoßen wir auf eine radikale Unbestimmtheit.

In der Diskussion möglicher Mißverständnisse und Fehldeutungen der Unbestimmtheitsthese ist bereits darauf hingewiesen worden, daß die Unbestimmtheit der Übersetzung einem unkritischen Mentalisten verborgen bleibt:[112]

> »Every term and every sentence is a label attached to an idea, simple or complex, which is stored in the mind. When on the other hand we take a verification theory of meaning seriously, the indeterminacy would appear to be inescapable. The Vienna Circle espoused a verification theory of meaning but did not take it seriously enough. If we recognize with Peirce that the meaning of a sentence turns purely on what would count as evidence for its truth, and if we recognize with Duhem that theoretical sentences have their evidence not as single sentences, but only as larger blocks of theory, then the indeterminacy of translation of theoretical sentences is the natural conclusion.« (Quine 1968b: 80f.)

In ihrer Kürze ist diese Argumentation Quines nicht leicht nachzuvollziehen. Sie soll deshalb im folgenden genauer analysiert werden; anschließend sind ihre Voraussetzungen zu diskutieren und ihre Konsequenzen aufzuzeigen.[113] Warum hat der Wiener Kreis nach Quine die Verifikationstheorie der Bedeutung nicht ernst genug genommen? Er hat sie nicht systematisch mit einer holistischen Auffassung von Sprache und Wissenschaft verknüpft, obwohl einer seiner wichtigsten Vertreter, Neurath, stets für eine solch holistische Sicht von Sprache und Wissenschaft eingetreten ist.[114] Diese systematische Verbindung stellt Quine her, indem er sowohl die von Carnap vertretene Verifikationstheorie der Bedeutung als auch Neuraths Holismus ernst nimmt. Quine, der so häufig und nicht ganz zu Unrecht als einer der scharfsinnigsten Kritiker des Wiener Kreises bezeichnet wird, geht es also in erster Linie um eine Synthese von philosophischen Positionen, die innerhalb des Wiener Kreises von Carnap und Neurath verfochten wurden. Wie sieht diese Synthese, die zur Begründung der Unbestimmtheitsthese herangezogen wird, im einzelnen aus?

Sie beruht auf zwei Voraussetzungen. Die erste Voraussetzung ist Quines Formulierung der Verifikationstheorie der Bedeutung (die *V*-These).

Die *V*-These: Die *Bedeutung* eines Satzes hängt nur davon ab, was als *empirische Evidenz* für oder gegen seine Wahrheit sprechen würde.

Zur Erläuterung dieser These sei noch einmal daran erinnert, daß es Quine allein um einen Begriff empirischer Bedeutung zu tun ist.[115] Aus diesem Grund wird der Begriff der Bedeutung auf den Begriff der empirischen Evidenz zurückgeführt und durch den Begriff der Stimulusbedeutung expliziert. Grob zusammengefaßt besteht die Stimulusbedeutung eines Beobachtungssatzes in der Klasse aller Stimuli, die für oder gegen seine Wahrheit sprechen würden.[116]

Die zweite Voraussetzung ist eine von Quines Formulierungen des Holismus (die *H*-These).

Die *H*-These: Theoretische Sätze haben als einzelne Sätze keine ihnen eigene *empirische Evidenz;* empirische Evidenz haben sie nur als Bestandteile einer Theorie.

Die Beziehung der *H*-These zur These der Übersetzungsunbestimmtheit wird von Quine selbst explizit hergestellt.

> »The crucial consideration behind my argument for the indeterminacy of translation was that a statement about the world does not always or usually have a separable fund of empirical consequences that it can call its own.« (Quine 1968b: 82)

Die von Quine durch die Verwendung von »not always or usually« vorgenommene Einschränkung des Holismus bezieht sich natürlich auf die Beobachtungssätze, die einen eigenen empirischen Gehalt haben. Festzuhalten bleibt jedoch: » . . . most sentences, apart from observation sentences, are theoretical.« (Quine 1968b: 81) Wie führt nun der Bezug auf die *H*-These zur Unbestimmtheitsthese? Wenn wir die *V*-These als eine Aussage verstehen, in der die Äquivalenz der Begriffe der (empirischen) Bedeutung und der empirischen Evidenz festgestellt wird, folgt daraus die folgende Formulierung einer holistischen Verifikationstheorie der Bedeutung (die *HV*-These).

Die *HV*-These: Theoretische Sätze haben als einzelne Sätze keine ihnen eigene *Bedeutung;* Bedeutung haben sie nur als Bestandteile einer Theorie.

Die *HV*-These ergibt sich als logische Konsequenz aus der Konjunktion der *V*-These und der *H*-These. Zugleich *ist* sie die Unbestimmtheitsthese in abgekürzter Form.[117] Vergleichen wir die *HV*-These mit der *H*-These, wird klar ersichtlich, was Quine in *The Roots of Reference* in einem Satz zusammenfaßt: »The evidence relation, in all its intricacy, and the semantical relation, in all its intricacy, are coextensive ...« (Quine 1974a: 38) »This *inseparability* of meaning and information, language and theory, is Quine's basic point in ›Two dogmas of empiricism‹.« (Foellesdal 1973: 290) Und Foellesdal hat recht, wenn er genau darin auch den Kern der Unbestimmtheitsthese sieht. »It will be well, in trying to understand these issues, to keep in mind that the whole point of indeterminacy is just this inseparability.« (Foellesdal 1973: 291) Dabei ist besonders hervorzuheben, daß diese Untrennbarkeit von Bedeutung und Information sowie von Sprache und Theorie *keine erkenntnistheoretische Schlußfolgerung* darstellt. Es handelt sich vielmehr um eine *ontologische Schlußfolgerung:* es gibt überhaupt nichts, was voneinander zu trennen ist – vorausgesetzt, daß die empirische Bedeutung in der empirischen Evidenz besteht.[118]

Angesichts dieser Schlußfolgerung fragt sich Quine: »Should the unwelcomeness of the conclusion persuade us to abandon the verification theory of meaning?« (Quine 1968b: 81) Seine Antwort ist unmißverständlich:

> »Certainly not. The sort of meaning that is basic to translation, and to the learning of one's own language, is necessarily empirical meaning and nothing more ... Surely one has no choice to be an empiricist so far as one's theory of linguistic meaning is concerned.« (Quine 1968b: 81)

In diesem Zusammenhang hat Foellesdal darauf hingewiesen, daß man Quines Desiderat einer empirischen Bedeutungstheorie folgen kann, ohne sich zugleich auf eine Verifikationstheorie der Bedeutung festzulegen.[119] Die Wahl der Verifikationstheorie der Bedeutung ist nur dann gerechtfertigt, wenn sie die einzige empirische Bedeutungstheorie wäre. Quines Option zugunsten der Verifikationstheorie der Bedeutung dürfte durch die folgenden Schritte rekonstruierbar sein: Für einen nicht leeren Bedeutungsbegriff benötigen wir einen empirischen Bedeutungsbegriff. Einen empirischen Bedeutungsbegriff erhalten wir durch eine empirische Bedeutungstheorie. Eine empirische Bedeutungstheorie hat eine empiristische Bedeutungstheorie zu sein. Die empiristische Bedeutungstheorie, die Quine im Wiener Kreis vorfindet und der er sich in modifizierter Form anschließt, ist die Verifikationstheorie der Bedeutung. Es wird deutlich, in welch großem Ausmaß Quine den philosophischen Voraussetzungen des Wiener Kreises folgt. Historisch betrachtet ist seine Entscheidung für eine Verifikationstheorie der Bedeutung naheliegend und verständlich; systematisch betrachtet sind alternative empirische Bedeutungstheorien nicht nur denkbar, sondern auch tatsächlich entwickelt worden.[120] Foellesdal schlägt deshalb vor, zwischen zwei Begriffen zu unterscheiden: zwischen empirischer Bedeutung auf der einen Seite und einer Theorie empirischer Bedeutung auf der anderen Seite.[121] Das Etikett der ›empirischen Bedeutung‹ kann dann für den Bedeutungsbegriff reserviert werden, den Peirce und die Logischen Empiristen als Grundlage für ihre Theorien wählten. Es ist der Begriff, nach dem die Bedeutung eines Satzes in dem Unterschied besteht, den sein Wahrheitswert für mögliche Erfahrungen machen würde. Dieser Begriff ist jedoch von einer empirischen Bedeutungstheorie zu unterscheiden, nach der die Bedeutung eines Satzes von der empirischen Evidenz abhängt, die uns durch unsere Sinne zugänglich ist. Quines Verifikationstheorie ist in diesem Sinn empirisch, doch gibt es zu ihr ernst zu nehmende Alternativen, die nicht weniger empirisch sind.

> »Hence, although it is part of our empiricism that communication and language learning must rest ultimately on sensory evidence, all we may conclude from this is that our theory of meaning must be *empirical,* not that it must be the *verification* theory of meaning.« (Foellesdal 1974: 31)

Diese Feststellung ist deshalb nicht außer acht zu lassen, weil die Verifikationstheorie der Bedeutung einer der beiden Prämissen für das oben vorgestellte Argument Quines zugunsten der These der Übersetzungsunbestimmtheit darstellt. Man könnte nun auf den Gedanken kommen, daß sich die Unbestimmtheit der Übersetzung dadurch vermeiden ließe, daß man die Verifikationstheorie der Bedeutung durch eine andere empirische Bedeutungstheorie ersetzt. Dies ist jedoch nicht der Fall und zwar aus folgendem Grund: Wie wir in der Diskussion des Gedankenexperiments der Erstübersetzung gesehen haben, besteht eine Übersetzung in der Korrelation von Ausdrücken einer Sprache mit den Ausdrücken einer anderen Sprache. Unterschiedliche Bedeutungstheorien erlegen dieser Korrelation unterschiedliche Bedingungen auf. Die klassische Bedeutungstheorie, die von Frege, Carnap und vielen anderen analytischen Philosophen vertreten wird, verlangt, daß Ausdrücke nur dann miteinander korreliert werden sollten, wenn sie die gleiche Bedeutung haben. »This condition appears to guarantee uniqueness of translation until one observes, as Quine did, that it is empty.« (Foellesdal 1974: 32) Alle anderen Bedingungen, und nicht nur die, die Quine in *Word and Object* explizit angibt, können die Bestimmtheit der Übersetzung nicht garantieren; stets bleibt die prinzipielle Möglichkeit für viele verschiedene Korrelationen bestehen. Und diese Aussage ist wiederum nichts anderes als Quines These der Übersetzungsunbestimmtheit.

Angesichts dieses Ergebnisses haben viele Kritiker Quines und insbesondere Chomsky dahingehend argumentiert, daß es sich im Fall der Übersetzung nicht anders verhält als bei empirischen Theorien. Auch dort gibt es bestimmte Bedingungen, die erfüllt werden müssen, und es gibt prinzipiell viele miteinander unvereinbare Theorien, die sie erfüllen. In einem Satz zusammengefaßt: Die Unbestimmtheit der Übersetzung unterscheidet sich nicht von der Unterbestimmtheit empirischer Theorien. Bevor diese These genauer untersucht wird, soll die Auffassung von der Unterbestimmtheit empirischer Theorien ein wenig mehr beleuchtet werden.

Um Quines spezifische Charakterisierung der Unterbestimmtheit empirischer Theorien herauszustellen, sollen zunächst zwei Äußerungen von Boltzmann und Neurath vorgestellt werden:

> »Es ist ... die Möglichkeit zweier ganz verschiedener Theorien denkbar, die beide gleich einfach sind und mit den

Erscheinungen gleich gut stimmen, die also, obwohl total verschieden, beide gleich richtig sind. Die Behauptung, eine Theorie sei die einzig richtige, kann nur der Ausdruck unserer subjektiven Überzeugung sein, daß es kein anderes gleich einfaches und gleich gut stimmendes Bild geben könne.« (Boltzmann 1899: 138)

Neurath beschreibt seine Auffassung dadurch,

»daß wir grundsätzlich die *Vieldeutigkeit* der Wissenschaft anerkennen – *und zwar auf jeder Stufe.* Wenn wir die widerspruchsvollen Satzgesamtheiten abgeschaltet haben, bleiben uns immer noch mehrere gleichverwendbare Satzgesamtheiten mit differierenden Protokollsätzen übrig, die in sich widerspruchslos sind, aber einander ausschließen. Daß selbst dann, wenn wir uns über die Protokollsätze geeinigt haben, eine nicht beschränkte Zahl gleichverwendbarer Hypothesensysteme möglich sind, haben Poincaré, Duhem und andere ausreichend gezeigt. Diese These von der Unbestimmtheit der Hypothesensysteme haben wir auf sämtliche Sätze ausgedehnt unter Einbeziehung der grundsätzlich abänderbaren Protokollsätze.« (Neurath 1934: 352)

Bevor die Frage beantwortet wird, ob es sich bei diesen Formulierungen Boltzmanns und Neuraths um eine Vorwegnahme von Quines Sicht der Unterbestimmtheit empirischer Theorien handelt, soll diese nun in seinen Worten angeführt werden:

»Let us ... think about physical theory. Naturally it is underdetermined by past evidence; a future observation can conflict with it. Naturally it is underdetermined by past and future evidence combined, since some observable event that conflicts with it can happen to go unobserved. Moreover many people will agree, far beyond all this, that physical theory is underdetermined even by all *possible* observations ... Theory can still vary though all possible observations be fixed. Physical theories can be at odds with each other and yet compatible with all possible data even in the broadest sense. In a word, they can be logically incompatible and empirically equivalent. This is a point on which I expect wide agreement, if only because the observational criteria of theoretical terms are commonly so flexible and fragmentary.« (Quine 1970e: 178 f.)

Quine geht also in drei Schritten vor: In einem ersten Schritt legt er dar, daß unsere physikalische Theorie, worunter er unsere grundlegende empirische Theorie über die Welt versteht, durch die Daten der Vergangenheit unterbestimmt ist, weil zukünftige Beobachtungen mit ihnen konfligieren können. In einem zweiten Schritt wird deutlich gemacht, daß die Theorie durch die Daten der Vergangenheit *und* Zukunft unterbestimmt ist, weil eine mit ihnen konfligierende Beobachtung unbemerkt bleiben kann. In einem dritten Schritt wird schließlich angeführt, daß die Theorie sogar durch alle möglichen Beobachtungen unterbestimmt bleibt, weil die Beobachtungskriterien für theoretische Terme so flexibel und unvollständig sind.[122] Wie Gibson zu Recht hervorhebt, ist die logische Grundlage der ersten beiden Schritte eine völlig andere als die des dritten Schritts.[123] In den ersten beiden Fällen zeigt Quine, warum unsere Theorie über die Welt *tatsächlich* unterbestimmt ist. Im dritten Fall behauptet er, daß unsere Theorie *prinzipiell* unterbestimmt ist. Und genau das ist Quines spezifische Charakterisierung seiner Unterbestimmtheitsthese von empirischen Theorien durch alle möglichen Daten.

Unter Rückgriff auf diese Unterscheidung läßt sich nun die Frage wieder aufnehmen, ob Boltzmann und Neurath Quines Unterbestimmtheitsthese vorweggenommen haben. Leider läßt sich diese Frage nicht eindeutig beantworten, weil Boltzmann und Neurath in ihrer Formulierung nicht deutlich machen, ob sie die Unterbestimmtheit von Theorien mit Bezug auf tatsächliche oder auf alle möglichen Daten vertreten. Insbesondere Neuraths Hinweis auf Duhem und Poincaré legen die erste Deutung nahe. Dabei handelt es sich jedoch um nichts anderes als um eine Reformulierung des Holismus, demgemäß ein Konflikt zwischen Theorie und Beobachtung auf unterschiedliche Weise behoben werden kann. Der Holismus darf jedoch nicht mit der Unterbestimmtheitsthese verwechselt werden. Der entscheidende Unterschied zwischen Holismus und Unterbestimmtheitsthese liegt darin, daß bei letzterem alle möglichen Daten berücksichtigt werden. »Ohne Zweifel war Quine der erste, der jene zwei ... vermengten Auffassungen klar unterschieden hat.« (Gochet 1984: 40)[124]

Ist diese Unterscheidung aber wirklich wichtig, oder handelt es sich dabei um eine für Wissenschaftler irrelevante philosophische Gedankenspielerei? Ian Hacking bemerkt dazu:

> »I know of no case in which any scientific theory is underdetermined by all possible evidence, or even a small amount of the total possible evidence. It is not in my philosophical nature, however, to debate such armchair possibilities never known to be instantiated.« (Hacking 1981a: 12)

Auch Einstein hat sich mit dieser Frage in seinen »Prinzipien der Forschung«, die er zum sechzigsten Geburtstag von Max Planck vorgetragen hat, kritisch auseinandergesetzt:

> Man »könnte ... denken, daß beliebig viele, an sich gleichberechtigte Systeme der theoretischen Physik möglich wären; diese Meinung ist auch *prinzipiell gewiß zutreffend.* Aber die Entwicklung hat gezeigt, daß von allen denkbaren Konstruktionen eine einzige jeweilen sich als unbedingt überlegen über alle anderen erwies. Keiner, der sich in den Gegenstand wirklich vertieft hat, wird leugnen, daß die Welt der Wahrnehmungen das theoretische System *praktisch* eindeutig bestimmt, trotzdem kein logischer Weg von den Wahrnehmungen zu den Grundsätzen der Theorie führt.«
> (Einstein 1918: 108; Hervorhebung hinzugefügt)[125]

Bei dieser Sicht der Dinge ist es wichtig, zwei Punkte klar zu unterscheiden: Einstein kritisiert die These der Unterbestimmtheit empirischer Theorien von einem wissenschaftshistorischen und praktischen Standpunkt, den auch Hacking einnimmt. Dagegen ist aus der Perspektive Quines nichts einzuwenden, weil seine These nicht als eine wissenschaftshistorische oder praktische vertreten wird. Es handelt sich vielmehr um eine wissenschaftstheoretische und systematische These, und als solcher stimmt ihr Einstein ausdrücklich zu. »The doctrine of under-determination says there is a certain slack between observation and theory.« (Quine 1975b: 317) Genau das stellt auch Einstein fest.

> »Is there always a unique best theory for any given subject matter, or are theories always or sometimes underdetermined by all possible data? ... Our answers to these questions seem to be of fundamental importance for our understanding of human knowledge.« (Bergström 1984: 349)

Wir haben gesehen, daß Quine eine bejahende Antwort auf den zweiten Teil dieser Frage gibt, und wollen nun im folgenden analysieren, ob auf dieser Grundlage eine erfolgreiche Verteidigung des prinzipiellen Unterschieds zwischen der Unterbestimmtheit empirischer Theorien und der Unbestimmtheit der Übersetzung möglich ist.[126]

Chomsky ist der bekannteste Kritiker Quines, der wiederholt darauf bestanden hat, daß es keinen prinzipiellen Unterschied zwischen der Unterbestimmtheit empirischer Theorien und der Unbestimmtheit der Übersetzung gibt.[127] Bei seiner kritischen Auseinandersetzung mit der Unbestimmtheitsthese fühlt er sich sowohl von Quine wie auch von Putnam mißverstanden:

> »First, let me clear up a misunderstanding. Putnam believes, as Quine does too, that I regard the indeterminacy thesis as false; on the contrary, I regard it as true and uninteresting ... The thesis of indeterminacy does not seem implausible; rather it seems obvious. Theories are undetermined by evidence, or they would have no interest at all.«
> (Chomsky 1980: 15, 21)
>
> »As far as I can see, Quine's thesis of indeterminacy of translation and its several variants ... amount to no more than an unargued claim that the study of language faces some problem over and above the familiar under-determination of non-trivial theory by evidence.« (Chomsky 1975: 187)

Aufgrund dieser Äußerungen Chomskys sind drei Punkte festzuhalten: 1. Er akzeptiert die Unterbestimmtheitsthese empirischer Theorien und betrachtet sie als trivial.[128] 2. Er akzeptiert auch die Unbestimmtheitsthese der Übersetzung, weil sich diese nach seiner Auffassung nicht von der Unterbestimmtheitsthese unterscheidet. 3. Nach seiner Meinung legt Quine keine überzeugenden Argumente für die Behauptung vor, daß sich die Unbestimmtheitsthese von der Unterbestimmtheitsthese unterscheidet. Für die folgende Argumentation wird Punkt 1 insoweit als Voraussetzung akzeptiert, daß sowohl Chomsky als auch Quine die Unterbestimmtheitsthese anerkennen. Punkt 2 und 3 werden genauer untersucht.

In seiner Antwort auf Chomskys Sicht der Problematik geht Quine in zwei Schritten vor: In einem ersten Schritt zeigt er, daß die Unbestimmtheit der Übersetzung parallel zur Unterbestimmtheit von Theorien besteht. In einem zweiten Schritt zeigt er, daß die Unbestimmtheit nicht nur parallel, sondern auch zusätzlich zur Unterbestimmtheit auftritt. Betrachten wir zuerst die Parallele:

»In respect of being under-determined by all possible data, translational synonymy and theoretical physics are indeed alike. The totality of possible observations of nature, made and unmade, is compatible with physical theories that are incompatible with one another. Correspondingly the totality of possible observations of verbal behavior, made and unmade, is compatible with systems of analytical hypotheses of translation that are incompatible with one another. Thus far the parallel holds.« (Quine 1969c: 302 f.)

Damit ist der erste Schritt getan. Die Parallelität zwischen der Unterbestimmtheit von empirischen Theorien und der Unbestimmtheit der Übersetzung ist klar aufgewiesen. Wo tritt nun die Unbestimmtheit zusätzlich zur Unterbestimmtheit auf?

»Where then does the parallel fail? Essentially in this: theory in physics is an ultimate parameter. There is no legitimate first philosophy, higher than physics, to which to appeal over physicists' heads.« (Quine 1969c: 303)

Selbst unsere Anerkennung der Unterbestimmtheit unserer umfassenden Theorie über die Welt beruht nicht auf einer Erkenntnisquelle, die außerhalb dieser Theorie liegt; auch sie ist ein Bestandteil unserer prinzipiell unterbestimmten Theorie.[129] Wir überlegen und forschen innerhalb unserer auf immer unterbestimmten und sich entwickelnden Theorie über die Welt, und gewöhnlich ist es redundant, diese Theorie als Parameter unserer Erklärungen anzugeben, weil uns kein höherer Maßstab zur Verfügung steht.[130] Diese Redundanz fällt erst dann weg, wenn wir es mit Problemen des Theorienvergleichs und der Theoriendynamik zu tun haben.

»Though linguistics is of course a part of the theory of nature, the indeterminacy of translation is not just inherited as a special case of the under-determination of our theory of nature. It is parallel but additional. Thus, adopt for now my fully realistic attitude toward electrons and muons and curved space-time, thus falling in with the current theory of the world despite knowing that it is in principle methodolo-

gically under-determined. Consider from this realistic point of view, the totality of truths of nature, known and unknown, observable and unobservable, past and future. The point about indeterminacy of translation is that it withstands even all this truth, the whole truth about nature. This is what I mean by saying that, where indeterminacy of translation applies, there is no real question of right choice; there is no fact of the matter even to *within* the acknowledged under-determination of a theory of nature.«
(Quine 1969c: 304)

Auch nach diesen detaillierten Ausführungen Quines ist vielen Kritikern dunkel geblieben, warum es sich bei der Unbestimmtheit der Übersetzung nicht um eine Tatsachenfrage handeln soll. Um den Punkt zu klären, ist deshalb zu fragen, warum es sich für Quine nicht um ein Tatsachenproblem handelt. Seine Antwort ist kurz und eindeutig: »Where positions and states of bodies do not matter, there is no fact of the matter.« (Quine 1977a: 162) Quines Aussage »there is no fact of the matter« heißt also im Klartext »there is no *physical* fact of the matter and there are no other facts of the matter.« Beruht somit Quines Verteidigung auf einem physikalistischen Vorurteil, das man keineswegs teilen muß? Roger Trigg scheint diese Frage zu bejahen, wenn er schreibt: »Quine gibt nur die Vorurteile des Wiener Kreises wieder, wenn er die Möglichkeit ausschließt, daß die gegenwärtige Physik die Welt unter einem allzu eingeschränkten Blickwinkel erfaßt.« (Trigg 1981: 85)

Ob Triggs Aussage mehr als eine leichtfertige Polemik darstellt, läßt sich am besten dadurch überprüfen, daß wir uns noch einmal Neuraths Auffassung des Physikalismus vergegenwärtigen und sie dann zu Quines Sicht in Beziehung setzen. Am Ende des 1. Kapitels habe ich im Hinblick auf Neuraths Einstellung seine spezifisch physikalistische These von seiner umfassenden Anschauung des Physikalismus unterschieden.[131] Die spezifisch physikalistische These besagt, daß sich jeder Satz einer Wissenschaft in eine physikalistische Sprache übersetzen läßt. Zur Charakterisierung seiner ›Gesamtauffassung‹ bezieht sich Neurath – wie auch Quine dies häufig tut – auf Deweys Naturalismus: »Dewey ist nämlich einig mit uns, daß man nur von Dingen redet, die ein ›Wo‹ und ›Wann‹ haben

(Physikalismus)...« (Neurath an Carnap, Den Haag, 11.1.1939) Wie steht nun Quine zu diesen beiden Thesen? Besonders deutlich wird sein Standpunkt in einer Angwort auf Goodman, der in seinem Buch *Ways of Worldmaking* einen radikalen Pluralismus zu verteidigen sucht und diesen dezidiert gegen den Physikalismus wendet:

»The pluralist... accepts the sciences at full value. His typical adversary is the monopolistic materialist or physicalist who maintains that one system, physics, is preeminent and all-inclusive, such that every other version must eventually be reduced to it or rejected as false or meaningless.« (Goodman 1978: 4)

Diese Charakterisierung mag auf Teile des Wiener Kreises und insbesondere auf den jungen Carnap zutreffen; wird sie hingegen Quine gerecht? Er antwortet:

»Why, Goodman asks, this special deference to physical theory? This is a good question, and part of its merit is that it admits a good answer. The answer is not that everything worth saying can be translated into the technical vocabulary of physics; not even that all good science can be translated into that vocabulary. The answer is rather this: nothing happens in the world, not the flutter of an eyelid, not the flicker of a thought, without some redistribution of microphysical states.« (Quine 1978a: 98)

Durch diese Antwort wird Quines Haltung zum Physikalismus Neuraths unmißverständlich klar: Die erste These wird verworfen, die zweite These wird aufgenommen, modifiziert und präzisiert. Quines Physikalismus ist keine reduktionistische Doktrin, die behauptet, daß unsere mentale Sprache in eine biologische oder gar physikalische Sprache übersetzbar sei.[132] Sie beinhaltet nicht den utopischen Traum, daß alle mentalen Ereignisse durch physiologische oder mikrobiologische Termini spezifiziert werden können. Sie behauptet nicht einmal, daß es generell gesetzesmäßige Beziehungen zwischen mentalen und biologischen Phänomenen gibt.[133]

»What it does say about the life of the mind is that there is no mental difference without a physical difference. Most of us nowadays are so ready to agree to this principle that we fail to sense its magnitude. It is a way of saying that the fundamental objects are physical objects. It accords physics its rightful place as the basic material science without venturing any dubious hopes of reduction of other disciplines.« (Quine 1977a: 163)

Votiert Quine nicht trotz dieser im Vergleich zu der Auffassung des Wiener Kreises erheblich modifizierten Version des Physikalismus für eine liberale Variante des Materialismus, wenn er physikalische Gegenstände als die grundlegenden Gegenstände bezeichnet? Und ist nicht der traditionelle Materialismus durch die Ergebnisse der modernen Physik weitgehend überwunden worden? Popper schreibt dazu:

> »In this *explaining matter* and its properties modern physics transcended the original programme of materialism. In fact it is physics itself which produced by far the most important arguments against classical materialism.«
> (Popper/Eccles 1977: 6)

Mit dieser Sicht stimmt Quine voll überein:

> »What now of physicalism? To profess materialism, after all this, would seem grotesquely inappropriate; but physicalism, reasonably reformulated, retains its vigor and validity.« (Quine 1977a: 165)

Worin besteht die von Quine geforderte Reformulierung? Das Prinzip des Physikalismus darf nicht unter Bezug auf physikalische Gegenstände, sondern muß unter Bezug auf ein physikalisches Vokabular angegeben werden. Wenn Quine sagt, daß es sich in dem Fall nicht um ein Tatsachenproblem handelt, wo Zustände von Körpern keine Rolle spielen, muß er präzisieren, was er unter ›Zuständen von Körpern‹ versteht. Genau das tut er auch:

> »What now is the claim of physicalism? Simply that there is no difference in matters of fact without a difference in the fulfillment of the physical-state predicates by space-time regions. Again this is not reductionism in any strong sense.« (Quine 1977a: 166)

Es wird nicht einmal die Vermutung geäußert, daß irgend jemand in der Lage sein könnte, die angemessenen Zustandsprädikate in einem bestimmten Fall anzugeben.[134] Die Raum-Zeit-Regionen sind Mengen von Quadrupeln von Zahlen, die unter Bezug auf ein Koordinatensystem bestimmt werden, das nicht von Philosophen, sondern von Physikern aufgestellt wird. Die geeigneten physikalischen Zustandsprädikate sind Prädikate eines spezifischen Lexikons, mit dessen Spezifizierung die physikalische Grundlagenforschung zur Zeit befaßt ist. So muß Quines Formulierung des Physikalismus deshalb unvollständig bleiben, weil sie von Philosophen nicht apriorisch bestimmt werden kann. Die detaillierte Formulierung ist die Aufgabe derjenigen Physiker, die sich um eine Aufstellung eines Minimalkatalogs elementarer Zustände bemühen. Quines Physikalismus besagt nichts anderes, als daß es keine Veränderung in der Welt ohne eine entsprechende Veränderung elementarer physikalischer Zustände gibt. Quines Begriff einer Tatsache ist somit weder transzendental noch erkenntnistheoretisch zu verstehen, er hängt nicht einmal von der uns gegenwärtig zur Verfügung stehenden empirischen Evidenz ab.[135] Vielmehr ist er ontologischer Natur und naturalistisch als ein integraler Bestandteil unserer wissenschaftlichen Theorie über die Welt zu deuten. »Factuality, like gravitation and electric charge, is internal to our theory of nature.« (Quine 1981g: 23)

Foellesdal hat den Zusammenhang zwischen Quines Tatsachenbegriff und seiner Unbestimmtheitsthese explizit zum Ausdruck gebracht:

> »... here we are at the crucial point of the whole argument... the only entities we are justified in assuming are those that are appealed to in the simplest theory that accounts for all the evidence. These entities and their properties and interrelations are all there is to the world, and all there is to be right or wrong about. All truths about these are included in our theory of nature. In translation we are not describing a further realm of reality, we are just correlating two comprehensive language/theories concerning all there is. This is, I think, the reason for the difference between theory of nature and translation and thereby for indeterminacy of translation.« (Foellesdal 1973: 295)

Betrachten wir das Problem noch einmal im Zusammenhang mit dem Gedankenexperiment der Erstübersetzung:[136] Eine Erstübersetzung findet nach Quine auf der Grundlage von beobachtbarem Verhalten statt. Wenn uns behaviorale Kriterien zur Verfügung stehen, können wir uns auf ihrer Grundlage zugunsten einer Übersetzung und gegen eine andere entscheiden. Wenn das aber der Fall ist, handelt es sich auch aufgrund mikrophysikalischer Maßstäbe um eine Entscheidung, die auf Tatsachen beruht, weil jeder Unterschied im Verhalten auf einem Unterschied in der Verteilung von physikalischen Elementarteilchen beruht. Quines Gedankenexperiment der Erstübersetzung zeigt jedoch, daß verschiedene Übersetzungen aufgrund ihrer unterschiedlichen Systeme analytischer Hypothesen prinzipiell mit allen Verhaltensdaten kompatibel sind. Im Anschluß an dieses Ergebnis fragt sich Quine:

> »Since translators do not supplement their behavioral criteria with neurological criteria, much less with telepathy, what excuse could there be for supposing that one manual conformed to any distribution of elementary physical states better than the other manual? What excuse, in short, for supposing to be a fact of the matter?« (Quine 1977a: 167)

Diese Fragen, in denen versucht wird, die Beweislasten zu verschieben, lassen aufhorchen. Wenn wir die polemische Erwähnung der Telepathie außer acht lassen, läßt sich immer noch fragen, ob wir unsere behavioralen Kriterien nicht durch neurologische Kriterien ergänzen sollten, auch wenn dies gegenwärtig faktisch nicht geschieht oder nur in begrenztem Ausmaß möglich ist. Wie Friedman betont hat, liegt das Problem darin, ob interne physiologische Zustände und weitere externe Beziehungen zu physikalischen Gegenständen für die Erklärung von sprachlichem Verhalten relevant sind.[137] Aus Quines Behauptung, daß solche Faktoren willkürlich variieren mögen, ohne daß sich dadurch unser sprachliches Verhalten ändert,[138] folgt nicht, daß sie das auch tatsächlich tun. Und selbst wenn nichtbehaviorale Faktoren willkürlich variieren, folgt daraus nicht, daß sie zur Erklärung sprachlichen Verhaltens und zur Spezifizierung linguistischer Theorien irrelevant sind. Die zentrale Frage, ob es sich bei der Unbestimmtheit der Übersetzung um eine Tatsachenfrage handelt, scheint somit empirischer Natur zu sein. Damit ist natürlich nicht gesagt, daß Quines Unbestimmtheitsthese falsch ist. Es wird nur behauptet, daß sie durch philosophische Argumente allein nicht definitiv begründet werden kann. Ein offener Naturalist dürfte gegen dieses Ergebnis nichts einzuwenden haben.[139]

Kommen wir zum Schluß noch einmal auf Chomskys Ausgangspunkte 2 und 3 zurück, so läßt sich zusammenfassend festhalten, daß sich die Unbestimmtheit der Übersetzung von der Unterbestimmtheit empirischer Theorien unterscheidet und daß Quine in Form seiner spezifischen Variante des Physikalismus ein weiteres Argument zugunsten der Unbestimmtheit vorgelegt hat. Ob die Unbestimmtheit der Übersetzung jedoch prinzipiell bestehen bleibt, hängt nicht in erster Linie von der Gültigkeit des Physikalismus, sondern von zukünftigen empirischen Forschungsergebnissen ab.[140]

Nach der Diskussion des prinzipiellen Unterschieds zwischen der Unterbestimmtheit empirischer Theorien und der Unbestimmtheit der Übersetzung sollen nun zum Abschluß des Kapitels drei wichtige Fragen aufgegriffen werden, die bisher unbeantwortet geblieben sind: 1. Wie versucht Quine die Unterbestimmtheit empirischer Theorien zu erklären, die als Voraussetzung in der Debatte zwischen Chomsky und Quine akzeptiert worden ist? 2. Wie ist der Unterschied und der Zusammenhang zwischen der Unterbestimmtheitsthese und dem Holismus zu charakterisieren? 3. Wie ist der methodologische Status des Holismus innerhalb der Philosophie Quines zu beurteilen? Im folgenden versuche ich eine Antwort auf diese Fragen in der angegebenen Reihenfolge zu finden.

Quines Antwort auf die Frage, warum er eine breite Zustimmung zu seiner Auffassung der Unterbestimmtheit von empirischen Theorien erwartet, haben wir bereits kennengelernt.[141] Sie besteht in dem von fast allen gegenwärtigen Wissenschaftstheoretikern geteilten Hinweis, daß unsere Beobachtungskriterien für theoretische Termini gewöhnlich sehr flexibel und unvollständig sind. Wenn wir diese Sicht akzeptieren, stellen sich zwei weitere Fragen: 1. Worin besteht Quines Begründung der Auffassung, daß unsere Beobachtungskriterien für theoretische Termini so variabel und fragmentarisch sind? 2. Und wie stützt die Feststellung der Flexibilität und Unvollständigkeit der Beobachtungskriterien für theoretische Termini die Unterbestimmtheitsthese?[142] Eine Antwort auf die erste Frage läßt sich unter Bezug auf Quines Theorie des Sprachlernens geben. Wir haben bereits gesehen, daß für Quine neben dem ostensiven Lernen das Lernen durch die Methode der analogen Synthese am Anfang des Spracherwerbs steht. Ein Beispiel für diese Methode ist zu Beginn des Kapitels angeführt worden.[143] Dieses Beispiel vermittelt uns nur eine sehr begrenzte Einsicht in die konkreten psychologischen Mechanismen des Lernprozesses, der über das ostensive Lernen hinausgeht. Was Quine zu diesem Thema zusätzlich zu sagen hat, wird durch seine zentrale erkenntnistheoretische Frage bestimmt, wie wir zu unserer Theorie über die Welt kommen. Eine Theorie über die Welt ist für ihn weitgehend eine Theorie über das, was es in der Welt gibt, und was eine Theorie über das, was es in der Welt gibt, sagt, ist eine Frage der Referenz. »Our speculations on the ... steps toward theoretical language will be limited to one important aspect: the referential aspect, the acquisition of an apparatus for speaking of objects.« (Quine 1974a: 81) Dieses Problem ist der Gegenstand von *The Roots of Reference.* »In the third part of that work, ›Referring to Objects‹, Quine offers a speculative account of how a child could acquire the referential apparatus of English by a series of grammatical transformations and *irreducible steps of analogy.*« (Gibson 1982: 57) Auch ohne auf interessante und fragwürdige Details seiner Rekonstruktion einzugehen, läßt sich der in unserem Zusammenhang wichtigste Aspekt angeben: er besteht darin, daß nach Quine die theoretische Sprache durch eine Reihe irreduzibler, kurzer Analogiesprünge erworben wird, für die nur eine unzureichende Beobachtungsevidenz vorhanden ist. Dadurch wird klar, warum Quine die Beobachtungskriterien für theoretische Terme als flexibel und fragmentarisch betrachtet. Die Beobachtungsevidenz legt die Form der zu entwickelnden Sprache ebensowenig fest, wie die Beobachtungssätze die Form einer Theorie eindeutig bestimmen. Die gleiche Menge von Beobachtungssätzen kann prinzipiell verschiedene und logisch inkompatible Theorien unterstützen. Die Feststellung der Flexibilität und Unvollständigkeit der Beobachtungskriterien ist somit eine Feststellung über den Freiheitsgrad einer Theorieformulierung relativ auf alle möglichen Beobachtungen. Und nichts anderes besagt die These der Unterbestimmtheit empirischer Theorien. Damit ist auch eine Antwort auf die zweite Frage gegeben. Zwar ist Quines Rekonstruktion des Erwerbs der theoretischen bzw. referentiellen Sprache in hohem Maße idealisiert und spekulativ, doch ist er der Überzeugung, daß mit solch einem spekulativen Ansatz begonnen werden muß, um überhaupt die wichtigen Fragen isolieren und einer weiteren empirischen Untersuchung zugänglich machen zu können:

> »Such speculations would gain, certainly, from experimental investigation of the child's actual learning of language. Experimental findings already available in the literature could perhaps be used to sustain or correct these conjectures at points, and further empirical investigations could be devised.« (Quine 1974c: 78)

Dabei darf nicht außer acht gelassen werden, daß für Quine diese Untersuchungen zu seinem philosophischen Ziel eines besseren Verständnisses der Beziehungen zwischen empirischer Evidenz und wissenschaftlicher Theorie beitragen sollen.[144]

Nachdem ein sprachtheoretischer Begründungsversuch von Quines Unterbestimmtheitsthese rekonstruiert worden ist,[145] soll nun der Unterschied zwischen dieser These und dem Holismus geklärt werden. Quine selbst betont ausdrücklich, daß diese beiden Auffassungen nicht miteinander verwechselt werden dürfen und dennoch in einer bestimmten Beziehung zueinander stehen.[146] Wie diese Beziehung genauer zu charakterisieren ist, scheint vielen Kritikern nicht klar geworden zu sein. Während Gochet einen »logischen Zusammenhang«[147] der beiden Thesen postuliert und zu dessen Stützung eine fehlerhafte Übersetzung Quines angibt, fragt sich Bergström, wie es zu verstehen sei, daß der Holismus die Unterbestimmtheitsthese glaubwürdig machen soll.[148] Im folgenden versuche ich, Bergströms Frage zu beantworten und Gochets Sicht als falsch zurückzuweisen. Der auf Duhem zurückgehende und von Neurath radikalisierte Holismus besagt, daß nur die Gesamtheit unserer wissenschaftlichen Sätze innerhalb einer Theorie und nicht etwa einzelne Sätze für sich mit unseren Beobachtungen in Konflikt stehen können. Für sich genommen ist jeder einzelne Satz wie auch seine Negation mit unseren Beobachtungen vereinbar. Daraus folgt, daß unsere Beobachtungen mit verschiedenen und einander wechselseitig ausschließenden Theorien vereinbar sind. Unsere Theorie über die Welt ist also durch unsere Beobachtungen unterbestimmt. Quines Holismus-These behauptet jedoch nur die Unterbestimmtheit durch unsere *tatsächlichen* Beobachtungen, wohingegen sich der Geltungsbereich von Quines Unterbestimmtheitsthese auf *alle möglichen* Beobachtungen erstreckt. Entgegen Gochets Auffassung folgt die zweite These also nicht aus der ersten, sie wird lediglich durch sie nahegelegt:

> »If in the face of adverse observations we are free always to choose among various adequate modifications of our theory the thesis of holism then *presumably* all possible observations are insufficient to determine theory uniquely the thesis of under-determination.«
>
> (Quine 1975b: 313, Hervorhebung hinzugefügt)

Zwischen den beiden Thesen besteht somit kein logischer Folgerungszusammenhang, sondern ein wesentlich schwächerer Plausibilitätszusammenhang. Diese Plausibilitätserwägungen werden aber von Quine anscheinend so hoch eingeschätzt, daß sie der Unterbestimmtheit eine gewisse Glaubwürdigkeit verleihen. Ob diese Glaubwürdigkeit für ihre Annahme ausreicht, muß bezweifelt werden. Die genauere Klärung der Unterbestimmtheit empirischer Theorien und ihrer Konsequenzen bleibt ein wissenschaftstheoretisch wichtiges Desiderat.

Der wichtigste Punkt, der bisher offen geblieben ist, betrifft jedoch nicht die Unterbestimmtheit empirischer Theorien, sondern den methodologischen Status des Holismus innerhalb von Quines Philosophie. Nach den bisherigen Diskussionen scheint er die wichtigste Voraussetzung in der Kritik des Analytizitätsbegriffs und in der Verteidigung der These der Übersetzungsunbestimmtheit zu sein. Diese Auffassung wird nicht nur durch meine Analysen nahegelegt, sondern auch durch die Arbeiten Paul A. Roths unterstützt.[149] Auf der anderen Seite hat Roger F. Gibson dafür argumentiert, daß Quines Naturalismus und vor allem seine naturalistisch-behavioristische Sprachtheorie *(the NB thesis)* die zentrale Voraussetzung für seine Analytizitätskritik und seine Unbestimmtheitsthese darstellt.[150] Durch die folgende Analyse der unterschiedlichen Standpunkte von Gibson und Roth soll deshalb nicht allein die Stellung von Quines Holismus geklärt werden, sondern zudem der systematische Zusammenhang von Holismus und Naturalismus aufgewiesen werden. In dem Ergebnis dieser Untersuchung unterscheide ich mich sowohl von Gibson wie auch von Roth.

Zur Eröffnung seiner Kritik an Gibson fragt Roth:

> »... *why should one take the turn dictated by the NB thesis in the first place?* Was not despair over meaning supposed to be the reason for trying the naturalistic-behavioristic way out?« (Roth 1984: 223)

Roth zweifelt nicht daran, daß Gibson mit seiner Behauptung recht hat, daß die *NB*-These das zentrale Prinzip von Quines naturalisierter Erkenntnistheorie ist; er stellt in Frage, ob die *NB*-These wirklich Quines philosophischer Ausgangspunkt ist oder ob sie nicht vielmehr von grundlegenderen philosophischen Erwägungen abgeleitet werden kann.[151] Gibson nimmt an, daß Quines Analytizitätskritik und seine These der Übersetzungsunbestimmtheit die Richtigkeit der *NB*-These voraussetzen. Roth behauptet, daß Quine seinen Holismus aus Gründen vertritt, die von der *NB*-These unabhängig sind. Um diese Kontroverse zu klären, müssen wir uns noch einmal Quines Analytizitätskritik und seine Alternative zum reduktionistischen Verifikationismus vergegenwärtigen. Nach Gibsons Rekonstruktion ist diese Alternative in »Two Dogmas of Empiricism« ohne Begründung geblieben.[152]

Die sowohl für die Logischen Empiristen wie auch für Quine grundlegende Prämisse des systematischen Zusammenhangs von Theorie und Erfahrung kann in folgendem Satz zum Ausdruck gebracht werden:

(P) Die Wahrheit von Theorien hängt von der Sprache und von außersprachlichen Tatsachen ab.

Auf der Grundlage dieser Prämisse gelangt man durch einen logischen Fehlschluß zu der folgenden Konklusion:

(K_f) Die Wahrheit eines jeden einzelnen Satzes einer Theorie ist durch die Analyse der prinzipiell voneinander trennbaren sprachlichen Komponente einerseits und der Tatsachenkomponente andererseits festzustellen.

Die aus (P) unzulässigerweise gezogene Konklusion (K_f) ist die Wurzel der beiden Dogmen des Empirismus:

(D_1) Jeder einzelne Satz einer Theorie hat eine ihm eigene empirische Evidenz, die ihn stützt oder schwächt (Dogma des Reduktionismus).

(D_2) Jeder einzelne Satz einer Theorie, dessen Wahrheit allein von der sprachlichen Komponente abhängt, der also angesichts aller möglichen empirischen Evidenz wahr ist, ist analytisch (Dogma der Analytizität).

Wenn man (K_f) als wahr betrachtet, ist es verständlich, daß man auch die Positionen (D_1) und (D_2) vertritt. Diese Positionen sehen sich jedoch nach Quine mit den beiden folgenden Schwierigkeiten konfrontiert:

(S_1) Das Problem der Entwicklung einer expliziten Theorie der empirischen Evidenz für einzelne (synthetische) Sätze einer Theorie kann nicht zufriedenstellend gelöst werden.

(S_2) Das Problem einer prinzipiellen Unterscheidung von analytischen und synthetischen Sätzen einer Theorie kann nicht zufriedenstellend gelöst werden.

Wenn man Quines Kritik der beiden Dogmen des Empirismus so rekonstruiert, wie dies hier in Anlehnung an Gibsons Vorgehen geschehen ist, kann man dagegen einwenden, daß die Wahrheit der Konjunktion von (S_1) und (S_2) mit der Wahrheit von (K_f) nicht inkonsistent ist. Einem solchen Einwand könnte man dadurch zu begegnen versuchen, daß man den Maßstab der logischen Inkonsistenz als eine zu starke Anforderung für die Widerlegung von (K_f) zurückweist. Demgegenüber gibt Gibson zu bedenken:

> »But, on the other hand, it might be maintained, and with equal plausibility, that merely showing some view gives rise to various seemingly irresoluble perplexities is not, of itself, sufficient justification for rejecting the view in question. The conflict here is over the proper canons of rational justification.«
> (Gibson 1982: 104)

Um Quines Position gerecht zu werden, läßt sich bezüglich der rationalen Rekonstruktion eine Strategie verteidigen, nach der in einem Konflikt zwischen zwei miteinander konkurrierenden Auffassungen derjenigen der Vorzug gegeben werden sollte, welche die scheinbar unlösbaren Schwierigkeiten der anderen Auffassung vermeidet und keine neuen gravierenden Probleme mit sich bringt. Eine solche Bedingung wird nach Quines Sicht von Duhems und Neuraths Holismus erfüllt. Und diese Erfüllung ist für Gibson auch nötig, um die Überzeugungskraft von Quines Argumentation gegen die Dogmen des Empirismus zu gewährleisten.[153] Wie aber wird der Holismus selbst von Quine begründet? In »Two Dogmas of Empiricism« findet sich darauf keine befriedigende Antwort; Quine behauptet dort lediglich:

»If this view i. e., holism is right, it is misleading to speak of the empirical content of an individual statement – especially if it is a statement at all remote from the experiential periphery of the field. Furthermore it becomes folly to seek a boundary between synthetic statements, which hold contingently on experience, and analytic statements, which hold come what may.« (Quine 1951a: 43)

Diese Aussage Quines macht unmißverständlich klar, daß die Kritik der Dogmen des Empirismus auf der Wahrheit des Antezedens und damit auf der Richtigkeit des Holismus beruht. Diese Richtigkeit des Holismus wird aber nach Gibsons Sicht in »Two Dogmas of Empiricism« lediglich vorausgesetzt und nicht zufriedenstellend begründet. Die Begründung erfolgt über Quines naturalistisch-behavioristische Sprachauffassung.[154]

In seiner Kritik an Gibson bezweifelt Roth, daß der Holismus ein unverzichtbarer Bestandteil von Quines Verwerfung der Dogmen des Empirismus ist.[155] Der Kern der Auseinandersetzung, um den es in »Two Dogmas of Empiricism« geht, besteht für ihn in der zwischen Carnap und Quine umstrittenen Frage, wie die Maßstäbe einer rationalen Rechtfertigung am besten zu explizieren sind, und er glaubt, daß Gibson diese Auffassung teilt.[156] Auf unterschiedliche Weise versuchen Quine und Carnap die Logik der Wissenschaft und die Natur der Rationalität zu klären, wobei Quines Klärungsversuch mit dem Nachweis von Carnaps Scheitern beginnt. Nach Roth hat Gibson deshalb unrecht, wenn er schreibt, daß Quines Nachweis der prinzipiellen Schwierigkeiten und Unklarheiten in Carnaps Vorgehen keine hinreichende Stütze für seine Argumentation abgibt:

»For what else does one need to show to establish the inadequacy of purported canons of rational justification other than to show that the canons are obscure and unclear as they stand? And this is precisely what Quines does show, prior to broaching his countersuggestion.« (Roth 1984: 226)

Die frühen Logischen Empiristen wie Carnap und Ayer vertraten die Auffassung, daß die grundlegende philosophische Aufgabe in einer Analyse des Unterschieds von sinnvollen und sinnlosen Sätzen besteht. Das Ziel war philosophische Klarheit. Quine versucht zu zeigen, daß das analytische Instrumentarium, das diese Philosophen zur Klärung ihrer Aufgabe einsetzten, sich bei näherer Betrachtung selbst als unklar herausstellt. Wenn die Maßstäbe der rationalen Rechtfertigung ihrerseits zur Diskussion stehen, muß nicht mehr gezeigt werden, als daß diese Maßstäbe nicht klar genug sind, um die ihnen zugewiesenen Aufgaben zu erfüllen. Es ist lediglich nachzuweisen, daß die von einigen frühen Logischen Empiristen vorgeschlagenen Rationalitätskriterien, soweit sie auf den Dogmen des Empirismus beruhen, mehr Verwirrung als Klarheit schaffen, um Quines Argumentation zum Durchbruch zu verhelfen. Die holistische Alternative ist dazu nach Roths Auffassung noch nicht nötig.[157] Wann aber kommt sie dann ins Spiel? Auf die Frage der empirischen Tradition vor Quine, warum die Maßstäbe der Wissenschaft ihrerseits rationale Maßstäbe sind, antwortet Quine, daß wir gegenwärtig über keine besseren Maßstäbe als die der Wissenschaft verfügen.[158] Nach Roth wird diese pragmatische Haltung von Quine aufgrund seines holistischen Theorienverständnisses eingenommen, denn es ist der Holismus, der die Möglichkeit ausschließt, einzelne für wahr gehaltene Sätze isoliert und ohne Rekurs auf die Wissenschaft einem Test zu unterziehen.

> »*It is an acceptance of the Duhem thesis, then, that leads to settling the NB conception of language.* Although ... Gibson correctly perceives that the NB thesis leads us back to a Duhemian view, the reason for this is now clear. Like the proverbial serpent consuming its tail, Quine's epistemology must end where it begins, i.e., with a Duhemian view of the relation of evidence and theory.« (Roth 1984: 227)

Auch wenn es Roth in seiner Auseinandersetzung mit Gibson gelungen sein mag, wichtige Aspekte von Quines Kritik an den Dogmen des Empirismus zu verdeutlichen, scheint mir sein Ergebnis wenig überzeugend. Zwar ist Roth in seiner Feststellung zuzustimmen, daß Quines Analyse der tiefliegenden Unklarheiten im empiristischen Bedeutungs- und Analytizitätsbegriff eine eigenständige philosophische Leistung darstellt, doch kann allein auf dieser Grundlage nicht ausgeschlossen werden, daß weitere Explikationsversuche eine zufriedenstellende Klarheit erreichen. Dies wird nur dadurch ausgeschlossen, wenn im zweiten entscheidenden Argumentationsschritt die Richtigkeit des Holismus akzeptiert wird. Der Holismus ist nach Quine die dritte bedeutende Verbesserung des historischen Empirismus, welche die vierte Verbesserung in Form der Verwerfung einer prinzipiellen analytisch-synthetisch-Unterscheidung nach sich zieht.[159] Der Holismus ist somit entscheidend für Quines Analytizitätskritik und die mit ihr systematisch verbundene Unbestimmtheitsthese der Übersetzung. Ist die Unbestimmtheitsthese richtig, folgt der Naturalismus in der Philosophie als fünfte wichtige Verbesserung des Empirismus.[160] Indem Quine den Naturalismus auf die Sprache anwendet, kommt er zu der von Gibson so genannten *NB*-These, und diese stützt wiederum den Holismus und die Unbestimmtheitsthese. Quines gesamte Philosophie ist selbst ein komplexes holistisches System und kann auch nur holistisch verstanden werden. Dennoch muß die Frage nach der Begründung des Holismus nicht offen bleiben. Daß diese Frage in den Diskussionen innerhalb der Tradition der analytischen Philosophie bislang entweder offen geblieben oder aber unbefriedigend beantwortet worden ist, sagt vor allem etwas über das Selbstverständnis dieser Tradition, die die *wissenschaftshistorischen* Begründungen der Begründer des Holismus lange Zeit ignorierte. Sowohl für Duhem wie für Neurath sind Wissenschaftstheorie und -geschichte untrennbar miteinander verknüpft.[161] Carnap hat dieses Band gelöst. Und erst Feyerabend und Kuhn haben es nach einer langen ahistorischen Periode der analytischen Philosophie wieder aufgenommen. Es sind ihre Arbeiten sowie die Untersuchungen von Kurt Hübner, in denen eine systematisch miteinander verbundene wissenschaftstheoretische und -historische Begründung des Holismus zu finden ist. Aber damit beginnt ein neuer Abschnitt in der Geschichte der analytischen Philosophie und Wissenschaftstheorie, der hier nicht mehr verfolgt werden kann.[162]

4.5 *Zusammenfassung*

Im Verlauf des 4. Kapitels haben wir einen langen Weg zurückgelegt. Ausgangspunkt war die Darstellung von Carnaps Versuch, der Quineschen Herausforderung dadurch zu begegnen, daß er ein empirisches Verfahren zur Analyse von Bedeutung,

Synonymie und Analytizität vorlegt. Quines Kritik an diesem Versuch wurde durch die detaillierte Entwicklung und Analyse seines methodologischen Gedankenexperiments der Erstübersetzung vorgestellt. Mit Hilfe dieses Gedankenexperiments gewinnt Quine einen rohen Begriff von empirischer Bedeutung, den er durch die Einführung des Begriffs der Stimulusbedeutung weiter präzisiert. Der theoretische Stellenwert der Stimulusbedeutung wurde unter besonderer Berücksichtigung der wechselseitigen Abhängigkeit von Sätzen in Quines Sprach- und Wissenschaftsphilosophie näher erörtert. Dazu wurde Quines Klassifikation von verschiedenen Satzarten herangezogen. Die Tragfähigkeit und Reichweite der Stimulusbedeutung ist vor allem im Zusammenhang mit Quines Gelegenheitssätzen und seinen Beobachtungssätzen, mit denen er die wichtigsten Probleme der Protokollsatzdebatte im Wiener Kreis löst, untersucht worden. Weiterhin wurde die Stimulusbedeutung bei der Übersetzung der logischen Verknüpfungen unter die Lupe genommen; eine genauere Betrachtung dieses Falles führte zu einer Modifikation von Quines ursprünglichen semantischen Kriterien, die die Unterscheidung von Wahrheitsfunktionen und Urteilsfunktionen nach sich zieht. Im Anschluß an die Unterscheidung von Wahrheitsfunktionen und Urteilsfunktionen wurde die theoretische Motivation zur Einführung von Quines Prinzip der Nachsicht dargestellt. Unter Rückgriff auf eine Diskussion von anthropologischem Beispielmaterial ist für ein moderates Prinzip der Nachsicht argumentiert worden.

Nach der ausführlichen Erörterung der Voraussetzungen und Implikationen des Gedankenexperiments der Erstübersetzung wurde deutlich, daß entgegen Carnaps Annahme nicht nur die Bedeutung, sondern auch die Referenz unbestimmt ist. Eine empirische Analyse von Bedeutung und Referenz wird durch die Möglichkeiten und Grenzen der Stimulusbedeutung festgelegt; darüber hinaus sind wir auf den Gebrauch von analytischen Hypothesen angewiesen, von denen jeweils eine Vielzahl miteinander unvereinbarer Systeme mit allen empirischen Daten kompatibel ist. In dieser Kompatibilität unterschiedlicher und logisch unvereinbarer Systeme analytischer Hypothesen mit unserer gesamten empirischen Datenbasis besteht nach Quine seine These der Übersetzungsunbestimmtheit. Um Sinn und Gehalt der Unbestimmtheitsthese möglichst klar herauszustellen, wurden sieben prinzipiell mögliche Mißverständnisse und Fehldeutungen der analytischen Hypothesen und der Unbestimmtheitsthese vorgestellt und untersucht. Ergänzt wurden diese Untersuchungen durch eine Analyse der Kritiken von Dummett, Hintikka und McDowell, die die Voraussetzungen für die Einführung der analytischen Hypothesen und der Unbestimmtheitsthese zu unterminieren versuchen. Diese Kritiken wurden als inadäquat zurückgewiesen.

Im Mittelpunkt des letzten Teils des Kapitels stand die Erörterung von drei zentralen Argumentationen Quines zugunsten seiner Unbestimmtheitsthese. In einem ersten Schritt wurde die Unbestimmtheitsthese durch den Bezug auf die Thesen der Unerforschlichkeit der Referenz und der ontologischen Relativität verteidigt. In einem zweiten Schritt wurde noch einmal an die Diskussion des 3. Kapitels angeknüpft, indem die Verteidigung der Unbestimmtheitsthese durch die Verifikationstheorie der Bedeutung und durch den Holismus genauer betrachtet wurden. Diese Verteidigung hat viele Kritiker Quines nicht überzeugt. Insbesondere Chomsky hat wiederholt nachzuweisen versucht, daß es sich bei der Unbestimmtheit der Übersetzung um nichts anderes handle als um die weitgehend akzeptierte Unterbestimmtheit empirischer Theorien durch ihre Daten. In einem dritten Schritt wurde deshalb der prinzipielle Unterschied zwischen der Unbestimmtheit der Übersetzung und der Unterbestimmtheit empirischer Theorien zu begründen versucht. Dabei wurde die Wichtigkeit der Unterscheidung zwischen Quines Holismus und seiner Unterbestimmtheitsthese deutlich. Als ausschlaggebend für die Unterscheidung zwischen der Unbestimmtheit der Übersetzung und der Unterbestimmtheit von Theorien erwies sich Quines spezifische Form des Physikalismus, die sich von Neuraths Physikalismus erheblich unterscheidet. Auch wenn Quine eine Verteidigung seiner Unbestimmtheitsthese aufgrund seines moderaten Physikalismus gelingt, wurde zum Abschluß der Untersuchungen seiner Argumentationen auf eine Möglichkeit hingewiesen, wie die Unbestimmtheit der Übersetzung einer weiteren empirischen Überprüfung zugänglich gemacht werden kann. Das Kapitel schloß mit einer Erörterung des methodologischen Status des Holismus innerhalb von Quines Philosophie, wobei auf eine systematisch miteinander verbundene wissenschaftstheoretische und -historische Begründung des Holismus verwiesen wurde.

Das Problem des Holismus wird in den folgenden Schlußbemerkungen noch einmal aufgegriffen werden. Dort wird eine zusammenfassende Übersicht über die Stärken und Schwächen von Quines Philosophie und die aus ihr zu ziehenden Konsequenzen versucht. Zu unterscheiden ist dabei zwischen

a) den Axiomen und problematischen Voraussetzungen seiner Philosophie,
b) den internen Modifikations- und Entwicklungsmöglichkeiten seiner Philosophie und
c) den (meta-)philosophischen Konsequenzen seiner Philosophie und alternativen Möglichkeiten zu seiner Philosophie.

Um diese Punkte zu klären, komme ich auf den Ausgangspunkt meiner Arbeit zurück und versuche folgende Fragen zu beantworten:

A) Welche wichtigen philosophischen Überzeugungen teilt Quine mit Carnap und Neurath?
B) Welche philosophischen Ansätze Carnaps und Neuraths sind bei Quines Syntheseversuch verloren gegangen?
C) Welche fragwürdigen philosophischen Voraussetzungen teilt Quine mit Carnap und Neurath?

5. Schlußbemerkungen

> »Nicht selten geht es uns ... wie einem Bergmann, der an einer Stelle des Bergwerks die Lampe hebt und Klarheit verbreitet, während alles andere in tiefstem Dunkel liegt.«
>
> *Otto Neurath*

In der Einleitung ist festgestellt worden, daß Quine sich ausdrücklich zu den beiden Traditionen des Empirismus und der analytischen Philosophie bekennt. Einen Integrationsversuch dieser beiden Traditionen stellt der Logische Empirismus des Wiener Kreises dar. Die Philosophie des Wiener Kreises wird von Quine weitgehend mit der Philosophie seines wichtigsten Lehrers Carnap identifiziert.[1] Diese historische Fehleinschätzung des Wiener Kreises führt zu einem historischen *und* systematischen Mißverständnis der Philosophie Quines. Wiederholt ist darauf hingewiesen worden, daß Quine einer der scharfsinnigsten Kritiker des Logischen Empirismus ist. Davon ist ohne Zweifel so viel richtig, daß Quine die zentralen philosophischen Überzeugungen Carnaps einer detaillierten Analyse unterzieht und dabei zu einem negativen Ergebnis gelangt. Quines Kritik beruht jedoch weitgehend auf Argumenten, die innerhalb des Wiener Kreises bereits von Neurath in rudimentärer Form vorgelegt wurden. Wenn man nicht vorschnell die Philosophie des Wiener Kreises auf seinen wichtigsten Protagonisten Carnap reduziert, sondern die unterschiedlichen theoretischen Ausrichtungen innerhalb dieses Kreises historisch genauer untersucht, stellt sich die Philosophie Quines als ein Versuch dar, die wichtigen philosophischen Unterschiede zwischen Carnap und Neurath miteinander in Einklang zu bringen. Im Gegensatz zu einer weit verbreiteten Einschätzung innerhalb der analytischen Tradition ist die Philosophie Quines somit weniger eine destruktive Kritik des Wiener Kreises als vielmehr ein Integrationsversuch seiner unterschiedlichen theoretischen Schwerpunkte und eine Weiterentwicklung seiner wichtigsten Ziele.
Die unterschiedliche Beurteilung des Wiener Kreises durch

Carnap und Neurath ist am Schluß des 1. Kapitels deutlich geworden.[2] Dort hieß es bei Carnap: »Empiristische Leute gab und gibt es viele; für den Wiener Kreis ist die logische Analyse hauptsächlich charakteristisch.« (Carnap an Neurath, Prag, 15. Mai 1935) Steht somit für Carnap die logische Analyse im Mittelpunkt seiner Philosophie, so sieht Neurath die Hauptaufgabe des Wiener Kreises in der Entwicklung eines wissenschaftlichen Empirismus. An die Adresse Carnaps schrieb Neurath dazu: »Ein trefflicher logischer Ausschnitt ist Dir so wertvoll, daß Du hundert Sünden gegen den Empirismus zu verzeihen bereit bist.« (Neurath an Carnap, Den Haag, 14. März 1935) Aufgrund der unterschiedlichen theoretischen Interessen und programmatischen Ziele von Carnap und Neurath wird von ihnen auch die Vorgeschichte des Wiener Kreises unterschiedlich betrachtet. Für Carnap ist neben Frege und Wittgenstein vor allem Russell der wichtigste Vorläufer; für Neurath ist neben Duhem und Poincaré vor allem Mach der bedeutendste Einfluß. Quine übernimmt von Carnap die Methode der logischen Analyse, um mit Hilfe ihrer konsequenten Anwendung Neuraths Ziel eines wissenschaftlichen Empirismus zu verwirklichen. Bezüglich der historischen Einschätzung des Wiener Kreises nimmt er jedoch einseitig den Standpunkt Carnaps ein:

> »Ernst Mach had represented a somewhat congenial point of view in the Vienna of the preceding generation, so he was seen as the forerunner of the Circle, though a foreigner, Russell, was historically more to the point.«
> (Quine 1984: 325)

Daß Russell nach Carnap für Quine der wichtigste Philosoph war, ist im 2. Kapitel herausgearbeitet worden. In der Entwicklung eines wissenschaftlichen Empirismus gibt es jedoch zumindest ebenso viele Berührungspunkte zwischen Mach und Quine, wie gemeinsame Zielsetzungen zwischen ihm und Russell bestehen. Im 1. Kapitel haben wir gesehen, daß sich die beiden Grundsätze Quines zur Entwicklung wissenschaftlicher Theorien, Einfachheit und ›relativer Empirismus‹, beide auf Mach zurückführen lassen.[3] Putnam ist somit uneingeschränkt zuzustimmen, wenn er schreibt: »Quine comes close to a ›physicalized‹ version of Mach's view.« (Putnam 1982a: 15 f.)
Im 1. und 2. Kapitel ist dargestellt worden, daß die wichtigsten

Einflüsse auf den Wiener Kreis aus zwei unterschiedlichen Traditionen stammen. Grob zusammengefaßt finden wir auf der einen Seite die logisch-analytische Tradition, die von Carnap hervorgehoben wird, auf der anderen Seite die wissenschaftlich-empiristische Tradition, die Neurath betont. Diese beiden Traditionen versucht Quine in seiner Philosophie miteinander in Einklang zu bringen. Jede einseitige Gewichtung einer dieser beiden Traditionen führt nicht nur zu einem verzerrten Bild des Wiener Kreises, sondern auch zu einer historischen und systematischen Fehleinschätzung der Philosophie Quines.
Was verbindet Quine mit Carnap und Neurath? Zu Carnap hat Quine sich explizit geäußert, er stellt dabei zwei bedeutende und bleibende Leistungen Carnaps fest:

> »One is the celebration of rigor and scientific spirit. My own criticisms have been leveled according to those same Carnapian standards, urging more of the same. The other enduring contribution is the linguistic turn. It was above all Carnap that gave language its central position in the subject matter of serious latter-day philosophy, and the focus on language illuminates philosophical issues as never before.«
> (Quine 1984: 333)

Diese beiden Carnap zugeschriebenen Beiträge sind für Quine die Grundpfeiler der analytischen Tradition. Ohne die Verdienste Carnaps schmälern zu wollen, kann in diesem Zusammenhang jedoch gefragt werden, ob bei der konsequenten Einführung und beharrlichen Verteidigung hoher wissenschaftlicher und logischer Standards in der Philosophie nicht in erster Linie Frege und Russell zu nennen wären. Zudem bleibt zu fragen, ob die konsequente Durchführung des *linguistic turn* nicht mehr auf Wittgenstein als auf Carnap zurückzuführen ist.[4] Zusätzlich zu Quines eigener Einschätzung der Bedeutung Carnaps scheint mir dessen spezifische Formulierung der Verifikationstheorie der Bedeutung für Quines Philosophie von zentraler Wichtigkeit zu sein.[5] Carnaps Version der Verifikationstheorie der Bedeutung ist die erste grundlegende Voraussetzung für Quines These der Übersetzungsunbestimmtheit. Die zweite grundlegende Voraussetzung für die Unbestimmtheitsthese – und zugleich der wichtigste Beitrag Neuraths zu Quines Philosophie – besteht in dem konsequent fallibilistischen Holismus, den Quine an vielen Stellen seines Werks durch das Zitat von Neuraths bekannter Metapher der Schiffer auf hoher See betont. Im 4. Kapitel haben wir gesehen, daß die Unbestimmtheitsthese der Übersetzung nichts anderes ist als die Konjunktion von Carnaps spezifischer Form der Verifikationstheorie der Bedeutung und Neuraths spezifischer Form des Holismus. Diese Form des Holismus, die Quine von Neurath übernimmt, führt zu tiefgreifenden Veränderungen der Aufgaben und Ziele der Erkenntnistheorie:

> »A ... consequence of Quine's holism is the collapse of epistemology as traditionally conceived: that is, as the study of the conditions of justification of claims to know. For, if Quine is right, there is no sentence – or at best only a few relatively observational sentences – to which we can attach either a determinate meaning or a determinate set of empirical truth conditions.« (Harrison 1979: 111)

Der hier festgestellte Zusammenbruch der traditionellen Erkenntnistheorie bringt uns noch einmal auf die grundlegenden Debatten zwischen Carnap und Quine über die sogenannten Dogmen des Logischen Empirismus zurück.[6] Schon zu Beginn des 3. Kapitels war deutlich geworden, daß die Diskussion zwischen Carnap und Quine um die linguistische Doktrin der logischen Wahrheit auf ihre unterschiedlichen Auffassungen über Aufgaben und Ziele der Erkenntnistheorie verweist.[7] Am Ende des 3. Kapitels haben wir gesehen, daß Carnap deshalb an einer prinzipiellen analytisch-synthetisch-Unterscheidung festhält, weil nur auf ihrer Basis eine philosophisch befriedigende Darstellung der Wissenschaft in Form einer rationalen Rekonstruktion möglich ist.[8] Eine durch normative Ziele geleitete rationale Rekonstruktion wissenschaftlicher Theorien ist auf einen Kanon von den jeweiligen Theorien unabhängigen epistemischen Rechtfertigungsprinzipien angewiesen. Daß es einen solchen von der Wissenschaft unabhängigen Kanon epistemischer Rechtfertigungsprinzipien gibt, stellt nach Quine den größten Irrtum der traditionellen Erkenntnistheorie dar: »... the only way to evaluate the norms of scientific inquiry is just by the practice of science.« (Roth 1983b: 490) An diesem Punkt gibt es eine bemerkenswerte Affinität der Auffassung Quines zu derjenigen Feyerabends, der auf Radnitzkys Kritik,[9] daß

Kuhn und er das Problem der Theorienbewertung verlieren, wie folgt antwortet:

> »Wir haben das Problem nicht verloren, sondern an die richtige Stelle abgegeben, nämlich an die Wissenschaftler. Sicher ist es nicht die Aufgabe der Philosophen, Meßinstrumente zur Messung der Temperatur unabhängig von den Situationen zu konstruieren, in denen Temperatur gemessen werden soll. Das ist die Aufgabe der Wissenschaften, und diese Aufgabe wird je nach dem theoretischen Stand und je nach dem Gebiet, in dem man Temperatur messen will, verschieden gelöst. Es ist aber auch nicht Aufgabe der Philosophen, Meßinstrumente für Theorien ... zu finden, denn wie physikalische Meßinstrumente hängen auch diese von der theoretischen Situation und dem allgemeinen Wissensstand ab.«
> (Feyerabend 1975: 380f., Fn. 8)

Einen wichtigen Grund für die in diesem Punkt gemeinsame Position Feyerabends und Quines hat Roth angegeben: »... the methodological constraints are selected *not* by reference to what satisfies some *a priori* standard of justification or some extra-scientific ideal of inquiry, but by what promotes, as a matter of fact, the ends of science.« (Roth 1983b: 491) Unter den wichtigsten Zielen der Wissenschaft ist dabei zumindest die Erklärung beobachtbarer Ereignisse und die Voraussage zukünftiger Ereignisse zu verstehen.[10] Wenn ein wesentlicher Bereich der Erkenntnistheorie aus der Analyse und Rechtfertigung wissenschaftlicher Methoden und Maßstäbe besteht, dann ist die Erkenntnistheorie nach Quine ein Teil unseres wissenschaftlichen Gesamtunternehmens, weil wissenschaftliche Methoden und Maßstäbe nur im Licht wissenschaftlicher Ziele und Zwecke adäquat zu verstehen sind.

> »The touchstone of whether we have done epistemology correctly ... is if the changes rung on scientific method allow us to better achieve scientific goals. *The traditional epistemologist looked for guidance – for standards of justification – elsewhere than in the practice of science. The Quinean epistemologist looks to science, even when seeking to improve it, in order to know what justifies changes in practice.*«
> (Roth 1983b: 491)

Quine verabschiedet die traditionelle Erkenntnistheorie, weil in seinem Naturalismus für eine *prima philosophia* kein Platz ist. Die Gründe für diesen Abschied liegen jedoch nicht in einer dogmatischen Voraussetzung des Naturalismus, sondern in der detaillierten Entwicklung seines holistischen Sprach- und Theorienverständnisses, das über die Unbestimmtheit der Übersetzung sowohl zur Kritik der Analytizität wie auch zum Programm einer naturalisierten Erkenntnistheorie führt:

> »The crucial consideration behind my argument for the indeterminacy of translation was that a statement about the world does not always or usually have a separable fund of empirical consequences that it can call its own. That consideration served also to account for the impossibility of an epistemological reduction of the sort where every sentence is equated to a sentence in observational and logico-mathematical terms. And the impossibility of that sort of epistemological reduction dissipated the last advantage that rational reconstruction seemed to have over psychology.«
> (Quine 1968b: 82)

Im Anschluß an diese Bemerkungen werden im folgenden die beiden wichtigsten Argumentationen Quines zugunsten seines Programms einer naturalisierten Erkenntnistheorie analysiert.[11] Das erste Argument geht von der Prämisse aus, daß alle traditionellen erkenntnistheoretischen Programme, die sich der cartesianischen Suche nach einem absolut sicheren Fundament unserer Erkenntnis und Wissenschaft verpflichten, zum Scheitern verurteilt sind.[12] Nach Quines Analyse ist insbesondere Carnaps reduktionistisches Programm im *Logischen Aufbau der Welt* definitiv zusammengebrochen.[13] Quines Argumentation verläuft dann wie folgt:[14] Ist man auf der Suche nach Sicherheit in der Mathematik und in den empirischen Wissenschaften und glaubt man, daß es möglich ist, die Mathematik auf die Logik und die empirischen Wissenschaften auf eine phänomenalistische Basis zurückzuführen, dann ist die Methode der rationalen Rekonstruktion einer psychologischen Untersuchung innerhalb der Erkenntnistheorie deshalb überlegen, weil durch psychologische Untersuchungen die angestrebte Reduktion nicht erreicht werden kann. Zudem ist es zirkulär, bei einem Rechtfertigungsversuch der Wissenschaft auf eine Wissenschaft Bezug zu nehmen. Nun hat sich aber das Programm, die Mathematik und die empirischen Wissenschaften auf eine unbezweifelbare Grundlage zurückzuführen, als unmöglich herausgestellt, so daß Quine fragt:

> »... why all this creative reconstruction, all this make-believe? ... Why not just see how this construction really proceeds? Why not settle for psychology?«
> (Quine 1968b: 75)

Der Zirkularitätsvorwurf läßt sich dadurch vermeiden, daß wir die Bemühung um eine Deduktion der empirischen Wissenschaften aus Beobachtungen endgültig aufgeben und durch eine Analyse des systematischen Zusammenhangs von Beobachtung und Wissenschaft ersetzen.[15] In diesem Fall wäre nach Quine eine rationale Rekonstruktion gegenüber einer psychologischen Untersuchung dann vorzuziehen, wenn uns eine Übersetzung der wissenschaftlichen Begriffe in die Begriffe der Logik und Mengenlehre sowie in Beobachtungsbegriffe gelingen würde. »This would be a great epistemological achievement, for it would show all the rest of the concepts of science to be theoretically superfluous.« (Quine 1968b: 76) Aufgrund der Unbestimmtheit der Übersetzung hat sich jedoch dieses Programm als undurchführbar herausgestellt, da außer einigen wenigen Beobachtungssätzen im Quineschen Sinn Sätze im allgemeinen keine ihnen eigene empirische Evidenz aufweisen, die unabhängig von der sie umschließenden Theorie zu analysieren ist.

> »To ... settle for a kind of reduction that does not eliminate, is to renounce the last advantage that we supposed rational reconstruction to have over straight psychology; namely, the advantage of translational reduction. If all we hope for is a reconstruction that links science to experience short of translation, then it would seem more sensible to settle for psychology. Better to discover how science is in fact developed and learned than to fabricate a fictitious structure to a similar effect.« (Quine 1968b: 78)

Nach Giedymin ist diese Argumentation Quines zugunsten einer psychologischen Untersuchung der Wissenschaft nicht überzeugend.[16] Aufgrund ihrer Konklusion haben wir zwischen zwei Möglichkeiten zu wählen, ohne daß in ihren Prämissen andere Alternativen in Betracht gezogen werden. Die implizite Annahme, daß uns *nur* zwei Alternativen zur Verfügung stehen, ist aber falsch: »... it is implied that we have a choice to make which in fact we do not have.« (Giedymin 1972: 48) Giedymin rekonstruiert Quines Argumentation wie folgt:[17] 1. Sollen wir uns für eine rationale Rekonstruktion im Sinn von Carnaps *Logischem Aufbau der Welt* oder für die Psychologie entscheiden? 2. Wenn eine Übersetzungsreduktion vom *Logischen Aufbau*-Typ möglich ist, ist diese der Psychologie vorzuziehen. 3. Wenn wir nur eine Analyse des systematischen Zusammenhangs von Wissenschaft und Erfahrung ohne die Hoffnung auf eine Übersetzungsreduktion anstreben, ist die Psychologie vorzuziehen. 4. Eine Übersetzungsreduktion vom *Logischen Aufbau*-Typ ist aufgrund der Unbestimmtheit der Übersetzung nicht möglich. 5. Deshalb ist die Psychologie vorzuziehen.

Frage 1 ist der entscheidende Punkt in dieser Argumentation.[18] Fälschlicherweise wird angenommen, daß wir nur eine der beiden Antworten wählen können, wohingegen es durchaus möglich wäre, beide zu verwerfen oder beide so weit zu modifizieren, daß sie miteinander in Einklang zu bringen sind. Wenn wir aber die falsche Annahme von zwei sich wechselseitig ausschließenden Alternativen zurückweisen, führt Quines Argumentation zu einem *non sequitur*. Zu klären bleibt, wie Quine überhaupt zu dieser Annahme gelangt. Auch an dieser Stelle ist ein Vergleich mit Feyerabends Position aufschlußreich. Sowohl Feyerabend wie Quine kommen durch ihre jeweils spezifische Kritik einer bestimmten Form des Rekonstruktionismus zu seiner generellen Ablehnung. Feyerabend zieht aus seiner Kritik der methodologischen Regeln Poppers radikal historistische Konsequenzen; Quine zieht aus seiner Kritik der Übersetzungsreduktion Carnaps radikal naturalistische Konsequenzen. Aus dem Scheitern einer spezifischen Variante des Rekonstruktionismus wird voreilig auf sein generelles Scheitern geschlossen. Im Fall Quines müßte dazu nachgewiesen werden, daß die Übersetzungsreduktion der einzige Vorteil einer logischen Rekonstruktion gegenüber der Psychologie ist. Dadurch, daß wir mit Hilfe der Psychologie nicht zu einer solchen Übersetzungsreduktion kommen, ist dieser Nachweis nicht erbracht:

»In other words: ›If we are hoping for translational reduction, then only logical analysis is worth pursuing (since psychology is unable to provide it)‹ does neither imply nor support in any clear sense the statement ›Logical analysis is only worth pursuing if we are hoping for translational reduction‹.« (Giedymin 1972: 49)

Quines eigene Philosophie macht deutlich, daß er selbst die radikale Alternative zwischen Rekonstruktion und Psychologie der Wissenschaft nicht teilt. Selbst wenn es um die Untersuchung der systematischen Beziehung zwischen wissenschaftlicher Theorie und empirischer Evidenz geht, kann eine solche Analyse nach seiner Auffassung durchaus Elemente der alten rationalen Rekonstruktion einschließen, da spekulative Konstruktionen ähnlich wie mechanische Simulationen aufschlußreiche Hinweise für die detaillierte Erforschung der tatsächlichen psychologischen Prozesse geben können.[19] In »The Nature of Natural Knowledge« (1974c) betont Quine sogar die heuristische Priorität der spekulativen Rekonstruktion gegenüber der empirischen Forschung:

» . . . a speculative approach . . . seems required to begin with, in order to isolate just the factual questions that bear on our purposes. For our objective here is still philosophical – a better understanding of the relations between evidence and scientific theory. Moreover, the way to this objective requires consideration of linguistics and logic along with psychology. This is why the speculative phase has to precede, for the most part, the formulation of relevant questions to be posed to the experimental psychologist.« (Quine 1974c: 78)

Quines Rekonstruktionen in *The Roots of Reference* sind durchgehend einem solchen Vorgehen verpflichtet. Nicht einmal seine eigene Vorgehensweise unterstützt somit Quines radikale Alternative zwischen Rekonstruktion und Psychologie der Wissenschaft. Plausibel ist sie höchstens dann, wenn man sich ausschließlich auf die Kritik von Carnaps spezifischer Variante des Rekonstruktionismus beschränkt. Wie insbesondere Scheibe nachgewiesen hat, gibt es jedoch unterschiedliche Typen von Rekonstruktionen, die jeweils verschiedene wissenschaftstheoretische Funktionen erfüllen.[20] Wenig sinnvoll erscheint es mir, Quines naturalistische Kritik Carnaps und

Feyerabends historistische Kritik Poppers gegen jede Form von Rekonstruktionismus auszuspielen. Theoretisch fruchtbarer dürfte demgegenüber die Entwicklung von Rekonstruktionstypen sein, die diese naturalistischen und historistischen Kritiken berücksichtigen und zu rationalisieren vermögen:

> »... weder sind die Elaborate der orthodoxen Wissenschaftstheorie Rekonstruktionen dessen, *was Wissenschaftler wirklich machen,* noch ist es irrational, Rekonstruktionen *davon* herzustellen. Carnap hat so wenig rekonstruieren wollen, was die Physiker wirklich machen, wie Frege rekonstruieren wollte, was die Mathematiker wirklich machen. Andererseits hat Kuhn für die Naturwissenschaftler eben solche Rekonstruktionen geliefert. Er wird nur anzuerkennen haben, daß ihm seine Beschwerde, er erkenne in den wissenschaftstheoretischen Rekonstruktionen die Wissenschaft, wie er als Historiker sie sieht, nicht wieder, ihm mit gleichem Recht zurückgegeben werden kann. Denn seine Behauptung etwa, daß Physiker in der Regel eine Theorie schon lange vor Bekanntwerden ihrer Standardtests akzeptieren, ist wissenschaftstheoretisch belanglos, solange er nicht auch sagt, *woran das liegt.* Solange wir das nicht wissen, bleiben wir zurück wie das genarrte Publikum, das sich fragt, wie der Zauberer sein Kunststück ›eigentlich gemacht‹ hat.«
> (Scheibe 1984: 114)

Die zweite Argumentation Quines für sein Programm einer naturalisierten Erkenntnistheorie geht von seinem Naturalismus aus: »... I hold that knowledge, mind and meaning are part of the same world that they have to do with, and that they are to be studied in the same empirical spirit that animates natural science. There is no place for a prior philosophy.« (Quine 1968a: 26) Auch diese Argumentation hat Giedymin in fünf Schritten rekonstruiert:[21]

1. Erkenntnis, Geist und Bedeutung sind Eigenschaften und Dispositionen des Menschen und seines Verhaltens. 2. Der Mensch und sein Verhalten sind natürliche Phänomene. 3. Da Erkenntnis, Geist und Bedeutung die Untersuchungsgegenstände der Erkenntnistheorie sind, sind die Untersuchungsgegenstände der Erkenntnistheorie natürliche Phänomene. 4. Die einzig geeignete Methode zur Untersuchung natürlicher Phäno-

mene ist die empirische Methode der Wissenschaft. 5. Deshalb ist die einzig geeignete Methode zur Untersuchung von Erkenntnis, Geist und Bedeutung die auf das menschliche Verhalten angewandte Methode der Naturwissenschaften, und das ist die Methode der behavioristischen Psychologie und Linguistik.

Mit Recht weist Giedymin darauf hin, daß diese Argumentation nur dann gültig ist, wenn die beiden Prämissen 1 und 2 durch den Zusatz ›sind nichts anderes als‹ verstärkt werden.[22] Zudem muß eine zusätzliche Prämisse eingeführt werden, in der die Gleichsetzung der auf das menschliche Verhalten angewandten wissenschaftlichen Methode mit den Methoden der behavioristischen Psychologie und Linguistik explizit behauptet wird. Wenn die erste Prämisse jedoch in der Behauptung besteht, die Erkenntnistheorie auf die behavioristische Psychologie und Linguistik zu reduzieren, wird man dazu kaum allgemeine Zustimmung erwarten können:

> »... naturally, to decide to use the behavioral language in epistemology amounts to a decision to study epistemological problems in behavioural terms. So what looked like an argument in support of Quine's naturalist programme in epistemology turns out to be nothing but clarification of the position of naturalism in its behaviourist form ...«
> (Giedymin 1972: 53)

Ist Quines Behaviorismus und seine Ablehnung jeder Form von Mentalismus tatsächlich nichts anderes als eine methodologische Entscheidung oder können die beiden Haltungen aus grundlegenderen philosophischen Auffassungen Quines abgeleitet werden? Ich glaube, daß letzteres der Fall ist.

Quines philosophisches Ziel ist eine objektive naturalistische Theorie der Welt: »I think of philosophy as concerned with our knowledge of the world and the nature of the world. I think of philosophy as attempting to round out ›the system of the world‹, as Newton put it.« (Quine 1978b: 143) Aufgrund seines empiristischen Standpunktes identifiziert Quine Objektivität mit Intersubjektivität. Seine spezifische Vorstellung von Intersubjektivität äußert sich in seinem Verifikationismus und Lingualismus, die er beide in modifizierter Form vom Wiener Kreis übernimmt. Bezüglich mentaler Phänomene ist dann eine

Variante des Behaviorismus die logische Konsequenz dieser beiden Doktrinen:[23] Wenn der Bereich des Mentalen auf Sätze über Mentales eingeschränkt wird, die Bedeutung von Sätzen in der Methode ihrer Verifikation gesehen wird und die einzige Methode der Verifikation in der Verhaltensbeobachtung besteht, dann können Sätze über Mentales nur über das Sprachverhalten rekonstruiert werden. Aus diesem Grund ist Quines behavioristische Semantik der wichtigste Bestandteil seiner naturalisierten Erkenntnistheorie: »Naturalism in psychology and semantics is behaviorism ...« (Quine 1975c: 36)

Quines spezifische Form des Behaviorismus ist sowohl aufgrund der genannten methodologischen Erwägungen wie auch aus inhaltlichen Erwägungen entstanden. Der wichtigste inhaltliche Grund für seinen Behaviorismus ist durch seine schon mehrfach angeführte Charakterisierung der Sprache gegeben: »Language is a social art which we all acquire on the evidence solely of other people's overt behavior under publicly recognizable circumstances.« (Quine 1968a: 26) Diese Sicht der Sprache kann man durchaus teilen, ohne sie zu verabsolutieren. Aufgrund neuerer Forschungsergebnisse in den Bereichen der Neurophysiologie, der kognitiven Wissenschaft und der theoretischen Linguistik ist der Schlüsselthese Quines *Language is a social art* die ergänzende These voranzustellen: *Language is a biological gift.*[24] Die Probleme von Quines behavioristisch eingeschränkter naturalisierter Erkenntnistheorie können weitgehend dadurch vermieden werden, daß man die methodologischen Doktrinen des strikten Lingualismus und Verifikationismus aufgibt und statt dessen die theoretischen Ansätze und empirischen Ergebnisse der kognitiven Wissenschaft philosophisch aufarbeitet. Eine solche Revision der naturalisierten Erkenntnistheorie Quines ist zudem besser mit seiner allgemeinen naturalistischen Maxime vereinbar als ein wissenschaftlich fragwürdiger Behaviorismus: »*All* scientific findings, *all* scientific conjectures that are at present plausible, are ... in my view as welcome for use in philosophy as elsewhere.« (Quine 1967: 127, Hervorhebung hinzugefügt)[25]

Quines Erkenntnistheorie darf nicht vorschnell auf sein Programm einer naturalisierten Erkenntnistheorie reduziert werden. Wie insbesondere Roth herausgearbeitet hat, unterscheidet

Quine selbst nicht klar genug zwischen seinen Argumenten zugunsten einer naturalisierten Erkenntnistheorie und seiner Auffassung der wissenschaftlichen Methode, die auf Duhems und Neuraths Holismus beruht:[26]

> »... the real twist to Quine's epistemology is that Quine's most interesting epistemological arguments are *not* a part of empirical psychology. In his epistemology, Quine emphasizes and develops the fundamental importance of the *social* constraints which influence the development of knowledge...« (Roth 1983a: 266)

Mit dieser Betonung der sozialen Komponente unserer Erkenntnis stellt Quine sich ein weiteres Mal in die Tradition Neuraths, die zusammen mit der Tradition Carnaps die Grundlage für den Bau seiner Philosophie abgibt.

Zum Schluß fasse ich die Antworten auf die Fragen aus der Zusammenfassung des 4. Kapitels zusammen:[27]

A) Mit Carnap und Neurath teilt Quine das Ziel einer wissenschaftlichen Philosophie in Form eines wissenschaftlichen Empirismus auf der Grundlage des Physikalismus. Quines holistischer Empirismus stellt eine Fortführung und Weiterentwicklung des Wiener Kreises dar: »Quine s'inscrit dans la tradition de l'Empirisme logique... mais conduit l'unification plus loin en annexant la philosophie á la science au lieu de *l'exiler* dans la métascience.« (Gochet 1978: 210)

B) Obwohl gerade Quines eigene Philosophie eindrucksvolle Belege für die theoretische Fruchtbarkeit des Rekonstruktionismus – eines der Hauptanliegen Carnaps – liefert, wird diese bei der Argumentation für eine naturalisierte Erkenntnistheorie nicht angemessen berücksichtigt. Die Berücksichtigung der historischen Dimension unserer Erkenntnis und Wissenschaft – eines der Hauptanliegen Neuraths – hat in Quines Philosophie kaum Spuren hinterlassen:

> »Science and the history of science appeal to very different tempers. An advance in science resolves an obscurity, a tangle, a complexity, an inelegance, that the scientist then gratefully dismisses and forgets. The historian of science tries to recapture the very tangles, confusions, and obscurities from which the scientist is so eager to free himself.«
> (Quine 1985a: 194)

Daß wir aus dem Studium der Geschichte der Wissenschaft auch lernen, *wie* die Wissenschaft ihre Probleme löst, scheint Quine nicht in Betracht zu ziehen.

C) Mit Carnap und Neurath teilt Quine den vielleicht wichtigsten und umstrittensten Grundsatz seiner Philosophie: »... philosophy of science is philosophy enough.« (Quine 1953b: 151) Die Grundlage für dieses Dictum ist der *theoretische* Holismus, der in Neuraths bekannter Metapher zum Ausdruck kommt:

> »Wie Schiffer sind wir, die ihr Schiff auf offener See umbauen müssen, ohne es jemals in einem Dock zerlegen und aus besten Bestandteilen neu errichten zu können.«
> (Neurath 1932/33: 206)

Nehmen wir hingegen die sozialen und historischen Dimensionen unserer Erkenntnis ernst und betrachten die Wissenschaft als einen Teil unserer gesamten Kultur, so kommen wir zu einem *praktischen* Holismus,[28] den Putnam durch eine Erweiterung von Neuraths Metapher veranschaulicht hat:

> »I would change Neurath's picture in two ways. First, I would put ethics, philosophy, in fact the whole culture, in the boat, and not just ›science‹, for I believe all the parts of the culture are interdependent. And, second, my image is not of a single boat but of a *fleet* of boats. The people in each boat are trying to reconstruct their own boat without modifying it so much at any one time that the boat sinks ... In addition, people are passing supplies and tools from one boat to another and shouting advice and encouragement (or discouragement) to each other. Finally, people sometimes decide they don't like the boat they're in and move to a different boat altogether ... It's all a bit chaotic; but since it is a fleet, no one is ever totally out of signalling distance from all the other boats. There is, in short, both collectivity and individual responsibility. If we hanker for more, is that not our old and unsatisfiable yearning for Absolutes?«
> (Putnam 1981d: 204)

Gegen die unerfüllbare Sehnsucht nach dem *Absoluten* sind die philosophischen Arbeiten Quines, Carnaps und Neuraths gerichtet, und nicht zuletzt dadurch haben sie viel zum Verständnis der *menschlichen* Erkenntnis beigetragen.

Anmerkungen

Die in eckige Klammern gesetzten Ziffern am Fuß der Seiten bezeichnen jeweils die Seiten im Text, auf die sich die Anmerkungen beziehen.

Anmerkungen zur Einleitung

1 Mir sind die Monographien Orenstein 1977, Gochet 1978, Gochet 1984, Lauener 1982, Gibson 1982 und Romanos 1983 bekannt.
Orenstein gibt eine als Einführung gut geeignete Darstellung der Quineschen Philosophie, bei der die Probleme der Ontologie im Vordergrund stehen. Die Spätphilosophie wird nur knapp behandelt.
Gochets Quine-Bücher – Gochet 1984 ist die Übersetzung der vom Autor überarbeiteten Fassung der Originalausgabe Gochet 1978 – sind aus einer erkenntnistheoretischen Perspektive geschrieben, die an einigen Stellen einen Vergleich mit der traditionellen kontinentaleuropäischen Philosophie ermöglicht; im Untertitel der Originalausgabe heißt es entsprechend *essai de philosophie comparée*. Problematisch ist der Aufbau der ansonsten empfehlenswerten Bücher, der von Fragen der Erkenntnistheorie über die Ontologie zur Logik führt. Aus systematischen und historischen Gründen scheint mir genau die umgekehrte Reihenfolge angebracht zu sein. Gochet bietet einige interessante Ansätze zur Kritik Quines und unternimmt im Schlußkapitel den Versuch einer Gesamtwürdigung.
Lauener hält sich bei seiner Einführung eng an Quines eigene Formulierungen. Ausführliche Zitate, möglichst wörtlich übersetzt, ermöglichen insbesondere dem Anfänger einen ersten Einblick in Quines Denkweise. Das Buch vermittelt einen Überblick über das Spektrum der Philosophie Quines, die an einigen Stellen mit Laueners ›offenem Transzendentalismus‹ konfrontiert wird.
Ausgehend von Quines naturalistisch-behavioristischem Standpunkt versucht Gibson die systematische Einheit der Philosophie Quines aufzuzeigen. Dieses Projekt scheint mir insbesondere deshalb verdienstvoll, weil bei vielen Interpreten hauptsächlich die kritisch-destruktive Seite der Philosophie Quines Beachtung gefunden hat. Wie die Einheit der Philosophie Quines entstanden ist, wird von Gibson leider nicht untersucht. Auch eine kritische Auseinandersetzung findet nicht statt. Das Schlußkapitel bringt eine gute Verteidigung Quines gegen Chomskys Kritik.
Das bisher einzige Buch, das den historischen Hintergrund der analytischen Philosophie, wenn auch nicht die historische Entwicklung von Quines Philosophie berücksichtigt, ist die Arbeit von Romanos, die mir

leider erst kurz vor Abschluß meiner Studie bekannt wurde. In ihrem Mittelpunkt steht Quines These der ontologischen Relativität. Sie ist die Grundlage für Quines Kritik an der von Romanos so genannten analytischen Konzeption der Sprache, die nach seiner Auffassung in der analytischen Philosophie den Platz einer *prima philosophia* einnimmt. Quines Naturalismus führt nach Romanos zu einer *Überwindung* der analytischen Philosophiekonzeption.

Im Unterschied zu Romanos Buch steht Quines These der Übersetzungsunbestimmtheit im Zentrum meiner Arbeit. Durch eine historische und systematische Rekonstruktion dieser These versuche ich zu belegen, daß Quines Philosophie einen Syntheseversuch der unterschiedlichen philosophischen Positionen Carnaps und Neuraths darstellt (vgl. dazu insbesondere Kapitel 1 und 4 sowie die Schlußbemerkungen), der zu einer *Aufhebung* der analytischen Philosophie führt. Die Metapher der Aufhebung soll andeuten, daß Quine einerseits im Rahmen der analytischen Philosophie verbleibt und daß andererseits durch seine Argumentation für eine naturalisierte Erkenntnistheorie der traditionelle Rahmen der analytischen Philosophie gesprengt wird.

2 vgl. Rorty 1981d: 3

Anmerkungen zum 1. Kapitel

1 vgl. dazu das 3. Kapitel

2 Die Philosophie des Wiener Kreises ist in ihrer Geschichte hauptsächlich als ›Logischer Positivismus‹ oder ›Logischer Empirismus‹ bezeichnet worden. In den angelsächsischen Ländern überwiegt der Begriff *›Logical Positivism‹*, der 1931 von Albert Blumberg und Herbert Feigl zur Vorstellung der neuen Philosophie in den USA gewählt wird. Wenn ich mich demgegenüber entschieden habe, vom ›Logischen Empirismus des Wiener Kreises‹ zu reden, so geschieht dies aus zwei Gründen: Erstens wird im Verlauf der Geschichte des Wiener Kreises die erste Bezeichnung mehr und mehr zugunsten der zweiten aufgegeben, da sie einigen Mitgliedern unangemessen erscheint; zweitens geht es mir bei der Beschäftigung mit dem Wiener Kreis um dessen Form des Empirismus, die ich zu derjenigen Quines in Beziehung setzen möchte. Zwei Briefe Neuraths an Carnap sind hinsichtlich dieser terminologischen Fragen aufschlußreich. »Bitte nicht ›Positivismus‹ sagen. Ich las wieder mal Comtes Werk. Und obgleich ich es gegen zu viel Beschimpfung schützen muß, es graust einen oft . . . Ich werde ihn bei ›Einheitswissenschaft‹ schon nennen – aber ›Positivismus‹ . . . oh weh.« (Neurath an Carnap, Den Haag, 9. Mai 1934) – »Habe hier wieder erlebt, daß ›positi-

vism‹ nur mißverständlich wirkt. Ich mußte ausführlich erklären, daß Logischer Empirismus nicht ›Positivismus‹ im überlieferten Sinne ist. Ich lege dringend nahe, immer von ›wissenschaftlichem Empirismus‹ zu sprechen, wie Morris vorschlägt, wenn die große historische Linie gemeint ist.« (Neurath an Carnap, Mexiko, 24. März 1937) Morris hat den Beziehungen zwischen Logischem Empirismus und Pragmatismus eigens eine Monographie gewidmet (vgl. Morris 1937), die fünf Aufsätze zu unterschiedlichen Problemen enthält (vgl. Morris 1934, Morris 1935a, Morris 1935b, Morris 1936a, Morris 1936b). In seinem Beitrag zu Schilpps Carnap-Band kommt er erneut auf dieses Thema zurück (vgl. Morris 1963). In der *Encyclopedia of Unified Science* stellt er 1938 kurz und bündig seine Version des wissenschaftlichen Empirismus vor. Ich werde den Begriff des ›wissenschaftlichen Empirismus‹ als Oberbegriff für die wissenschaftlichen Vorgänger des Logischen Empirismus (wie etwa Mach und Duhem), für den Logischen Empirismus selbst und auch für Quines holistischen Empirismus verwenden.

3 Diese Auffassung vertritt auch Rudolf Haller; vgl. Haller 1982c: XIX und Haller 1985: 342 sowie Koppelberg 1982a: 21 f., Koppelberg 1983: 306 f. und Koppelberg 1984a: 191

4 »My own *Language, Truth and Logic,* of which the first edition appeared in 1936, did something to popularize what may be called the classical position of the Vienna Circle.« (Ayer 1959b: 8)

5 vgl. zusätzlich Ayer 1959b und vor allem Ayer 1978, wo ein aufschlußreicher Rückblick auf Verdienste und Fehlschläge des Wiener Kreises gegeben wird. Feigl hat in einer Reihe von weitgehend unbekannt gebliebenen Beiträgen sowohl die Geschichte wie die programmatischen Schwerpunkte des Logischen Empirismus behandelt; vgl. etwa Feigl 1939, Feigl 1943, Feigl 1949, Feigl 1954/55, Feigl 1963a, Feigl 1963b, Feigl 1969a, Feigl 1969b und Feigl 1974. Einen knappen Abriß über Vorläufer des Wiener Kreises und verwandte Bestrebungen bei anderen Philosophen gibt Joergensen 1951. Interessante Hinweise, warum eine Philosophie wie die des Wiener Kreises gerade in Österreich entstand, gibt der historisch-systematische Überblick von Neurath 1936b.

6 Diese Quinesche These vertritt Neurath bereits 1931: »... man kann nicht die ›Begriffserklärung‹ von dem ›wissenschaftlichen Betrieb‹ absondern, zu dem sie gehört. Sie ist mit ihm untrennbar verflochten.« (Neurath 1931c: 394)

7 vgl. Quine 1968b: 85

8 Neurath selbst hat die Bezeichnung ›Kohärenztheorie‹ für seinen Standpunkt abgelehnt, weil er – wie auch sein Gegenspieler Schlick – mit dieser Position die idealistischen Theorien von Bradley und Blanshard verband. »Die Sache mit der Kohärenztheorie der Engländer ist so abgeschmackt. Was die Burschen alles zusammenfaseln, von der Seele bis

zum Absoluten, das sich im Individuellen offenbart. Ich werde es kurz abtun ...« (Neurath an Carnap, Den Haag, 18. Juli 1934)

9 vgl. Neurath 1931c: 404

10 In diesem Zusammenhang mag gefragt werden, wie hoch der Einfluß des in den dreißiger Jahren an amerikanischen Universitäten populären Naturalismus im allgemeinen und Deweys Naturalismus im besonderen für die Entwicklung von Quines Philosophie einzuschätzen ist. Ich glaube, daß ein solcher Einfluß auf Quine eher als gering zu veranschlagen ist und möchte dafür einen biographisch-historischen und einen philosophisch-systematischen Grund angeben.

Quine bezieht sich auf Dewey in der ersten von ihm gehaltenen ›John Dewey Lecture‹ an der *Columbia University,* die eine anerkennende Erwähnung des bedeutenden amerikanischen Philosophen nahelegt (vgl. Quine 1968a: 26-29). In seiner soeben erschienenen umfangreichen Autobiographie *The Time of My Life,* in der Quine die intellektuellen Einflüsse auf sein Denken ausführlich darlegt, kommt der Name ›Dewey‹ nur ein einziges Mal vor. Der amerikanische Naturalismus der dreißiger Jahre ist weitgehend ein Bestandteil des Pragmatismus, den Quine dem Empirismus unterordnet: »It is not clear to me what it takes to be a pragmatist ... I suspect the term ›pragmatism‹ is one we could do without. It draws a pragmatic blank ... Peirce, James, Schiller, Mead, and Dewey have been called pragmatists and have owned the soft impeachment. All of these professing or card-carrying pragmatists belong, it seems, to the empiricist tradition.« (Quine 1975c: 23) Nachdem Quine fünf wesentliche Schritte in der Verbesserung des Empirismus während der letzten zweihundert Jahre herausgearbeitet hat (vgl. dazu Quine 1975a: 67), fragt er sich, inwieweit die sogenannten Pragmatisten zu dieser Verbesserung beigetragen haben: »If anything indicative comes out, it could suggest to what extent pragmatism abetted the progress of empiricism. It could also suggest to what extent pragmatism was on the right track, even if only as follower rather than leader.« (Quine 1975c: 23) Die Verdienste des Pragmatismus nehmen sich in Quines Sicht bescheiden aus; der wichtigste Punkt betrifft die Semantik von Peirce: »Peirce scored a major point for naturalism ... in envisioning a behavioristic semantics. Naturalism in psychology and semantics is behaviorism; and Peirce declared for such a semantics when he declared that beliefs consist in dispositions to action.« (Quine 1975c: 35 f.) Ob diese einseitig empiristische Deutung der Semantik von Peirce angemessen ist, dürfte zweifelhaft sein.

Der systematisch wichtigste Punkt zur Einschätzung des Naturalismus in der Philosophie Quines besteht jedoch darin, daß der Naturalismus bei Quine *keine dogmatische Voraussetzung,* sondern das *Ergebnis seiner kritischen Auseinandersetzung mit Carnap* darstellt, die auf *Neu-*

raths Holismus zurückzuführen ist. Dies macht Quine selbst wiederholt klar: »The naturalistic philosopher begins his reasoning within the inherited world theory as a going concern. He tentatively believes all of it, but believes also that some unidentified portions are wrong. He tries to improve, clarify, and understand the system from within. He is the busy sailor adrift on Neurath's boat.« (Quine 1975a: 72) »... my position is a naturalistic one; I see philosophy and science as in the same boat – a boat which, to revert to Neurath's figure as I so often do, we can rebuild only at sea while staying afloat in it. There is no external vantage point, no first philosophy.« (Quine 1967: 126f.) Haller ist somit zuzustimmen, wenn er schreibt: »Neurath war es ..., der in aller Klarheit das Programm eines hypothetischen Naturalismus entwarf und darauf bestand, daß es im Rahmen der Einheitswissenschaft keine Sätze und keine Gesetze gäbe, die nicht eine Abänderung erfahren könnten.« (Haller 1979b: 104) Quine blieb es vorbehalten, dieses Neurathsche Programm eines hypothetischen und holistischen Naturalismus weiterzuentwikkeln und im Detail auszuführen.

11 Im folgenden werde ich von ›physikalistischer‹ statt von ›physikalischer‹ Sprache reden. Diese Redeweise hat sich im Anschluß an Carnap 1932 durchgesetzt, um den Unterschied zwischen einer physikalistischen Sprache und der Sprache der Physik deutlich zu machen: »Die physikalistische These darf man nicht dahin mißverstehen, als solle in jedem Wissenschaftsgebiet die Terminologie verwendet werden, die man in der Physik zu verwenden pflegt ... Der Deutlichkeit wegen mag man anstatt oder neben der Bezeichnung ›physikalische Sprache‹ die Bezeichnung ›physikalistische Sprache‹ verwenden, wenn man die Universalsprache meint, die außer der physikalischen Terminologie (im engeren Sinne) auch alle Sonderterminologien (z. B. eine biologische, eine psychologische, eine soziologische) enthält, wobei diese aber durch ihre Definitionen auf die Basis physikalischer Bestimmungen zurückgeführt sein müssen.« (Carnap 1932: 462) Mit den mißverständlichen Begriffen ›physikalische Terminologie‹ bzw. ›Basis physikalischer Bestimmungen‹ ist nichts anderes als eine bestimmte Sprach*form* gemeint. »Die physikalische Sprache ist dadurch charakterisiert, daß ein Satz einfachster Form (z. B. ›An dem und dem Raum-Zeit-Punkt beträgt die Temperatur so und so viel‹) einer bestimmten Wertreihe der Koordinaten (drei Raum-, eine Zeitkoordinate) einen bestimmten Wert (oder ein Wertintervall) einer bestimmten Zustandsgröße zuschreibt.« (Carnap 1932: 441)

12 vgl. für das Folgende Carnap 1932: 437ff.

13 vgl. Carnap 1932: 438

14 vgl. Carnap 1932: 440

15 Dafür argumentiert Carnap in Carnap 1932: 441-453.

16 vgl. Carnap 1932: 453 ff.

17 Auf die detaillierte Darstellung des Carnapschen Vorgehens kann ich in diesem Zusammenhang verzichten, da es für meine weitere Argumentation nicht wesentlich ist; vgl. dazu Carnap 1932: 457-461.

18 vgl. Carnap 1932: 458

19 vgl. Carnap 1932: 459

20 Dies betont Carnap selbst ausdrücklich; vgl. Carnap 1932: 452.

21 »Die Fiktion einer aus *sauberen Atomsätzen* aufgebauten *idealen* Sprache ist ebenso metaphysisch, wie die Fiktion des Laplaceschen Geistes.« (Neurath 1932/33: 204)

22 vgl. Neurath 1932/33: 212 f.

23 Neuraths Kritik des methodischen Solipsismus wird heute wieder von Putnam aufgegriffen; vgl. dazu Putnam 1975c: 219 ff., Putnam 1982a: 10 ff. und Koppelberg 1981: 386 f.

24 vgl. Carnap 1932/33c: 215 f.

25 vgl. Carnap 1932/33c: 221 f.

26 Daß dabei mehr Schwierigkeiten auftauchen als Carnap vermutet, wird Quine später anhand seines Gedankenexperiments der Erstübersetzung zeigen.

27 Carnap glaubt dies durch Methoden der Konditionierung erreichen zu können; vgl. Carnap 1932/33c: 223 ff.

28 vgl. S. 27

29 vgl. Popper 1934: 63

30 Nach einer nur angedeuteten, aber nicht detailliert dargelegten Kritik der Arbeiten Carnaps und Hempels zur Bewährungsproblematik wissenschaftlicher Sätze fährt Neurath in seinem letzten, drei Tage vor seinem Tod entstandenen Aufsatz fort: »Here ... I see a certain tendency away from the ›pluralism‹ of Logical Empiricism, which does not enable us to start from one given basis of judgement, as would be needed, when speaking of confirmation and its degrees. ›Pluralism‹ seems to lead to an orchestration of statements in any case, leaving even many things open to ›choice‹ and ›decision‹, which even many of our scientific friends want to handle by means of a univocal calculus.« (Neurath 1946/47: 80) – Erstaunlicherweise fehlt dieser letzte Aufsatz Neuraths, in dem vor allem die Unterschiede zu Carnap und Hempel betont werden, in allen bisherigen Neurath-Ausgaben.

31 vgl. dazu 4. Kapitel, S. 273 ff.

32 vgl. dazu 4. Kapitel, S. 210 ff.

33 vgl. Hempel 1934/35a, Hempel 1934/35b und Schlick 1934/35

34 » ... die geschilderte Auffassung liefert demjenigen, der auf der Suche nach einem festen Fundament der Erkenntnis ist, in ihren ›Protokollsätzen‹ etwas Derartiges *nicht*.« (Schlick 1934: 83)

35 vgl. S. 27

36 vgl. Schlick 1934: 85 f.

37 vgl. Schlick 1934: 86 f.

38 vgl. Neurath 1934: 352 f.

39 vgl. für eine genauere Erörterung dieses Punktes das 4. Kapitel, S. 273 ff.

40 vgl. Hempel 1934/35b: 93 f.

41 vgl. Schlick 1934: 96

42 vgl. Schlick 1934: 98

43 vgl. Neurath 1934: 359-362 und Hempel 1934/35a: 55 f.

44 vgl. S. 30 45 vgl. S. 33

46 vgl. zu Neuraths Replik auf Russells Kritik insbesondere Neurath 1941a: 915-918 und Neurath 1941b: 924

47 vgl. Neurath 1934: 353 f., Hempel 1934/35a: 57 und Carnap 1932/33b: 179-183

48 vgl. Haller 1982d: 31

49 vgl. Rutte 1982b: 371; im folgenden mache ich einen von Rutte abweichenden Vorschlag.

50 vgl. Juhos 1934, Juhos 1934/35 und Juhos 1937

51 vgl. zu der Unterscheidung von einem linken und rechten Flügel des Wiener Kreises Carnap 1963a: 57f., Hegselmann 1979a: 12-41 und Hegselmann 1979b sowie die sich daran anschließenden Arbeiten Bekkermann 1979, Hegselmann 1979c, Köhler 1979a, Köhler 1979b und Lüscher 1979

52 In Fortführung und Ergänzung von Zilsels »Problems of Empiricism« (1941) schrieb Feyerabend seine beiden gleichnamigen Aufsätze Feyerabend 1965 und Feyerabend 1970a; vgl. auch Feyerabend 1962, Feyerabend 1967 und Feyerabend 1970b.

53 vgl. Haller 1985, der sich eng an Frank 1950b anschließt.

54 vgl. Stadler 1982a: 257

55 vgl. Frank 1950b: 1 ff.

56 vgl. Rey 1907: 1-17

57 Frank 1938: 79

58 Zu seiner antimetaphysischen Haltung sagt Mach selbst: »Ich weiß wohl, daß dem Streben, sich bei der Naturforschung auf das *Thatsächliche* zu beschränken, der Vorwurf einer übertriebenen Furcht vor ›metaphysischen Gespenstern‹ entgegengehalten wird. Ich möchte aber nicht unbemerkt lassen, daß unter allen Gespenstern, nach dem Unheil zu urteilen, das sie angerichtet haben, die metaphysischen allein keine Fabel sind.« (Mach 1883b: 245, Fußnote)

59 Es ist an dieser Stelle natürlich nicht möglich, eine Gesamtinterpretation Machs vorzulegen. Vielmehr geht es mir um die Darstellung spezifischer einzelner vernachlässigter Aspekte, die ein neues Licht auf den Empirismus des Wiener Kreises werfen und sowohl zum Verständnis wie zur Kritik der Philosophie Quines förderlich sind. In den Schlußbemerkungen werde ich auf die Bedeutung der Position Machs zurückkommen; vgl. S. 297.

60 vgl. Mach 1886: 300 und Mach 1905: VII

61 »Die Schranken zwischen Fach und Fach, welche Arbeitsteilung und Vertiefung ermöglichen, und die uns doch so frostig und philisterhaft anmuten, werden allmählich schwinden. Brücke auf Brücke wird geschlagen. Inhalt und Methoden selbst der abliegendsten Fächer treten in Vergleichung.« (Mach 1894: 281)

62 Mach hat seine Vorstellung von der Einheitswissenschaft in einem anschaulichen Bild zum Ausdruck gebracht: »Wie das Blut, den Leib zu nähren, sich in zahllosen Kapillaren teilt, um dann aber doch wieder im Herzen sich zu sammeln, so wird auch in der Wissenschaft der Zukunft alles Wissen in einen *einheitlichen* Strom mehr und mehr zusammenfließen.« (Mach 1895: 284)

63 vgl. Mach 1886: 271

64 vgl. Mach 1905: 14

65 Für eine ausführliche Gegenargumentation vgl. Feyerabend 1984 sowie Feyerabend 1981b: 51-53 und Feyerabend 1981c: 26; zu einer Kritik von Feyerabend vgl. Hentschel 1985.

66 vgl. auch Mach 1882: 235: »Mit welchen Begriffen wir die Welt umfassen werden, wenn der geschlossene Ring der physikalischen und psychologischen Thatsachen vor uns liegen wird, von dem wir gegenwärtig nur zwei getrennte Stücke sehen, läßt sich zu Anfang der Arbeit natürlich nicht sagen.«

67 Im Gegensatz zu dieser Sicht steht das kürzlich erschienene Buch von Stadler *Vom Positivismus zur ›Wissenschaftlichen Weltauffassung‹*, in dem die Bedeutung Machs für den Wiener Kreis betont wird; vgl. Stadler 1982a: 30-39.

68 vgl. Duhem 1906b: 47 und 66

69 vgl. Mach 1896: 432-439

70 An dieser Stelle bezieht sich Schlick auf Kirchhoffs berühmte Definition der Mechanik. Die Aufgabe der Mechanik sieht Kirchhoff darin, »die in der Natur vor sich gehenden Bewegungen *vollständig* und auf die *einfachste Weise* zu beschreiben.« (Kirchhoff 1876: 1) Mach hatte die Wichtigkeit der Beschreibung schon zwei Jahre zuvor in seiner kleinen Schrift *Die Geschichte und die Wurzel des Satzes der Erhaltung der Arbeit* (1872) dargestellt.

71 vgl. Mach 1872: 31, Mach 1882, Mach 1886: 40f., Mach 1883a: 464ff., Mach 1896: 391-395. Frühe Fassungen seines Ökonomieprinzips sieht Mach bereits bei Kopernikus, Galileo und Newton; verwandte Auffassungen findet er bei Adam Smith, Clifford, Kirchhoff und Avenarius, vgl. Mach 1883a: 469. Ein Gutteil der Kritik an diesem Prinzip (etwa von Husserl und Nelson) beruht darauf, daß bei Mach nicht ganz klar wird, ob es psychologischer oder logischer Natur ist. Beide Deutungen lassen sich belegen; vgl. Mach 1883a: 471. Die Logischen Empiristen

interpretieren es logisch (vgl. Schlick 1918: 120-122) und nehmen es in Form von *Occams razor* wieder auf.

72 vgl. Quine 1974a: 137f.

73 Die Wichtigkeit Machs für Neurath kommt klar in einem Brief zum Ausdruck, den Neurath vermutlich 1915 an Mach geschrieben hat: »Ich hatte mir oft gewünscht, Sie in Wien aufsuchen zu dürfen, habe aber immer gezögert, in der Sorge Sie zu stören und unbescheiden zu sein. Ich hätte Sie so vieles zu fragen, so vieles, das doch wohl außer Ihnen wenige wissen können ... Mit größtem Interesse höre ich von der Wendung in der Relativitätstheorie, welche zu Ihrem Gedanken hinführt, daß die Gravitation als Funktion erscheint, die von der gesamten Massenverteilung abhängt und gewissen Transformationen gegenüber konstant bleibt (z. B. der Rotation). Es war dies jener Gedanke in Ihrer Mechanik, der mich von der ersten Lektüre an nie mehr losgelassen hat, und auf meine Ideenentwicklung ... auf sonderbaren Umwegen von Einfluß war. *Es ist die Neigung, die Bedeutung, den Sinn des Einzelnen aus dem Ganzen abzuleiten, nicht das Ganze aus einer Summation von Einzelnen* ... Ich habe Ihren Werken gegenüber immer und immer ein tiefes Gefühl der Dankbarkeit gehegt, es war nicht nur die Förderung auf dem Gebiete der Physik sondern noch mehr die Förderung in anderer Richtung, die ich durch Ihre physikalischen Gedankengänge erfahren habe. Es drängt mich diese Gelegenheit zu benützen, Ihnen als Mensch sozusagen in concreto dafür aufrichtig und herzlich zu danken ...« (Thiele 1978: 100; Hervorhebung hinzugefügt)
Nach diesem Brief sind die Keime für Neuraths Holismus in Machs *Mechanik* zu finden; Duhem hat diese Tendenz dann verstärkt und explizit gemacht.

74 vgl. Frank 1950b: 7f.

75 Bereits im ersten Wiener Kreis scheint somit das Ökonomieprinzip Machs auf Mißverständnisse gestoßen zu sein. Die schöpferische Komponente in der Entwicklung von Theorien hat Mach mehrfach hervorgehoben: »Der *Abstraktion* und der *Phantasietätigkeit* fällt die Hauptarbeit bei Auffindung neuer Erkenntnisse zu.« (Mach 1905: 319); vgl. Mach 1905: 107, 192, 312, 316, 455.

76 Ich gehe hier nur insoweit auf Poincaré ein, wie es für das Verständnis der systematischen Entwicklung des Wiener Kreises und Quines nötig ist. Für eine Darstellung und Diskussion der Geometrieauffassung Poincarés vgl. Carnap 1966: 144-151 und Nagel 1961: 260ff. Gesamtdarstellungen geben Diederich 1974 und Giedymin 1982.

77 vgl. insbesondere Poincaré 1902: 36-90

78 vgl. Schlick 1918: 50

79 vgl. Frank 1950b: 13

80 vgl. Diederich 1974: 16f.

81 vgl. Frank 1950b: 15 f.

82 vgl. S. 45

83 Bei Mach ist der Holismus an verschiedenen Stellen lediglich angedeutet. So heißt es etwa in *Erkenntnis und Irrtum:* »Isolierte Tatsachen gibt es nur infolge der Beschränktheit unserer Sinne und unserer intellektuellen Mittel.« (Mach 1905: 232); vgl. hierzu auch den in Anmerkung 73 angeführten Brief von Neurath an Mach.

84 vgl. Duhem 1906b: 248, 266 f.

85 vgl. Duhem 1906b: 252 f.

86 vgl. dazu Diederich 1974: 73-77 und Giedymin 1982: 4 f., 16 f., 26 f.

87 vgl. Duhem 1906b: 195-200

88 vgl. Duhem 1906b: 192

89 vgl. Neurath 1914/15: 101 und Neurath 1921: 187

90 Schon 1913 formuliert Neurath seinen fallibilistischen Holismus, der über den Wiener Kreis hinaus bis zu Quine wirksam werden wird: »Wer eine Weltanschauung oder ein wissenschaftliches System schaffen will, *muß mit zweifelhaften Prämissen operieren.* Jeder Versuch, von einer tabula rasa ausgehend, ein Weltbild zu schaffen, indem an definitiv richtig erkannte Sätze weitere angereiht werden, ist notwendigerweise voll Erschleichungen. Die Erscheinungen, welchen wir begegnen, sind derart miteinander verbunden, daß sie nicht durch eine eindimensionale Kette von Sätzen beschrieben werden können. Die Richtigkeit jedes Satzes hängt mit der aller anderen zusammen. Einen einzelnen Satz über die Welt kann man überhaupt nicht formulieren, ohne gleichzeitig zahllose andere stillschweigend mit zu benutzen. Auch vermögen wir keine Aussage zu fällen, ohne unsere ganze vorhergegangene Begriffsbildung in Verwendung zu nehmen ... Wir können die bei uns vorgefundene Begriffswelt variieren, ihrer entledigen können wir uns nicht. Jeder Versuch, sie von Grund auf zu erneuern, ist schon selbst in seiner Anlage ein Kind der vorhandenen Begriffe.« (Neurath 1913: 59)

91 vgl. Frank 1934: 315 f.

92 Der Einfluß Wittgensteins wird von Hempel so hoch eingeschätzt, daß er schreibt: »The philosophical ideas which L. Wittgenstein has developed in his *Tractatus Logico-Philosophicus* ... represent the logical and historical starting point of the Viennese Circle's researches ...« (Hempel 1934/35a: 49 f.) Dieses Urteil stellt eine Überzeichnung dar, die, obwohl historisch unhaltbar, für die allgemeine Rezeption und Beurteilung des Wiener Kreises weitreichende Folgen hatte.

93 McGuiness 1967: 13

94 vgl. Feigl 1969b: 633 und Feigl 1974: 7-10

95 vgl. Carnap 1963a: 4-20

96 Diese These hat meines Wissens Rainer Hegselmann als erster vertreten; vgl. Hegselmann 1985: 284. Im folgenden lege ich eine andere Rekon-

struktion als Hegselmann vor und komme zu einem von ihm verschiedenen Ergebnis; vgl. hierzu auch Anmerkung 100.

97 Diese Interessen von Carnap und Neurath stehen nicht in einem unversöhnlichen Gegensatz zueinander. Wie bereits in der Protokollsatzdebatte deutlich wurde, läßt sich sogar in einigen Punkten weitgehende Übereinstimmung erzielen. Im Gegensatz zu den hinlänglich bekannten Gemeinsamkeiten zwischen Carnap und Neurath kommt es mir in diesem Zusammenhang auf den Nachweis der verschiedenen programmatischen Schwerpunkte an, die *beide* von Quine aufgegriffen werden.

98 Neurath 1936c: 750

99 vgl. S. 31 ff.

100 Neuraths Einwände gegen Carnaps Semantik werden insbesondere in ihrem bislang unveröffentlichten Briefwechsel vorgebracht. Hegselmann hat sie zu vier Haupteinwänden zusammengefaßt und diskutiert: »*Erstens* könnten semantische Begriffe allenfalls in bezug auf Kalküle, nicht aber in bezug auf realwissenschaftliche Zusammenhänge Anwendung finden. So sei die Auflösung gewisser Paradoxien vielleicht für Mathematik und Logik interessant, im Rahmen der empirischen Einzelwissenschaften sei das aber völlig irrelevant. *Zweitens* müsse die Redeweise von ›Wahr‹ und ›Falsch‹, wenn sie denn überhaupt brauchbar sein solle, irgendwie auf Begriffe im Umkreis von ›Akzeptierung‹ zurückgeführt werden. In Carnaps Verwendungsweise von ›wahr‹ und ›falsch‹ werde hingegen ein Punkt außerhalb der Welt präsupponiert, von dem aus über Wahrheit und Falschheit geurteilt werde. Durch die für ›Introduction to Semantics‹ konstitutive Designationsrelation, die Gegenstandskonstanten Gegenstände, dann aber auch Prädikaten Attribute und Sätzen Propositionen zuordnet, würden *drittens* Existenzannahmen gemacht, die völlig unakzeptabel seien. *Viertens* schließlich sei ein ontologisches Element allerdings bereits durch Russells Existenzquantor in die Logik gekommen, und in dessen Tradition stehe die Semantik nun.« (Hegselmann 1985: 283) Nach Hegselmann beruht der erste und vierte Einwand Neuraths auf einem Mißverständnis (vgl. Hegselmann 1985: 283 f.); der zweite und dritte Einwand zeigten hingegen, *»daß Neurath und Carnap zwei verschiedenen Konzeptionen von Empirismus bzw. Physikalismus angehangen haben.«* (Hegselmann 1985: 284) An diesem Punkt sind Hegselmann und ich uns also einig, wobei seine Einschätzung in erster Linie auf den Streit um die Semantik zurückgeht, während mein Ergebnis eher auf der historischen Untersuchung der unterschiedlichen Einflüsse auf Carnap und Neurath beruht. Hegselmann und ich unterscheiden uns in der Analyse von Neuraths Empirismus und Physikalismus; Hegselmann sieht dort den Nominalismus als wesentlichen Bestandteil (vgl. Hegselmann 1985: 285), wohingegen

mir Neuraths Naturalismus der wichtigste Unterschied zu Carnap zu sein scheint.

101 vgl. S. 22 und Quine 1975c: 36

Anmerkungen zum 2. Kapitel

1 Die grundlegenden und detailliertesten Texte zur Begründung dieser These sind Dummett 1973, Dummett 1981a und Sluga 1980.

2 vgl. Putnam 1981b: 303 und Rorty 1981d

3 So heißt z. B. ein Aufsatz von Gerard Radnitzky »Analytic Philosophy as the Confrontation between Wittgensteinians and Popper«; vgl. Radnitzky 1981.

4 vgl. vor allem Sluga 1975, Sluga 1976 und Sluga 1980

5 vgl. Sluga 1975: 471, 476f. und Sluga 1980: 1-7

6 Zwar wird Machs Name dort nicht erwähnt, doch hat Currie (vgl. Currie 1982: 195) darauf hingewiesen, daß Frege sich bei seiner Kritik am Vorstellungskonzept (vgl. Frege 1918/19: 46) auf eine Zeichnung von Mach (vgl. Mach 1886: 15) bezieht. Beim Vergleich von Freges Beschreibung mit Machs Zeichnung läßt sich eine weitgehende Übereinstimmung feststellen. Sollte dies ein Indiz dafür sein, daß Mach von Frege implizit angegriffen wird, so ist auch dieser Angriff ein weiterer Beleg für die bereits im 1. Kapitel getroffene Feststellung, daß sich Machs Kritiker meist nur auf eine Karikatur seiner Auffassungen beziehen. Gegen die Mach so häufig unterstellte Vermengung von Psychologie und Logik hat er selbst explizit Stellung bezogen: Es »war ... mir förderlich und ernüchternd zugleich, das vulgäre Denken und auch die ganze Wissenschaft als eine biologische, organische Erscheinung zu betrachten, wobei denn auch das *logische* Denken als ein *idealer Grenzfall* angesehen wurde. Daß man an *beiden* Enden *anfangen* kann zu untersuchen, will ich keinen Augenblick bezweifeln ... Schon hieraus kann man sehen, daß ich zwischen psychologischen und logischen Fragen wohl zu unterscheiden weiß, wie ich dies übrigens jedem zutraue, der das Bedürfnis fühlt ... logische Prozesse auch psychologisch zu beleuchten ... Wenn auch die logische Analyse aller Wissenschaften schon vollständig fertig vor uns läge, so bliebe die biologisch-psychologische Untersuchung ihres Werdens ... noch immer ein Bedürfnis, was nicht ausschließen würde, daß man diese letztere Untersuchung wieder logisch analysiert.« (Mach 1883a: 470) An dieser Stelle finden wir keine Vermengung, sondern eine methodologisch fruchtbare Einsicht in den Zusammenhang von Logik und Psychologie, die nach Carnaps gescheiterten erkenntnistheoretischen Bemühungen von Quine wieder aufgegriffen wird.

7 Diese Auffassung teilt auch Currie; vgl. Currie 1982: 1f.

8 vgl. Frege 1879: IX f.

9 so der Untertitel

10 vgl. Quine 1975a: 68-70

11 Auf die Unvereinbarkeit der beiden Doktrinen hat Dummett hingewiesen; vgl. Dummett 1973: 644 f.

12 vgl. Sluga 1975: 475

13 vgl. Sluga 1980: 41, 44 und Dummett 1981a: 39

14 »Es handelt sich in der Logik um die Gesetze des Wahrseins, nicht um die des Fürwahrhaltens, nicht um die Frage, wie das Denken beim Menschen vorgeht, sondern wie es geschehen muß, um die Wahrheit nicht zu verfehlen.« (Frege 1897: 161)

15 Der Nachweis der später so genannten Russellschen Antinomie in Freges *Grundgesetzen der Arithmetik* findet sich in Russells Brief an Frege vom 16. Juni 1902 (vgl. Frege 1976: 211). Darauf hat Frege am 22. Juni mit dem berühmten Satz geantwortet: »Ihre Entdeckung des Widerspruchs hat mich auf's Höchste überrascht und, fast möchte ich sagen, bestürzt, weil dadurch der Grund, auf dem ich die Arithmetik sich aufzubauen dachte, ins Wanken geräth.« (Frege 1976: 213) Russells Lösungsversuch des Problems, der in der Entwicklung seiner bekannten Typentheorie besteht, ist unabhängig voneinander sowohl von Wittgenstein wie von Quine kritisiert worden.

16 Die Bedeutung der modernen Logik für philosophische Argumentationen wird Russell im Jahr 1900 durch eine Begegnung mit Peano auf dem Internationalen Kongreß für Philosophie in Paris klar. Das Werk Freges lernt er erst später kennen; vgl. Russell 1943: 12 f.

17 vgl. Russell 1914a: 7

18 vgl. in diesem Zusammenhang Russells Kritik des Evolutionismus in Russell 1914a: 21-41

19 Frege beschränkt sich darauf, seine *Begriffsschrift* für die Philosophie als »ein brauchbares Werkzeug« (Frege 1879: XIII) darzustellen. Am Ende seines Aufsatzes »Über die wissenschaftliche Berechtigung einer Begriffsschrift« heißt es: »Möchten ... auch Philosophen der Sache einige Beachtung schenken!« (Frege 1882: 97)

20 »The old logic put thought in fetters, while the new logic gives it wings.« (Russell 1914a: 68)

21 vgl. 1. Kapitel, S. 41

22 vgl. Baker/Hacker 1980: 459 f. Ich habe die Punkte 3 und 4 von Baker/Hacker in einem Punkt zusammengefaßt, da mir der Unterschied nicht signifikant erscheint.

23 Man könnte dies als das rationalistische Element der Auffassung Russells bezeichnen, das durch seine Beschäftigung mit der Mathematik beeinflußt worden ist. »Between philosophy and pure mathematics there is a certain affinity, in the fact that both are general and *a priori*.« (Russell 1914a: 190)

24 Der Satz wird weitergeführt durch » ... followed by logical synthesis.« (Russell 1924: 341) Die hier zum Ausdruck gebrachte Forderung hat gegenüber derjenigen nach logischer Analyse eine weitaus geringere Beachtung in der analytischen Philosophie gefunden.

25 »Occam's razor, *›entia non multiplicanda praeter necessitatem‹*, ... I should regard as the supreme methodological maxim in philosophizing, ...« (Russell 1914b: 145)

26 vgl. Russell 1905

27 Die Ergebnisse finden sich hauptsächlich im zehnten Kapitel von *The Analysis of Mind* (1921) und in *An Inquiry into Meaning and Truth* (1940).

28 Damit soll natürlich nicht behauptet werden, daß Russells Kritik Wittgenstein gerecht wird.

29 vgl. Quine 1966d: 79f., 82f.

30 vgl. S. 63

31 Stegmüller 1969: 524; vgl. ebd. XVIII und 561

32 Feyerabends ausführliche Rezension von Wittgenstein 1947-49 wurde 1952 in deutscher Sprache geschrieben und erschien 1955 in englischer Übersetzung.

33 Schon diese intellektuelle Entwicklung zeigt, daß Bunge vollkommen daneben trifft, wenn er schreibt: »Ludwig Wittgenstein, mit seinem Desinteresse an der Mathematik und der Naturwissenschaft und seiner Besessenheit von den Sprachspielen, beeinflußte den Wiener Kreis tiefgreifend ...« (Bunge 1980: 16) Hier geht alles durcheinander. Erstens wird Wittgenstein eine Haltung unterstellt, die er so nicht eingenommen hat. Zweitens wird die Geschichte auf den Kopf gestellt: Wittgensteins Einfluß auf den Wiener Kreis lag vor dem Zeitpunkt, zu dem er die Doktrin der Sprachspiele entwickelte.

34 vgl. Nedo/Tanchetti 1983: 61

35 vgl. dazu Wittgenstein 1931 in: Wittgenstein 1977: 43: »So haben mich Boltzmann, Hertz, Schopenhauer, Frege, Russell, Kraus, Loos, Weininger, Spengler, Sraffa beeinflußt.« Da es sich bei dieser Aufzählung nicht um eine alphabetische Reihenfolge handelt, liegt der Gedanke nahe, daß sich in ihr entweder eine chronologische Reihenfolge widerspiegelt oder daß Wittgenstein eine wertende Abstufung vornimmt. Für beide Möglichkeiten gibt es Gründe. Mir geht es an dieser Stelle nur darum, den wichtigen Stellenwert Boltzmanns für Wittgenstein aufzuzeigen. Eine Detailuntersuchung zum Einfluß Boltzmanns (z. B. zu Wittgensteins logischem Raum als philosophische Übernahme und Uminterpretation von Boltzmanns Phasenraum in der statistischen Mechanik) kann in dieser Arbeit natürlich ebensowenig erfolgen wie eine angemessene Berücksichtigung der anderen von Wittgenstein Genannten; vgl. dazu Janik/Toulmin 1973.

36 Es sei hier nur am Rand vermerkt, daß dieser Vortrag nicht nur für die Entwicklung von Wittgensteins Philosophie von weitreichender Bedeutung ist; auch für das Problem der Theoriendynamik (vgl. Boltzmann 1904: 209 f.) ist er hilfreich; zudem bietet er eine frühe Formulierung der Grundgedanken der Evolutionären Erkenntnistheorie (vgl. Boltzmann 1904: 214 ff., besonders 217).

37 vgl. Kenny 1973: 229-232. Von Kenny unterscheide ich mich in den Schwerpunkten und Details meiner Analyse. Ich beginne mit dem zweiten und dritten Satz und komme erst dann zum ersten Satz.

38 Insbesondere Stenius hat auf die Affinität dieses Programms zu Kants *Kritik der reinen Vernunft* aufmerksam gemacht: »Es ist für Wittgensteins Anschauung wesentlich, daß die logische Analyse der Sprache, wie er sie auffaßt, eine Art transzendentaler Deduktion im Sinne Kants ist mit dem Ziel, die apriorische Form der Erfahrung anzugeben, die durch jede sinnvolle Sprache ›gezeigt‹ wird und daher nicht ›gesagt‹ werden kann. Von diesem Standpunkt aus könnte der Traktat eine ›Kritik der reinen Sprache‹ genannt werden.« (Stenius 1960: 287) Eine Bemerkung Wittgensteins aus dem Nachlaß bestätigt diese Deutung: »Die Grenze der Sprache zeigt sich in der Unmöglichkeit, die Tatsache zu beschreiben, die einem Satz entspricht (seine Übersetzung ist), ohne eben den Satz zu wiederholen. (Wir haben es hier mit der Kantischen Lösung des Problems zu tun.)« (Wittgenstein 1931 in: Wittgenstein 1977: 27)

39 vgl. Kenny 1973: 229 f.

40 vgl. Wittgenstein 1921: 4.112

41 Detaillierter äußert sich Wittgenstein an anderer Stelle zum philosophischen Fortschritt: »Man hört immer wieder die Bemerkung, daß die Philosophie keinen Fortschritt mache, daß die gleichen philosophischen Probleme, die schon die Griechen beschäftigten, uns noch beschäftigen. Die das aber sagen, verstehen nicht den Grund, warum es so sein muß. Der ist aber, daß unsere Sprache sich gleich geblieben ist und uns immer wieder zu denselben Fragen verführt. Solange es ein Verbum ›sein‹ geben wird, das zu funktionieren scheint wie ›essen‹ und ›trinken‹, solange es Adjektive ›identisch‹, ›wahr‹, ›falsch‹, ›möglich‹ geben wird, solange von einem Fluß der Zeit und von einer Ausdehnung des Raumes die Rede sein wird, usw., usw., solange werden die Menschen immer wieder an die gleichen rätselhaften Schwierigkeiten stoßen, und auf etwas starren, was keine Erklärung scheint wegheben zu können. Und dies befriedigt im Übrigen ein Verlangen nach dem Transcendenten, denn, indem sie die ›Grenze des menschlichen Verstandes‹ zu sehen glauben, glauben sie natürlich, über ihn hinaus sehen zu können.« (Wittgenstein 1931 in: Wittgenstein 1977: 36)

42 vgl. »Der Philosoph behandelt eine Frage, wie eine Krankheit.« (Wittgenstein 1947-49: 255)

43 vgl. »Der Begriff der übersichtlichen Darstellung ist für uns von grundlegender Bedeutung. Er bezeichnet unsere Darstellungsform, die Art, wie wir die Dinge sehen. (Ist dies eine ›Weltanschauung‹?)« (Wittgenstein 1947-49: 122)

44 vgl. »Die meisten Fragen und Sätze der Philosophie beruhen darauf, daß wir unsere Sprachlogik nicht verstehen.« (Wittgenstein 1921: 4.0003) »Alle Philosophie ist ›Sprachkritik‹.« (Wittgenstein 1921: 4.0031) »Eine ganze Wolke von Philosophie kondensiert zu einem Tröpfchen Sprachlehre.« (Wittgenstein 1947-49: 258)

45 Über den *Tractatus* schreibt Wittgenstein an Ficker: »Ich wollte nämlich schreiben, mein Werk besteht aus zwei Teilen: aus dem, der hier vorliegt, und aus alledem, was ich *nicht* geschrieben habe. Und gerade dieser zweite Teil ist der Wichtige.« (Wittgenstein 1919 in: Wittgenstein 1980: 96)

46 vgl. »Ich kann mir wohl denken, was Heidegger mit Sein und Angst meint. Der Mensch hat den Trieb, gegen die Grenzen der Sprache anzurennen.« (Wittgenstein 1929 in: Waismann 1929-32: 68)

47 vgl. 1. Kapitel, S. 19 und 3. Kapitel, S. 103; » . . . although I ended up by disagreeing in important ways with Carnap, he is certainly the greatest influence . . .« (Quine/Koppelberg 1983: 1)

48 vgl. Carnap 1963a: 12f., 25

49 vgl. für die folgenden Details Carnap 1963a: 3-13

50 vgl. Russell 1914a: 7f.

51 vgl. S. 68; in dieser Form findet sich Russells Dictum in Carnap 1928a: 1.

52 Daß die explizite Durchführung des empiristischen erkenntnistheoretischen Programms für Carnap *der* Antriebsfaktor seiner vielfältigen philosophischen Arbeiten gewesen ist, betont auch Hempel: »Carnap's work outside the field of logic was devoted almost exclusively to epistemology and the philosophy of science, and his principal contributions to these fields are united by a common Leitmotiv, namely, the search for ever more careful and philosophically illuminating reformulations, or explications, of the basic idea of empiricism that all our knowledge of the world ultimately derives from what is immediately given to us in the data of our direct experience.« (Hempel 1975: 1)

53 vgl. S. 77

54 Das sollte nicht dazu führen, die fundamentalen Unterschiede in der Art der Begriffsklärung bei Carnap und Wittgenstein zu übersehen. Carnaps Analysen sind explikativ, weil sie vom Ideal der Ableitbarkeit bestimmt werden, das in den Wissenschaften eine bedeutende Rolle spielt. Bei Wittgenstein haben die Wissenschaften hingegen keinen bevorzugten Status: »Die Wissenschaft: Bereicherung und Verarmung. Die *eine* Methode drängt alle anderen beiseite. Mit dieser verglichen scheinen sie alle ärmlich, höchstens Vorstufen. Du mußt zu den Quellen nieder-

niedersteigen, um sie alle nebeneinander zu sehen, die vernachlässigten und die bevorzugten.« (Wittgenstein 1947 in: Wittgenstein 1977: 116) Wittgensteins Analysen sind – wie oben ausgeführt – rein deskriptiv und vom Ideal der Übersicht bestimmt.

55 vgl. S. 67

56 vgl. für eine genauere Charakterisierung dieser Elementarerlebnisse Carnap 1928a: 91-94

57 »Under the influence of some philosophers, especially Mach and Russell, I regarded in the *Logische Aufbau* a phenomenalistic language as the best for a philosophical analysis of knowledge. I believed that the task of philosophy consists in reducing all knowledge to a basis of certainty. Since the most certain knowledge is that of the immediately given, whereas knowledge of material things is derivative and less certain, it seemed that the philosopher must employ a language which uses sense-data as a basis.« (Carnap 1963a: 50)

58 vgl. S. 79

59 vgl. Carnap 1963a: 25

60 vgl. dazu Kapitel 3

61 vgl. Carnap 1963a: 25

62 vgl. Carnap 1963a: 47

63 Die Erklärung logischer und mathematischer Wahrheiten durch den Rekurs auf ›reine Anschauung‹ oder ›Vernunftwahrheiten‹ konnte die Logischen Empiristen ebensowenig überzeugen wie Mills Theorie, nach der die Wahrheiten der Logik und Mathematik nichts anderes als induktive Verallgemeinerungen sind.

64 vgl. dazu 3. Kapitel, S. 103-118

65 vgl. Carnap 1963a: 45

66 Über den Ursprung des Verifikationsprinzips gehen die Meinungen auseinander. Quine nennt Peirce als den wichtigsten Vertreter; vgl. Quine 1968b: 78. Im *Tractatus* finden sich zwei Stellen, die auf Wittgensteins spätere explizite Formulierung hindeuten: »Einen Satz verstehen, heißt, wissen was der Fall ist, wenn er wahr ist.« (Wittgenstein 1921: 4.024) »... um sagen zu können: ›*p*‹ ist wahr (oder falsch), muß ich bestimmt haben, unter welchen Umständen ich ›*p*‹ wahr nenne, und damit bestimme ich den Sinn des Satzes.« (Wittgenstein 1921: 4.063) Carnap schreibt in den *Scheinproblemen der Philosophie:* »Der Sinn einer Aussage besteht darin, daß sie einen (denkbaren, nicht notwendig auch bestehenden) Sachverhalt zum Ausdruck bringt. Bringt eine (vermeintliche) Aussage keinen (denkbaren) Sachverhalt zum Ausdruck, so hat sie keinen Sinn, ist nur scheinbar eine Aussage.« (Carnap 1928b: 47) Veröffentlicht wird das Verifikationsprinzip zum ersten Mal durch Waismann: »Eine Aussage beschreibt einen Sachverhalt. Der Sachverhalt besteht oder er besteht nicht ... Kann auf keine Weise angegeben wer-

den, wann ein Satz wahr ist, so hat er überhaupt keinen Sinn; denn der Sinn eines Satzes ist die Methode seiner Verifikation.« (Waismann 1930/31: 229) Vgl. dazu auch Waismanns »Thesen« in Waismann 1929-32: 243-246. Im angelsächsischen Sprachraum wird das Prinzip durch Schlick eingeführt: »The meaning of a proposition is the method of its verification.« (Schlick 1936: 340) Für eine neuere kritische Diskussion vgl. Black 1982 und Schulte 1982.

67 vgl. Carnap 1963a: 45

68 vgl. Carnap 1931: 238

69 vgl. Wittgenstein 1921: 4.12 und 4.121

70 vgl. Neurath 1931c: 396-403

71 vgl. Carnap 1963a: 55 f.

72 vgl. Carnap 1934: 203-210 sowie Carnap 1942: 250

73 Wie sehr sich Carnap um eine gerechte Beurteilung Poppers bemüht, geht aus einem Brief an Neurath hervor, den er anläßlich seiner Rezension der *Logik der Forschung* (vgl. Carnap 1935) schreibt:
»Ich habe mehrere Stunden daran gewendet, meine Rezension zu ändern. Es war eine ähnlich schwierige Aufgabe wie damals, als ich bei meinem Aufsatz ›Protokollsätze‹ die größten Schwierigkeiten hatte, den Text so zu formulieren, daß sowohl Deine als Poppers Forderungen (beide von ihrem Gesichtspunkt aus berechtigt) nach Möglichkeit erfüllt wurden. Diesmal habe ich natürlich den Text nicht an Popper geschickt, mußte daher beim Abwägen der Formulierungen selbst Anwalt für ihn spielen. Was seinen Einfluß auf uns betrifft, so hab ich das jetzt genauer abgegrenzt, so daß man weiß, worauf es sich bezieht. Wenn Du seinen Einfluß auf uns übersiehst, so machst Du denselben Fehler wie er in der umgekehrten Richtung, nur daß er ihn im zehnfachen Maße macht.« (Carnap an Neurath, Prag, 22. Juni 1935)
Gegenüber Carnap fällt Neuraths Beurteilung von Popper wesentlich negativer aus; vgl. dazu seine Rezension der *Logik der Forschung* unter dem bezeichnenden Titel »Pseudorationalismus der Falsifikation« (Neurath 1935), wo er beinahe alle wichtigen späteren Kritikpunkte von Feyerabend und Kuhn vorwegnimmt. In einem Brief an Carnap wird seine Haltung gegenüber Popper besonders deutlich: »I read Popper again. I hope that after so many years you will see how empty all that stuff is. Just the points in which we are interested from point of view of scientific arguing, are not accepted by him, just there he is full of statements on experimentum crucis, negation of all sentences etc. What a decrease after Duhem, Mach etc. No feeling for scientific research. I am sorry that you have no time to give me now a short analysis of Popper's book, telling me where the merits are. This queer idea that one can rebute a hypothesis cannot even be used in a weaker way ...« (Neurath an Carnap, Oxford, December 22, 1942)

74 Daß die grundlegende Idee richtig ist, gesteht auch Carnap ausdrücklich zu, weist jedoch gleichzeitig darauf hin, daß Poppers Forderung zu eng ist. Sätze mit gemischten Quantoren, die vor allem in der theoretischen Physik vorkommen, sind prinzipiell nicht falsifizierbar; vgl. Carnap 1963b: 879.

75 vgl. Popper 1955: 183

76 vgl. Carnap 1963b: 878

77 vgl. Popper 1934: XVII f.

78 vgl. Popper 1934: XIX-XXI

79 vgl. »Die Probleme der Erkenntnistheorie bilden meiner Ansicht nach das Kernstück der Philosophie.« (Popper 1977: 17)

80 vgl. S. 91

81 vgl. Popper 1934: 23

82 vgl. dazu 3. Kapitel, S. 181 f.

83 vgl. dazu die Schlußbemerkung zu dieser Arbeit

84 vgl. in diesem Zusammenhang die Einschätzung von Stegmüller: »Ein Philosoph, der mein Denken ... stark beeinflußte, obwohl er in meinen Schriften nur selten erwähnt wird, ist W. V. Quine. Seine Schriften vermittelten mir die Einsicht in *die unlösliche Verquickung von Wissenschaftsphilosophie und Sprachphilosophie.* Hauptsächlich dieser Einsicht verdanke ich es, daß ich sowohl zu Popper als auch zu Wittgenstein in einem distanzierten Verhältnis blieb, trotz meines großen Interesses für die Gedanken dieser beiden Philosophen. Nach Popper ist die Sprachphilosophie ohne Relevanz für die Wissenschaftstheorie; für Wittgenstein ist das Nachdenken über die einzelwissenschaftlichen Erkenntnisse irrelevant für ein korrektes Verständnis der Sprache. Ich halte beides für verfehlte Grundeinstellungen.« (Stegmüller 1979b: 7)

Anmerkungen zum 3. Kapitel

1 Nicht ohne Grund heißt Quines erste philosophische Essaysammlung *From a Logical Point of View.* Der Ursprung dieses Titels liegt jedoch dort, wo ihn die wenigsten Philosophen suchen würden:
»Henry Aiken and I were with our wives in a night spot in Greenwich Village when we heard Harry Belafonte sing the Trinidad calypso that ends:
And so, from a logical point of view,
Always marry woman uglier than you.
That, Henry suggested, offered a title for my interim volume; and so it did.« (Quine 1985a: 228)

2 vgl. dazu Quine ca. 1978: 9-18, 20 f., 23-27; die wichtigsten Arbeiten

Quines zur Logik sind Quine 1934, Quine 1937, Quine 1940, Quine 1941, Quine 1950, Quine 1963, Quine 1966b und Quine 1970a.

3 Putnam schreibt zu dieser Arbeit Quines: » . . . just three months before writing ›Truth by convention‹ . . . he had given a lecture at Harvard (which was never published) giving the best and most careful statement of the theory that mathematics is true by convention that has perhaps ever been written.« (Putnam 1981c: 172)

4 In einer persönlichen Mitteilung schreibt Quine: »You are right in regarding ›Truth by convention‹ as my first step toward the thesis of indeterminacy of translation.« (Quine, Brief vom 4. 9. 1981)

5 Wenigstens kurz erwähnt wird »Truth by Convention« in Orenstein 1977: 102 f. und Lauener 1982a: 47

6 vgl. für das Folgende Quine 1935: 77

7 vgl. für das Folgende Quine 1935: 78 ff.

8 vgl. Quine 1935: 81 f.

9 vgl. Quine 1935: 84

10 vgl. Quine 1935: 87 f.

11 In einer Fußnote schreibt Quine dazu: »The functions of postulates as conventions seems to have been first recognized by Gergonne. His designation of them as ›implicit definitions,‹ which had some following in the literature, is avoided here.« (Quine 1935: 88) Implizite Definitionen sind nach Gergonne solche Aussagen, in denen Ausdrücke sowohl mit unbekannten wie mit bekannten Bedeutungen in einer Anordnung vorkommen, die es ermöglicht, die unbekannten Bedeutungen aus den bekannten zu erschließen.

12 Bei meiner zusammenfassenden Darstellung folge ich zu Beginn den Ausführungen von Levin 1979b: 48

13 vgl. für das Folgende Quine 1935: 82 und 98 f. Quines Argument hängt natürlich nicht von Huntingtons Systematisierung der Geometrie ab, die hier nur als ein Beispiel dient.

14 vgl. Quine 1935: 102

15 Seine Sicht der Unterscheidung von *a priori* und *a posteriori* wird von Quine in »Truth by Convention« mit der Charakterisierung der Dichotomie durch Kant verglichen; dabei wird bereits der Kern seiner holistischen Wissenschaftsauffassung deutlich, die erst in »Two Dogmas of Empiricism« genauer formuliert wird. 1935 heißt es bei Quine im Hinblick auf apriorische und aposteriorische Wahrheiten:

» . . . the former have ›the character of an inward necessity,‹ in Kant's phrase, the latter do not. Viewed behavioristically and without reference to a metaphysical system, this contrast retains reality as a contrast between more or less firmly accepted statements; and it obtains antecedently to any *post facto* fashioning of conventions. There are statements which we choose to surrender last, if at all, so basic are they to our

whole conceptual scheme. Among the latter are to be counted the so-called truths of logic and mathematics, regardless of what further we may have to say of their status in the course of a subsequent sophisticated philosophy.« (Quine 1935: 102)
Quines Beschreibung des Unterschieds von *a priori* und *a posteriori* unter Rückgriff auf den Akzeptabilitätsgrad von Sätzen erfolgt ganz im Sinne Neuraths, der gegenüber Carnaps Semantik immer wieder gefordert hatte, daß sie zu seiner »language of accepting« in Beziehung gesetzt werden müsse (vgl. die Briefe Neurath an Carnap, July 29, 1942 und Carnap an Neurath, November 7, 1942). Bezüglich des erkenntnistheoretischen Status logischer und mathematischer Wahrheiten scheint Quine an dieser Stelle zu einem konservativen Standpunkt zu tendieren. In »Two Dogmas of Empiricism« schließt er sich dem konsequenten Fallibilismus Neuraths an, nach dem selbst logische Sätze prinzipiell revidierbar sind.

16 vgl. Quine 1935: 103-106 und Quine 1954a: 391 f.

17 vgl. dazu Quine 1954a: 388

18 Quine ergänzt: »Kant's readiness to see logic as analytic and arithmetic as synthetic, in particular, is not superseded by Frege's work (as Frege supposed) if ›logic‹ be taken as elementary logic. And for Kant logic certainly did not include set theory.« (Quine 1954a: 389)

19 vgl. für das Folgende Quine 1954a: 392 f.

20 Für Quines Argumentation ist eine genauere Differenzierung zwischen Axiomen und Postulaten an dieser Stelle nicht wichtig.

21 vgl. Quine 1954: 393-395

22 Die Unterscheidung stellt eine Differenzierung gegenüber Quines Behandlung von Definitionen in »Truth by Convention« dar.

23 vgl. Quine 1954a: 396

24 vgl. für die folgende Diskussion Quine 1954a: 388-392 und Carnap 1963b: 916 f.

25 vgl. Quine 1954a: 389

26 vgl. Carnap 1963b: 917

27 vgl. Quine 1951a: 21. Quine glaubt auch, daß diese Charakterisierung, wenn nicht den Definitionen, so doch zumindest den theoretischen Absichten Kants gerecht wird.

28 ›Theorie der Bedeutung‹ und ›Theorie der Referenz‹ sind Übersetzungen von Quines *theory of meaning* und *theory of reference*. ›Theorie der Bedeutung‹ im Quineschen Sinn darf nicht mit ›Bedeutungstheorie‹ verwechselt werden. Verschiedene Bedeutungstheorien, wie etwa die von Davidson, Dummett, Putnam und Quine, geben unterschiedliche und miteinander konkurrierende Antworten auf die Frage nach einer korrekten Theorie der Bedeutung.
In den klassischen Aufsätzen »On what there is« (Quine 1948) und

»Two Dogmas of Empiricism« (Quine 1951a) stellt Quine häufig *meaning* and *naming* gegenüber. Später redet er beinahe immer vom Unterschied zwischen *meaning* und *reference*. *Naming* (im Deutschen ›benennen‹) ist ein wichtiger Begriff in der Theorie der Referenz. Um durchgängig eine einheitliche Terminologie zu verwenden, benutze ich ›Bedeutung‹ und ›Referenz‹. Für *reference* wäre zwar ›Bezug‹ die angemessenere Übersetzung; da sich aber inzwischen der Gebrauch von ›Referenz‹ im Deutschen etabliert hat, schließe ich mich ihm an.

29 vgl. Quine 1951a: 21

30 vgl. Quine 1948: 9. Es sei hier nur am Rand daran erinnert, daß wir selbst bei Russell eine Verwechslung von Bedeutung und Referenz finden, vgl. 2. Kapitel, S. 70.

31 vgl. Bennett 1971: 25

32 vgl. dazu 4. Kapitel, S. 261

33 vgl. Quine 1958: 19

34 vgl. Quine 1951a: 38f., Quine 1975a: 67f.

35 So heißt es in *The Roots of Reference:* »Ideas are as may be, but the words are out where we can see and hear them.« (Quine 1974a: 35) Und in »Facts of the Matter« ergänzt Quine: »Let us ... recognize that the whole idea idea ... is a frail reed indeed. We must seek a firm footing rather in words.« (Quine 1977a: 155)

36 vgl. Quine 1969b: 97f.

37 Zur Psychologie vgl. Quines Dictum: »I think behaviorists are right in holding that talk of ideas is bad business even for psychology.« (Quine 1951b: 48)

38 vgl. Quine 1951b: 48, Quine 1948: 11f. und Quine 1951a: 22

39 In *Word and Object* wendet sich Quine erneut dem intuitiven Bedeutungsbegriff zu und analysiert, was von ihm übrig bleibt, wenn man ihn auf konsequent empirische Weise zu rekonstruieren versucht. Das Ergebnis von Quines Bemühungen ist der Begriff der Stimulusbedeutung, der bei der Aufstellung und Verteidigung der These der Übersetzungsunbestimmtheit eine zentrale Rolle spielt.

40 vgl. Quine 1951a: 22. Hier – wie auch in einigen anderen frühen Aufsätzen – spricht Quine noch von ›Aussagen‹ und nicht von ›Sätzen‹. Ich gebrauche durchgängig den Terminus ›Satz‹, wie Quine das in seinem späteren Werk ausschließlich tut, um sich von den Philosophen abzugrenzen, die Aussagen mit Propositionen identifizieren.

41 vgl. Quine 1951a: 22f., Quine 1954a: 402f.

42 Quine gebraucht die Bezeichnungen *essential* und *vacuous;* statt *vacuous* wörtlich mit ›leer‹ zu übersetzen, ziehe ich im Deutschen ›unwesentlich‹ in Abgrenzung zu ›wesentlich‹ vor.

43 Quines früheste Definition der logischen Wahrheiten findet sich in Quine 1935: 81.

44 Diese Auffassung vertritt auch Gochet; vgl. Gochet 1978: 141.

45 Quine schreibt dazu: »... the further idea suggests itself of defining logical truths more abstractly, by appealing not specifically to the negation, conjunction, and quantification that figure in our particular object language, but to whatever grammatical constructions one's object language may contain. A logical truth is, on this approach, a sentence whose grammatical structure is such that all sentences with that structure are true.

Sentences have the same grammatical structure when they are interconvertible by lexical substitutions. Our new definition of logical truth, then, can also be put thus: *a logical truth is a sentence that cannot be turned false by substituting for lexicon.*« (Quine 1970a: 58)

Für eine nähere Diskussion dieser Definition vgl. Quine 1970a: 58-60. In »Logical Truth«, dem 4. Kapitel von *Philosophy of Logic*, legt Quine vier Definitionen der logischen Wahrheit in verschiedenen Varianten vor, die alle extensional äquivalent sein sollen. Eine genauere Untersuchung dieser Behauptung geht über den Rahmen dieser Arbeit hinaus.

46 vgl. auch Strawson 1957: 116 und 126

47 vgl. Quine 1969h: 323

48 vgl. Gochet 1978: 147-150

49 vgl. Quine 1969h: 323 f. und Gochet 1978: 148 f.

50 vgl. Gochet 1978: 149

51 vgl. Deckert 1973: 55

52 vgl. Quine 1960: 157-161

53 vgl. Quine 1951a: 24-27

54 vgl. S. 113 f.

55 Quine spricht an dieser Stelle (vgl. Quine 1951a: 25) mit Bezug auf Carnap von ›Explikation‹. Ich rede hier deshalb von ›explikativer Definition‹, weil sich herausstellen wird, daß Quine – entgegen seinem Selbstverständnis! – unter ›Explikation‹ etwas anderes versteht als Carnap; vgl. S. 151-153.

56 vgl. S. 113 f.

57 vgl. S. 113 f.

58 vgl. Quine 1951a: 27-32

59 Die Gründe für diese Befürchtung Quines werden im Zusammenhang mit der Unbestimmtheitsthese der Übersetzung deutlich werden.

60 vgl. Quine 1951a: 32

61 vgl. Mates 1951: 529

62 vgl. S. 150

63 vgl. für das Folgende Quine 1951a: 32-36

64 Diese Unterscheidung und eine daran anknüpfende detaillierte Analyse fehlt meines Wissens in den bisherigen Quine-Monographien.

Eine Ausnahme ist Stegmüller 1957: 294-296, der drei verschiedene Fassungen der semantischen Regeln darstellt und diskutiert.

65 vgl. Carnap 1947: 9, Carnap 1950a: 70-72 und Quine 1951a: 23

66 vgl. Carnap 1947: 10 und auch Martin 1952: 43 und 46, der ›analytisch‹ mit ›logisch wahr (L-wahr)‹ identifiziert.

67 vgl. Carnap 1952: 222-226

68 Der Begriff der L-Implikation gehört zu denjenigen L-Begriffen, die ohne Schwierigkeiten mit Hilfe des Begriffs der L-Wahrheit definiert werden können; vgl. dazu Carnap 1950a: 82-89.

69 vgl. S. 111-118

70 vgl. Quine 1954a: 404 f.

71 vgl. Quine 1954a: 401 f.

72 Die Formations- oder Formregeln einer Sprache legen fest, welche Zeichenverbindungen zulässige Sätze dieser Sprache sind.

73 vgl. S. 141

74 vgl. S. 113 f.

75 vgl. S. 112 f.

76 vgl. S. 113 f.

77 vgl. Quine 1954a: 405 und auch Quine 1951a: 35

78 vgl. Carnap 1963b: 917-919 sowie Mates 1951 und Martin 1952

79 vgl. Carnap 1955a: 233

80 vgl. Carnap 1963b: 918

81 vgl. Quine 1954a: 403 und S. 129

82 vgl. Carnap 1963b: 918 f.

83 vgl. S. 137 f.

84 vgl. S. 139 f.

85 vgl. Carnap 1963b: 919

86 vgl. Martin 1951: 529 f., Mates 1952: 45, Grice/Strawson 1956: 145 f.

87 vgl. dazu 4. Kapitel, S. 186-192

88 vgl. Quine 1960: 259, Fn.

89 vgl. S. 116 f.

90 vgl. S. 117 f.

91 vgl. Quine 1960: 258 f. Im 4. Kapitel wird deutlich werden, daß der für Quines Bedeutungstheorie grundlegende Begriffe der ·Stimulusbedeutung einen solchen Ersatz für den theoretisch unbefriedigenden traditionellen Bedeutungsbegriff abgibt.

92 vgl. vor allem Grice/Strawson 1956

93 vgl. Quine 1951a: 36 f.

94 vgl. Putnam 1976b: 202-207

95 vgl. dazu 2. Kapitel, S. 86

96 Quine selbst schreibt Peirce die Entwicklung der Verifikationstheorie der Bedeutung zu. Philosophiehistorisch betrachtet, ist dies eine fragwürdige Hypothese, die auf einer weitgehenden Gleichsetzung von

Peirces pragmatischer Maxime mit der Verifikationstheorie der Bedeutung beruht. Von streng empiristisch ausgerichteten Interpreten Peirces wurde eine solche Deutung allerdings tatsächlich vertreten. So heißt es in Buchlers einflußreichem Buch *Charles Peirce's Empiricism:* »Every statement has consequences; but only those statements are genuinely synthetic which have sensible or experimental, i.e. confirmable, consequences. Each consequence of a statement is a logical interpretant of that statement ... Pragmatism is the doctrine that the meaning of a synthetic sentence is its pragmatic interpretant; or in other words, that no synthetic sentence has meaning unless it has a pragmatic interpretant.« (Buchler 1939: 119 f.) Quines Bezug auf Peirce als Ursprung der Verifikationstheorie der Bedeutung läßt sich somit vielleicht durch seine empiristische Rezeption der pragmatischen Tradition verständlich machen (vgl. dazu seinen programmatischen Aufsatz Quine 1975c); gerechtfertigt ist sie dadurch nicht. Vgl. für eine detaillierte Diskussion dieses Problems Alston 1955.

97 vgl. Quine 1951a: 37

98 Die Präzisierung dieses Gedankens führt Quine zu seinem Begriff der Stimulusanalytizität; vgl. dazu 4. Kapitel, S. 218 f.

99 vgl. Quine 1951a: 38-42

100 vgl. S. 119 f.

101 vgl. Quine 1951a: 38 f. Quine 1968b: 72 f. und Quine 1975a: 68-70

102 vgl. für eine ausführliche Darstellung von Benthams Theorie der Fiktionen Ogden 1932; Bentham selbst bezeichnet seine Methode der Kontextdefinition als Paraphrasis.

103 vgl. 2. Kapitel, S. 61

104 vgl. Carnap 1928a: 83-111

105 vgl. Quine 1951a: 39 f.

106 vgl. Quine 1968b: 76 f.

107 vgl. Quine 1968b: 77 f.

108 vgl. S. 153 f. und Quine 1951a: 41

109 vgl. Quine 1975a: 67

110 vgl. Duhem 1906a: 277 f.

111 vgl. 1. Kapitel, S. 21 f., 26 f. und 32

112 vgl. Quine 1951a: 43

113 Die Diskussion von Quines Holismus wird im 4. Kapitel im Zusammenhang mit der These der Übersetzungsunbestimmtheit erneut aufgegriffen und weitergeführt.

114 vgl. Grice/Strawson 1956: 154-158. Auch in neueren Kritiken an Quine wird Grices und Strawsons Darstellung übernommen und akzeptiert; vgl. z. B. Dilman 1984: 91-93

115 Der explizite Bezug auf Duhem und Neurath kommt bei Grice und Strawson nicht vor.

116 vgl. S. 156

117 vgl. Grice/Strawson 1956: 156

118 vgl. Kasher/Lappin 1977: 117

119 So tritt z.B. von Kutschera dafür ein, die logischen Sätze aus dem Rahmen des fallibilistischen Holismus herauszulösen, »da bei ihnen doch grundsätzlich andere Verhältnisse vorliegen. Denn logische Operatoren lassen sich einzeln und ohne Bezugnahme auf empirische Sachverhalte präzise definieren. Diese Definitionen sind Festsetzungen und hängen als solche nicht von unseren Annahmen über die Welt ab.« (v. Kutschera 1975: 115) Daß Definitionen *prima facie* unabhängig von unseren Annahmen über die Welt aufgestellt werden können, wird von Quine nicht bestritten. Sein ausschlaggebender holistischer Grundgedanke besteht darin, daß veränderte Annahmen und Theorien über die Welt prinzipiell zu einer Revision der Logik führen können, wenn dadurch unser wissenschaftliches Gesamtgebäude verbessert wird. Diesen Standpunkt scheint inzwischen auch v. Kutschera zu teilen, wenn er nicht mehr ausschließt, »daß wir nicht auch unsere Logik oder unsere Sprache ändern könnten oder daß solche Änderungen nicht gelegentlich sinnvoll wären. Sie werden aber nie durch einzelne Beobachtungen motiviert.« (v. Kutschera 1981: 503, Fn. 91) Letzteres hat auch Quine nie behauptet.

120 vgl. Grice/Strawson 1956: 157; siehe auch v. Kutschera 1975: 115-118 und v. Kutschera 1981: 503, wo es heißt: »Logik und Sprache definieren den Rahmen, in dem man erst Annahmen und Beobachtungen ausdrücken ... kann. Das Problem widersprechender Beobachtungen und einer Modifikation der Annahmen, die diese damit in Einklang bringt, stellt sich erst in einem solchen Rahmen; man würde es also verfehlen, wenn man ihn als disponibel ansähe.« Diese Argumentation verläuft ganz im Sinne von Carnaps Auffassung, die auf den Seiten 172 bis 180 mit Quines Alternative verglichen wird. Zweierlei kann jedoch schon hier festgehalten werden: 1. Für Quine legen Logik, Sprache und Tatsachen gemeinsam unser wissenschaftliches System fest, dessen einzelne Bestandteile nicht so auszusondern sind, daß eine prinzipielle Unterscheidung in ›Rahmen‹ und ›Inhalt‹ aufrechterhalten werden kann. 2. Natürlich stellt sich das Problem widersprechender Beobachtungen nur vor dem Hintergrund einer hypothetisch angenommenen Theorie. Was soll es heißen, daß man das Problem verfehlt, wenn man die Theorie als ›disponibel‹ ansieht? Die Theorie ist ›disponibel‹. Widersprechende Beobachtungen, häufig verbunden mit neuen theoretischen Einsichten, führen nicht selten zu ihrer Veränderung, im Extremfall sogar zu ihrer Preisgabe.

121 vgl. Carnap 1963b: 921

122 Nach Quine nimmt der Wiener Kreis die Verifikationstheorie der

Bedeutung vor allem deshalb nicht ernst genug, weil er die Konsequenzen nicht berücksichtigt, die sich aus der Konjunktion dieser Theorie mit dem Holismus ergeben. Diese Konsequenzen werden im 4. Kapitel detailliert behandelt werden; vgl. S. 268 ff.

123 Der Begriff der Ontologie wird hier im Sinne Quines verstanden und auf S. 174 näher erläutert.

124 vgl. Carnap 1950b: 73 f.

125 vgl. Carnap 1950b: 79, Fn.

126 vgl. Quine 1951c: 203 f.

127 vgl. dazu Trapp 1976

128 vgl. Carnap 1950b: 78

129 Die Stelle, auf die sich Carnap bezieht, ist einem späteren Aufsatz Quines entnommen: »The ontology to what one's use of language commits him comprises simply the objects that he treats as falling ... within the range of values of his variables.« (Quine 1943: 118) Der in diesem Zusammenhang wichtigste Aufsatz Quines ist »On what there is« (Quine 1948). Quines Ontologiekriterium ist in der Literatur ausführlich und kritisch diskutiert worden; für einen ersten Überblick vgl. Stegmüller 1954: 48-56 und Stegmüller (Hg.) 1978.

130 vgl. Quine 1951c: 207 f.

131 vgl. Carnap 1950b: 79, Fn.

132 vgl. Quine 1960: 275 f.

133 vgl. Quine 1951a: 46

134 vgl. S. 171

135 vgl. Hylton 1982: 174 f.

136 vgl. Hylton 1982: 175 f.

137 Dieser Punkt wird näher im 4. Kapitel behandelt; vgl. S. 273 f. Zu den folgenden Bemerkungen vgl. Romanos 1983: 193 f.

138 Überlegungen zu einer Neueinschätzung des Verhältnisses von Tatsachen und Wertfragen und erste Ansätze zu einem dynamischen Modell ihrer wechselseitigen Abhängigkeit finden sich in der analytischen Tradition z. B. bei Galtung 1977, Stich/Nisbett 1980, Kitchener 1980, Putnam 1981a und Thagard 1982a.

139 vgl. zusätzlich zu der in Anmerkung 138 angeführten Literatur die Arbeiten Haack 1975, Roth 1983b, Siegel 1980, Stabler 1984 und Stich 1985

Anmerkungen zum 4. Kapitel

1 vgl. Carnap 1955a: 235-238. Den Begriff der Intension wählt Carnap als Terminus zur Kennzeichnung der kognitiven Bedeutungskomponente.

Die kognitive Bedeutung eines Prädikats kann als die Bedeutungskomponente charakterisiert werden, die für die Bestimmung der Wahrheit eines Satzes ausschlaggebend ist.

2 Die Grundidee zu diesem methodologischen Ansatz dürfte Carnap in Anlehnung an Quines Aufsatz »The Problem of Meaning in Linguistics« (Quine 1951b) entwickelt haben.

3 Quine selbst verwendet den deutschsprachigen Ausdruck in Quine 1970f: 8. Er dürfte sich damit auf die fruchtbare heuristische Funktion von Gedankenexperimenten beziehen, wie sie in Mach 1905: 186ff. hervorgehoben wird.

4 So schreibt Quine: »I shall imagine that all help of interpreters is excluded. Incidentally I shall ignore phonematic analysis ..., early though it would come in our field linguist's enterprise; for it does not affect the philosophical point I want to make.« (Quine 1960: 28f.)

5 vgl. 3. Kapitel, S. 119-121

6 vgl. Quine 1960: 29f.

7 vgl. Quine 1960: 30

8 vgl. Quine 1960: 32

9 vgl. Quine 1960: 32-35. In meiner Darstellung folge ich weitgehend dem Vorgehen von Balzer 1981: 337-340, bei dem die einzelnen Schritte expliziter als bei Quine selbst herausgearbeitet sind.

10 Ich verwende im folgenden den Terminus ›Stimulusbedeutung‹ (und nicht ›Reizbedeutung‹!), weil bei Quines Definition seines empirischen Bedeutungsbegriffs nicht auf einzelne Reize, sondern auf Reizbündel und das heißt Stimuli Bezug genommen wird.

11 Balzer bemerkt dazu, daß »eine solche Klassifizierung für seine [d.h. Quines] Grundeinstellung gänzlich unzutreffend wäre« (Balzer 1981: 338), weil der explizite Bezug auf Dispositionen in Quines Explikation eine entscheidende Rolle spielt. Es ist jedoch nicht verständlich, warum der Bezug auf Dispositionen mit einem behavioristischen Standpunkt unvereinbar sein sollte. Im Gegenteil – alle aufgeklärten behavioristischen Positionen schließen die Postulierung von Dispositionen durchaus ein.

12 Diese Überlegungen finden sich hauptsächlich im ersten und dritten Kapitel von *Word and Object* sowie in weiter ausgearbeiteter Form in *The Roots of Reference*. Der einflußreichste Kritiker von Quines sprachtheoretischer Position ist Chomsky; vgl. vor allem die Arbeiten Chomsky 1969a, Chomsky 1969b, Chomsky 1975 und Chomsky 1980. Die Auseinandersetzung zwischen Quine und Chomsky habe ich in meiner M.A.-Arbeit darzustellen versucht; vgl. Koppelberg 1980: 26-44. Zur Verteidigung Quines gegen die Kritik von Chomsky vgl. Gibson 1980. Im folgenden gehe ich auf Quines Gedanken zum Sprachlernen nur insoweit ein, wie sie zum Verständnis des besonderen Stellenwerts der Stimulusbedeutung wichtig sind; vgl. dazu Quine 1960: 9-13.

13 vgl. Quine 1960: 34 f.

14 Bei der zusammenfassenden Vorstellung von Quines Klassifikation der verschiedenen Satzarten folge ich weitgehend Gochets klarer Übersicht; vgl. Gochet 1978: 64-66 und Gochet 1984: 63 f. sowie Quine 1960: 35-37.

15 vgl. Gochet 1978: 65 und Gochet 1984: 64

16 vgl. Quine 1960: 36

17 vgl. Balzer 1981: 340 f.

18 vgl. für das Folgende Quine 1960: 37-40

19 vgl. Quine 1974a: 39 f. Wir kommen hier zu Quines Lösung des zentralen Problems der Protokollsatzdebatte; vgl. 1. Kapitel, S. 38

20 vgl. Quine 1968b: 85-87

21 vgl. 3. Kapitel, S. 161 f.

22 vgl. Quine 1965: 158-160 und Quine 1974a: 23 f.

23 vgl. Quine 1974c: 72 f.

24 vgl. Quine 1974a: 41

25 Schon der Begriff des Gelegenheitssatzes ist relativ auf eine Sprachgemeinschaft eingeführt worden; vgl. S. 205 f.

26 vgl. S. 213

27 vgl. Quine 1960: 46-51 und Gibson 1982: 35 f.

28 vgl. Quine 1978c: 2 f.

29 vgl. Quine 1978c: 8

30 vgl. Quine 1978c: 7 f. und Gibson 1982: 37 f.

31 Für Gelegenheitssätze ist das Kriterium sowohl notwendig als auch hinreichend.

32 vgl. Quine 1978c: 5. Es sei an dieser Stelle hervorgehoben, daß uns beim gegenwärtigen Stand der Untersuchung im Rahmen des Gedankenexperiments der Erstübersetzung Wörter bzw. Termini noch nicht zur Verfügung stehen. Wir haben es bisher ausschließlich mit Sätzen zu tun. Der Bezug auf den Begriff des Wortes stellt somit einen Vorgriff dar.

33 vgl. Quine 1960: 55, 65-67, Quine 1968b: 86 und Gibson 1982: 38 f.

34 vgl. Quine 1974a: 78-80

35 vgl. Gibson 1982: 39

36 vgl. Quine 1960: 57 f., 60 und Haack 1977: 131-133

37 Auf kurze Sätze wird nur deshalb Wert gelegt, weil längere Sätze den Informanten leichter in Verwirrung bringen könnten; vgl. Quine 1959: 529 und Quine 1960: 58

38 vgl. Quine 1960: 79 und Quine 1968a: 47

39 vgl. Haack 1977: 132

40 vgl. Quine 1970a: 80 f.

41 vgl. Haack 1977: 132 f.

42 vgl. Quine 1966: 104 und Quine 1970f: 12 f.

43 vgl. Haack 1974: 19-21 und Haack 1977: 133 f.

44 vgl. Quine 1974a: 75-78 und Haack 1977: 134-136
45 vgl. S. 223 f.
46 vgl. S. 224 f.
47 vgl. Quine 1954a: 387, Quine 1959: 530 und Sukale 1976: 39 f.
48 Quine führt sein Prinzip der Nachsicht auf Wilson zurück, bei dem es heißt: »We select as designatum that individual which will make the largest possible number of ... statements true.« (Wilson 1959: 532); vgl. Quine 1960: 59.
49 vgl. Thagard und Nisbett 1983: 250-255, 264 f.; Thagard und Nisbett diskutieren das Nachsichtsprinzip in diesem Aufsatz nicht nur für den Bereich der Übersetzungsproblematik, sondern auch in den Disziplinen der Psychologie und Ökonomie.
50 Mit Bezug auf Agassi und Jarvie unterscheiden Thagard und Nisbett drei Ebenen der Rationalität: »At the lowest level, an agent's action is said to be rational if it is goal directed. At the next level, we call thinking rational if it obeys some set of explicit rules. At the third and most important level, a rational thought or action is one which conforms to the highest standards.« (Thagard/Nisbett 1983: 251, Fn.)
51 vgl. Thagard/Nisbett 1983: 251
52 Dies war das anfängliche Ziel von Quines Bemühungen. Wir haben gesehen, daß es sich nicht erreichen läßt, weil Wahrheitsfunktionen und Urteilsfunktionen bei Konjunktion und Disjunktion nicht zusammenfallen.
53 vgl. Kekes 1976: 139-147
54 vgl. Lévy-Bruhl 1921
55 vgl. Evans-Pritchard 1956
56 vgl. Kekes 1976: 138 f.
57 vgl. Kekes 1976: 140 f.
58 vgl. Kekes 1976: 145-147
59 vgl. Kekes 1976: 146 f. Kekes legt noch ein zweites Argument vor, daß die Inkonsistenz des Quineschen Einwands belegen soll. Dieses Argument beruht m.E. auf einem Mißverständnis von Quines Analytizitätskritik, so daß ich hier nicht darauf eingehe.
60 In dem Zitat spricht Quine von den Gelegenheitssätzen ›Gavagai‹ und ›Kaninchen‹; gemeint ist natürlich die Teilklasse der Gelegenheitssätze, die Beobachtungssätze sind. – Es sei an dieser Stelle auch darauf hingewiesen, daß Quine in allen Fällen, in denen er über einen Einwortsatz spricht, die Großschreibung (›Gavagai‹) wählt; spricht er hingegen über Termini, benutzt er die Kleinschreibung (›gavagai‹). In der deutschen Übersetzung von *Word and Object* wird ›Gavagai‹ hingegen immer groß geschrieben. Dadurch wird eine zum Verständnis der Unbestimmtheitsthese wichtige Unterscheidung nur schwer klar.
61 vgl. Quine 1958: 1-6, Quine 1960: 51-53, Quine 1968a: 29-35

62 vgl. Quine 1960: 52 f.
63 vgl. S. 192
64 vgl. Quine 1968a: 34 f.
65 vgl. Quine 1960: 68
66 vgl. S. 194
67 vgl. Quine 1960: 69 f.
68 vgl. Quine 1968a: 33
69 vgl. Quine 1960: 72
70 vgl. Quine 1960: 73
71 Gochet hat die Natur der analytischen Hypothesen durch einen Vergleich mit echten Hypothesen in der Chemie zu verdeutlichen versucht: »On pourrait penser que ces hypothèses analytiques sont *l'équivalent* linguistique des hypothèses qu'un chimiste peut faire à propos de la composition d'un corps qui n'a pas encore été décomposé. Quine récuse cette comparaison. Il affirme que dans le cas des hypothèses analytiques du linguiste, il n'existe pas *dans la réalité* explorée par le linguiste, c'est-à-dire dans ce que *veut dire* l'indigène en prononçant la phrase, une structure que l'hypothèse analytique pourrait reproduire plus ou moins fidèlement. En d'autres termes, il n'existe pas une traduction correcte au sens où il existe une description fidèle de la composition chimique d'un corps. La traduction est foncièrement indéterminée.« (Gochet 1978: 81)
72 vgl. Quine 1960: 73 f.
73 vgl. Quine 1960: 74. Die epistemische Situation des Zweisprachigen ist schon im Zusammenhang mit dem Nuer-Beispiel diskutiert worden und wird hier nun fortgeführt; vgl. S. 235 f.
74 Zum ›Museumsmythos‹ vgl. auch Quine 1958: 19 und Quine 1970f: 5.
75 vgl. Kasher/Lappin 1977: 137
76 vgl. Quine 1960: 74
77 vgl. Quine 1968a: 34
78 vgl. Quine 1960: 74
79 vgl. Quine 1960: 74 f.
80 vgl. Quine 1960: 76 f.
81 vgl. Quine 1960: 77, Fn. 2, wo Quine hinzufügt, daß seine These der Übersetzungsunbestimmtheit für die Leser, die mit Wittgensteins späten Bemerkungen über Bedeutung vertraut sind, kaum einen paradoxen Anschein haben dürfte.
82 Diese Konsequenzen werden im Zusammenhang mit der Diskussion der Argumente für die These der Übersetzungsunbestimmtheit herausgearbeitet werden; vgl. S. 249 f., 259.
83 vgl. S. 235 f. und Quine 1960: 77 f.
84 vgl. S. 260-268
85 vgl. Hintikka 1969: 71
86 vgl. Quine 1960: 30

87 vgl. Quine 1969g: 299
88 vgl. Quine 1969e: 312
89 vgl. Quine 1969e: 313 f.
90 Für den Grund dieser Schwierigkeit vgl. S. 243.
91 vgl. Haack 1974: 16
92 vgl. Gibson 1982: 31
93 vgl. Haack 1974: 16
94 vgl. S. 241
95 vgl. die Schlußbemerkung, S. 299 ff.
96 vgl. S. 237-244
97 vgl. S. 243
98 vgl. für das Folgende Quine 1968a: 46-51
99 Eine genauere Analyse und Diskussion dieser Behauptung Quines wird weiter unten im Zusammenhang mit der Erörterung des prinzipiellen Unterschieds zwischen der Unterbestimmtheit von empirischen Theorien und der Unbestimmtheit der Übersetzung durchgeführt; vgl. S. 273-282.
100 Davidson hat diesen Punkt besonders klar zum Ausdruck gebracht: »Perhaps someone ... will be tempted to say, ›But at least the speaker knows what he is referring to.‹ One should stand firm against this thought. The semantic features of language are public features. What no one can, in the nature of the case, figure out from the totality of the relevant evidence cannot be part of meaning. And since every speaker must, in some dim sense at least, know this, he cannot even intend to use his words with a unique reference, for he knows that there is no way for his words to convey this reference to another.« (Davidson 1979: 13 f.)
101 vgl. Gibson 1982: 74 f.
102 vgl. auch Quine 1981c: 421 f.
103 Dieser Einwand geht auf eine persönliche Mitteilung Hilary Putnams vom 9. März 1982 zurück. Da ich nicht sicher bin, ob Putnam meine Darstellung akzeptieren würde, verbinde ich sie nicht explizit mit seinem Namen.
104 Die Unerforschlichkeit der Referenz hat auch außerhalb der Philosophie Quines weitreichende Konsequenzen, deren wichtigste vielleicht Tarskis Korrespondenztheorie der Wahrheit betrifft; vgl. dazu Field 1973 und Field 1974, Leeds 1973, Hauptli 1979 und vor allem Davidson 1977a und Davidson 1979. – Auch Putnams Kritik des metaphysischen Realismus und seine Option zugunsten eines internen Realismus dürfte in Quines These der Unerforschlichkeit der Referenz ihre Wurzeln haben.
105 vgl. insbesondere 3. Kapitel, S. 154-184
106 vgl. 3. Kapitel, S. 154-156

107 vgl. 3. Kapitel, S. 157

108 vgl. 3. Kapitel, S. 161 f.

109 vgl. 3. Kapitel, S. 162-166

110 vgl. 3. Kapitel, S. 166 ff.

111 vgl. S. 259

112 vgl. S. 245. Für Quine scheint jede Form von Mentalismus unkritisch zu sein; zur Begründung und Kritik dieser Position vgl. die Schlußbemerkungen, S. 305 ff.

113 Für den systematischen Teil dieser Analyse habe ich am meisten aus den Arbeiten Foellesdal 1973, Foellesdal 1974 und Gibson 1982 gelernt. Der historische Teil der Analyse, der Quines Argument zugunsten der Unbestimmtheitsthese als Syntheseversuch verschiedener philosophischer Positionen Carnaps und Neuraths rekonstruiert, ist meines Wissens bisher in der Diskussion von Quines Philosophie noch nicht vorgelegt worden.

114 vgl. 1. Kapitel, S. 26 f.

115 vgl. S. 196

116 vgl. S. 199. Das Wort ›würde‹ wird in der *V*-These verwendet, um die dispositionale Charakterisierung der Bedeutung hervorzuheben.

117 vgl. Gibson 1982: 81. In diesem Punkt stimme ich mit Gibson völlig überein. Ich unterscheide mich von ihm in der detaillierten Formulierung der Rekonstruktion, in der er die von Quine im Hinblick auf die Beobachtungssätze vorgenommene Einschränkung des Holismus irrtümlich auch auf die theoretischen Sätze überträgt.

118 Das ist auch die Auffassung Foellesdals; vgl. Foellesdal 1973: 291. Er spricht allerdings von einer metaphysischen Schlußfolgerung, wo es m.E. angemessener wäre, von einer ontologischen Schlußfolgerung zu reden. Foellesdal legt an dieser Stelle zudem nahe, was er in einem weiteren Aufsatz explizit behauptet: »Quine ... argues that from this ›verification theory of meaning‹, together with the under-determination of a theory of nature, indeterminacy of translation follows.« (Foellesdal 1974: 30) Foellesdal scheint hier Quines Holismus mit Quines These der Unterbestimmtheit empirischer Theorien zu verwechseln. Quines Argumentation zur Begründung des prinzipiellen Unterschieds zwischen der Unbestimmtheitsthese und der Unterbestimmtheitsthese wird ab S. 273 ff. vorgestellt und diskutiert.

119 vgl. Foellesdal 1974: 31

120 Insbesondere von seinen Schülern Davidson und Putnam sowie von Dummett sind solch alternative empirische Bedeutungstheorien vorgelegt worden; vgl. Davidson 1973a, Davidson 1974a und Davidson 1980b; Dummett 1974c, Dummett 1975b und Dummett 1976b sowie Putnam 1974, Putnam 1975c und Putnam 1978a

121 vgl. für das Folgende Foellesdal 1974: 31 f.

122 Auf diese Begründung von Quines Unterbestimmtheitsthese komme ich zum Schluß der Diskussion zurück; vgl. S. 284 ff.

123 vgl. Gibson 1982: 85

124 Wie verträgt sich diese Auffassung mit Quines Ablehnung des modalen Begriffs der Möglichkeit? Gochet hat darauf eine erhellende Antwort gegeben: »Wir wollen hier ..., um Mißverständnisse zu vermeiden, darauf hinweisen, daß Quine unter einer ›möglichen Beobachtung‹ einen ›*beobachtbaren* Zustand oder ein *beobachtbares* Ereignis‹ versteht, im Gegensatz zu einem ›*beobachteten* Zustand oder Ereignis‹; d.h. er versteht unter einem ›beobachtbaren Zustand oder Ereignis‹ einen Zustand oder ein Ereignis, ›dessen Ort und Zeit außerhalb der Reichweite jedes zur Wahrnehmung befähigten Lebewesens‹ liegen kann (cf. Quine, 1975: 317). Es handelt sich also, mit anderen Worten, nicht um den *modalen* Begriff des Möglichen, den wir etwa in Kripkes Begriff der *möglichen* Welt finden.« (Gochet 1984: 40 f.)

125 Ein Teil dieser Bemerkung Einsteins wird auch von Gochet in einer fehlerhaften Rückübersetzung aus einer sekundären englischsprachigen Quelle angegeben; der wichtige erste Teil wird dabei nicht berücksichtigt; vgl. Gochet 1984: 41.

126 Die Unterbestimmtheit von empirischen Theorien ist nicht nur im Zusammenhang mit der Unbestimmtheit der Übersetzung, sondern vor allem um ihrer selbst willen von großer philosophischer Bedeutung; der außerordentlichen Komplexität der Problematik kann im Rahmen dieser Arbeit nicht nachgegangen werden.
Quine hat seine Unterbestimmtheitsthese im Lauf der Zeit erheblich modifiziert und eingeschränkt (vgl. Quine 1975b und Quine 1981b).
In der Diskussion werden zumindest die folgenden unterschiedlichen Positionen verfochten:
- Alle Theorien sind unterbestimmt: $Quine_1$ (vgl. Quine 1970e).
- Theorien sind in der Regel unterbestimmt: Chomsky (vgl. Chomsky 1969a).
- Es gibt Beispiele für unterbestimmte Theorien: Newton-Smith (vgl. Newton-Smith 1978).
- Es mag unterbestimmte Theorien geben: $Quine_2$ (vgl. Quine 1975b).
- Nicht alle Theorien sind unterbestimmt: Holenstein (vgl. Holenstein 1983).
- Keine Theorie ist unterbestimmt: Boyd, Hacking (vgl. Boyd 1973, Hacking 1981a).

Insbesondere Newton-Smith hat darauf aufmerksam gemacht, daß die philosophische Bedeutung der Unterbestimmtheit von Theorien im Zusammenhang mit der gegenwärtigen wissenschaftstheoretischen Realismus-Diskussion zu sehen ist. Wenn die Unterbestimmtheit von Theorien verteidigt werden kann, sind die realistischen Positionen solcher Philosophen wie Boyd, Harré, Hesse, Popper und Putnam ernsthaft gefährdet. Es ist deshalb nicht verwunderlich, daß gerade von realistischer Seite gegen die Unterbestimmtheit argumentiert worden ist. Im wesentlichen werden drei Argumentationen vorgetragen: Die erste Argumentation versucht zu zeigen, daß theoretische Sätze auf Beobachtungssätze reduziert werden können oder daß eine Theorie mit ihrem empirischen Gehalt identifizierbar ist. Die zweite Argumentation versucht nachzuweisen, daß wir unter Berücksichtigung solch methodologischer Anforderungen wie der nach Einfachheit die ›wahre‹ Theorie unter ihren unterbestimmten Alternativen herausfinden können. Die dritte Argumentation versucht aufzuzeigen, daß wir scheinbar empirisch äquivalente und logisch inkompatible Theorien stets als bloße Notationsvarianten verstehen können.

Anhand von wissenschaftstheoretischen Beispielanalysen hat Newton-Smith gegen alle drei Vorgehensweisen argumentiert und interessante Fälle von Unterbestimmtheit vorgelegt (vgl. Newton-Smith 1978: 73-78). Wenn es aber Fälle von Unterbestimmtheit empirischer Theorien gibt, befindet sich der Realist in dem Dilemma, zwischen zwei Möglichkeiten wählen zu müssen:

» . . . there are *facts* concerning which we can have no evidence.« (Newton-Smith 1978: 88); diese Option nennt Newton-Smith die ›Ignoranz-Antwort‹; und » . . . if we cannot know about something there is nothing to know about.« (Newton-Smith 1978: 88); diese Option nennt Newton-Smith die ›Arroganz-Antwort‹. Im weiteren Verlauf seiner Untersuchungen argumentiert er für die Arroganz-Antwort und für die Verwerfung der verbreiteten realistischen These, nach der unsere Theorien als wahr oder falsch betrachtet werden können (vgl. Newton-Smith 1978: 88-91).

Demgegenüber vertritt Quine den Standpunkt, daß unsere Theorien zwar unterbestimmt sein mögen, nichtsdestoweniger aber als wahr oder falsch verstanden werden sollten (vgl. Quine 1975b: 327). Bergström versucht diese Auffassung weitgehend zu verteidigen. Allerdings unterscheidet er sich von Quine durch seine Überzeugung, daß es prinzipiell unmöglich zu wissen ist, daß eine unterbestimmte Theorie wahr ist. Im Gegensatz zu Quine und zu Newton-Smith argumentiert er somit für die Ignoranz-Antwort. Nach seiner Auffassung ist dadurch die Unterbestimmtheit von Theorien mit einer spezifischen Version des wissenschaftstheoretischen Realismus vereinbar (vgl. Bergström 1984: 359).

Die Debatte um die Unterbestimmtheitsthese ist in vollem Gange. Für weitere Diskussionsbeiträge außer den bisher genannten vgl. Elgin 1980, English 1973, Horwich 1982, v. Kutschera 1981, Lukes 1978, Newton-Smith 1981, Newton-Smith 1982, Parsons 1979, Quine 1979b, Stegmüller 1979c und Wilson 1980.

127 vgl. vor allem Chomsky 1969a: 59, 61 und Chomsky 1975: 182-187

128 Bei Chomsky wird nicht deutlich, in welchem Ausmaß er die Unterbestimmtheitsthese akzeptiert. Daß diese These alles andere als trivial ist, dürfte nach den bisherigen Analysen deutlich geworden sein; vgl. insbesondere die Bemerkungen in Anmerkung 126.

129 vgl. Quine 1969c: 303

130 Die Situation ist also hier die gleiche wie bei der Diskussion der ontologischen Relativität, wo die Rahmensprache bzw. -theorie nur zur Klärung grundsätzlicher Probleme herangezogen wird.

131 vgl. 1. Kapitel, S. 53f.

132 vgl. Quine 1977a: 163

133 Dieser Gedanke ist vor allem in Davidson 1970 sowie in Davidson 1973b und Davidson 1974b entwickelt worden.

134 vgl. Quine 1977a: 166

135 vgl. Quine 1981g: 23

136 vgl. Quine 1977a: 167

137 vgl. Friedman 1975: 386f.

138 vgl. Quine 1960: 8

139 Quines spezifische Variante des Physikalismus wird durch diesen Ausblick nicht infrage gestellt.
Foellesdal und Gochet haben argumentiert, daß Quines Unbestimmtheitsthese sich auch ohne Rekurs auf seinen Physikalismus verteidigen lasse. Diese Einschätzung scheint mir kaum haltbar zu sein. Foellesdal beruft sich bei seiner Argumentation ausdrücklich auf die von Quine im Gespräch dargelegte spezifische Version seines Physikalismus: »As Quine has put it in conversation, that there is nothing to be right or wrong about in translation means that several different translation manuals fit the same states and distributions of all elementary particles.« (Foellesdal 1973: 295) Gochet führt die Unbestimmtheit der Übersetzung auf die Unklarheit des Synonymiebegriffs zurück und scheint dabei zu vergessen, daß Quine genau dazu das Gedankenexperiment der Erstübersetzung entwickelt, das seinerseits die Unbestimmtheitsthese zur Folge hat, die durch den Physikalismus gestützt wird (vgl. Gochet 1984: 91 und dazu Quines vollständige Argumentation in Quine 1977a: 166f.)

140 Zum systematischen Zusammenhang zwischen der Unbestimmtheitsthese und Quines Votum zugunsten einer naturalisierten Erkenntnistheorie vgl. die Schlußbemerkungen, S. 299

141 vgl. S. 274f.

142 vgl. Gibson 1982: 94. Gibson hat meines Wissens als erster eine explizite Verteidigung von Quines Unterbestimmtheitsthese unter Bezug auf seine naturalistisch-behavioristische Sprachkonzeption vorgelegt; ich folge seiner Argumentation und ergänze sie durch einen Ausblick

auf die Möglichkeiten, die sich durch die Berücksichtigung empirischer Untersuchungen ergeben; vgl. Gibson 1982: 56-58, 94 f.

143 vgl. S. 200

144 Wie wichtig Quine dieses Ziel ist, hat er klar zum Ausdruck gebracht, als ich ihn fragte, wie er sich eine Fortsetzung seiner Philosophie vorstellt:

»I would like to see someone – or many perhaps – going on with a detailed study of scientific language relative to the learning of language and the way ... the analytical hypotheses go forward and relate the theoretical sentences to the observation sentences. I have sketched conjectures of a loose kind in *The Roots of Reference*, but there is room, I expect, for psychological experimentation and observation as well as logical construction to work these things out in detail. That would be in my view a working out at the same time of a theory of scientific evidence, evidence for science.« (Quine/Koppelberg 1983: 22)

145 Auf Quines Sprachtheorie komme ich nocheinmal in den Schlußbemerkungen zurück; vgl. S. 307 f.

146 vgl. Quine 1975b: 313

147 vgl. Gochet 1984: 30

148 vgl. Bergström 1984: 362 f., Fn. 27

149 vgl. insbesondere Roth 1978, Roth 1980, Roth 1983a, Roth 1983b und Roth 1984

150 vgl. Gibson 1982: 65-83, 96-106

151 vgl. Roth 1984: 224

152 vgl. für das Folgende Gibson 1982: 103-105

153 vgl. Gibson 1982: 105

154 Diese Begründung verläuft parallel zur Begründung der Unterbestimmtheitsthese durch die naturalistisch-behavioristische Sprachauffassung, da der Holismus logisch aus der Unterbestimmtheitsthese folgt; vgl. für diese Begründung S. 284 ff.

155 vgl. Roth 1984: 226 f.

156 Ob Roth damit die oben angeführte Aussage Gibsons, in der dieser von ›rationaler Rechtfertigung‹ spricht, richtig deutet, scheint mir zweifelhaft. Um Roths weitere Argumentation adäquat einschätzen zu können, wird seine Deutung jedoch an dieser Stelle hypothetisch akzeptiert.

157 vgl. Roth 1984: 227

158 vgl. dazu die Schlußbemerkungen, S. 308 f.

159 vgl. 3. Kapitel, S. 161 ff.

160 vgl. Quine 1975a: 72

161 vgl. 1. Kapitel, S. 26 f. und 48 f.

162 vgl. dazu Koppelberg 1981. Die wichtigsten Arbeiten Feyerabends, Hübners und Kuhns zu dem Problembereich sind Kuhn 1962, Feyer-

abend 1975 und Hübner 1978; vgl. auch Hübner 1971, Hübner 1980a und Hübner 1980b sowie Hübner 1985, Lakatos 1970 und Lakatos 1971 und dazu Raub/Koppelberg 1978. Für kritische Diskussionen vgl. v. Kutschera 1981: 493-512 und Stegmüller 1973: 266-278 sowie Kuhn 1976.

Anmerkungen zu den Schlußbemerkungen

1 vgl. 1. Kapitel, S. 19
2 vgl. 1. Kapitel, S. 52-54
3 vgl. 1. Kapitel, S. 46
4 Quine erwähnt Wittgenstein nur selten, obwohl es neben den beträchtlichen Unterschieden auch interessante Gemeinsamkeiten zwischen den beiden Philosophen gibt.

Wittgenstein kommt zu seiner Philosophiekonzeption durch eine kritische Auseinandersetzung mit Frege und Russell, deren Auffassungen über Aufgaben und Ziele der Philosophie er schließlich weitgehend verwirft. Seine Alternative besteht in einem sprachanalytischen Apriorismus.

Quine gewinnt sein Philosophieverständnis durch eine kritische Auseinandersetzung mit Frege, Russell und vor allem Carnap, deren Auffassungen über Ausgaben und Ziele der Philosophie er schließlich erheblich modifiziert. Das Ergebnis besteht in seinem holistischen Naturalismus.

Die Geschichte der analytischen Philosophie hat Sluga in wenigen Sätzen zusammengefaßt: »Analytic philosophy arose in reaction to a dominant naturalism. From the very beginning it opposed radical empiricism, psychologism, historicism, and subjectivism. In contrast, it concerned with logical, formal, or *a priori* questions. As the tradition developed from Frege through Russell to Carnap and finally the later Wittgenstein it was forced to make greater concessions to the claims of empiricism. In Wittgenstein's later philosophy the tradition has reached a point at which it reconnects with the naturalism that emerged in the first half of the nineteenth century ... It appears, then, that the development of analytic philosophy describes something like a circle. Frege thought he had banished radical empiricism, but in Wittgenstein it has returned to haunt the analytic tradition.« (Sluga 1980: 186)

Diese Sicht Slugas scheint mir dann im wesentlichen richtig zu sein, wenn der neue konsequente Empirismus nicht als ein Ergebnis des späten Wittgenstein, sondern als Konsequenz von Quines holistischem Naturalismus betrachtet wird, zu dem Quine durch seine kritische Auseinandersetzung mit der analytischen Tradition gelangt.

5 Carnaps Formulierung seiner Version der Verifikationstheorie der Bedeutung ist im 3. Kapitel, S. 155 f. vorgestellt worden; vgl. dazu auch 2. Kapitel, S. 86 f.

6 vgl. hierzu insbesondere Hylton 1982, Ricketts 1982, Roth 1983b, Roth 1984, Siegel 1980, Stabler 1983 und Stabler 1984

7 vgl. 3. Kapitel, S. 116 f.

8 vgl. 3. Kapitel, S. 180

9 vgl. Radnitzky 1981: 275-281

10 vgl. Roth 1983b: 491

11 Dabei folge ich weitgehend der Rekonstruktion und Kritik von Giedymin 1972.

12 vgl. Quine 1968b: 74. Wie wir im 1. Kapitel gesehen haben, hat schon Neurath diese Auffassung gegen Schlick zu verteidigen versucht; vgl. 1. Kapitel, S. 32 ff.

13 vgl. dazu 3. Kapitel, S. 158-161

14 vgl. Giedymin 1972: 47 f.

15 vgl. Quine 1968b: 76

16 vgl. Giedymin 1972: 48

17 vgl. Giedymin 1972: 48

18 vgl. Giedymin 1972: 48-51

19 vgl. Quine 1968b: 83

20 vgl. dazu Scheibe 1984: 105-115, wo drei verschiedene Rekonstruktionstypen vorgestellt und diskutiert werden

21 vgl. Giedymin 1972: 52

22 vgl. Giedymin 1972: 52

23 Diese Analyse stimmt teilweise mit Searles Diagnose in Searle 1981: 405 überein. Zu Searles Behandlung des Mentalen und seiner Theorie der Intentionalität vgl. vor allem Searle 1983 und Searle 1984 sowie Searle et al. 1980.

24 Diese Formulierung verdanke ich Elmar Holenstein. Das Programm einer biologisch fundierten Sprachtheorie wird zur Zeit sowohl von philosophischer wie von linguistischer Seite in Angriff genommen; vgl. dazu Millikan 1984 und Schnelle 1984 sowie Schnelle/Rothacker 1984.

25 Die vielfältigen Probleme der naturalisierten Erkenntnistheorie Quines können in diesen Schlußbemerkungen natürlich nur angedeutet und nicht ausführlich diskutiert werden. Von zentraler Wichtigkeit ist dabei die Herausforderung durch den Skeptizismus; vgl. dazu insbesondere die Arbeiten Stroud 1979, Stroud 1981 und Stroud 1984 sowie Bieri 1979 und Bieri 1981.

26 vgl. hierzu Roth 1980, Roth 1983a und Roth 1983b sowie Hauptli 1983

27 vgl. 4. Kapitel, S. 295

28 vgl. für eine mögliche Formulierung eines solchen praktischen Holismus Dreyfus 1980

Bibliographie

(Die angeführten Titel aus dem Jahr 1985 konnten für diese Arbeit nur noch zum Teil berücksichtigt werden.)

Alston, W. P.

1955 »Pragmatism and the Verifiability Theory of Meaning«, *Philosophical Studies* 6: 65-71

Aune, B.

1975 »Quine on Translation and Reference«, *Philosophical Studies* 27: 221-236

1977 »Root on Quine«, *Midwest Studies in Philosophy* 2: 240-243

Ayer, A. J.

1936 *Language, Truth and Logic*, Harmondsworth: Penguin 1974

1936/37 »Verification and Experience«, in: Ayer, A. J. (ed.), 1959a: 228-243

1956 *The Problem of Knowledge*, Harmondsworth: Penguin 1982

1959b »Editor's Introduction«, in: Ayer, A. J. (ed.), 1959a: 3-28

1968 *The Origins of Pragmatism*, London: Macmillan

1978 »Logical Positivism and Its Legacy«, in: Magee, Bryan, 1978: 94-109

Ayer, A. J. (ed.)

1959a *Logical Positivism*, New York: The Free Press

Baker, G. P. & P. M. S. Hacker

1980 *Wittgenstein*, Understanding and Meaning, An Analytical Commentary on the *Philosophical Investigations*, Vol. I, Oxford: Basil Blackwell

1983 »Dummett's Frege or Through a Looking-Glass Darkly«, *Mind* 92: 239-246

Balzer, W.

1981 »Über Quines Beobachtungssätze«, *Kant-Studien* 72: 336-355

Bechtel, P. W.

1978 »Indeterminacy and Intentionality: Quine's Purported Elimination of Propositions«, *The Journal of Philosophy* 75: 649-661

1980 »Indeterminacy and Underdetermination: Are Quine's Two Theses Consistent?«, *Philosophical Studies* 38: 309-320

Becker, E. F.
1971 »Indeterminacy Defended«, *Philosophical Studies* 22: 1-9

Beckermann, A.
1979 »Logischer Positivismus und radikale Gesellschaftsreform«, *Analyse und Kritik* 1: 30-46

Bennett, J.
1971 *Locke, Berkeley, Hume,* Oxford: Clarendon Press

Bergström, L.
1984 »Underdetermination and Realism«, *Erkenntnis* 21: 349-365

Bieri, P.
1979 »Scepticism and How to Take it«, in: Bieri, P. / Horstmann, R.-P. / Krüger, L. (eds.), 1979: 299-307
1981 »Quine, Strawson und der Skeptiker«, *Zeitschrift für philosophische Forschung* 35: 27-45

Bieri, P. / Horstmann, R.-P. / Krüger, L. (eds.)
1979 *Transcendental Arguments and Science,* Dordrecht: Reidel

Bittner, R.
1975 »Zu Quines These der ontologischen Relativität«, *Neue Hefte für Philosophie* 8: 51-64

Black, M.
1982 »Verificationism Revisited – A Conversation«, *Grazer Philosophische Studien* 16/17: 35-47

Bloomfield, L.
1933 *Language,* New York: Holt, Rinehart & Winston

Blumberg, A. E. & H. Feigl
1931 »Logical Positivism – A New Movement in European Philosophy«, *The Journal of Philosophy* 28, 281-296

Bolton, D. E.
1979 »Quine on Meaning and Translation«, *Philosophy* 54: 329-346

Boltzmann, L.

1890 »Über die Bedeutung von Theorien«, in: Boltzmann, L., 1905: 54-58

1892 »Über die Methoden der theoretischen Physik«, in: Boltzmann, L., 1905: 17-25

1897 »Über die Frage nach der objektiven Existenz der Vorgänge in der unbelebten Natur«, in: Boltzmann, L., 1905: 94-119

1899 »Über die Entwicklung der Methoden der theoretischen Physik in neuerer Zeit«, in: Boltzmann, L., 1905: 120-149

1903 »Ein Antrittsvortrag zur Naturphilosophie«, in: Boltzmann, L., 1905: 199-205

1904 »Über statistische Mechanik«, in: Boltzmann, L., 1905: 206-224

1905 *Populäre Schriften*, ausgewählt von Engelbert Broda, Braunschweig, Wiesbaden: Vieweg 1979

Boorse, C.

1975 »The Origins of the Indeterminacy Thesis«, *The Journal of Philosophy* 72: 369-387

Boyd, R. N.

1973 »Realism, Underdetermination, and a Causal Theory of Evidence«, *Noûs* 7: 1-12

1983 »On the Current Status of the Issue of Scientific Realism«, *Erkenntnis* 19: 45-90

Bradley, M. C.

1969 »How Never to Know what you Mean«, *The Journal of Philosophy* 66: 119-124

1976 »Quine's Arguments for the Indeterminacy Thesis«, *The Australasian Journal of Philosophy* 54: 24-49

1977 »Mind-Body Problem and Indeterminacy of Translation«, *Mind* 86: 345-367

1980 »More on Mind-Body Problem and Indeterminacy of Translation«, *Mind* 89: 261 f.

Broughton, L. M.

1981 »Quine's ›Quality Space‹«, *Dialectica* 35: 291-302

Buchler, J.

1939 *Charles Peirce's Empiricism*, New York: Octagon Books 1966

Bunge, M.
1980 *Epistemologie,* Aktuelle Fragen der Wissenschaftstheorie, Mannheim, Wien, Zürich: Bibliographisches Institut 1983
1984 »Philosophical Problems in Linguistics«, *Erkenntnis* 21: 107-173

Carl, W.
1982 *Sinn und Bedeutung,* Studien zu Frege und Wittgenstein, Königstein/Ts.: Anton Hain

Carnap, R.
1928a *Der logische Aufbau der Welt,* Hamburg: Felix Meiner [4]1974
1928b *Scheinprobleme in der Philosophie,* Ffm.: Suhrkamp 1966
1930 »Die alte und die neue Logik«, *Erkenntnis* 1: 12-26
1931 »Überwindung der Metaphysik durch logische Analyse der Sprache«, *Erkenntnis* 2: 219-241
1932 »Die physikalische Sprache als Universalsprache der Wissenschaft«, *Erkenntnis* 2: 432-465
1932/33a »Psychologie in physikalischer Sprache«, *Erkenntnis* 3: 107-142
1932/33b »Erwiderung auf die vorstehenden Aufsätze von E. Zilsel und K. Duncker«, *Erkenntnis* 3: 177-188
1932/33c »Über Protokollsätze«, *Erkenntnis* 3: 215-228
1934a *Logische Syntax der Sprache,* Wien, New York: Springer [2]1968
1934b »On the Character of Philosophical Problems« in: Rorty, Richard (ed.), 1967: 54-62
1935 »Rezension von Poppers *Logik der Forschung*«, *Erkenntnis* 5: 290-294
1936 »Testability and Meaning«, in: Feigl, H. & M. Brodbeck (eds.), 1953: 47-92
1938 »Logical Foundations of the Unity of Science«, in: Neurath, Otto et al. (eds.), 1938, *International Encyclopedia of Unified Science,* Vol. I, No. 1, Chicago: University of Chicago Press, 42-62
1939 *Grundlagen der Logik und Mathematik,* München: Nymphenburger 1973
1942 *Introduction to Semantics,* Cambridge, Mass.: Harvard UP
1947 *Meaning and Necessity,* Chicago: University of Chicago Press [6]1970
1950a *Logical Foundations of Probability,* Chicago: University of Chicago Press [4]1971
1950b »Empiricism, Semantics, and Ontology«, in: Rorty, Richard (ed.), 1967: 72-84
1952 »Meaning Postulates«, in: Carnap, Rudolf, 1947: 222-229

1955a »Meaning and Synonymy in Natural Languages«, in: Carnap, Rudolf, 1947: 233-247

1955b »On Some Concepts of Pragmatics«, in: Carnap, Rudolf, 1947: 248-250

1963a »Intellectual Autobiography«, in: Schilpp, Paul Arthur (ed.), 1963: 3-84

1963b »Replies and Systematic Expositions«, in: Schilpp, Paul Arthur (ed.), 1963: 859-1013

1966 *Einführung in die Philosophie der Naturwissenschaft,* München: Nymphenburger ²1974

Carnap, R. & W. Stegmüller

1959 *Induktive Logik und Wahrscheinlichkeit,* Wien: Springer

Chomsky, N.

1969a Quine's Empirical Assumptions«, in: Davidson, D. & J. Hintikka (eds.), 1969: 53-68

1969b »Linguistics and Philosophy«, in: Hook, S. (ed.), 1969: 51-94

1975 *Reflections on Language,* New York: Pantheon Books

1975/80 »The Linguistic Approach«, in: Piatelli-Palmarini, M. (ed.), 1980: 109-117

1980 *Rules and Representations,* Oxford: Basil Blackwell

Chomsky, N. et al.

1980 »›Rules and Representations‹ and an ›Open Peer Commentary‹«, *The Behavioral and Brain Sciences* 3: 1-61

Clavelin, M.

1983 »Quine contre Carnap. La Polémique sur l'Analyticité et sa Portée«, *Revue Internationale de Philosophie* 37: 69-92

Coulmas, F. (ed.)

1981 *A Festschrift for Native Speaker,* The Hague: Mouton

Crabb, B. G.

1978 »Bradley on Quine«, *Mind* 87, 582-587

Currie, G.

1981 »The Origins of Frege's Realism«, *Inquiry* 24: 448-454

1982 *Frege,* An Introduction to his Philosophy, Brighton: The Harvester Press

Dahms, H.-J. (Hg.)
1985 *Philosophie, Wissenschaft, Aufklärung*, Beiträge zur Geschichte und Wirkung des Wiener Kreises, Berlin, New York: de Gruyter

Davidson, D.
1970 »Mental Events«, in: Davidson, D., 1980a: 207-225
1973a »Radical Interpretation«, *Dialectica* 27: 313-328
1973b »The Material Mind«, in: Davidson, D., 1980a: 245-259
1973/74 »On the Very Idea of a Conceptual Scheme«, in: Davidson, D., 1984: 183-198
1974a »Belief and the Basis of Meaning«, *Synthese* 27: 309-323
1974b »Psychology as Philosophy«, in: Davidson, D., 1980a: 229-244
1974c »Replies to David Lewis and W. V. Quine«, *Synthese* 27: 345-349
1977a »Reality Without Reference«, *Dialectica* 31: 247-258
1977b »The Method of Truth in Metaphysics«, *Midwest Studies in Philosophy* 2: 244-254
1979 »The Inscrutability of Reference«, *The Southwestern Journal of Philosophy* 10: 7-19
1980a *Essays on Actions and Events*, Oxford: Clarendon Press
1980b »Toward a Unified Theory of Meaning and Action«, *Grazer Philosophische Studien* 11: 1-12
1981 »A Coherence Theory of Truth and Knowledge«, in: Henrich, D. (Hg.), 1983: 423-438
1982 »Empirical Content«, *Grazer Philosophische Studien* 16/17: 471-489
1984 *Inquiries into Truth and Interpretation*, Oxford: Clarendon Press

Davidson, D. & D. Koppelberg
1983 »Analytische Philosophie ohne empiristische Dogmen«, *Information Philosophie* 11, Heft 1: 18-21, Heft 2: 18-25

Davidson, D. & J. Hintikka (eds.)
1969 *Words and Objections*, Essays on the Work of W.V. Quine, Dordrecht: Reidel 1975

Davis, S.
1967/68 »Translational Indeterminacy and Private Worlds«, *Philosophical Studies* 18/19: 38-45

Deckert, M.
1973 »Quine, Strawson and Logical Truth«, *Philosophical Studies* 24: 52-56

Diederich, W.
1974 *Konventionalität in der Physik,* Wissenschaftstheoretische Untersuchungen zum Konventionalismus, Berlin: Duncker & Humblot

Dilman, I.
1984 *Quine on Ontology, Necessity and Experience,* A Philosophical Critique, London: Macmillan

Double, R.
1970 »Quine and the Determinateness of Reference«, *Kinesis* 7: 48-61

Dreyfus, H. L.
1980 »Holism and Hermeneutics«, *Review of Metaphysics* 34: 3-23

Dubey, A.
1981 »On Analytic-Synthetic Distinction«, *The Indian Philosophical Quarterly* 8: 1-9

Duhem, P.
1906a *La Théorie physique, Son Objet – Sa Structure,* Paris: Marcel Rivière [2]1914
1906b *Ziel und Struktur der physikalischen Theorien,* Hamburg: Meiner 1978

Dummett, M.
1960 »Oxford Philosophy«, in: Dummett, M., 1978a: 431-436
1973 *Frege,* London: Duckworth
1974a »The Significance of Quine's Indeterminacy Thesis«, *Synthese* 27: 351-397
1974b »Reply to W. V. Quine«, *Synthese* 27: 413-416
1974c »The Social Character of Meaning«, in: Dummett, M., 1978a: 420-430
1975a »Can Analytical Philosophy be Systematic, and Ought it to be?«, in: Dummett, M., 1978a: 437-458
1975b »What is a Theory of Meaning?«, in: Guttenplan, S. (ed.), 1975: 97-138
1976a »What is a Theory of Meaning? (II)«, in: Evans, G. & J. McDowell (eds.), 1976: 67-137

1976b »Is Logic Empirical?«, in: Lewis, H. D. (ed.), 1976: 45-68
1976c »Frege as a Realist«, *Inquiry* 19: 455-492
1978a *Truth and Other Enigmas,* Cambridge, Mass.: Harvard UP 1980
1978b »Preface«, in: Dummett, M., 1978a: IX-LI
1981a *The Interpretation of Frege's Philosophy,* London: Duckworth
1981b »Frege and Wittgenstein«, in: Block, I. (ed.), 1981, *Perspectives on the Philosophy of Wittgenstein,* Oxford: Basil Blackwell, 31-42
1981c »Frege's ›Kernsätze zur Logik‹«, *Inquiry* 24: 439-448
1982a »Objectivity and Reality in Lotze and Frege«, *Inquiry* 25: 95-114
1982b »Realism«, *Synthese* 52: 55-112

Earman, J.
1975 »What is Physicalism?«, *The Journal of Philosophy* 72: 565-567
1977 »Against Indeterminacy«, *The Journal of Philosophy* 74: 535-538

Einstein, A.
1918 »Prinzipien der Forschung – Rede zum 60. Geburtstag von Max Planck«, in: Einstein, A., 1934: 107-110
1921 »Geometrie und Erfahrung«, in: Einstein, A., 1934: 119-127
1930 »Zur Methodik der theoretischen Physik«, in: Einstein, A., 1934: 113-119
1934 *Mein Weltbild,* hrsg. von Carl Seelig, Ffm.: Ullstein 1981

Elgin, C. Z.
1980 »Indeterminacy, Underdetermination, and the Anomalism of the Mental«, *Synthese* 45: 233-255

English, J.
1973 »Underdetermination: Craig and Ramsey«, *The Journal of Philosophy* 70: 453-462

Essler, W. K.
1975 »Willard Van Orman Quine: Empirismus auf pragmatischer Grundlage«, in: Speck, J. (Hg.), 1975, *Grundprobleme der großen Philosophen,* Philosophie der Gegenwart III, Göttingen: Vandenhoeck & Ruprecht, 87-125

Evans, G. & J. McDowell (eds.)
1976 *Truth and Meaning,* Oxford: Clarendon Press 1977

Evans-Pritchard, E. E.
1956 *Nuer Religion,* Oxford: Clarendon Press

Feigl, H.
1939 »Unity of Science and Unitary Science«, in: Feigl, H. & M. Brodbeck (eds.) 1953: 382-384
1943 »Logical Empiricism«, in: Feigl, H. & W. Sellars (eds.), 1949: 3-26
1949 »The Scientific Outlook: Naturalism and Humanism«, in: Feigl, H. & M. Brodbeck (eds.), 1953: 8-18
1954/55 »Some Major Issues and Developments in the Philosophy of Science of Logical Empiricism«, in: Feigl, H. & M. Scriven (eds.), 1956, *Minnesota Studies in the Philosophy of Science,* Vol. I, The Foundations of Science and the Concepts of Psychology and Psychoanalysis, Minneapolis: University of Minnesota Press [7]1976: 3-37
1963a »New Reflections on Empiricism«, in: Feigl, H. / Sellars, W. / Lehrer, K. (eds.) 1972: 1-12
1963b »The Power of Positivistic Thinking – An Essay on the Quandaries of Transcendence«, in: Feigl, H., 1981: 38-56
1969a »The Origin and Spirit of Logical Positivism«, in: Feigl, H., 1981: 21-37
1969b »The Wiener Kreis in America«, in: Fleming, D. & B. Builyn (eds.), 1969, *The Intellectual Migration,* Europe and America 1930-1960, Cambridge, Mass.: Belknap Press, 630-673
1974 »No Pot of Message«, in: Feigl, H., 1981: 1-20
1981 *Inquiries and Provocations,* Dordrecht: Reidel

Feigl, H. & W. Sellars (eds.)
1949 *Readings in Philosophical Analysis,* New York: Appleton-Century-Crofts

Feigl, H. & M. Brodbeck (eds.)
1953 *Readings in the Philosophy of Science,* New York: Appleton-Century-Crofts

Feigl, H. / Sellars, W. / Lehrer, K. (eds.)
1972 *New Readings in Philosophical Analysis,* New York: Appleton-Century-Crofts

Feyerabend, P. K.

1952 »Wittgensteins ›Philosophische Untersuchungen‹«, in: Feyerabend, P. K., 1981a: 293-325

1962 »Explanation, Reduction, and Empiricism«, in: Feigl, H. & G. Maxwell (eds.), 1962, *Minnesota Studies in the Philosophy of Science*, Vol. III, Minneapolis: University of Minnesota Press, 28-97

1965 »Problems of Empiricism«, in: Colodny, R. G. (ed.), 1965, *Beyond the Edge of Certainty*, Englewood Cliffs: Prentice Hall, 145-260

1967 »Bemerkungen zur Geschichte und Systematik des Empirismus«, in: Weingartner, P. (Hg.), 1967, *Grundfragen der Wissenschaften und ihre Wurzeln in der Metaphysik*, Salzburg, München, 136-180

1970a »Problems of Empiricism, Part II«, in: Colodny, R. G. (ed.), 1970, *The Nature and Function of Scientific Theories*, Pittsburgh: University of Pittsburgh Press, 275-353

1970b »Classical Empiricism«, in: Butts, R. E. & J. W. Davis (eds.), 1970, *The Methodological Heritage of Newton*, Oxford: Oxford UP, 150-170

1975 *Wider den Methodenzwang*, Ffm.: Suhrkamp ²1983

1978 *Der wissenschaftstheoretische Realismus und die Autorität der Wissenschaften*, Ausgewählte Schriften, Band 1, Braunschweig, Wiesbaden: Vieweg

1980 *Erkenntnis für freie Menschen*, Veränderte Ausgabe, Ffm.: Suhrkamp

1981a *Probleme des Empirismus*, Schriften zur Theorie der Erklärung, der Quantentheorie und der Wissenschaftsgeschichte, Ausgewählte Schriften, Band 2, Braunschweig, Wiesbaden: Vieweg

1981b »Wissenschaftliche Praxis und philosophische Theorie: Betrachtungen zum Degenerationsprozeß der Wissenschaftstheorie«, in: Feyerabend, P. K., 1981a: 30-72

1981c »Der wissenschaftliche Realismus und der philosophische Realismus«, in: Feyerabend, P. K., 1981a: 15-29

1984 »Mach's Theory of Research and Its Relation to Einstein«, *Studies in the History and Philosophy of Science* 15: 1-22

Field, H.

1973 »Theory Change and the Indeterminacy of Reference«, *The Journal of Philosophy* 70: 462-481

1974 »Quine and the Correspondence Theory«, *Philosophical Review* 83: 200-228

1975 »Conventionalism and Instrumentalism in Semantics«, *Noûs* 9: 375-405

Flanagan, O. J.
1982 »Quinean Ethics«, *Ethics* 93: 56-74

Foellesdal, D.
1973 »Indeterminacy of Translation and Under-Determination of Nature«, *Dialectica* 27: 289-301
1974 »Meaning and Experience«, in: Guttenplan, S. (ed.), 1975: 25-44

Frank, P.
1907 »Experience and the Law of Causality«, in: Frank, P., 1950a: 53-60
1917 »The Importance for our Times of Ernst Mach's Philosophy of Science«, in: Frank, P., 1950a: 61-78
1930/31 »Was bedeuten die gegenwärtigen physikalischen Theorien für die allgemeine Erkenntnislehre?«, *Erkenntnis* 1: 126-157
1934 »Hans Hahn«, *Erkenntnis* 4: 315 f.
1938 »Ernst Mach and the Unity of Science«, in: Frank, P., 1950a: 79-89
1950a *Modern Science and Its Philosophy,* Cambridge, Mass.: Harvard University Press
1950b »Introduction: Historical Background«, in: Frank, P., 1950a: 1-52
1963 »The Pragmatic Components in Carnap's ›Elimination of Metaphysics‹«, in: Schilpp, P. A. (ed.), 1963: 159-164

Frege, G.
1873 *Über eine geometrische Darstellung der imaginären Gebilde in der Ebene,* in: Frege, G., 1967: 1-49
1874 *Rechnungsmethoden, die sich auf eine Erweiterung des Größenbegriffs gründen,* in: Frege, G., 1967: 50-84
1879 *Begriffsschrift,* Darmstadt: Wissenschaftliche Buchgesellschaft 1974
1882 »Über die wissenschaftliche Berechtigung einer Begriffsschrift«, in: Frege, G., 1962: 91-97
1884 *Die Grundlagen der Arithmetik,* Eine logisch-mathematische Untersuchung über den Begriff der Zahl, Hildesheim: Georg Olms 1961
1892 »Über Sinn und Bedeutung«, in: Frege, G., 1962: 40-65
1893/1903 *Grundgesetze der Arithmetik I - II,* Darmstadt: Wissenschaftliche Buchgesellschaft 1962
1897 »Logik«, in: Frege, G., 1969: 137-163
1914 »Logik in der Mathematik«, in: Frege, G., 1969: 219-270
1918/19 »Der Gedanke«, in: Frege, G., 1966: 30-53

1919 »Aufzeichnungen für Ludwig Darmstaedter«, in: Frege, G., 1969: 273-277

1924/25 »Erkenntnisquellen der Mathematik und der mathematischen Naturwissenschaften«, in: Frege, G., 1969: 286-294

1962 *Funktion, Begriff, Bedeutung*, hrsg. von G. Patzig, Göttingen: Vandenhoeck & Ruprecht

1966 *Logische Untersuchungen*, hrsg. von G. Patzig, Göttingen: Vandenhoeck & Ruprecht [2]1976

1967 *Kleine Schriften*, hrsg. von I. Angelelli, Darmstadt: Wissenschaftliche Buchgesellschaft

1969 *Nachgelassene Schriften*, hrsg. von H. Hermes, F. Kambartel und F. Kaulbach, Hamburg: Felix Meiner

1971 *Schriften zur Logik und Sprachphilosophie*, Aus dem Nachlaß, hrsg. von G. Gabriel, Hamburg: Felix Meiner

1976 *Wissenschaftlicher Briefwechsel*, hrsg. von G. Gabriel et al., Hamburg: Felix Meiner

Friedman, M.

1975 »Physicalism and the Indeterminacy of Translation«, *Noûs* 9: 353-374

Galtung, J.

1977 *Methodologie und Ideologie*, Ffm.: Suhrkamp 1978

Gardner, M. R.

1973 »Apparent Conflicts between Quine's Indeterminacy Thesis and his Philosophy of Science«, *The British Journal for the Philosophy of Science* 24: 381-393

Gasking, D. A. T.

1972 »The Analytic-Synthetic-Controversy«, *The Australasian Journal of Philosophy* 50: 107-123

Geuss, R.

1975 »Quine und die Unbestimmtheit der Ontologie«, *Neue Hefte für Philosophie* 8: 34-50

Gibson, R. F.

1980 »Are there really two Quines?«, *Erkenntnis* 15: 349-370

1982 *The Philosophy of W. V. Quine*, An Expository Essay, Tampa: The University of South Florida Press

Giedymin, J.
1972 »Quine's Philosophical Naturalism«, *The British Journal for the Philosophy of Science* 23: 45-67
1982 *Science and Convention*, Essays on Henri Poincaré's Philosophy of Science and the Conventionalist Tradition, Oxford: Pergamon Press

Gochet, P.
1978 *Quine en Perspective, Paris: Flammarion*
1982 »Five Tenets of Quine«, *The Monist* 65: 13-24
1984 *Quine zur Diskussion*, Ffm.: Ullstein

Goodman, N.
1978 *Ways of Worldmaking*, Hassocks: The Harvester Press
1980 »On Starmaking«, *Synthese* 45: 211-215
1983 »Notes on the Well-Made World«, *Erkenntnis* 19: 99-107

Grandy, R. E.
1973 »Reference, Meaning, and Belief«, *The Journal of Philosophy* 70: 439-452

Graybeal, D. P.
1976 »The In- and Under-determinacy of Translation«, *Dialectica* 30: 9-15

Greelee, D.
1973 »Relativity without Inscrutability«, *Philosophy and Phenomenological Research* 33: 574-578

Grice, H. P. & P. F. Strawson
1956 »In Defense of a Dogma«, *Philosophical Review* 65: 141-158

Guttenplan, S. (ed.)
1975 *Mind and Language*, Oxford: Clarendon Press

Haack, S.
1974 *Deviant Logic*, Cambridge: Cambridge UP
1975 »The Relevance of Psychology to Epistemology«, *Metaphilosophy* 6: 161-176
1977 »Analyticity and Logical Truth in *The Roots of Reference*«, *Theoria* 93: 129-143
1978 *Philosophy of Logics*, Cambridge: Cambridge UP

Haack, R. J.
1978 »Quine's Theory of Logic«, *Erkenntnis* 13: 231-259

Hacking, I.
1975 *Why does Language Matter to Philosophy?*, Cambridge: Cambridge UP
1981a »One Person, Many Tongues«, Inaugural Lecture for the Henry Waldgrave Stuart Professorship in Philosophy at Stanford University, Ms.
1981b »Spekulation, Berechnung und die Erschaffung von Phänomenen«, in: Duerr, H. P. (Hg.), 1981, *Versuchungen*, Aufsätze zur Philosophie Paul Feyerabends, Zweiter Band, Ffm.: Suhrkamp, 126-158
1981c »The Accumulation of Styles of Scientific Reasoning«, in: Henrich, D. (Hg.), 1983: 453-465
1981d »Was there ever a Radical Mistranslation?«, *Analysis* 41: 171-175
1982 »Language, Truth and Reason«, in: Hollis, M. & S. Lukes (eds.), 1982: 48-66
1983 *Representing and Intervening*, Introductory Topics in the Philosophy of Natural Science, Cambridge: Cambridge UP

Haller, R.
1978 »Geschichte und wissenschaftliches System bei Otto Neurath«, in: Berghel, H. et al. (Hgg.), 1979, *Wittgenstein, der Wiener Kreis und der Kritische Rationalismus*, Akten des dritten Internationalen Wittgenstein Symposiums, Wien: Hölder-Pichler-Tempsky, 302-307
1979a *Studien zur Österreichischen Philosophie*, Amsterdam: Rodopi
1979b »Über Otto Neurath«, in: Haller, R., 1979a: 99-106
1981 »Poetic Imagination and Economy: Ernst Mach as Theorist of Science«, in: Agassi, J. & R. S. Cohen (eds.), 1981, *Scientific Philosophy Today*, Dordrecht: Reidel, 71-84
1982a »Das Neurath-Prinzip. Grundlagen und Folgerungen«, in: Stadler, F. (Hg.), 1982: 79-87
1982b »New Light on the Vienna Circle«, *The Monist* 65: 25-37
1982c »Rede zur Eröffnung des Schlick-Neurath-Symposions 1982«, *Grazer Philosophische Studien* 16/17: XVII-XXIII
1982d »Zwei Arten der Erfahrungsbegründung«, *Grazer Philosophische Studien* 16/17: 19-33
1985 »Der erste Wiener Kreis«, *Erkenntnis* 22: 341-358

Harman, G.
1967 »Quine on Meaning and Existence«, *Review of Metaphysics* 21: 124-151, 343-367

Harrison, B.
1979 *An Introduction to the Philosophy of Language*, London: Macmillan

Hauptli, B. W.
1979 »Inscrutability and Correspondence«, *The Southern Journal of Philosophy* 17: 199-212
1980 »Quinean Relativism: Beyond Metaphysical Realism and Idealism«, *The Southern Journal of Philosophy* 18: 393-410
1983 »Quine's Theorizing about Theories«, *Synthese* 57: 21-33

Hegselmann, R.
1979a *Normativität und Rationalität*, Zum Problem praktischer Vernunft in der Analytischen Philosophie, Frankfurt, New York: Campus
1979b »Otto Neurath – Empiristischer Aufklärer und Sozialreformer«, in: Neurath, O., 1979: 7-78
1979c »Grenzen der wissenschaftlichen Weltauffassung des Wiener Kreises«, *Analyse und Kritik* 1: 47-50
1985 »Die Korrespondenz zwischen Otto Neurath und Rudolf Carnap 1934-1945 – Ein vorläufiger Bericht«, in: Dahms, H.-J. (Hg.), 1985: 276-290

Hegselmann, R. / Mulder, H. /Neurath, M. (Hgg.)
1987 *Die Korrespondenz zwischen Rudolf Carnap und Otto Neurath*, Ffm.: Suhrkamp

Hellman, G. P. & F. W. Thompson
1975 »Physicalism: Ontology, Determination, and Reduction«, *The Journal of Philosophy* 72: 551-564

Hempel, C. G.
1934/35a »On the Logical Positivists' Theory of Truth«, *Analysis* 2: 49-59
1934/35b »Some Remarks on ›Facts‹ and Propositions«, *Analysis* 2: 93-96
1935 »The Logical Analysis of Psychology«, in: Feigl, H. & W. Sellars (eds.) 1949: 373-384
1965 *Aspects of Scientific Explanation*, New York: The Free Press 1970
1975 »Rudolf Carnap, Logical Empiricist«, in: Hintikka, J. (ed.),

1975, *Rudolf Carnap, Logical Empiricist*, Dordrecht: Reidel, 1-13

1978 »Der Wiener Kreis. Eine persönliche Perspektive«, in: Berghel, H. et al. (Hgg.), 1979, *Wittgenstein, der Wiener Kreis und der Kritische Rationalismus*, Akten des dritten Internationalen Wittgenstein Symposiums, Wien: Hölder-Pichler-Tempsky, 21-26

1980 »Comments on Goodman's *Ways of Worldmaking*«, *Synthese* 45: 193-199

1982 »Schlick und Neurath: Fundierung vs. Kohärenz in der wissenschaftlichen Erkenntnis«, *Grazer Philosophische Studien* 16/17: 1-18

Henrich, D. (Hg.)

1983 *Kant oder Hegel?*, Über Formen der Begründung in der Philosophie, Stuttgart: Klett-Cotta

Hentschel, K.

1985 »On Feyerabend's Version of ›Mach's Theory of Research and its Relation to Einstein‹«, *Studies in History and Philosophy of Science* 16: 387-394

Higginbotham, J.

1978 »Bechtel on the Possibility of Propositions«, *The Journal of Philosophy* 75: 661-664

Hill, C. S.

1971/72 »›Gavagai‹«, *Analysis* 32: 68-75

Hintikka, J.

1969 »Behavioral Criteria of Radical Translation«, in: Davidson, D. & J. Hintikka (eds.), 1969: 69-81

1976 »Quine vs. Peirce?«, *Dialectica* 30: 7f.

Hoche, H.-U. & W. Strube

1985 *Analytische Philosophie*, Freiburg, München: Karl Alber

Hockney, D.

1975 »The Bifurcation of Scientific Theories and Indeterminacy of Translation«, *Philosophy of Science* 42: 411-427

Holenstein, E.
1980 *Von der Hintergehbarkeit der Sprache*, Ffm.: Suhrkamp
1983 »Natural and Artificial Intelligence«, *Philosophy of Science* (Tokyo) 16: 63-84

Hollis, M. & S. Lukes (eds.)
1982 *Rationality and Relativism*, Oxford: Basil Blackwell

Hook, S. (ed.)
1969 *Language and Philosophy*, New York: New York UP

Hookway, C.
1975 »Indeterminacy and Interpretation«, in: Hookway, C. & P. Pettit (eds.), 1978, *Action and Interpretation*, Cambridge: Cambridge UP

Horwich, P.
1982 »How to Choose between Empirically Indistinguishable Theories«, *The Journal of Philosophy* 79: 61-77

Hübner, K.
1971 »Duhems historistische Wissenschaftstheorie und ihre gegenwärtige Weiterentwicklung«, *Philosophia Naturalis* 13: 81-97
1978 *Kritik der wissenschaftlichen Vernunft*, Freiburg, München: Karl Alber
1980a »Die Einheit der Wissenschaft in neuer Sicht«, in: Good, P. (Hg.), 1982, *Von der Verantwortung des Wissens*, Ffm.: Suhrkamp 58-84
1980b »Wissenschaftliche und nichtwissenschaftliche Naturerfahrung«, *Philosophia Naturalis* 18: 67-86
1985 *Die Wahrheit des Mythos*, München: Beck

Humphries, B. M.
1970 »Indeterminacy of Translation and Theory«, *The Journal of Philosophy* 67: 167-178

Hylton, P.
1982 »Analyticity and the Indeterminacy of Translation«, *Synthese* 52: 167-184

Jaggar, A.
1973 »On one of the Reasons for the Indeterminacy of Translation«, *Philosophical and Phenomenological Research* 34: 257-265

Janik, A. & S. Toulmin
1973 *Wittgenstein's Vienna,* New York: Touchstone

Jarasuis, V.
1981 »Quine and Instrumentalism«, *Auslegung* 8: 59-79

Joergensen, J.
1951 *The Development of Logical Empiricism,* International Encyclopedia of Unified Science, Vol. II, 9, Chicago: University of Chicago Press [4]1967

Joseph, G.
1977 »Conventionalism and Physical Holism«, *The Journal of Philosophy* 74: 439-462

Juhos, B.
1934 »Kritische Bemerkungen zur Wissenschaftstheorie des Physikalismus«, *Erkenntnis* 4: 397-418
1934/35 »Empiricism and Physicalism«, *Analysis* 2: 81-92
1937 »Principles of Logical Empiricism«, *Mind* 46: 320-346

Kanitscheider, B.
1981 *Wissenschaftstheorie der Naturwissenschaft,* Berlin, New York: de Gruyter
1984 »Analytic and Synthetic Philosophy«, in: Andersson, G. (ed.), 1984, *Rationality in Science and Politics,* Dordrecht: Reidel, 159-190

Kasher, A. & S. Lappin
1977 *Philosophical Linguistics,* Kronberg/Ts.: Scriptor

Kekes, J.
1976 *A Justification of Rationality,* Albany: State University of New York Press

Kemmerling, A.
1976 »Die These von der Übersetzungsunbestimmtheit«, in: v. Savigny, E. (Hg.), 1976, *Probleme der sprachlichen Bedeutung,* Kronberg/Ts.: Scriptor, 125-142

Kenny, A.
1973 *Wittgenstein,* London: Penguin
1977 »Wittgenstein on the Nature of Philosophy«, in: McGuinness,

B. (ed.), 1982, *Wittgenstein and His Times*, Oxford: Basil Blackwell, 1-26
1981 »Wittgenstein's Early Philosophy of Mind«, in: Block, I. (ed.), 1981, *Perspectives on the Philosophy of Wittgenstein*, Oxford: Basil Blackwell, 140-147

Kirchhoff, G. R.
1876 *Vorlesungen über mathematische Physik, Mechanik*, Leipzig: B. G. Teubner

Kirk, R.
1969 »Translation and Indeterminacy«, *Mind* 78: 231-341, 607f.
1972/73 »Underdetermination of Theory and Indeterminacy of Translation«, *Analysis* 33: 195-201
1983 »Quinean Indeterminacy and Forcing«, *Erkenntnis* 20: 213-218

Kitchener, R. F.
1980 »Genetic Epistemology, Normative Epistemology, and Psychologism«, *Synthese* 45: 257-280

Köhler, W. R.
1979a »Zerstört der Logische Empirismus die praktische Rationalität?«, *Analyse und Kritik* 1: 51-59
1979b »Logischer Empirismus und normative Entscheidungstheorie«, *Analyse und Kritik* 1: 192-199

König, G.
1965/66 »Der Wissenschaftsbegriff bei Helmholtz und Mach«, in: Diemer, A. (Hg.), 1968, *Beiträge zur Entwicklung der Wissenschaftstheorie im 19. Jahrhundert*, Meisenheim am Glan: Anton Hain, 90-114
1980 »Philosophische Probleme der Physik«, *Philosophia Naturalis* 18: 87-102

Koppelberg, D.
1980 *Neuere Aspekte zu Quines ›Indeterminacy of Translation‹*, Bochum: unveröffentlichte Magisterarbeit
1981 »Ende oder Wende der analytischen Philosophie und Wissenschaftstheorie?«, *Zeitschrift für allgemeine Wissenschaftstheorie* 12: 364-400
1982a »Die Wiederentdeckung des Wiener Kreises«, *Information Philosophie* 10, Heft 4: 18-22
1982b »Einige philosophische und linguistische Aspekte zum sprachli-

chen Erfassen von Gegenständen«, in: Seiler, H. & C. Lehmann (Hgg.), 1982, *Apprehension,* Das sprachliche Erfassen von Gegenständen, Teil I. Bereich und Ordnung der Phänomene, Tübingen: Gunter Narr, 26-33

1983 »Dinge, Wörter und Theorien«, *Dialectica* 37: 305-309

1984a »Der holistische Empirismus von W. V. Quine«, *Grazer Philosophische Studien* 21: 185-191

1984b »Rezension von Henri Laueners *Willard Van Orman Quine*«, *Zeitschrift für allgemeine Wissenschaftstheorie* 15: 174-177

Kraft, V.

1950 *Der Wiener Kreis,* Der Ursprung des Neopositivismus, Wien, New York: Springer ²1968

Krips, H.

1982 »Epistemological Holism: Duhem or Quine?«, *Studies in the History and Philosophy of Science* 13: 251-264

Kuhn, T. S.

1962 *The Structure of Scientific Revolutions,* Chicago: The University of Chicago Press ²1970

1976 »Theory-Change as Structure-Change: Comments on the Sneed-Formalism«, *Erkenntnis* 10: 179-199

Kutschera, F. v.

1975 *Sprachphilosophie,* München: Wilhelm Fink

1981 *Grundfragen der Erkenntnistheorie,* Berlin, New York: de Gruyter

Lakatos, I.

1970 »Falsification and the Methodology of Scientific Research Programmes«, in: Lakatos, I. & A. Musgrave (eds.), 1970: 91-196

1971 »History of Science and its Rational Reconstructions«, in: Buck, R. C. & R. S. Cohen (eds.), 1971, *Boston Studies in the Philosophy of Science,* Vol. VIII, Dordrecht: Reidel, 91-134

Lakatos, I. & A. Musgrave (eds.)

1970 *Criticism and the Growth of Knowledge,* London: Cambridge UP 1974

Lambert, A. C. & P. D. Shaw

1971 »Quine on Meaning and Translation«, *Mind* 80: 109-113

Landesman, C.
1970 »Scepticism about Meaning: Quine's Thesis of Indeterminacy«, *The Australasian Journal of Philosophy* 48: 320-337

Lauener, H.
1977 »Quine über Ontologie und substantielle Quantifikation«, *Dialectica* 31: 333-357
1978 »Probleme der Ontologie«, *Zeitschrift für allgemeine Wissenschaftstheorie* 9: 63-92
1982a *Willard Van Orman Quine,* München: Beck
1982b »Neurath's Protocol Sentences and Schlick's ›Konstatierungen‹ versus Quine's Observation Sentences«, *Grazer Philosophische Studien* 16/17: 129-148
1982c »Method in Philosophy and Logic«, *Dialectica* 36: 353-371

Leeds, S.
1973 »How to think about Reference«, *The Journal of Philosophy* 70, 485-503

Levin, M. E.
1979a »Forcing and the Indeterminacy of Translation«, *Erkenntnis* 14: 25-31
1979b »Quine's View(s) of Logical Truth«, in: Shahan, R. W. & C. Swoyer (eds.), 1979: 45-67

Levy-Bruhl, L.
1921 *Das Denken der Naturvölker,* Wien und Leipzig: Wilhelm Braumüller

Lewis, H. D. (ed.)
1976 *Contemporary British Philosophy,* London: George Allen & Unwin

Locke, J.
1690 *An Essay concerning Human Understanding,* Oxford: Clarendon Press 1975

Lüscher, R.
1979 »Die linke Ecke des Wiener Kreises«, *Analyse und Kritik* 1: 182-191

Lukes, S.

1978 »The Underdetermination of Theory by Data«, *Proceedings of the Aristotelian Society*, Supplement Vol. 52: 93-107

Mach, E.

1872 *Die Geschichte und die Wurzel des Satzes der Erhaltung der Arbeit*, Leipzig: Barth ²1909

1882 »Die ökonomische Natur der physikalischen Forschung«, in: Mach, E., 1896a: 208-236

1883a *Die Mechanik in ihrer Entwicklung historisch-kritisch dargestellt*, Darmstadt: Wissenschaftliche Buchgesellschaft 1963

1883b »Über Umbildung und Anpassung im naturwissenschaftlichen Denken«, in: Mach, E., 1896a: 237-257

1886 *Die Analyse der Empfindungen und das Verhältnis des Physischen zum Psychischen*, Darmstadt: Wissenschaftliche Buchgesellschaft 1985

1894 »Über das Prinzip der Vergleichung in der Physik«, in: Mach, E., 1896a: 258-281

1895 »Über den Einfluß zufälliger Umstände auf die Entwicklung von Erfahrungen und Entdeckungen«, in: Mach, E., 1896a: 282-304

1896a *Populär-Wissenschaftliche Vorlesungen*, Leipzig: Barth ²1897

1896b *Die Prinzipien der Wärmelehre, historisch-kritisch dargestellt*, Leipzig: Barth ³1919

1905 *Erkenntnis und Irrtum*, Skizzen zur Psychologie der Forschung, Darmstadt: Wissenschaftliche Buchgesellschaft 1976

Margolis, J.

1968 »Quine on Observationality and Translation«, *Foundations of Language* 4: 128-137

Martin, R. M.

1952 »On ›Analytic‹«, *Philosophical Studies* 3: 42-47

Mates, B.

1951 »Analytic Sentences«, *Philosophical Review* 60: 525-534

McDowell, J.

1981 »Anti-Realism and the Epistemology of Understanding«, in: Parret, H. & J. Bouveresse (eds.), 1981, *Meaning and Understanding*, Berlin, New York: de Gruyter, 225-248

McGinn, C.
1977 »Charity, Interpretation, and Belief«, *The Journal of Philosophy* 74: 521-535
1983 »Review of *Theories and Things* by W. V. Quine«, *The Journal of Philosophy* 80: 239-246

McGuinness, B. F.
1967 »Vorwort des Herausgebers«, in Waismann, F., 1929-32: 11-31

Millar, A.
1985 »Where's the Use in Meaning?«, *Dialectica* 39: 35-51

Millikan, R. G.
1984 *Language, Thought, and Other Biological Categories*, New Foundations for Realism, Cambridge, Mass.: The MIT Press

Mises, R. v.
1938 *Ernst Mach und die empiristische Wissenschaftsauffassung*, Einheitswissenschaft, Heft 7, 's-Gravenhage: van Stockum & Zoon
1939 *Kleines Lehrbuch des Positivismus*, Einführung in die empiristische Wissenschaftsauffassung, The Hague: van Stockum & Zoon

Morris, C. W.
1934 »Pragmatism and Metaphysics«, in: Morris, C. W., 1937: 31-45
1935a »Philosophy of Science and Science of Philosophy«, in: Morris, C. W., 1937: 7-21
1935b »The Relation of the Formal and Empirical Sciences Within Scientific Empiricism«, in: Morris, C. W., 1937: 46-55
1936a »The Concept of Meaning in Pragmatism and Logical Positivism«, in: Morris, C. W., 1937: 22-30
1936b »Semiotic and Scientific Empiricism«, in: Morris, C. W., 1937: 56-71
1937 *Logical Positivism, Pragmatism and Scientific Empiricism*, Paris: Hermann
1963 »Pragmatism and Logical Empiricism«, in: Schilpp, P. A. (ed.), 1963: 87-98

Morton, A.
1973 »Denying the Doctrine and Changing the Subject«, *The Journal of Philosophy* 70: 503-510

Nagel, E.
1961 *The Structure of Science*, Problems in the Logic of Scientific Explanation, London: Routledge & Kegan Paul [4]1974

Nedo, M. & M. Ranchetti (Hgg.)
1983 *Wittgenstein*, Sein Leben in Bildern und Texten, Ffm.: Suhrkamp

Neurath, O.
1913 »Die Verirrten des Cartesius und das Auxiliarmotiv«, in: Neurath, O., 1981a: 57-67
1914/15 »Zur Klassifikation von Hypothesensystemen«, in: Neurath, O., 1981a: 85-101
1921 »Anti-Spengler«, in: Neurath, O., 1981a: 139-196
1930/31a »Verein ›Ernst Mach‹, Wien«, *Erkenntnis* 1: 74
1930/31b »Wege der wissenschaftlichen Weltauffassung«, *Erkenntnis* 1: 106-125
1931a »Physikalismus: Die Philosophie des Wiener Kreises«, in: Neurath, O., 1981a: 413-416
1931b »Physikalismus«, in: Neurath, O., 1981a: 417-421
1931c »Soziologie im Physikalismus«, *Erkenntnis* 2: 393-431
1932/33 »Protokollsätze«, *Erkenntnis* 3: 204-214
1934 »Radikaler Physikalismus und ›Wirkliche Welt‹«, *Erkenntnis* 4: 346-362
1935 »Pseudorationalismus der Falsifikation«, *Erkenntnis* 5: 353-365
1936a »Der Logische Empirismus und der Wiener Kreis«, in: Neurath, O., 1981b: 739-747
1936b »Die Entwicklung des Wiener Kreises und die Zukunft des Logischen Empirismus«, in: Neurath, O., 1981b: 673-702
1936c »Physikalismus und Erkenntnisforschung I«, in: Neurath, O., 1981b: 749-756
1936d »Physikalismus und Erkenntnisforschung II«, in: Neurath, O., 1981b: 757-759
1937 »Die Einheitswissenschaft und ihre Enzyklopädie«, in: Neurath, O., 1981b: 777-786
1941a »Universaljargon und Terminologie«, in: Neurath, O., 1981b: 901-918
1941b »Die Gefahr sorgloser Terminologie«, in: Neurath, O., 1981b: 919-924
1946/47 »After Six Years«, *Synthese* 5: 77-82
1973 *Empiricism and Sociology*, ed. by M. Neurath & R. S. Cohen, Dordrecht: Reidel
1979 *Wissenschaftliche Weltauffassung, Sozialismus und Logischer Empirismus*, hrsg. von R. Hegselmann, Ffm.: Suhrkamp

1981a Gesammelte *philosophische und methodologische Schriften*, Band 1, hrsg. von R. Haller & H. Rutte, Wien: Hölder-Pichler-Tempsky
1981b *Gesammelte philosophische und methodologische Schriften*, Band 2, hrsg. von R. Haller & H. Rutte, Wien: Hölder-Pichler-Tempsky
1983 *Philosophical Papers 1913-1946*, ed. by R. S. Cohen & M. Neurath, Dordrecht: Reidel

Neurath, O. / Carnap, R. / Hahn, H.
1929 »Wissenschaftliche Weltauffassung – Der Wiener Kreis«, in: Neurath, O., 1981a: 299-336

Newton-Smith, W.
1978 »The Underdetermination of Theories by Data«, *Proceedings of the Aristotelian Society*, Supplement Vol. 52: 71-91
1981 »Trans-Theoretical Truth without Transcendent Truth?«, in: Henrich, D. (Hg.), 1983: 466-478
1982 »Relativism and the Possibility of Interpretation«, in: Hollis, M. & S. Lukes (eds.), 1982: 106-122

Ogden, C. K.
1932 *Bentham's Theory of Fictions*, London: Kegan Paul

Olshewsky, T. M. (ed.)
1969 *Problems in the Philosophy of Language*, New York: Holt, Rinehart & Winston, Inc.

Orenstein, A.
1977 *Willard Van Orman Quine*, Boston: Twayne Publishers

Parsons, C.
1979 »Realism and Underdetermination«, in: Bieri, P. / Horstmann, R.-P. / Krüger, L. (eds.), 1979: 235-242

Peacocke, C.
1979 *Holistic Explanation*, Oxford. Clarendon Press

Piatelli-Palmarini, M. (ed.)
1980 *Language and Learning*, The Debate between Jean Piaget and Noam Chomsky, Cambridge, Mass.: Harvard UP ²1981

Poincaré, H.
1902 *Wissenschaft und Hypothese,* Stuttgart: Teubner 1974
1905 *Der Wert der Wissenschaft,* Leipzig: Teubner 1906
1908 *Wissenschaft und Methode,* Stuttgart: Teubner 1973

Popper, K. R.
1930-33 *Die beiden Grundprobleme der Erkenntnistheorie,* Tübingen: Mohr 1979
1934 *Logik der Forschung,* Tübingen: Mohr ^{5}1973
1953/57 »Science: Conjectures and Refutations«, in: Popper, K. R., 1963: 33-65
1955 »The Demarcation between Science and Metaphysics«, in: Schilpp, P. A. (ed.), 1963: 183-226
1963 *Conjectures and Refutations,* London: Routledge & Kegan Paul ^{5}1974
1972 *Objective Knowledge,* An Evolutionary Approach, Oxford: Clarendon Press
1974a »Intellectual Autobiography«, in: Schilpp, P. A. (ed.), 1974: 3-181
1974b »Replies to My Critics«, in: Schilpp, P. A. (ed.), 1974: 961-1197
1977 »Wie ich die Philosophie sehe«, in: Marek, J. C. et al. (Hgg.), 1977, *Österreichische Philosophen und ihr Einfluß auf die analytische Philosophie der Gegenwart,* Band 1, Innsbruck: Sonderband *Conceptus,* 11-20

Popper, K. R. & J. C. Eccles
1977 *The Self and Its Brain,* Berlin, Heidelberg, London, New York: Springer International

Presley, C. F.
1967 »Quine, Willard Van Orman«, *The Encyclopedia of Philosophy,* New York: Macmillan and Free Press, Vol. 7, 53-55

Putnam, H.
1962 »The Analytic and the Synthetic«, in: Putnam, H., 1975b: 33-69
1974 »Language and Reality«, in: Putnam, H., 1975b: 272-290
1975a *Mathematics, Matter and Method,* Philosophical Papers, Vol. 1, Cambridge: Cambridge UP ^{2}1980
1975b *Mind, Language and Reality,* Philosophical Papers, Vol. 2, Cambridge: Cambridge UP ^{2}1980
1975c »The Meaning of Meaning«, in: Putnam, H., 1975b: 215-271
1975d »The Refutation of Conventionalism«, in: Putnam, H., 1975b: 153-191

1975/76 »What is ›Realism‹?«, *Proceedings of the Aristotelian Society* 76: 177-194
1976a »Realism and Reason«, in: Putnam, H., 1978a: 123-138
1976b »›Two Dogmas‹ Revisited«, in: Ryle, G. (ed.), 1976, *Contemporary Aspects of Philosophy,* Stocksfield: Oriel Press, 202-213
1978a *Meaning and the Moral Sciences,* London: Routledge & Kegan Paul
1978b »The Philosophy of Science«, in: Magee, Bryan, 1978, *Men of Ideas,* Oxford: Oxford UP 1982, 194-208
1978c »There is at least one *a priori* Truth«, *Erkenntnis* 13: 153-170
1979a »Analyticity and Apriority: Beyond Wittgenstein and Quine«, *Midwest Studies in Philosophy* 4: 423-441
1979b »How to be an Internal Realist and a Transcendental Idealist (at the same Time)«, in: Haller, R. & W. Grassl (Hgg.), 1980, *Sprache, Logik und Philosophie,* Akten des vierten Internationalen Wittgenstein Symposiums 1979, Wien: Hölder-Pichler-Tempsky, 100-109
1979c »Reflections on Goodman's *Ways of Worldmaking«, The Journal of Philosophy* 76: 603-618
1981a *Reason, Truth and History,* Cambridge: Cambridge UP
1981b »Beyond Historicism«, in: Putnam, H., 1983a: 287-303
1981c »Convention: A Theme in Philosophy«, in: Putnam, H., 1983a: 170-183
1981d »Philosophers and Human Understanding«, in: Putnam, H., 1983a: 194-204
1982a »Why Reason can't be Naturalized«, *Synthese* 52: 3-23
1982b »Why there isn't a Ready-Made World«, *Synthese* 51: 141-167
1983a *Realism and Reason,* Philosophical Papers, Vol. 3, Cambridge: Cambridge UP
1983b »Equivalence«, in: Putnam, H., 1983a: 26-45
1983c »Reference and Truth«, in: Putnam, H., 1983a: 69-86

Quine, W. V.
1934 *A System of Logistic,* Cambridge, Mass.: Harvard UP
1935 »Truth by Convention«, in: Quine, W. V., 1966a: 77-106
1937 »New Foundations for Mathematical Logic«, in: Quine, W. V., 1953a: 80-101
1939 »Designation and Existence«, in: Olshewsky, T. M. (ed.), 1969: 657-664
1940 *Mathematical Logic,* Cambridge, Mass.: Harvard UP 1961
1941 *Elementary Logic,* Boston: Ginn
1943 »Notes on Existence and Necessity«, *The Journal of Philosophy* 40: 113-127

1948 »On what there is«, in: Quine, W. V., 1953a: 1-19
1950 *Methods of Logic*, London: Routledge & Kegan Paul [3]1974
1951a »Two Dogmas of Empiricism«, in: Quine, W. V., 1953a: 20-46
1951b »The Problem of Meaning in Linguistics«, in: Quine, W. V., 1953a: 47-64
1951c »On Carnap's Views on Ontology«, in: Quine, W. V., 1966a: 203-211
1951d »Notes on the Theory of Reference«, in: Quine, W. V., 1953a: 130-138
1952 »On Mental Entities«, in: Quine, W. V., 1966a: 221-227
1953a *From a Logical Point of View*, New York: Harper Torchbooks 1963
1953b »Mr. Strawson on Logical Theory«, in: Quine, W. V., 1966a: 137-157
1954a »Carnap and Logical Truth«, in: Schilpp, P. A. (ed.), 1963: 385-406
1954b »The Scope and Language of Science«, in: Quine, W. V., 1966a: 228-245
1955 »Posits and Reality«, in: Quine, W. V., 1966a: 246-254
1958 »Speaking of Objects«, in: Quine, W. V., 1969a: 1-25
1959 »Meaning and Translation«, in: Olshewsky, T. M. (ed.), 1969: 517-537
1960 *Word and Object*, Cambridge, Mass.: The MIT Press [9]1975
1962 »A Comment on Grünbaum's Claim«, in: Harding, S. G. (ed.), 1976, *Can Theories be Refuted?*, Dordrecht: Reidel, 132
1963 *Set Theory and Its Logic*, Cambridge, Mass.: Harvard UP
1964 »Smart's *Philosophy and Scientific Realism*«, in: Quine, W. V., 1981a: 92-95
1965 »Propositional Objects«, in: Quine, W. V., 1969a: 139-160
1966a *The Ways of Paradox and Other Essays*, Cambridge, Mass.: Harvard UP, Revised and enlarged edition 1979
1966b *Selected Logic Papers*, New York: Random House
1966c »Existence and Quantification«, in: Quine, W. V., 1969a: 91-113
1966d »Russell's Ontological Development«, in: Quine, W. V., 1981a: 73-85
1967 »Natural Kinds«, in: Quine, W. V., 1969a: 114-138
1968a »Ontological Relativity«, in: Quine, W. V., 1969a: 26-68
1968b »Epistemology Naturalized«, in: Quine, W. V., 1969a: 69-90
1969a *Ontological Relativity and Other Essays*, New York: Columbia UP
1969b »Linguistics and Philosophy«, in: Hook, S. (ed.), 1969: 95-98

1969c »Reply to Chomsky«, in: Davidson, D. & J. Hintikka (eds.), 1969: 302-311

1969d »Reply to Harman«, in: Davidson, D. & J. Hintikka (eds.), 1969: 295-297

1969e »Reply to Hintikka«, in: Davidson, D. & J. Hintikka (eds.), 1969: 312-315

1969f »Reply to Smart«, in: Davidson, D. & J. Hintikka (eds.), 1969: 292-294

1969g »Reply to Stenius«, in: Davidson, D. & J. Hintikka (eds.), 1969: 298-301

1969h »Reply to Strawson«, in: Davidson, D. & J. Hintikka (eds.), 1969: 320-325

1969i »Reply to Stroud«, in: Davidson, D. & J. Hintikka (eds.), 1969: 316-319

1970a *Philosophy of Logic*, Englewood Cliffs: Prentice-Hall

1970b »Grades of Theoreticity«, in: Foster, L. & J.W. Swanson (eds.) 1970, *Experience and Theory*, Amherst: University of Mass. Press, 1-17

1970c »Homage to Rudolf Carnap«, in: Quine, W.V., 1966a: 40-43

1970d »On Popper's Negative Methodology«, in: Schilpp, P.A. (ed.), 1974: 218-220

1970e »On the Reasons for Indeterminacy of Translation«, *The Journal of Philosophy* 67: 178-183

1970f »Philosophical Progress in Language Theory«, in: Kiefer, H.E. & M.K. Munitz (eds.), 1970, *Language, Belief, and Metaphysics*, Albany: State University of New York Press, 3-18

1972 »Methodological Reflections on Current Linguistic Theory«, in: Davidson, D. & G. Harman (eds.), 1972, *Semantics of Natural Language*, Dordrecht: Reidel, 442-454

1974a *The Roots of Reference*, La Salle, Illinois: Open Court

1974b »Mind and Verbal Dispositions«, in: Guttenplan, S. (ed.), 1975: 83-95

1974c »The Nature of Natural Knowledge«, in: Guttenplan, S. (ed.), 1975: 67-81

1974d »Comment on Michael Dummett«, *Synthese* 27: 399

1975a »Five Milestones of Empiricism«, in: Quine, W.V., 1981a: 67-72

1975b »On Empirically Equivalent Systems of the World«, *Erkenntnis* 9: 313-328

1975c »The Pragmatists' Place in Empiricism«, in: Mulvaney, R.J. & P. M. Zeltner (eds.), 1981, *Pragmatism: Its Sources and Prospects*, Columbia: University of South Carolina Press, 23-39

1976 »Whither Physical Objects?«, in: Cohen, R.S. et al. (eds.),

1976, *Essays in Memory of Imre Lakatos,* Dordrecht: Reidel, 497-504
1977a »Facts of the Matter«, in: Shahan, R. W. & C. Swoyer (eds.), 1979: 155-169
1977b »Review of *Truth and Meaning: Essays in Semantics*«, *The Journal of Philosophy* 74: 225-241
1978a »Goodman's *Ways of Worldmaking*«, in: Quine, W. V., 1981a: 96-99
1978b »The Ideas of Quine«, in: Magee, B., 1978, *Men of Ideas,* Oxford: Oxford UP 1982, 142-152
1978c »Use and its Place in Meaning«, *Erkenntnis* 13: 1-8
ca. 1978 »Intellectual Autobiography«, unveröffentlichtes Ms., wird erscheinen in: Schilpp, P. A. (ed.), *The Philosophy of W. V. Quine,* La Salle, Illinois: Open Court
1979a »Cognitive Meaning«, *The Monist* 62: 129-142
1979b »Comments on Newton-Smith«, *Analysis* 39: 66 f.
1979c »Has Philosophy Lost Contact with People?«, in: Quine, W. V., 1981a: 190-193
1980 »Sellars on Behaviorism, Language and Meaning«, *Pacific Philosophical Quarterly* 61: 26-30
1981a *Theories and Things,* Cambridge, Mass.: Harvard UP
1981b »Empirical Content«, in: Quine, W. V., 1981a: 24-30
1981c »Gegenstand und Beobachtung«, in: Henrich, D. (Hg.), 1983: 412-422
1981d »On the Very Idea of a Third Dogma«, in: Quine, W. V., 1981a: 38-42
1981e »Reply to Stroud«, *Midwest Studies in Philosophy* 6: 473-475
1981f »Responses«, in: Quine, W. V., 1981a: 173-186
1981g »Things and Their Place in Theories«, in: Quine, W. V., 1981a: 1-23
1983 »Ontology and Ideology Revisited«, *The Journal of Philosophy* 80: 499-502
1984 »Carnap's Positivistic Travail«, *Fundamenta Scientiae* 5: 325-333
1985a *The Time of My Life,* Cambridge, Mass.: The MIT Press
1985b »States of Mind«, *The Journal of Philosophy* 82: 5-8

Quine, W. V. & J. S. Ullian
1970 *The Web of Belief,* New York: Random House

Quine, W. V. & D. Koppelberg
1983 »From Logical Empiricism to Holistic Empiricism – A Conversation«, unveröffentlichtes Ms.

Quine, W. V. et al.
1974a »First General Discussion Session«, *Synthese* 27: 471-508
1974b »Second General Discussion Session«, *Synthese* 27: 509-521

Radnitzky, G.
1981 »Analytic Philosophy as the Confrontation between Wittgensteinians and Popper«, in: Agassi, J. & R. S. Cohen (eds.), 1981, *Scientific Philosophy Today*, Dordrecht: Reidel, 239-286
1982 »Popper as a Turning Point in the Philosophy of Science: Beyond Foundationalism and Relativism«, in: Levinson, P. (ed.), 1982, *In Pursuit of Truth*, Essays in Honour of Karl Popper's 80th Birthday, Atlantic Highlands, NJ: Humanities Press, 64-80

Raub, W. & D. Koppelberg
1978 »Bewertungen und Empfehlungen in der Methodologie wissenschaftlicher Forschungsprogramme«, *Zeitschrift für allgemeine Wissenschaftstheorie* 9: 134-148

Read, S.
1983 »Quines Privatsprache«, *Ratio* 25: 45-53

Reeves, A.
1973 »Concerning Rabbits«, *Philosophical Studies* 24: 314-325
1976 »The Foundations of Quine's Philosophy«, *Philosophical Studies* 30: 75-93

Rey, A.
1907 *Die Theorie der Physik bei den modernen Physikern*, Leipzig: Klinkhardt 1908

Ricketts, T. G.
1982 »Rationality, Translation, and Epistemology Naturalized«, *The Journal of Philosophy* 79: 117-136

Ringen, J. D.
1981 »Quine on Introspection in Linguistics«, in: Coulmas, F. (ed.), 1981: 141-151

Romanos, G.
1980 »The Meaning of Quine's Philosophy«, *Metaphilosophy* 11: 210-228
1983 *Quine and Analytic Philosophy*, The Language of Language, Cambridge, Mass.: The MIT Press

Root, M.
1977 »Quine's Thought Experiment«, *Midwest Studies in Philosophy* 2: 225-239

Rorty, R.
1970 »Cartesian Epistemology and Changes in Ontology«, in: Smith, J. E. (ed.), 1970, *Contemporary American Philosophy,* Second Series, London: George Allen & Unwin, 273-292
1972 »Indeterminacy of Translation and of Truth«, *Synthese* 23: 443-462
1977 »Review of *Why does Language Matter of Philosophy?* by Ian Hacking«, *The Journal of Philosophy* 74: 416-432
1979a *Philosophy and the Mirror of Nature,* Oxford: Basil Blackwell 1980
1979b »Pragmatism, Relativism and Irrationalism«, in: Rorty, R., 1982: 160-175
1979c »The Unnaturalness of Epistemology«, in: Gustafson, D. F. & B. L. Tapscott (eds.), 1979, *Body, Mind, and Method,* Dordrecht: Reidel, 77-92
1979d »Transcendental Arguments, Self-Reference, and Pragmatism«, in: Bieri, P. / Horstmann, R.-P. / Krüger, L. (eds.), 1979: 77-103
1980 »A Reply to Dreyfus and Taylor«, *Review of Metaphysics* 34: 39-55
1981a »From Epistemology to Romance: Cavell on Skepticism«, *Review of Metaphysics* 33, 759-774
1981b »Nineteenth-Century Idealism and Twentieth-Century Textualism«, *The Monist* 64: 155-174
1981c »Zur Einführung in das Colloquium ›Transzendentale und holistische Methoden in der analytischen Philosophie‹«, in: Henrich, D. (Hg.), 1983: 408-411
1981d »Zur Lage der Gegenwartsphilosophie in den USA«, *Analyse und Kritik* 3: 3-22
1982 *Consequences of Pragmatism,* Brighton: The Harvester Press

Rorty, R. (ed.)
1967 *The Linguistic Turn,* Recent Essays in Philosophical Method, Chicago: The University of Chicago Press ⁴1975

Rosenberg, J. F.
1980 *One World and our Knowledge of it,* The Problematic of Realism in Post-Kantian Perspective, Dordrecht: Reidel

Roth, P. A.
1978 »Paradox and Indeterminacy«, *The Journal of Philosophy* 75: 347-367
1980 »Theories of Nature and the Nature of Theories«, *Mind* 89: 431-438
1982 »Logic and Translation: A Reply to Alan Berger«, *The Journal of Philosophy* 79: 154-163
1983a »Reconstructing Quine: The Troubles with a Tradition«, *Metaphilosophy* 14: 249-266
1983b »Siegel on Naturalized Epistemology and Natural Science«, *Philosophy of Science* 50: 482-493
1984 »Critical Discussion: On Missing Neurath's Boat: Some Reflections on Recent Quine Literature«, *Synthese* 61: 205-231

Russell, B.
1900 *A Critical Exposition of the Philosophy of Leibniz*, London: George Allen & Unwin [5]1964
1905 »On Denoting«, in: Russell, B., 1956a: 41-56
1912 *The Problems of Philosophy*, Oxford: Oxford UP 1974
1914a *Our Knowledge of the External World*, London: George Allen & Unwin 1969
1914b »On the Nature of Acquaintance«, in: Russell, B., 1956a: 127-174
1918 »The Philosophy of Logical Atomism«, in: Russell, B., 1956a: 177-281
1921 *The Analysis of Mind*, London: George Allen & Unwin 1978
1924 »Logical Atomism«, in: Russell, B., 1956a: 323-343
1940 *An Inquiry into Meaning and Truth*, London: George Allen & Unwin 1961
1943 »My Mental Development«, in: Schilpp, P. A. (ed.), 1944: 3-20
1948 *Human Knowledge – Its Scope and Limits*, London: George Allen & Unwin [5]1966
1952 »Reflections on my Eightieth Birthday«, in: Russell, B., 1956b: 53-57
1956a *Logic and Knowledge*, London: George Allen & Unwin [3]1966
1956b *Portraits from Memory and other Essays*, London: George Allen & Unwin [2]1957
1959 *My Philosophical Development*, London: George Allen & Unwin

Rutte, H.
1977 »Fallibilismus und Empirismus«, *Grazer Philosophische Studien* 3/4: 19-45

1978 »Neurath kontra Schlick. Zur Wahrheitsdiskussion im Wiener Kreis«, in: Berghel, H. et al. (Hgg.), *Wittgenstein, der Wiener Kreis und der Kritische Rationalismus,* Akten des dritten Internationalen Wittgenstein Symposiums, Wien: Hölder-Pichler-Tempsky 1979, 248-251
1982a »Der Philosoph Otto Neurath«, in: Stadler, F. (Hg.), 1982: 70-78
1982b »Über Neuraths Empirismus und seine Kritik am Empirismus«, *Grazer Philosophische Studien* 16/17: 365-384

Scheibe, E.
1984 »Zur Rehabilitierung des Rekonstruktionismus«, in: Schnädelbach, H. (Hg.), 1984, *Rationalität,* Ffm.: Suhrkamp, 94-116

Schick, K.
1972 »Indeterminacy of Translation«, *The Journal of Philosophy* 69: 818-832

Schilpp, P. A. (ed.)
1944 *The Philosophy of Bertrand Russell,* Two Volumes, New York: Harper and Row 1963
1963 *The Philosophy of Rudolf Carnap,* La Salle, Illinois: Open Court 1978
1974 *The Philosophy of Karl Popper,* Two Volumes, La Salle, Illinois: Open Court

Schlick, M.
1918 *Allgemeine Erkenntnislehre,* Ffm.: Suhrkamp 1979
1926 »Erleben, Erkennen, Metaphysik«, *Kant-Studien* 31: 146-158
1930/31 »Die Wende der Philosophie«, *Erkenntnis* 1: 4-11
1932/33 »Positivismus und Realismus«, *Erkenntnis* 3: 1-31
1934 »Über das Fundament der Erkenntnis«, *Erkenntnis* 4: 79-99
1934/35 »Facts and Propositions«, *Analysis* 2: 65-70
1936 »Meaning and Verification«, *Philosophical Review* 45: 339-369

Schnelle, H.
1973 *Sprachphilosophie und Linguistik,* Reinbek: Rowohlt
1978 »Pure Meaning and Perfect Translation«, *Theoretical Linguistics* 5: 283-305
1979 »Introspection and the Description of Language Use«, in: Coulmas, F. (ed.), 1981: 105-126
1980a »Sprache, Anschauung, Sinnesdaten«, *Neue Hefte für Philosophie* 18/19: 33-57

1980b »Notationssysteme – Kritische Anmerkungen anhand N. Goodmans *Sprachen der Kunst*«, *Zeitschrift für Semiotik* 2: 387-396
1984 »Linguistics and Bio-Engineering?«, *Theoretical Linguistics* 11: 1-4

Schnelle, H. & E. Rothacker
1984 »Elements of Theoretical Net-Linguistics, Part 3: Principles and Fundamentals of Dynamic Nets for Language Processing«, *Theoretical Linguistics* 11: 87-116

Schoen, E. L.
1979 »Introspection and the Inscrutability of Reference«, *The Southern Journal of Philosophy* 17: 523-529

Schuldenfrei, R.
1972 »Quine in Perspective«, *The Journal of Philosophy* 69: 5-16

Schulte, J.
1982 »Bedeutung und Verifikation: Schlick, Waismann und Wittgenstein«, *Grazer Philosophische Studien* 16/17: 241-253

Searle, J. R.
1981 »Analytic Philosophy and Mental Phenomena«, *Midwest Studies in Philosophy* 6: 405-423
1983 *Intentionality*, An Essay in the Philosophy of Mind, Cambridge: Cambridge UP
1984 »Intentionality and Its Place in Nature«, *Dialectica* 38: 87-99

Searle, J. R. et al.
1980 »›Minds, Brains, and Programs‹ and an ›Open Peer Commentary‹«, *The Behavioral and Brain Sciences* 3: 417-457

Sellars, W.
1980 »Behaviorism, Language and Meaning«, *Pacific Philosophical Quarterly* 61: 3-25

Shahan, R. W. & C. Swoyer (eds.)
1979 *Essays on the Philosophy of W. V. Quine*, Norman: University of Oklahoma Press

Siegel, H.
1980 »Justification, Discovery and the Naturalizing of Epistemology«, *Philosophy of Science* 47: 297-321

Sluga, H. D.
1975 »Frege and the Rise of Analytic Philosophy«, *Inquiry* 18: 471-498
1976 »Frege as a Rationalist«, in: Schirn, M. (Hg.), 1976, *Studien zu Frege I*, Stuttgart-Bad Cannstatt: Frommann-Holzboog, 27-47
1980 *Gottlob Frege*, London: Rouledge & Kegan Paul

Stabler, E.
1983 »Naturalized Epistemology and Metaphysical Realism«, *Philosophical Topics* 13: 155-170
1984 »Rationality in Naturalized Epistemology«, *Philosophy of Science* 51: 64-78

Stadler, F.
1982a *Vom Positivismus zur »Wissenschaftlichen Weltauffassung«*, Am Beispiel der Wirkungsgeschichte von Ernst Mach in Österreich von 1895 bis 1934, Wien, München: Löcker

Stadler, F. (Hg.)
1982b *Arbeiterbildung in der Zwischenkriegszeit – Otto Neurath – Gerd Arntz*, Wien, München: Löcker

Stegmüller, W.
1954 *Metaphysik, Skepsis, Wissenschaft*, Berlin, Heidelberg, New York: Springer ²1969
1957 *Das Wahrheitsproblem und die Idee der Semantik*, Wien, New York: Springer ²1972
1969 *Hauptströmungen der Gegenwartsphilosophie*, Stuttgart: Alfred Kröner, vierte, erweiterte Auflage 1969
1973 *Probleme und Resultate der Wissenschaftstheorie und Analytischen Philosophie*, Band II, *Theorie und Erfahrung*, Zweiter Halbband, *Theorienstruktur und Theoriendynamik*, Berlin, Heidelberg, New York: Springer
1979a *Rationale Rekonstruktion von Wissenschaft und ihrem Wandel*, Stuttgart: Reclam
1979b »Autobiographische Einleitung«, in: Stegmüller, W., 1979a: 4-26
1979c *The Structuralist View of Theories*, Berlin, Heidelberg, New York: Springer

1979d *Hauptströmungen der Gegenwartsphilosophie,* Band II, Stuttgart: Alfred Kröner, vierte, erweiterte Auflage 1979
1983 »Vom dritten bis sechsten (siebten?) Dogma des Empirismus«, *Information Philosophie* 11, Heft 4: 4-24

Stegmüller, W. (Hg.)
1978 *Das Universalien-Problem,* Darmstadt: Wissenschaftliche Buchgesellschaft

Stenius, E.
1960 *Wittgensteins Traktat,* Eine kritische Darlegung seiner Hauptgedanken, Ffm.: Suhrkamp 1969
1969 »Beginning with Ordinary Things«, in: Davidson, D. & J. Hintikka (eds.), 1969: 27-52

Stich, S. P.
1972 »Grammar, Psychology, and Indeterminacy«, *The Journal of Philosophy* 69: 799-818
1985 »Could Man be an Irrational Animal?«, *Synthese* 64: 115-135

Stich, S. P. & R. E. Nisbett
1980 »Justification and the Psychology of Human Reasoning«, *Philosophy of Science* 47: 188-202

Strawson, P. F.
1957 »Propositions, Concepts, and Logical Truths«, in: Strawson, P. F., 1971, *Logico-Linguistic Papers,* London: Methuen, 116-129

Stroud, B.
1969 »Conventionalism and the Indeterminacy of Translation«, in: Davidson, D. & J. Hintikka (eds.), 1969: 82-96
1977a *Hume,* London: Routledge & Kegan Paul 1981
1977b »Transcendental Arguments and ›Epistemological Naturalism‹«, *Philosophical Studies* 31, 105-115
1979 »The Significance of Scepticism«, in: Bieri, P. / Horstmann, R.-P. / Krüger, L. (eds.) 1979: 277-297
1981 »The Significance of Naturalized Epistemology«, *Midwest Studies in Philosophy* 6: 455-471
1984 *The Significance of Philosophical Scepticism,* Oxford: Clarendon Press

Sukale, M.
1976 »Wahrheit, Referenz und Bedeutung in der modernen Sprachphilosophie«, in: Sukale, M. (Hg.), 1976, *Moderne Sprachphilosophie*, Hamburg: Hoffmann & Campe, 11-51

Tarski, A.
1936 »Über den Begriff der logischen Folgerung«, *Actes du Congrès International de Philosophie Scientifique* 7: 1-11

Teller, P. R.
1973 »On Quine's Relativity of Ontology«, *The Canadian Journal of Philosophy* 3: 295-302

Thagard, P.
1982a »From the Descriptive to the Normative in Psychology and Logic«, *Philosophy of Science* 49: 24-42
1982b »Hegel, Science, and Set Theory«, *Erkenntnis* 18: 397-410
1984 »Frames, Knowledge, and Inference«, *Synthese* 61: 233-259

Thagard, P. & R. E. Nisbett
1983 »Rationality and Charity«, *Philosophy of Science* 50: 250-267

Thiele, J.
1966 »Zur Wirkungsgeschichte der Schriften Ernst Machs«, *Zeitschrift für philosophische Forschung* 20: 118-130
1978 *Wissenschaftliche Kommunikation*, Die Korrespondenz Ernst Machs, Kastellaun: A. Henn

Tooke, J. H.
1786 *The Diversions of Purley*, Vol. 1, Boston 1806

Trapp, R. W.
1976 *Analytische Ontologie*, Ffm.: Vittorio Klostermann

Trigg, R.
1980 *Reality at Risk*, A Defense of Realism in Philosophy and the Sciences, Brighton: The Harvester Press
1981 »Die Grenzen der Wissenschaft«, in: Duerr, H. P. (Hg.), 1981, *Der Wissenschaftler und das Irrationale*, Zweiter Band, Ffm.: Syndikat, 69-90

Vermazen, B.
1967/68 »Consistency and Underdetermination«, *Philosophical and Phenomenological Research* 28: 403-409
1982 »General Beliefs and the Principle of Charity«, *Philosophical Studies* 42: 111-118

Vuillemin, J.
1979 »On Duhem's and Quine's Theses«, *Grazer Philosophische Studien* 9: 69-96
1982 »Physicalism and Relativity«, *Grazer Philosophische Studien* 16/17: 313-326

Waismann, F.
1930/31 »Logische Analyse des Wahrscheinlichkeitsbegriffs«, *Erkenntnis* 1: 228 f.
1929-32 *Ludwig Wittgenstein und der Wiener Kreis,* Gespräche, aufgezeichnet von Friedrich Waismann, Ffm.: Suhrkamp 1980

Wallace, J.
1971 »A Query on Radical Translation«, *The Journal of Philosophy* 68: 143-151

Wang, H.
1985 »Two Commandments of Analytic Empiricism«, *The Journal of Philosophy* 82: 449-462

White, M. G.
1950 »The Analytic and the Synthetic: an Untenable Dualism«, in: Linsky, L. (ed.), 1952, *Semantics and the Philosophy of Language,* Urbana: The University of Illinois Press, 272-286
1956 *Toward Reunion in Philosophy,* New York: Atheneum 1963

Wilson, M.
1980 »The Observational Uniqueness of Some Theories«, *The Journal of Philosophy* 77: 208-233

Wilson, N. L.
1959 »Substances without Substrata«, *Review of Metaphysics* 12: 521-539

Wittgenstein, L.
1913 »Aufzeichnungen über Logik«, in: Wittgenstein, L., 1969, *Schriften 1,* Ffm.: Suhrkamp, 186-225

1921 *Tractatus logico-philosophicus, Logisch-philosophische Abhandlung*, Ffm.: Suhrkamp 1973
1929/30 *Philosophische Bemerkungen*, Ffm.: Suhrkamp 1981
1931-34 *Philosophische Grammatik*, Ffm.: Suhrkamp 1973
1933-35 *Das Blaue Buch, Eine Philosophische Betrachtung (Das Braune Buch)*, Ffm.: Suhrkamp 1980
1947/48 *Bemerkungen über die Philosophie der Psychologie*, Ffm.: Suhrkamp 1982
1947-49 *Philosophische Untersuchungen*, Ffm.: Suhrkamp 1971
1977 *Vermischte Bemerkungen*, Ffm.: Suhrkamp
1980 *Briefe*, Ffm.: Suhrkamp

Wood, A.
1959 »Russell's Philosophie«, in: Russell, B., 1959: 255-277

Young, J.
1972 »Rabbits«, *Philosophical Studies* 23: 170-185

Yudkin, M.
1979 »On Quine's Contretemps of Translation«, *Mind* 88: 93-97

Ziff, P.
1970 »A Response to ›Stimulus Meaning‹«, *Philosophical Review* 79: 63-74

Zilsel, E.
1941 »Problems of Empiricism«, in: Neurath, O. / Carnap, R. / Morris, C. (eds.), 1941, *Foundations of the Unity of Science*, Towards an International Encyclopedia of Unified Science, Vol. II, Chicago: The University of Chicago Press 1970, 803-844

Namenregister

Analytisches Inhaltsverzeichnis